船舶类型及船舶设备的标准规范和知识产权分析研究

张丽 著

天津大学出版社
TIANJIN UNIVERSITY PRESS

图书在版编目(CIP)数据

船舶类型及船舶设备的标准规范和知识产权分析研究/张丽著. -- 天津：天津大学出版社, 2023.8
ISBN 978-7-5618-7558-2

Ⅰ. ①船… Ⅱ. ①张… Ⅲ. ①船舶－标准②船舶－知识产权 Ⅳ. ①U674

中国国家版本馆CIP数据核字(2023)第143138号

策划编辑 郭 颖
责任编辑 郭 颖
装帧设计 谷英卉

出版发行 天津大学出版社
地　　址 天津市卫津路92号天津大学内（邮编:300072）
电　　话 发行部:022-27403647
网　　址 www.tjupress.com.cn
印　　刷 北京虎彩文化传播有限公司
经　　销 全国各地新华书店
开　　本 787mm×1092mm　1/16
印　　张 19
字　　数 480千
版　　次 2023年8月第1版
印　　次 2023年8月第1次
定　　价 92.00元

序

PREFACE

习近平总书记在博鳌亚洲论坛会议中强调:“加强知识产权保护。这是完善产权保护制度最重要的内容,也是提高中国经济竞争力最大的激励。”船舶及其设备是我国为数不多的具有国际竞争力的战略性产业,在国际船舶行业发展中有着举足轻重的作用。

本书首先通过文献调研、信息挖掘等方式,围绕三大主流船型(油轮、散货船、集装箱船),海上 LNG 装备,邮轮、游艇与客滚船,海洋油气装备,海上风电装备,船舶动力装备等重点领域,梳理总结国际标准化组织、ABS、DNV、NK、CCS 等机构已制定实施的标准规范情况。

其次,对国际和国内制定实施的标准进行分析,包括制定的标准规范数量、主要覆盖领域等,并对国际与国内相关领域标准规范进行对标分析,构建重点领域的标准指标体系,评估我国重点领域在标准规范发展方面所处的阶段和水平、存在的差距和不足。

最后,基于全球专利数据库检索重点领域国内外知识产权的数据,采用聚类分析法梳理国内外知识产权发展的基本态势,通过专利布局分析法分析国内外主要创新主体的专利布局模式、策略,并进行对比分析,提出提升我国专利布局的有效策略。

尽管本书借鉴了已有研究方法对船舶及其设备进行标准和规范的对标分析以及专利布局策略等分析,然而,所获取的数据在时间跨度和检索方式等方面还存在一定局限,今后将通过多次调试检索关键词、换用数据库等方式深入进行研究,保证数据结果的稳健性,以期为我国船舶行业发展提供更精确的预测与建议。

本书的出版,首先感谢所有被本书引用和参考过的文献作者,是他们的研究成果为本书提供了参考和借鉴;其次特别感谢我的硕士研究生,分别是于佳俪、时丽瑶、彭乐、付孟泽、李建运、张琦、林伊婷、孙娆和曾山,他们为本书的排版和绘图等提供了很大的帮助。

目录

CONTENTS

1 前言

1.1 研究背景及意义

1.1.1 研究背景

近年来，中国船舶及船舶设备经历了“十三五”的转型升级，进入“十四五”期间，更加快了产业转型升级的步伐，创新发展、智能化发展和绿色低碳发展已经成为引领船舶行业发展的主动力。船舶及其设备是我国为数不多的具有国际竞争力的战略性产业，在国际船舶行业发展中有着举足轻重的作用。

船舶行业是资金、技术、劳动、信息密集型现代综合性产业，也是军民结合的战略性产业，能够为海洋开发、水上交通运输、能源运输、国防建设等提供必要的技术装备，是国家装备制造业中不可缺少的组成部分，是现代化大工业的缩影，也是关乎国民经济发展与国防安全的战略性产业。对于我国而言，船舶行业是国家经济命脉的一个重要支柱。在经历多年的发展后，我国船舶及其设备技术不断创新，已然成为国际船舶行业中的重要力量。然而，与发达国家相比，我国还存在一些差距，其中最主要的原因是技术水平不高，标准检验不严，一些核心和重点技术的开发不如发达国家。作为技术创新的实质性载体，专利涉及一个行业最新、最活跃的创新技术信息，能够有效地反映船舶行业技术的发展水平。

对于船舶行业来讲，日韩企业的专利量质齐升。以三星重工、大宇造船、川崎重工为代表的日韩企业，十分注重专利的质量以及专利的布局，截至目前在国外分别申请了 766、1 244、1 426 件与船舶技术相关的专利，覆盖范围高达 20 多个国家与地区。反观我国，近年来船企申请了大量的专利，截至目前已公开专利数量为 4.5 万件。仔细分析后发现，其专利质量较低，专利技术方案较为单一，部分申请只是为了增加数量。例如，在船用柴油机智能控制领域，曼公司、三菱重工和现代重工等企业专利申请数量达 1 000 余件，而我国仅有数十件，差距明显。再者，申请范围仅局限在国内，很少在国外申请。综上分析，虽然我国在船舶领域专利申请数量快速增长，但无论是在专利质量、专利布局，还是在专利应用方面，都远不如美国、日本、韩国，这对我国船舶行业的发展无疑是一个极大的挑战。因此，我国必须高度重视船舶及其设备的专利申请，充分发挥专利在技术方面的优势，做好创新成果的保护，尽早进行专利布局，推动我国在船舶行业的高质量发展。

1.1.2 研究意义

通过查阅与对标国内外船舶及其设备的标准与规范，把握相关技术的发展现状，揭示我国在船舶行业面临的挑战与问题，提出一套针对我国船舶技术专利布局的理论，对未来我国船舶行业的发展具有深远意义，具体表现在以下几个方面。

1）本书对船舶及其设备的国内外标准与规范进行了整理、归纳与对标，重点分析了我国与美国、日本、韩国、挪威等在船舶行业名列前茅的国家在要求和原则上的不同之处。与此同时，本书还从相关规范与标准的条目数、重要程度、演变与改革等角度构建了评价体系，利用聚类分析法、层次分析法、熵权分析法等定量研究方法对船舶及其设备的国内外规范和标准进行了评估，从而更好地取长补短。

2）本书从专利检索、专利分析等几个方面出发，通过对我国船舶领域相关技术专利多视角、全方位的分析，整体把握我国船舶领域的发展状况，明确我国企业在船舶产业的地位，及时发现我国船舶产业的发展机会及外部竞争对手，综合提升我国船舶产业的竞争地位，为我国船舶产业的发展提出了可行的专利布局策略。

1.2 研究内容及方法

1.2.1 研究内容

本书从船舶行业国内外标准和规范对标以及专利竞争力等两方面进行探讨和比较，从而提高国家综合实力、加快海洋开发步伐、维护国家海洋权益、保障水上运输安全、维持国民经济增长、保护国防安全，具体组织结构如下。

第 1 章，前言。首先，基于我国船舶行业发展现状和现行政策，引出本书的研究背景及意义。然后，对本书的主要内容和方法进行阐述，进一步梳理本书的研究脉络。最后，从研究视角、方法和表达形式三方面阐述本书的三大独特之处。

第 2 章，国内外主要机构在各重点领域制定实施的标准与规范情况。本章主要通过查阅和整理中国、美国、日本、挪威和韩国等国家船级社发布的标准与规范，对船舶及船舶设备进行初步介绍。其中，主要涵盖油船、散货船、集装箱船、邮轮、游艇、海上 LNG 装备、海洋油气装备、海上风电装备和船舶动力装备等 9 个重要领域。

第 3 章，国际与国内在各重点领域标准与规范的对比分析。基于第 2 章梳理的结果，本章分别对各国船级社的标准和规范进行对标，发现我国与其他国家在标准与规范方面的差距，从而把握我国船舶行业现存问题并提出合理性建议。

第 4 章，重点领域国内外知识产权检索与分析。首先，利用智慧芽、德温特等数据库搜集相关数据。然后，通过 Excel、SPSS 等软件对专利申请趋势、申请类型、申请地域、申请人、法律申请情况、核心专利技术识别、专利布局策略等方面进行分析。最后，提出针对性战略布局策略。

第 5 章，结论。对全书工作进行简要总结与概括，对船舶行业未来发展趋势进行预测并提出建议。

1.2.2 研究方法

1.2.2.1 文献阅读与数据搜集

通过阅读大量的关于国内外标准与规范、专利竞争力方面的文献资料，深入分析体现我国船舶行业技术要求和专利布局的不同构成要素，为本书的指标体系构建提供理论基础。从美国船级社（ABS）、中国船级社（CCS）、日本船级社（NK）、挪威船级社（DNV）和智慧芽专利平台等官方网站搜集船舶行业及其基础设备的有关数据和条例，并按照不同年限进行梳理。

1.2.2.2 定性分析与定量分析

定性分析方法主要体现在国内外船舶标准和规范对标分析以及全球专利布局方面；定量分析方法主要体现在利用层次分析法（AHP）、熵权分析法、模糊综合分析法以及聚类分析法等评价国内外标准与规范的优缺点，找到关键性影响因素。

1.2.2.3 专利布局与分析

借鉴现有的专利分析方法，利用科学手段获取与处理船舶及其设备领域的相关数据，从专利时空分布、生命周期、专利分类号（IPC）、核心专利识别、专利成果类型等方面初步分析船舶技术领域的发展情况。

1.2.2.4 理论模型与现实应用相结合

将建立的船舶及其设备评价指标体系和评价模型与船舶行业实际情况进行结合，提出具有针对性、准确性、适用性的科学布局策略，有助于提升研究的理论价值与实际价值。

1.3 研究的创新点

本书的三大创新之处主要体现在以下方面。

1）在专利布局的分析过程中，引入层次分析法、聚类分析法和普莱斯定律。尽管专利分析已经成为测度船舶行业技术能力的一个良好指标，但当不同国家在完全不同的核心技术领域从事研发活动时，仅应用专利分析进行比较就会产生一定的问题。因此，本书提出基于层次聚类的专利分析法，对若干国家的企业申请人进行分组，使其更具可比性。值得一提的是，本书所采用的层次聚类分析与简单的归类分析不同。一般的归类分析往往是以其中一个变量作为指标将对象进行分类，而层次聚类分析可以同时选择多个变量作为指标将对象划分为类群，使研究结果更具整体性。此外，本书还利用定量分析的普莱斯定律，有效识别船舶及其设备的核心专利，较好地描述整个行业内众多企业的技术焦点与技术强度，从而为专利战略布局提供科学的决策支持。

2）基于国内外标准与规范，通过文献梳理和层次分析法，将定性分析与定量分析完美结合。已有国内外船舶标准和规范对标分析的研究，主要从规范和标准的条例内容、适用范围、检验要求等方面进行整理与分析，所得结论往往较为主观，忽视了定量分析的重要性。因此，本书基于前人研究进行文献梳理，利用层次分析法、熵权分析法和模糊综合分析法分别对国内外船舶及其设备进行定量评价，将服务与认证、基础设施建设、设备与系统、材料与维护、环境与安全等方面内容纳入评价体系，更加全面、客观地评价了美国、日本、挪威、韩国等各国船级社的标准与规范,为各国船级社的关键性技术建设提供了有力参考。

3)利用热点词云图、空间专利地图、旭日图、饼状图、折线图等图表形式,直观、形象地反映出国内外船舶及其设备的专利发展情况。通过对已有研究的梳理发现,尽管进行专利分析的文章较多,但大多是从静态角度出发的。所以,本书首次从动态变化的角度利用专利地图方式对船舶及其设备展开分析。一方面,通过动态连续的图形变化,能够让研究者较好地了解行业变化趋势;另一方面,利用多种直观图形,能够丰富研究内容和视角,有利于吸引更多学者关注船舶领域。

2 国内外主要机构在各重点领域制定实施的标准与规范情况

2.1 油船

2.1.1 国际标准化组织

2.1.1.1 符号与术语

1)符号:

C_m——溶液的电导率;

C_s——磨料电导率;

K——单元。

2)缩写形式:

CTF——涂层技术文件;

DFT——干膜厚度;

FROSIO——挪威表面处理检查员教育和认证专业委员会;

IACS——国际船级社协会;

IMO——国际海事组织;

JSRA-SPSS——日本造船研究协会-钢表面涂装前的准备标准;

JSTRA SPSS for PSPC——日本船舶技术研究协会用钢基板制备标准;

NACE——美国腐蚀工程师协会;

NDFT——标称干膜厚度;

PSPC——防护涂料性能标准;

QA——质量保证;

QC——质量控制;

SOC——符合性声明;

SSPC——防护涂料协会(原美国钢结构涂装委员会);

TAC——型式批准证书;

COT——货油舱。

2.1.1.2 双侧蒙皮空间

(来源:https://www.iso.org/obp/ui/#iso:std:iso:16145:-1:ed-1:v1:en)

ISO 16145 的这部分亦适用于在 2006 年 12 月 8 日或之后订立新建合约的双壳结构长度为 150 m 及以上的油轮的专用海水压载舱，以及长度为 90 m 及以上的散货船的双侧船皮舱。

注：双侧蒙皮空间是一种结构，其中每个船舷由带纵向舱壁的侧壳构成，该侧壳与双层底部和甲板相连。料斗侧罐和顶部罐（如果安装）可能是双侧蒙皮配置的组成部分。因此，当在单侧蒙皮结构的散货船上提供作为顶舱部分的空隙空间或其他指定槽时，不需要认为是双侧蒙皮空间，如图 2.1.1 和图 2.1.2 所示。

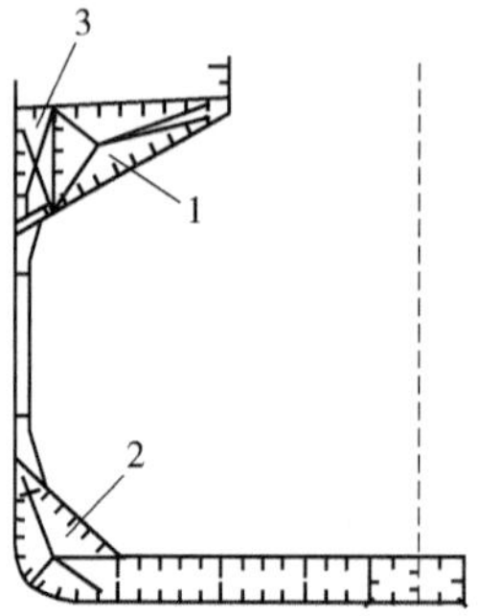

图 2.1.1　单侧蒙皮结构的散货船中层剖面图

1—顶边舱；2—料斗侧罐；3—空隙空间或其他指定槽（不被认为是双侧蒙皮空间）

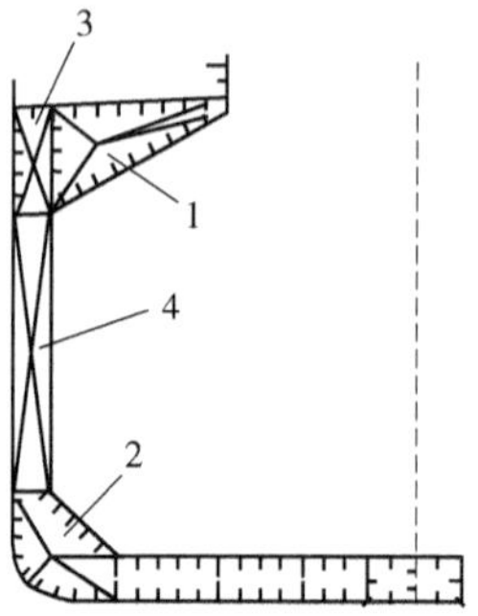

图 2.1.2　双侧蒙皮结构的散货船中层剖面图

1—顶边舱；2—料斗侧罐；3—空隙空间或其他指定槽（可视为双侧蒙皮空间）；4—双侧蒙皮空间

2.1.2　废除油类物质

表 2.1.1 中列出的危险液体物质，在现行 IBC 规则中指附着的、被 MEPC（海洋环境保护委员会）指定为油状物质的物质。目前，这些物质在装有有效灭火剂的油轮中运输时允许按要求排放，但本次修订取消了这一规定。

装有有效灭火剂的油轮持有 IOPP 证书（国际防油污证书），它们可以携带油类物质和一份待装载的油类物质表，但需要一份有效的符合性证书，且只能用其拥有的化学品船装载。

表 2.1.1 指定为油类物质的危险液体

航空烷基化物（C8 链烷烃和壬烷（所有异构体）异链烷烃 B.Pt.95~120 ℃）	
环庚烷、环己烷	辛烷（所有异构体）
环戊烷对甲基	烯烃选择（C5-C7）
异丙基苯乙基	戊烷（所有异构体）
环己烷庚烷（所有异构体）	戊烯（所有异构体）
	1-苯基-1-二甲苯基乙烷
	丙烯二聚体
庚烯（所有异构体）	四氢萘
己烷（所有异构体）	甲苯
己烯（所有异构体）	二甲苯
异丙基环己烷、甲基环己烷	二异丙基萘

2.1.3 CCS

2.1.3.1 油船运营检验指南

（1）油船的典型布置

常见油船均为尾机型，如图 2.1.3 所示。《国际海上人命安全公约》（SOLAS）要求，1998 年 7 月 1 日或以后安放龙骨的船舶，驾驶室两侧翼桥延伸到船舶左右两舷型宽处，从每一侧驾驶室翼桥所见的水平视域延伸为一个不小于 225° 的扇面，船舷应从驾驶室翼桥可见。船艏甲板略有升高或设有首楼，对于 FP（艏垂重线）≤60° 的油船，首楼不允许设置在油舱之上，首楼的出入口应布置在气体危险区域以前。

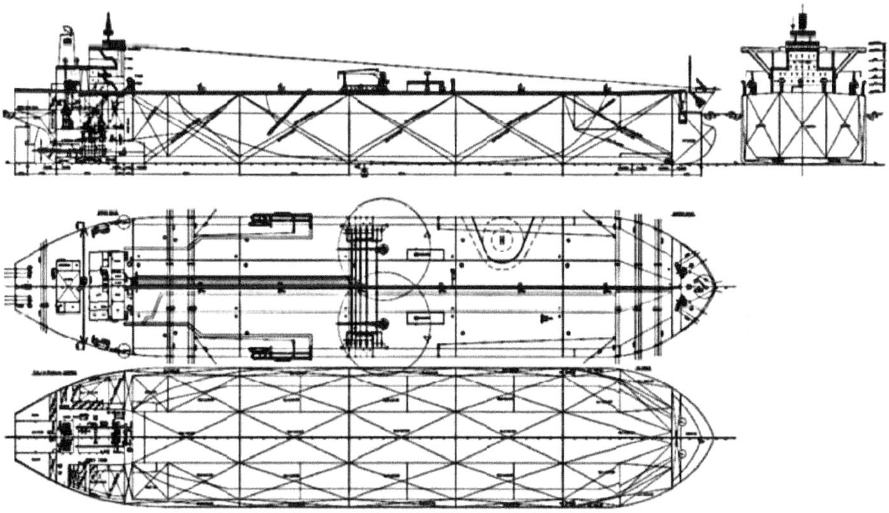

图 2.1.3 油船的典型布置

货舱区域与机器处所采用泵舱、燃油舱、空舱等分隔，货物区域的压载管系、舱底管系、通风管系、货物处理和维护系统管系与机器处所完全独立或隔离，货物区域泵系在泵舱内可以就地控制，泵系由机器处所内的发电机或喷射泵驱动，机器处所与泵舱之间设有轴封。部分油船采用饱和蒸汽驱动货泵，如果驱动系统全部设置在货泵舱内，机舱与货泵舱的舱壁上可不设置轴封。

货舱区域与船艏压载舱一般用隔离空舱分隔。如首尖舱与货舱区域未设置隔离空舱，该首尖舱应能自露天甲板气体安全区域处直接进入。

（2）双壳油船

1996 年 7 月 6 日或之后交船的 5 000 DWT 及以上油船需要设置双壳结构，双壳结构需要满足 CCS 钢规和《国际防止船舶造成污染公约》（MARPOL）附则 I 的要求，具体如下。

1）载重量 5 000 t 或以上的油船：

①边舱或处所的宽度取 W=0.5 m+DW/20 000 和 W=2.0 m 的小者，最小值 W=1.0 m；

②双层底舱或处所的高度取 h=B/15 和 h=2.0 m 的小者，最小值 h=1.0 m。

2）载重量 5 000 t 以下的油船：

①可按载重量 5 000 t 或以上油船的要求设置边舱和双层底舱，或至少设置双层底舱或处所的高度 h=B/15，最小值 h=0.76 m；

②各货油舱每舱容积如超过 700 m^3，需要设置边舱或处所，其宽度 W=0.4 m+2.4DW/20 000，最小值 W=1.0 m。

应注意的是，1996 年 7 月 6 日或之后交船的 200 000 DWT 或以上的双壳油船，还应在计算破舱稳性时补充如下假定的船底损坏（MARPOL 附则 I 第 28.6 条）。

①纵向范围：

a）载重量 75 000 t 或以上的船舶，自首垂线起 0.6L；

b）载重量小于 75 000 t 的船舶，自首垂线起 0.4L；

②横向范围：船底任何位置的 B/3。

③垂直范围：外部船体的损坏。

双壳油船典型的结构布置为双层底、双舷侧、单甲板的纵骨架式结构，货舱区域内外壳之间应为水舱或空舱。满足共同规范要求的油船（$L \geqslant 150$ m）为典型的双壳油船，其区别在于载荷分析、结构计算更为合理。

3）大型的双壳油船设有一个中央货油舱和两个货油边舱，横撑材设置在中央货油舱或者货油边舱内，纵舱壁为平面舱壁，典型横剖面如图 2.1.4 和图 2.1.5 所示。

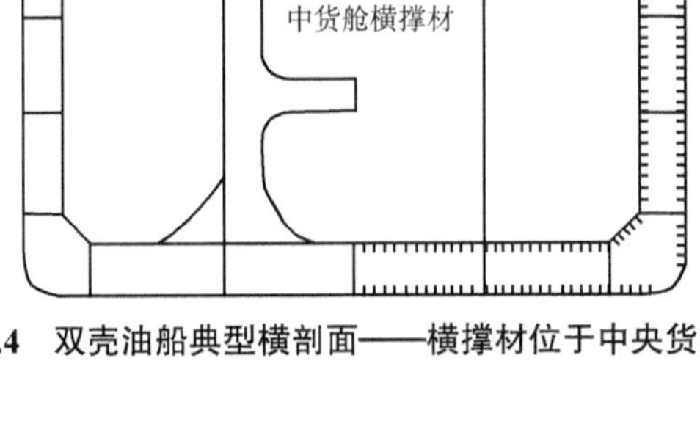

图 2.1.4　双壳油船典型横剖面——横撑材位于中央货油舱内

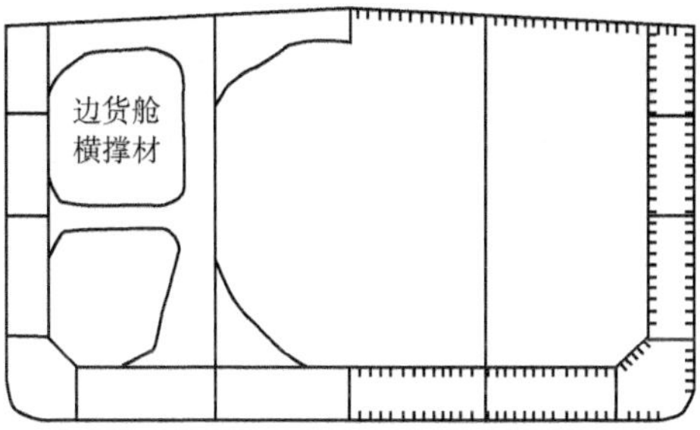

图 2.1.5　双壳油船典型横剖面——横撑材位于货油边舱内

4）双壳油船横剖面和横舱壁结构的典型术语，如图 2.1.6 所示。

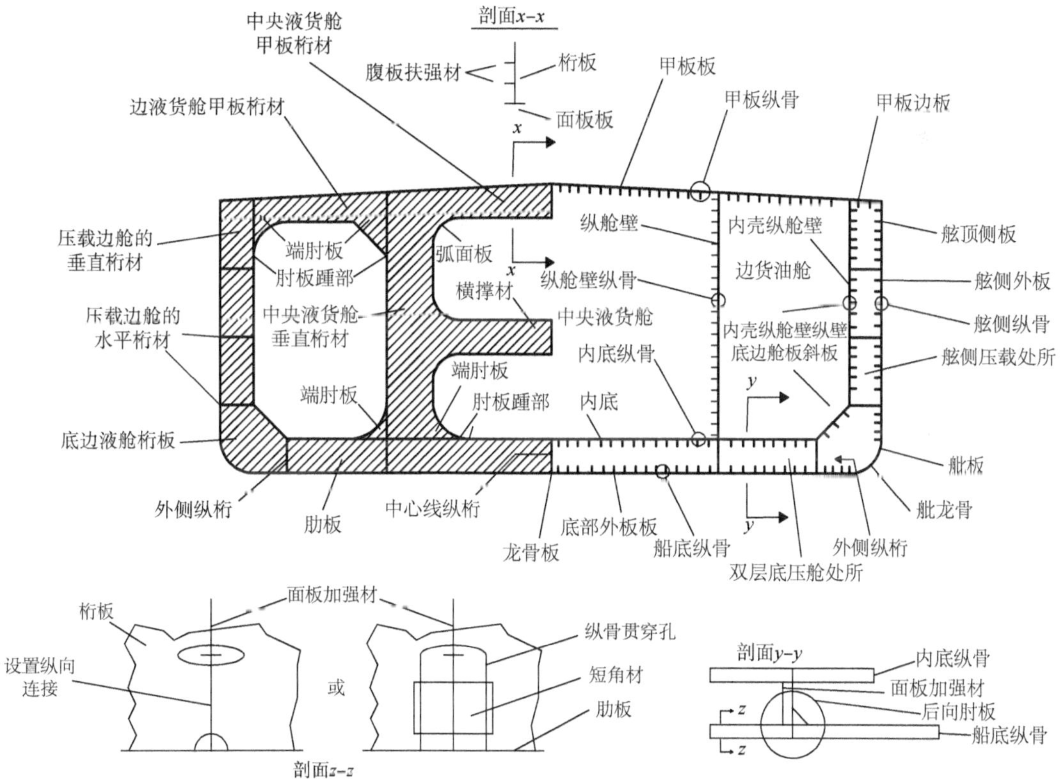

图 2.1.6　双壳油船横剖面和横舱壁结构的典型术语

5）设有两个货油边舱的双壳油船，中纵舱壁为平面舱壁（成品油船的中纵舱壁一般设计成锥形舱壁），货油舱内无横撑材，典型横剖面如图 2.1.7 和图 2.1.8 所示。

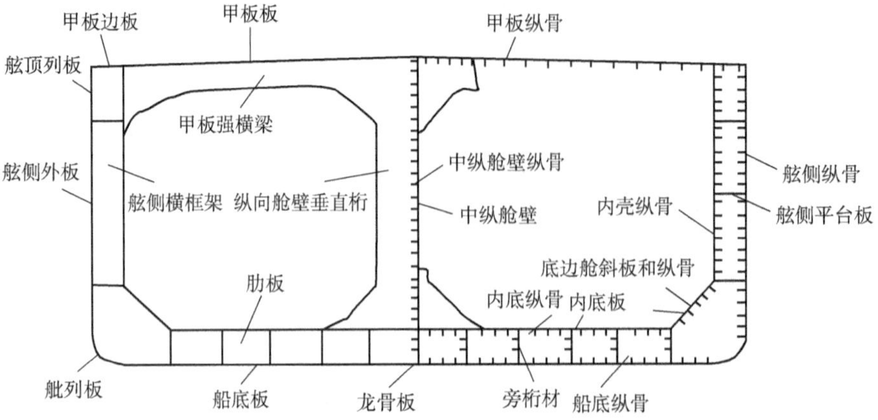

图 2.1.7　双壳油船典型横剖面——两个货油边舱

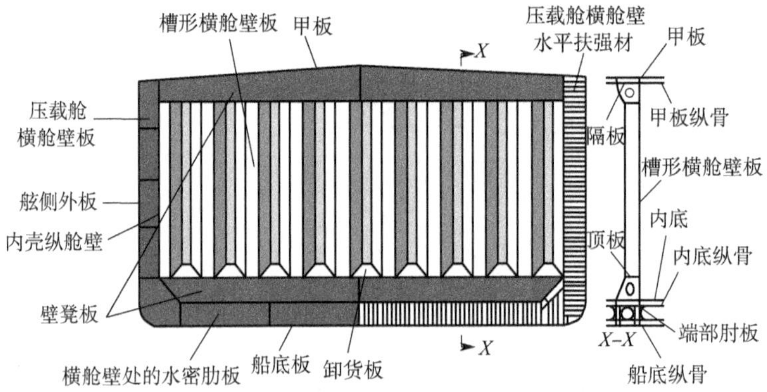

图 2.1.8　双壳油船典型横剖面——槽形横舱壁

（3）单壳油船（某些非公约船或加燃油船等）

1996 年 7 月 6 日或之后交船的 600~5 000 DWT 油船需要设置双层底舱或处所，且需要同时满足单个货油舱容积小于 700 m^3 的要求，载重量小于 600 载重吨的油船可以不设双层底和双层壳。单壳油船为非双壳结构，一般具有单甲板，单独具有双层底或单独具有双舷侧的纵骨架式结构的船舶，典型横剖面如图 2.1.9 所示。

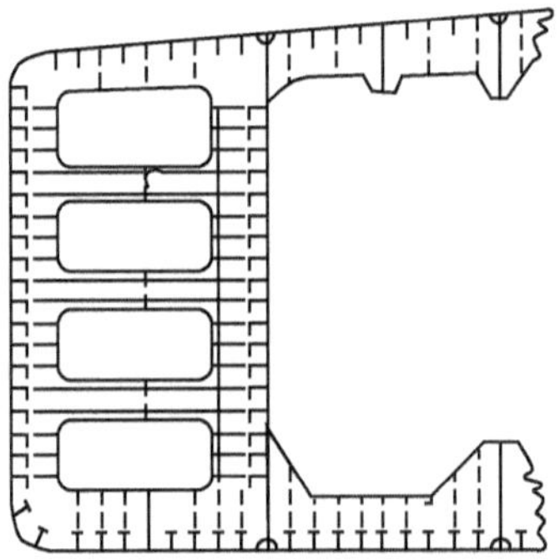

图 2.1.9　单壳油船典型横剖面

（4）货泵舱的双层底保护

MARPOL 附则 I 第 22 条规定，2007 年 1 月 1 日或以后建造的 5 000 DWT 或以上的所有油船，货泵舱需要设置双层底保护，双层底高度取 $h=B/15$ 和 $h=2.0$ m 的小者，最小值 $h=1.0$ m。如船舶结构设置已经确保货泵舱底部高于 MARPOL 的规定值，货泵舱可以免除设置双层底要求。保护货泵舱的双层底可以是空舱、压载舱或者不受其他条款限制的燃油舱（对于 2010 年 8 月 1 日或以后交船的油船），燃油舱的布置需要满足 MARPOL 附则 I 第 12 条要求的双壳底保护。如双层底破损以后不会影响压载泵的操作，压载管系允许穿过该双层底。污水井允许设置在双层底区域内，且污水井应尽可能小，其底部距船体外板高度应不小于 $0.5h$。

（5）船体构件变形极限

1）定义。

①褶皱：指骨架间钢板的挠曲，其最大挠度应在骨架间沿短方向测量。

②凹陷：指骨架与钢板的共同挠曲，其最大挠度应在完好的骨架间测量。

2）钢板褶皱极限。

①由于撞击产生的变形。

a）横骨架式强力甲板、舷顶列板和船底外板在船中 $0.4L$ 区域内褶皱的最大允许挠度 f_{max} 规定如下：

$f_{max} \leqslant 2.6t$，当 $s/t \leqslant 50$ 时

$f_{max} \leqslant 0.06s$，当 $s/t > 50$ 时

b）横骨架式的其余位置及纵骨架式板褶皱的最大允许挠度 f_{max} 规定如下：

$f_{max} \leqslant 3t$，当 $s/t \leqslant 50$ 时

$f_{max} \leqslant 0.07s$，当 $s/t > 50$ 时

其中：s 为褶皱处的肋距或纵骨架式的纵骨间距，mm；t 为褶皱处外板的厚度，mm。

②由于应力产生的变形。

a）变形特征：位于船中部 $0.4L$ 区域内的上甲板和底板的变形遍及全宽；骨架间板材形成有规则的波浪状褶皱。

b）变形极限：

横骨架式褶皱的最大极限允许挠度 $f_{max} \leqslant 15\ \text{mm} + 1.5t$

纵骨架式褶皱的最大极限允许挠度 $f_{max} \leqslant 20\ \text{mm} + 2t$

其中：t 为褶皱处板的厚度，mm。

c）变形处理：对应力变形应做详细记录，如超过变形极限，应更换大于原板厚的板材或予以加强。

3）板架凹陷极限：

板架凹陷的最大允许挠度 $f_{max} < 6L + 10$ mm

其中：L 为中骨架的跨度，m。

4）其他规定：

①骨材自由端偏移不得超过其长度的 4%；

②龙骨、肋板、双层底桁材腹板的褶皱不得超过板高度的 4%；

③肘板不允许有褶皱变形，肋骨与横梁在端部的相对位移不得超过该处肋骨的厚度；

④骨架不允许有明显的弯曲变形；

⑤对于甲板开口总宽度超过60%船宽，或舱口长度超过70%舱口两端横向甲板条中心线之间距离的船舶，对其抗扭强度应特别注意；

⑥横向强度构件，特别是四分之一船长附近的横向强度构件有规律性变形时，也应适当加强；

⑦船舶受力构件，尤其是舷侧顶列板、甲板边板，以及上层建筑端部、船中部0.4*L*区域内的舷边连接和舱口角隅等部位不允许有任何裂纹。

（6）典型结构节点形式的修改和加强

典型节点损伤案例及建议处理要求，除表面细微裂纹外，裂纹不允许直接焊补，高应力区的裂纹直接采用打磨消除只是一种临时修理措施，应在条件允许情况下尽快予以修理和加强。

肘板趾端出现裂纹，一般采取加大肘板软趾、将软趾较原趾端加长100 mm以上，此时需要注意与附近结构的匹配、补充反面背撑肘板等，修理后将趾端的焊缝以及焊缝包角区域打磨光顺。油船大量的疲劳损伤表现为肘板趾端裂纹，例1至例5是典型肘板趾端结构更改的详细技术要求示例。对于强力结构，如桁材与框架之间的连接肘板，因位置限制无法加长趾端时，一般要求采取深熔焊，施焊结束后进行焊缝无损检测（NDT）。肘板割换时应遵循下面三个原则：

1）割换区域应具有一定的距离，即距离任何焊缝不得小于200 mm；

2）在条件允许的情况下，注意增加焊缝长度，以减少焊接缺陷对船体结构的影响；

3）高应力区的贴补板应避免布置成直角。

例1　框架与舷侧纵骨连接肘板详细技术要求（无背撑肘板）如图2.1.10所示。

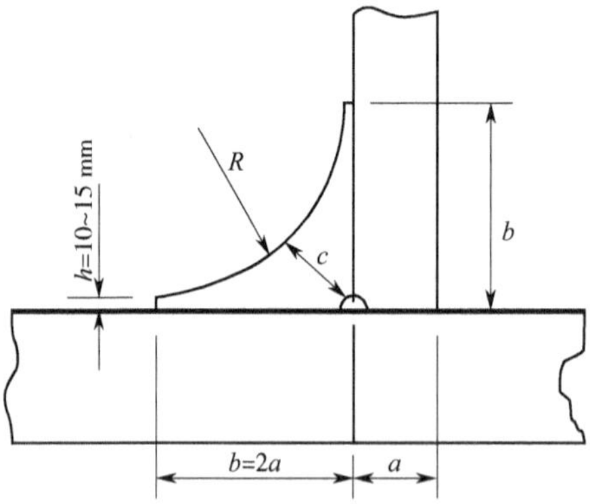

图2.1.10　框架与舷侧纵骨连接肘板详细技术要求（无背撑肘板）

其中：

1）$R=(b-h)\times 1.6$，趾端最大斜率为1∶3；

2）施工时先将具有软趾的肘板与纵骨连接；

3）通焊孔应尽可能小，建议不大于35 mm；

4）肘板趾端高度应尽可能小，一般在 10~15 mm，如需要磨平，肘板与纵骨需要熔透焊；

5）对于未做加强的肘板，其长厚比应不大于 50：1。

例 2 框架与舷侧纵骨连接肘板详细技术要求（有背撑肘板）如图 2.1.11 所示。

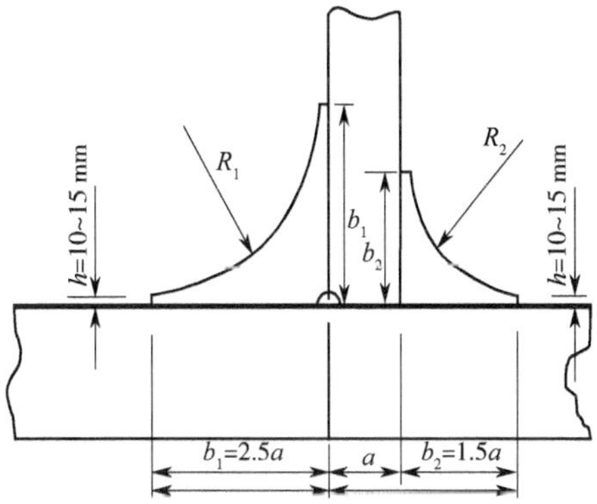

图 2.1.11 框架与舷侧纵骨连接肘板详细技术要求（有背撑肘板）

其中：

1）$R_1=(b_1-h)\times 1.6$，$R_2=(b_2-h)\times 1.6$，背撑 b_2 应尽可能不小于 300 mm，趾端最大斜率为 1：3；

2）施工时先将具有软趾的肘板与纵骨连接；

3）通焊孔应尽可能小，建议不大于 35 mm；

4）肘板趾端高度应尽可能小，一般在 10~15 mm，如需要磨平，肘板与纵骨需要熔透焊；

5）对于未做加强的肘板，其长厚比应不大于 50：1。

例 3 框架与舷侧纵骨连接肘板详细技术要求（有加强筋）如图 2.1.12 所示。

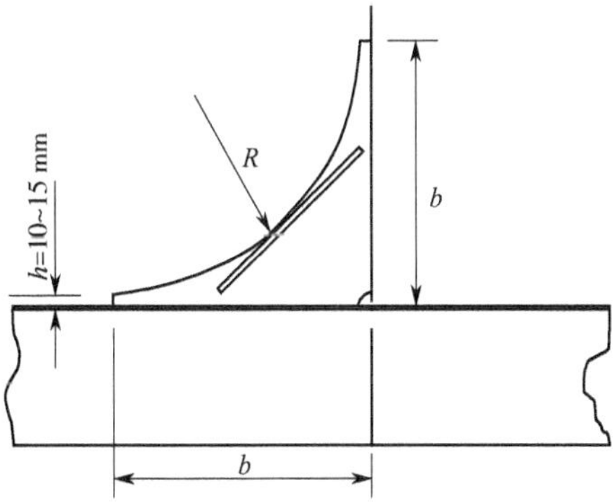

图 2.1.12 框架与舷侧纵骨连接肘板详细技术要求（有加强筋）

其中：

1）$R=(b-h)\times 1.6$，趾端最大斜率为 1：3；

2）施工时先将具有软趾的肘板与纵骨连接；

3）通焊孔应尽可能小，建议不大于 35 mm；

4）肘板趾端高度应尽可能小，一般在 10~15 mm，如需要磨平，肘板与纵骨需要熔透焊；

5）对于未做加强的肘板，其长厚比应不大于 50∶1，肘板加强筋两端削斜。

例 4 框架加强筋与舷侧纵骨连接肘板详细技术要求如图 2.1.13 所示。

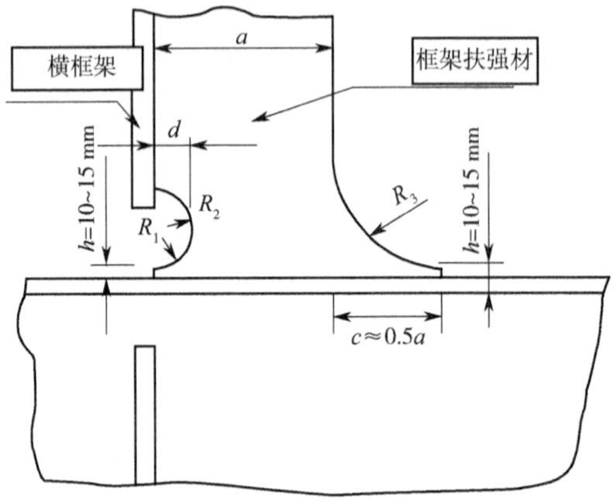

图 2.1.13 框架加强筋与舷侧纵骨连接肘板详细技术要求

其中：

1）$R_1=1.6\times d$，$R_3=1.5\times c$，趾端最大斜率为 1∶3；

2）施工时先将具有软趾的肘板与纵骨连接；

3）通焊孔应尽可能小，应不大于 30 mm。

例 5 框架过渡结构设计细节 1 和细节 2 分别如图 2.1.14 和图 2.1.15 所示。

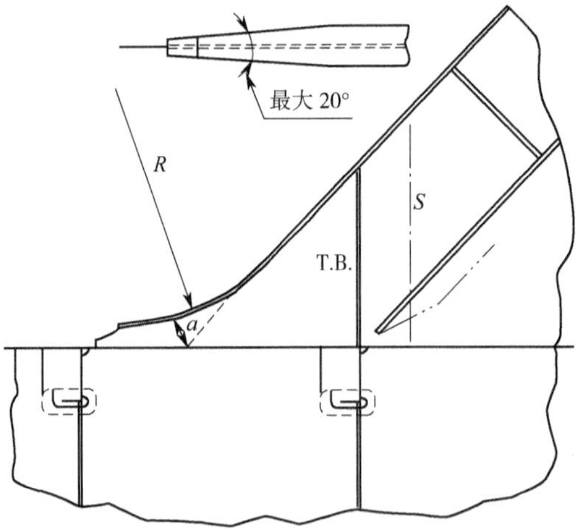

图 2.1.14 框架过渡结构设计细节 1

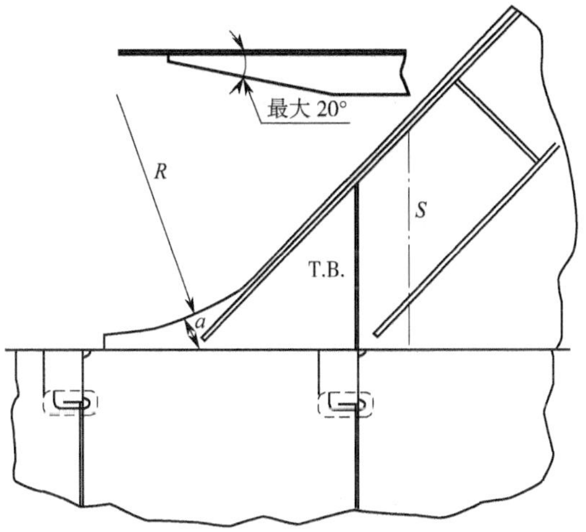

图 2.1.15　框架过渡结构设计细节 2

其中：

1）面板削斜角度应小于 20° 甚至更小，建议采用 1∶3 的比例，面板在端部的宽度应尽可能小，一般选取 t+20 mm（其中 t 为肘板面板趾端厚度），面板在端部的厚度也必须削斜，确保端部厚度为 10 mm，削斜比例为 1∶3；

2）腹板在趾端处应加厚，腹板趾端高度应尽可能小，一般在 10~15 mm；

3）腹板与面板和船体其他结构板应为熔透焊，熔透焊长度不应小于削斜区域或圆弧区域，焊接结束以后应将肘板趾端磨平；

4）腹板趾端过渡区域，数值 a 一般应保证达到面板过渡区域面积的 60%（见图中标记）；

5）框架上应设置必要的加强梯，以增加框架抗震变形的能力；

6）趾端附近构件贯穿孔应加设贴补板，直接位于趾端下方区域不能有贯穿孔；

7）施工中应重点关注框架板与下方构件的精确对齐（偏差不得大于 0.15t）。

（7）油船的防火

1）油船防火。

①货油舱隔离：对于载运货品闪点≤60 ℃的所有油船，货油泵舱、货油舱、污油水舱和隔离空舱应位于机器处所的前方，货油舱和污油水舱应通过隔离空舱、货油泵舱、燃油舱和压载舱与机器处所分开。

②除非经同意，货油主控制站、控制站、起居处所和服务处所应位于货油舱、污油水舱以及将货油舱或污油水舱与机器处所隔开的处所的后方，其布置应能保证任何舱壁或甲板的单个破损不会导致货油舱气体或油雾进入货油主控制站、控制站、起居处所和服务处所。

③除 A 类机器处所外，其他机器处所如侧推器间等可以位于货油舱的前方，但必须采用隔离空舱、货油泵舱、燃油舱或压载舱与货油舱或污油水舱隔开。

④如确有必要，可以把驾驶位置设在货物区域的上方至少 2 m 以上高度处。

⑤应设有使溢油远离起居处所和服务处所的挡油板，挡油板可以设在上层建筑的前端，也有部分油船将上层建筑前端壁作为挡油板的有效组成部分。货油甲板尾端的挡油板高度

不应小于 300 mm，且应自一舷延伸至另一舷，贯通整个船宽。最新部分国外油船码头要求如下。

a）小于 100 000 DWT 的油船，船艏甲板边缘连续挡油板高度，应至少从船艏 150 mm，逐渐过渡至货物舱后端与生活区隔离的横向挡油板，横向挡油板高度为 300 mm。

b）大于 100 000 DWT 的油船，船艏甲板边缘连续挡油板高度，应至少从船艏 250 mm，逐渐过渡至货物舱后端与生活区隔离的横向挡油板，横向挡油板高度为 400 mm。

c）面向货物区域以及左右两侧 0.04L 范围以内（不小于 3 m，也不必大于 5 m），不应布置上层建筑或尾部甲板室的出入口、空气进口和开口。驾驶室的门可以在此区域内，只要其能保证迅速气密和油气密。该区域内的上层建筑及甲板室（含驾驶台）的窗应为非开启式。通向货物主控制站和诸如食品间、储藏室及物料间这类服务处所的出入门可以开设在此限制范围内，但是这些出入门不得直接或间接通往包括有或用作起居处所、控制站的任何其他处所，或诸如厨房、配膳室或工作间的服务处所，或含有油气着火源的类似处所。这种处所的限界面应隔热至“A-60”级标准，但面向货物区域的限界面除外。

d）部分油船面向货物区域开有直接通往首楼的门，应确认首楼内无点火源，即首楼内电气设备应为防爆型，首楼端壁不必隔热至“A-60”级标准。

e）货物区域不允许存在点火源，即货物区域的任何电气设备不允许直接暴露在大气中，货物区域电缆采用套管形式或采用本质安全电路，套管法兰连接处具有绝缘垫，而对于开关、照明灯等要求为本质安全型。首楼端壁不必隔热至“A-60”级标准。对于闪点不超过 60 ℃ 的油船，首楼的任何部分不允许直接设置在油舱的上方。

2）起居处所内的防火。

①1984 年 9 月 1 日或以后安放龙骨的油船，尾部上层建筑和甲板室内应采用 IC 法，即以 B 级或 C 级分隔起居处所和服务处所，走廊和梯道环围不能使用可燃材料，所有起居处所和服务处所内的材料应为不燃型（少量镶嵌条除外），在走廊、梯道和脱险通道内装感烟探头，每层甲板均应设有手动报警按钮。上层建筑内专门设有吸烟室，配备电子点烟器，也有部分公司船舶全船禁烟。

②环围起居处所的上层建筑和甲板室的外部限界面，包括支撑该起居处所的悬伸甲板，其面向货物区域的所有部分以及从面向货物区域的限界面端部起 3 m 之内的外表面，应隔热至“A-60”级（驾驶台除外），1998 年 7 月 1 日或以后安放龙骨的油船，前述区域内的窗也需要隔热至“A-60”级，第一层上层建筑和甲板室不允许设置面向货物区域的窗。

③上层建筑内 A 级耐火分隔上的门及门框应为钢质结构，B 级分隔上的门应为不燃材料，其性能应与其所在舱壁的耐火性能相当，不得装设门背钩，但装有故障安全型遥控释放设备的门背钩除外。水密门不必隔热。

④上层建筑内走廊舱壁上，居住舱室和公共处所的门上或门以下可开通风口，通往盥洗室、办公室、厨房、储存间的 B 级门上也可开设通风口，开口应仅设在门下部。

⑤上层建筑内耐火分隔的贯穿件一般均需要通过《耐火试验程序规则》进行试验并认可，但是如该贯穿套管由厚度 3 mm 或以上且长度不小于 900 mm 的钢质材料制成，则认为已等效于 A 级分隔；如该贯穿件为厚度 1.8 mm 或以上的钢质套管，直径在 150 mm 或以上时长度不短于 900 mm，直径小于 150 mm 时长度不短于 600 mm，管路良好连接，则认为已

等效于 B 级分隔。有效截面面积不大于 0.02 m^2 的薄板导管穿过 A 级分隔，开口应衬有厚度至少为 3 mm 和长度至少为 200 mm 的钢套管。

3）脱险通道。

①所有起居处所、服务处所、机器处所和特种处所至少应有 2 条尽量远离的脱险通道，主管机关另有免除的除外。电梯不能作为脱险通道。

② 2002 年 7 月 1 日或以后安放龙骨的船舶，用于脱险通道的梯道和走廊的净宽度应不小于 700 mm，其中一侧应装设扶手，如净宽度在 1 800 mm 或以上则必须在两侧均装设扶手。梯道的倾斜角不得大于 50°，对于机器处所或狭小处所，该倾斜角可以放宽至 60°。脱险通道的门净宽应不小于 700 mm。

③ A 类机器处所应设有 2 条尽可能远离的脱险通道，除未围闭的钢梯外，其中 1 条脱险通道需要提供连续的防火遮蔽至机器处所外部，通道内钢梯的安装注意防止热量通过未隔热的固定点传入通道环围内。该环围通道的内部净尺寸应不小于 800 mm × 800 mm，只要能证明通行无碍，钢梯和肋骨可以设置在此净开口内；从 A 类机器处所下部通过 1 道可两面操纵的钢质门进入通往开敞甲板的布置也是可以接受的。1 000 总吨或以下的船舶，经主管机关同意，可以例外地免除其中一条通道。

④对机器处所，作为脱险通道一部分或通往脱险通道但不位于受保护环围之内的机器处所的斜梯和梯道的倾斜角不应大于 60°，且净宽不应小于 600 mm。

⑤2016 年 1 月 1 日以后安放龙骨的船舶，要求机器处所内所有斜梯和梯道采用钢质材料，其底面采用钢质护板，以防止下部热和火焰危害。同时，机器处所内的主工作间应设有 2 条脱险通道，其中至少有 1 条应提供连续防火遮蔽至机器处所外的安全位置。对于货船 A 类机器处所内的机器控制室应设有 2 条脱险通道，其中至少有 1 条应提供连续防火遮蔽至机器处所外的安全位置。

⑥对于偶尔进入的其他机器处所，如到门的最大距离在 5 m 或以下，可以只设置 1 条脱险通道。舵机处所如设有应急操舵且没有通道直接通向开敞甲板，应设置 2 条脱险通道。

⑦ 2002 年 7 月 1 日以前安放龙骨的船舶，其脱险通道的数量、宽度和倾斜角应使主管机关满意。

⑧所有船上 A 类机器处所内应配备紧急逃生呼吸器，布置应充分考虑机器处所的布置和该处所工作人员的数量，紧急逃生呼吸器应标示在批准的“防火控制图”上。船上还需要放置 1 个供训练用的紧急逃生呼吸器。

（8）灭火系统

1）水消防系统。

①水消防系统是所有船上必须配备的一种灭火系统，也是最基本且有效的灭火系统之一。水消防系统包括消防泵、消防水管、消防栓、消防水带和消防水枪。水消防系统往往兼具甲板冲洗、锚链冲洗和喷射器供水等用途，有时也兼作压载水管。

②500 总吨或以上的油船需要配备 2 台消防泵，消防泵的总排量（应急消防泵除外）应不少于每一独立舱底泵用于舱底排水时所需排量的 4/3，但不必超过 180 m^3/h。对于 1 600 总吨或以上设有无人值班机器处所的船舶，1 台主消防泵还应能从机器处所外面遥控启动。1 000 总吨或以上的船舶，2 台消防泵均必须提供独立驱动的动力源。

③500 总吨或以上、1 000 总吨以下的船舶,允许其中 1 台消防泵采用非独立驱动的动力源。

④机器处所内设置消防总管到机器处所外,在机器处所外易于到达的适当位置设置隔离阀。货物区域内隔离阀应装设在消防总管受保护的位置,其间距不得超过 40 m,其中一个应设在消防管分支处,以在发生火灾或爆炸时维持消防总管系统的完整性。

⑤消防水带应每 30 m 船长配备 1 根,A 类机器处所内每个消防栓配备 1 根。货物区域内的开敞甲板区域,消防水带的接头不可采用铝合金或其他塑料制造。所有消防水带长度不得小于 10 m,机器处所内不超过 15 m,其他处所不超过 20 m,对于型宽超过 30 m 的船舶,开敞甲板上的消防水带最大长度可以放宽至 25 m。

⑥每条消防水带应配有一支水枪和必要的接头,水枪应为经认可的设有关闭装置的两用型(水雾/水柱型)。货物区域内的开敞甲板区域,消防水枪不可采用铝合金制造。

2)固定式甲板泡沫灭火系统。

①泡沫灭火原理是海水与泡沫原液的混合液中混入空气而产生泡沫层,使燃烧物与空气隔绝,进而冷却以达到灭火目的,特别适合扑灭油类火灾。

②甲板泡沫灭火系统的泡沫倍数一般不超过 12,如发泡倍数略大于 12 倍,计算容量时应将其视为 12 倍,如采用中高倍泡沫,其计算和布置需要 CCS 特别批准。泡沫原液通过比例混合器与海水按照 3%~6%比例进行混合,通过管路形成完全的混合液,再加压从喷口放出时混合空气形成气泡而喷射。图 2.1.16 所示为典型的固定式甲板泡沫灭火系统示意图。

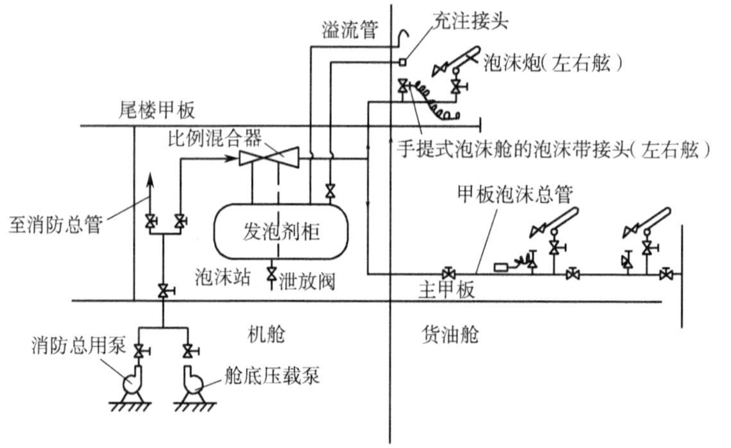

图 2.1.16　典型的固定式甲板泡沫灭火系统示意图

③常见的固定式甲板泡沫灭火系统的海水与泡沫原液混合方法有以下两种:

a)压力式混合法;

b)管路内混合法。

④ 4 000 DWT 及以上的油船(不论闪点如何)要求配备满足《国际消防安全系统规则》(FSS 规则)要求的固定式甲板泡沫灭火系统;4 000 DWT 以下的油船,可配备满足 FSS 规则要求的不带泡沫炮的固定式甲板泡沫灭火系统;2 000 总吨以下的载运闪点 60 ℃以上石油产品的油船,根据 IACS UI SC48 的解释,其货物处所可以不装设固定式甲板泡沫灭火

系统。

⑤供给泡沫的装置应能将泡沫输送到整个货油舱区域甲板，并且能送入甲板已经破裂的任何货油舱内。泡沫供给速率要求：

a）货油区域甲板不小于 0.6 L/（min·m²）;

b）单个货油舱甲板不小于 6 L/（min·m²）;

c）单个泡沫炮或泡沫枪前方不小于 3 L/（min·m²），且不小于 1 250 L/min。

⑥泡沫总量的要求如下：

a）当船上装有 IGS 系统时，供给时间不小于 20 min;

b）当船上未装有 IGS 系统时，供给时间不小于 30 min。

⑦甲板泡沫系统的操作应简单而迅速，系统的主控站应适当地布置在货油区域以外且靠近起居处所，并在被保护区域失火时能易于到达可操作的地点。

⑧如消防总管是甲板泡沫系统的整体组成部分，泡沫总管和消防总管均应装设阀门，这些阀门应安装在紧接任何泡沫炮之前。

⑨用于油船货油区域消防的泡沫一般为供应的 B 类低倍泡沫浓缩液，按照《固定式灭火系统用泡沫浓缩液性能、试验衡准和检验指南》（MSC.1/Circ.1312）要求，泡沫应进行定期检测，其间隔期要求为在供船后第 3 年进行 1 次检测，以后每年进行 1 次。国标《泡沫灭火剂》（GB 15308—2006）对各类型泡沫灭火剂的储存期做了相应规定，储存期内产品的性能应符合标准的要求，超过储存期的泡沫灭火剂每年应进行灭火性能试验，以确定产品是否有效。除此以外，还应关注主管机关和泡沫制造商的要求。

（9）蒸汽控制系统

1）蒸汽控制系统的布置不能影响货舱透气系统的正常使用，并与 IGS 系统有效隔离，与 IGS 系统的隔离目的可以通过阀件的设置实现。蒸汽控制系统应设有放残及回收装置。当船舶载运多种不相容的货品时，蒸汽控制系统也应相应加以隔开。

2）通岸接头应尽可能靠近装卸站的舷侧区域，且应安装一个可以手动操作的快关阀。接岸法兰应满足标准 ANSI B16.5 Class 150 的要求，该法兰上应安装一突起端（直径 12.7 mm，长度不小于 25.4 mm）用于蒸汽连接软管的良好对中，对应的蒸汽连接软管法兰有一个直径 16 mm 的圆孔。蒸汽软管的吊装过程应配有软管托架，以防软管扭折和压扁。每根蒸汽总管在其对外连接法兰前 1 m 的管子和附件外表面上应有涂色标志。涂色为红色、黄色、红色，红色宽度为 100 mm，中间黄色宽度为 800 mm，在黄色区标有黑体“VAPOUR”样，字体高度不小于 50 mm。每根输送软管应满足下列技术要求：

①最大工作压力不低于 0.035 MPa;

②能承受不低于 0.014 MPa 的真空度，且不会被压塌或收缩；

③爆破压力不低于 0.175 MPa;

④具有电气连续性，最大电阻为 10 kΩ;

⑤抗磨损和扭折。

3）货舱应装设闭式液位测量系统，如使用便携式测量系统，其数量应能够满足所有可以同时装卸的货舱并加配 2 个备品。

4）货舱应装设高液位报警系统以及高高液位报警系统，报警系统应同时具有声光报警功能且在货物控制站显示，其中高高液位报警系统还应在货物甲板区域安装相应的报警点。

（10）油船压载舱盖上的观察孔

1）根据石油公司的要求，在油船压载舱的人孔盖上需要安装观察孔。从观察孔的技术角度考虑，它应不破坏人孔盖的强度及水密完整性。相关规范对此无具体规定，实际设计时一般参照《带检查孔压载水舱人孔盖》（CB/T 3981—2008）执行。在人孔盖上安装带围板的观察孔，观察孔的具体参数见表 2.1.2 与表 2.1.3。

表 2.1.2　标准具体参数示例——螺柱固定式

（单位：mm）

公称直径	开孔内径	孔盖压槽内径	孔盖外径	盖板厚度	围板高度	围板厚度	螺柱直径	螺柱个数	锁紧方式
250	230	300	350	同人孔盖	20	—	M16	8	中心螺旋、向下锁紧

表 2.1.3　标准具体参数示例——夹扣旋转式

（单位：mm）

公称直径	开孔内径	孔盖压槽内径	孔盖外径	盖板厚度	围板高度	围板厚度	蝶形夹扣直径	蝶形夹扣个数	锁紧方式
250	230	320	—	同人孔盖	100	同人孔盖	M16	8	中心螺旋、向下锁紧

2.1.3.2　原油油船货油舱耐蚀钢材检验（2017 年）

（1）应用船舶和区域

1）当为满足 IMO SOLAS 公约要求而采用耐蚀钢作为原油船货油舱保护涂层替代措施时，应至少对下列区域（图 2.1.17）使用经认可的耐蚀钢。

①具有完整内部构件的上甲板，包括连接纵舱壁和横舱壁的肘板。在货油舱内部的环形强框架结构中，延伸至甲板下第一个防倾肘板面板之下的甲板横向骨架。

②纵横舱壁应保护至最上层检验通道，该最上层通道及其支撑肘板应全部保护。

③无最上层检验通道的货油舱舱壁，应向下保护至中心线处舱深的 10%，但距甲板不必超过 3 m。

④内底板及从底板上表面往上 0.3 m 的所有舱内结构（包括舱壁板）。

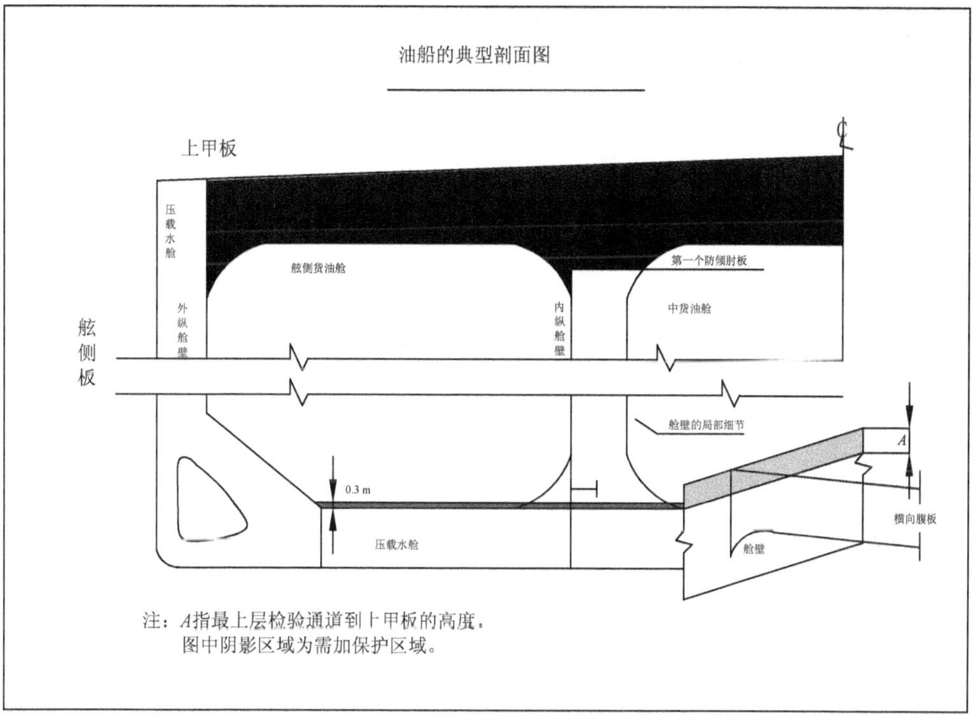

图 2.1.17　原油船货油舱耐蚀钢应用范围

2）当液货舱内位于规定的范围内的主船体结构采用耐蚀钢进行腐蚀防护时，位于同一区域内的下列结构也建议采用同样的耐蚀钢进行腐蚀防护：

①不构成船体结构的永久检验通道内部分构件，如扶手、独立平台、梯子、踏步等；

②与船体结构成为一体的通道，如作为步道的加宽纵向加强筋、纵梁；

③管子、测量装置等的支撑件。

（2）耐蚀钢及其焊接材料的选择

1）当采用耐蚀钢作为原油船货油舱腐蚀防护措施时，船厂应采用经公司认可的耐蚀钢，并尽可能采用与其相配套的认可的（证书中所载明的）焊接材料。当不采用钢材证书中载明的焊接材料时，通常应事先进行焊接工艺评定和耐腐蚀试验。

对规定的区域允许采用不同的耐蚀措施，甚至不同耐蚀保护方法的组合也可用于同一结构构件。通常根据耐蚀钢的耐蚀性可采用表 2.1.4 给出的组合防腐蚀措施。

表 2.1.4　原油船货油舱的防腐蚀措施

构件		上甲板	内底板
耐腐蚀方法	情况 1	耐蚀钢 RCU	耐蚀钢 RCB
	情况 2	PSPC-COT	耐蚀钢 RCB
	情况 3	耐蚀钢 RCU	PSPC-COT
	情况 4	耐蚀钢 RCW	耐蚀钢 RCW

注：同一构件可同时采用耐蚀钢和涂装保护。

2）当采用耐蚀钢作为货油舱腐蚀防护措施时，钢材的耐蚀性应适用于应用的位置，在同一区域内应尽可能采用与主结构同一牌号的耐蚀钢。

3）当不同品牌的耐蚀钢相互连接时，应进行连接部位耐蚀性试验，以验证不同材料之间的相容性。

4）当在采用耐蚀钢的部位需采用其他防腐蚀措施时，如阴极保护，应不损害其周边结构耐蚀钢的防腐蚀性能。

（3）耐蚀钢的加工

1）耐蚀钢进行冷弯加工时，通常弯曲半径不宜小于材料厚度的 3 倍。

2）对耐蚀钢进行热加工或火工校正时，温度通常不宜超过 900 ℃。

2.2 散货船

2.2.1 国际标准化组织

双侧蒙皮空间（来源：https://www.iso.org/obp/ui/#iso:std:iso:16145:-1:ed-1:v1:en），ISO 16145 的这部分亦适用于在 2006 年 12 月 8 日或之后订立新建合约的双壳结构长度为 150 m 及以上的油轮的专用海水压载舱，以及长度为 90 m 及以上的散货船的双侧船皮舱。

注：双侧蒙皮空间是一种结构，其中每个船舷由带纵向舱壁的侧壳构成，该侧壳与双层底部和甲板相连。料斗侧罐和顶部罐（如果安装）可能是双侧蒙皮配置的组成部分。因此，当在单侧蒙皮结构的散货船上提供作为顶舱部分的空隙空间或其他指定槽时，不需要认为是双侧蒙皮空间，如图 2.2.1 和图 2.2.2 所示。

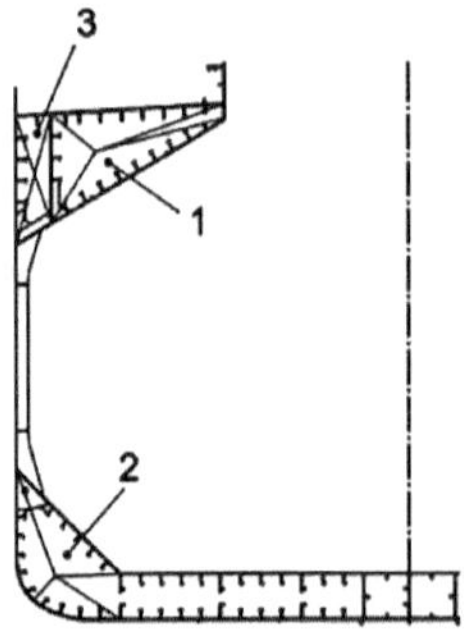

图 2.2.1 单侧蒙皮结构的散货船中层剖面图

1—顶边舱；2—料斗侧罐；3—空隙空间或其他指定槽（不被认为是双侧蒙皮空间）

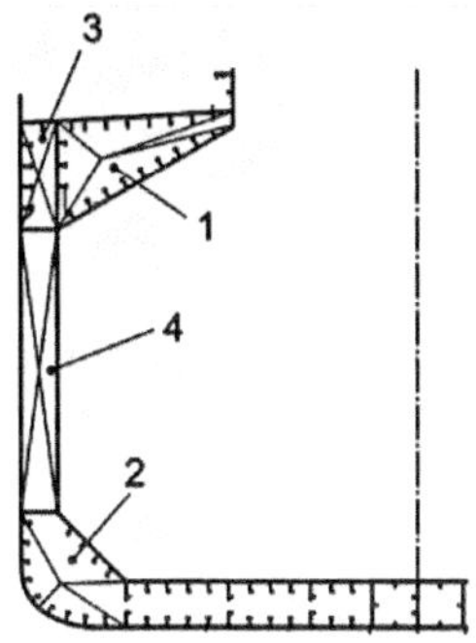

图 2.2.2　双侧蒙皮结构的散货船中层剖面图

1—顶边舱；2—料斗侧罐；3—空隙空间或其他指定槽(可视为双侧蒙皮空间)；4—双侧蒙皮空间

2.2.2　ABS

2.2.2.1　散货船结构

(1)长度

1)尺寸长度(L):夏季载重线上从阀杆前侧到舵杆中心线的距离,以 m(ft)为单位。L 应不小于夏季载重线长度的 96%,也不必大于 97%。L 的前端应与测量 L 的吃水线上的阀杆前侧重合。

2)干舷长度(L_f):从龙骨顶部到舵杆中心线的最小型深 85%处的水线上的距离,或该水线上长度的 96%,以较大者为准,以 m(ft)为单位。如果阀杆在最小型深 85%处的水线以上为一平凹曲线,并且阀杆的最后点在水线以上,则 L_f 的前端应平行于设计水线。

(2)宽度(B)

B 是以 m(ft)为单位的最大成型宽度。

(3)深度

1)成型深度(D):以 m(ft)为单位的侧面型材深度,在 L 的中点处测量,从型材基线到干舷甲板梁的顶部。对于具有圆形舷缘的船舶,D 应测量至甲板型线与舷侧外板型线的交点。如果水密舱壁延伸至干舷甲板以上的甲板并在记录中记录为对该甲板有效,则 D 应测量至舱壁甲板。

2)扫描深度(D_s):用于尺寸要求的深度 D_s 测量到力度甲板。

(4)尺寸草稿(d)

d 是在长度 L 的中点处测量的吃水,以 m(ft)为单位,从最低点的型龙骨或槽口线到估计的夏季载重水线、设计载重水线或 0.66D,以较大者为准。

(5)甲板

1)干舷甲板:通常是最上层的连续甲板,具有永久关闭其露天部分的所有开口的装置,并且在该甲板下方,船侧的所有开口均配备有永久关闭水密装置的装置。如果船舶设计的特殊吃水远低于根据《载重线公约》可获得的最低干舷,则其干舷甲板可作为最低,实际甲板根据相关规定获得。

2)舱壁甲板:水密舱壁延伸并有效的最高甲板。

3)强力甲板：在其长度的任何部分形成有效船体梁顶部的甲板。

4)上层建筑甲板：干舷甲板上方的甲板，舷侧外板延伸至该甲板。除非另有规定，上层建筑甲板指干舷甲板以上的第一个此类甲板。

(6)甲板室

甲板室是干舷甲板上方的封闭结构，其侧板设置在船体侧壳板内侧大于船宽 *B* 的4%处。

(7)载重吨和轻型船重量

载重吨(DWT)是指船舶在夏季载重线比重为 1.025 的水中的排水量与轻型船重量之间的吨(长吨)差。轻型船重量是指船舶的排水量，以吨(长吨)为单位，不包括货舱、燃料、润滑油、压载水、淡水和给水、消耗品、乘客和船员及其影响。

(8)总吨位

1)国际吨位：为适用于非限制性航行的船舶(参见 ABS 入级条件规则(第 1 部分)的 1-1-3/1)，所引用的总吨位是指内部容积的量度。根据《1969 年国际船舶吨位丈量公约》的规定，确定船舶的内空间。

2)国家吨位：作为替代方案，考虑基于国家吨位测量和国家法规适用的要求，适用于仅在国内服务的船舶。(参见 ABS 分类条件规则(第 1 部分)的 1-1-3/7)。

(9)单位

这些规则以三种单位制编写，即 SI 单位、MKS 单位和美国惯用单位。每个系统都应独立于任何其他系统使用。除非另有说明，三种单位制规则中的表示格式如下：SI 单位(MKS 单位，美国惯用单位)。

2.2.2.2 材料

(1)材料等级

相关材料等级见表 2.2.1 和表 2.2.2。

表 2.2.1 材料等级(2017)

板厚 t(mm)(in)	材料类型	
	Ⅰ	Ⅱ
$t \leqslant 15$($t \leqslant 0.60$)	A[①]，AH	A，AH
$15<t \leqslant 20$($0.6<t \leqslant 0.79$)	A，AH	A，AH
$20<t \leqslant 25$($0.79<t \leqslant 0.98$)	A，AH	B，AH
$25<t \leqslant 30$($0.98<t \leqslant 1.18$)	A，AH	D，DH
$30<t \leqslant 35$($1.18<t \leqslant 1.38$)	B，AH	D，DH
$35<t \leqslant 40$($1.38<t \leqslant 1.57$)	B，AH	D，DH
$40<t \leqslant 100$($1.57<t \leqslant 4.0$)	D，DH	E，EH

注：①由 ABS 认可的钢厂生产的 ASTM A36 钢，经 ABS 测试和认证，可以代替Ⅰ A 级钢，其厚度为板材 12.5 mm(0.5 in)和型材 15 mm(0.6 in)。

表 2.2.2 低温暴露材料的类别和等级应用(2017)

结构成员类别		材料类型	
		内 0.4L 在船中部	外 0.4L 在船中部
二次	甲板一般暴露在大气环境下	Ⅰ	Ⅰ
	侧边镀板在横舱壁上方		
	舷墙①以上横舱壁		
主要的	甲板强度	Ⅱ	Ⅱ
	强力甲板以上的连续纵向构件,不包括纵向舱口围板		
	BWL①以上纵向舱壁		
	BWL①上方机翼舱壁		
特殊的	加强甲板的横条②	Ⅲ	Ⅲ
	加强甲板上的桁板②		
	纵向舱壁的甲板横条③		
	连续纵向舱口围板③		

注:①适用于船体包膜钢板暴露于低温环境下的钢板,至少有一条板条应与外露镀层相同,且宽度至少为 600 mm(24 in);
②特别考虑到大舱口口角的电镀。Ⅲ级或 E/EH 级适用于可能发生高局部应力的位置;
③长度超过 250 m(820 ft)的船舶,在船中部 0.4L 范围内不得低于 E/EH 级。

(2)结构构件材料等级

结构构件材料等级见表 2.2.3。

表 2.2.3 结构构件材料等级(2017 年)

结构构件类别		材料类型	
		内 0.4L 在船中部	外 0.4L 在船中部
外壳	底板,包括龙骨板	Ⅱ	A②/AH
	舱底材	Ⅱ	A②/AH
	面镀	Ⅰ	A②/AH
	加强甲板的横条①	Ⅱ	A②/AH
甲板	强度钢甲板	Ⅱ	A②/AH
	加强甲板上的桁板	Ⅱ	A②AH
	舱口内和暴露在大气条件下的甲板	Ⅰ	A②/AH
	油罐车纵向舱壁处甲板横条	Ⅱ	A②/AH
纵舱壁	单底容器的最低横条	Ⅰ	A②/AH
	最上横条,包括机翼顶部的横条	Ⅱ	A②/AH

续表

结构构件类别		材料类型	
		内 0.4L 在船中部	外 0.4L 在船中部
其他一般结构	外部连续纵向构件和舭龙骨(2015 年 2 月 1 日)支撑舵和螺旋桨凸台、舵、舵角、转向设备③、螺旋桨喷嘴和轴支架的船艉框架电镀材料	Ⅱ	Ⅰ
	上述类别和局部结构中未提及的强度构件	A②/AH	A②/AH

注:①半径舷板可以考虑满足纵梁板和横条板的要求,只要它在板内和垂直延伸适当的距离;

②由 ABS 认可的钢厂生产的 ASTM A36 钢,经 ABS 测试和认证,可以代替 1A 级钢,用于厚度不超过 12.5 mm(0.5 in)的钢板和不超过 19 mm(0.75 in)的型材;

③(2015 年 7 月 1 日)除舵以外的转向设备部件。

2.2.3 NK

2.2.3.1 负载场景及对应规则要求(散货船和油船通用结构规则)

负载场景及对应规则要求见表 2.2.4。

表 2.2.4 负载场景及对应规则要求

通航状态	负重型	设计载荷方案	容许基准
外洋航行			
航行中	暴风雨天气的静态和动态载荷	S+D	AC-SD
	暴风雨天气的冲击负荷	冲击(I)	AC-I
	油箱内倾斜负荷	速度(SL)	AC-S
	反复波浪负荷	疲劳(F)	—
流通法或顺序法压载水交换	暴风雨天气的静态和动态载荷	S+D	AC-SD
港内和封闭的水域			
卸货、扬货及压载和涨排水时	卸货、扬货及压载和涨排水时的标准最大载荷	S	AC-S
坦克测试时	坦克测试时的标准最大载荷	S	AC-S
港口内的特殊状态	海上的螺旋桨、检查入渠状态等港口状态内特殊状态下的标准最大载荷	S	AC-S
事故状态			
浸水状态	事故时浸水导致的内部水密区结构的标准最大载荷	A	AC-SD AC-S

2.2.3.2 船的双底层(散货船和油船通用结构规则)

双底层的最小状态见表 2.2.5,双底层设计状态见表 2.2.6。

表 2.2.5　双底层的最小状态

结构形状	正负修正力 F_{db}	最小状态
在船体中心线上纵向贯通有隔舱的船舶	负最大网络垂直修正力 F_{db+}	吃水 $0.9T_{sc}$，货舱和压载箱空
	正最大网络垂直修正力 F_{db-}	吃水 $0.6T_{sc}$，货舱满载，压载箱空
拥有两列纵向隔墙的船舶	正最大网络垂直修正力 F_{db+}	吃水 $0.9T_{sc}$，货舱和压载箱空
	负最大网络垂直修正力 F_{db-}	吃水 $0.6T_{sc}$，中央货舱满载，压载箱空

表 2.2.6　双底层设计状态

结构形状	W_{CT}	W_{CWBT}	b_2
船体中心线有垂直舱壁的船舶	货物重量（t），但以 1.025 t/m³ 作为最小密度	左右双舷侧之间的压载重量（t）	舱长中心处左右双舷侧之间的最大宽度
拥有两排纵舱壁的船舶	中央货舱货物重量（t），但以 1.025 t/m³ 为最小密度	中央货舱下的最后重量（t）	中央货舱长度（m）的中央最大宽度

2.2.3.3　散货船各装载状态时间对比

散货船各装载状态时间对比见表 2.2.7。

表 2.2.7　散货船各装载状态时间对比

船的长度	装载状态	α_j	
		BC-A	BC-B、BC-C
L_{CSR}<200 m	均等积状态	0.6	0.70
	隔舱堆积状态	0.10	—
	正常镇流器状态	0.15	0.05
	重压状态	0.15	0.25
L_{CSR}≥200 m	均等积状态	0.25	0.50
	隔舱堆积状态	0.25	—
	正常镇流器状态	0.20	0.20
	重压状态	0.30	0.30

注：对于没有参数兼用舱的 BC-B 及 BC-C 时间比 α_j，正常参数状态为 0.30，重参数状态为 0。

2.2.3.4　散货船船舱底料斗焊接接头细节

散货船船舱底料斗焊接接头细节见表 2.2.8。

表 2.2.8　散货船船舱底料斗焊接接头细节

<table>
<tr><td colspan="2">双层底舱和舭底边舱之间的底板接头、舱底边舱斜盘和内底板之间的焊接转向节</td></tr>
<tr><td>评价点</td><td>设计标准 E</td></tr>
<tr><td>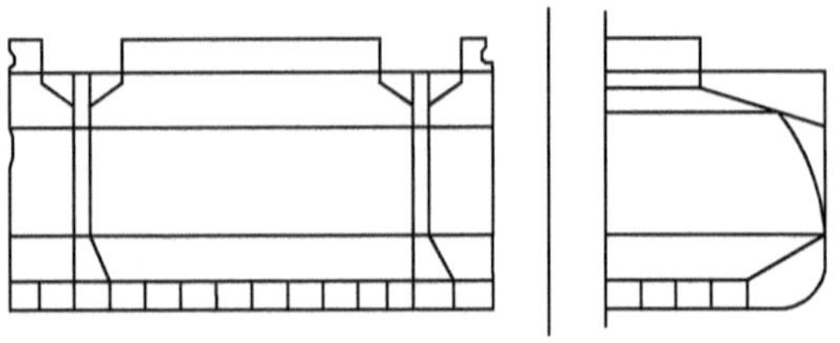</td><td rowspan="3">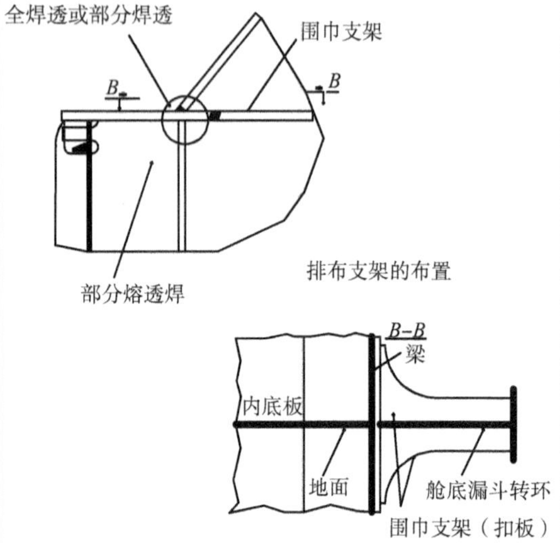
</td></tr>
<tr><td>重要部分</td></tr>
<tr><td>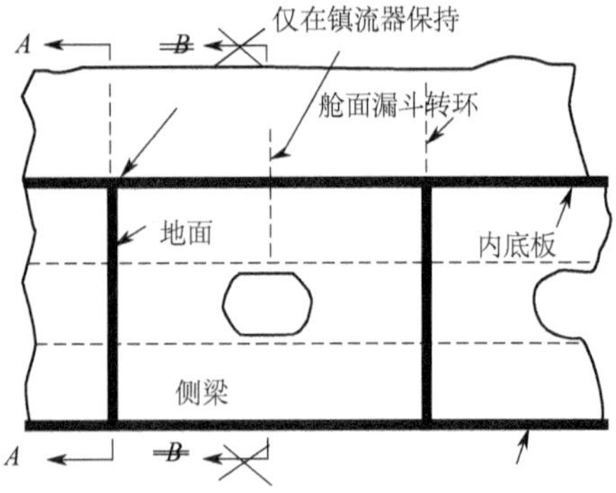
</td></tr>
<tr><td>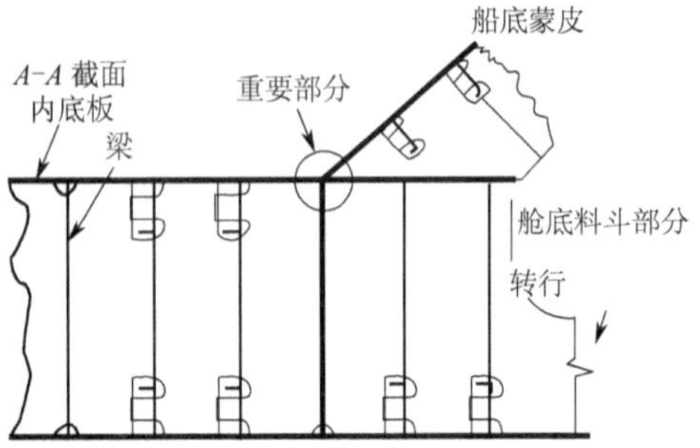
</td><td></td></tr>
</table>

2.2.3.5　船艉

螺旋桨柱总尺寸见表 2.2.9。

表 2.2.9　螺旋桨柱总尺寸(单轴船)

螺旋桨柱的线性尺寸	组合式螺旋桨柱 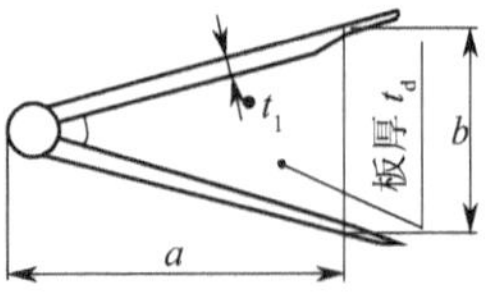	铸钢螺旋桨柱 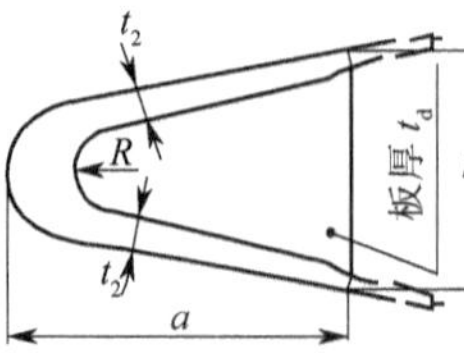	有方形截面，铸钢锻钢螺旋桨柱 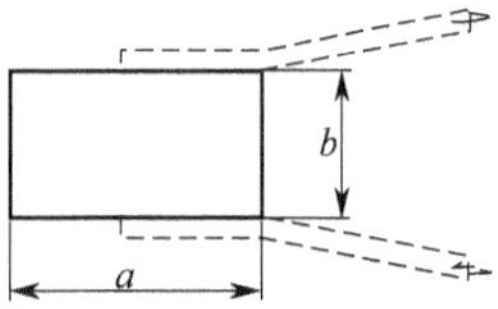
a	$50L_1^{1/2}$	$L_1^{1/2}$	$10\sqrt{7.2L_{CSR}-256}$
b	$35L_1^{1/2}$	$L_1^{1/2}$	$10\sqrt{7.2L_{CSR}-164}$

续表

t_1	$2.5L_1^{1/2}$	$L_1^{1/2}$	—
t_2	—	$L_1^{1/2}$	—
t_d	$1.3L_1^{1/2}$	$L_1^{1/2}$	—
R	—	50 mm	—

2.2.3.6 长度小于 150 m 的散货船局部尺寸

散货船货区主要支撑构件设计载荷条件见表 2.2.10。

表 2.2.10 散货船货区主要支撑构件设计载荷条件

构件	设计载重条件	载重成分	吃水	设计载重	装载状态
作为压载保持器使用的货舱	WB-4	$P_{in}-P_{ex}$①	T_{BAL-H}③	S+D	重压状态
	WB-6	P_{in}	—	S	港内状态/测试状态
货物舱	BC-11	$P_{in}-P_{ex}$①	T_{sc}	S+D	装载状态
	BC-12	$P_{in}-P_{ex}$①	—	S	港内状态
不堆放液体的区域	FD-1②	P_{in}	T_{sc}	S+D	浸水状态
	FD-2②	P_{in}	—	S	浸水状态

注:①P_a 只考虑船侧外板;
②FD-1 和 FD-2 不适用于船侧外板;
③使用半压裂状态下的最小吃水。

2.2.4 CCS

双舷侧散货船结构强度直接计算。

(1)一般规定

1)对于船长大于或等于 150 m 的散货船,在载货区域采用双舷侧结构,且舷侧外板与内舷板的垂直间距不小于 1 000 mm 的散货船,应进行结构强度直接计算。

2)双舷侧结构内,内、外壳肋骨(对应横骨架式)面板间的净宽度(W)应不小于 600 mm。在货舱长度的平行中体部分,内、外壳纵骨(对应纵骨架式)面板间的净宽度(W)应不小于 800 mm;或超过货舱长度的平行中体部分,此宽度可以小于 800 mm(船体结构形状必须改变时),但不得小于 600 mm。

3)协调附加标志、附加标志与注释:凡在 2003 年 7 月 1 日以后建造的、船长(根据 UR S2.1 的定义)大于或等于 150 m 的散货船(根据 UR Z11.2.2 的定义),必须按照以下①至③所规定的内容选择协调附加标志,视设计情况进行④和/或⑤的附加标志和注释。

①BC-A:散货船装载密度在 1.0 t/m³ 及以上的干散货,最大吃水时有特定的空货舱,还应满足下述 BC-B 的条件。

②BC-B:散货船均匀装载密度在 1.0 t/m³ 及以上的干散货,最大吃水时没有空货舱,还

应满足下述 BC-C 的条件。

③BC-C：散货船均匀装载密度在 1.0 t/m^3 以下的干散货，最大吃水时没有空货舱。

④附加标志：{最大货物密度 x.y（t/m^3）}（如果 BC-A、BC-B 的散货船的设计装载货物密度小于 3.0 t/m^3），{no MP}对于设计条件中没有多港装卸的散货船（MP：Multi-Port）。

⑤注释：{允许所规定的空货舱组合 $a,b,\cdots$}（对于 BC-A 的散货船）。

（2）定义

1）单位制定义。

质量：吨（t）。

长度：米（m）。

时间：秒（s）。

力：牛顿（N）或千牛顿（kN）。

应力：牛顿/平方毫米（N/mm^2）。

压力：千牛/平方米（kN/m^2）。

2）符号规定：

L——船长（m），与 CCS《钢质海船入级与建造规范（2001 版）》第 2 篇第 1 章第 1 节的定义相同；

B——船宽（m），与 CCS《钢质海船入级与建造规范（2001 版）》第 2 篇第 1 章第 1 节的定义相同；

D——型深（m），与 CCS《钢质海船入级与建造规范（2001 版）》第 2 篇第 1 章第 1 节的定义相同；

d——吃水（m），与 CCS《钢质海船入级与建造规范（2001 版）》第 2 篇第 1 章第 1 节的定义相同；

C_b——方形系数，与 CCS《钢质海船入级与建造规范（2001 版）》第 2 篇第 1 章第 1 节的定义相同；

V——航速（kn）；

g——重力加速度，g=9.81 m/s^2；

C_w——波浪系数；

ρ——海水密度，ρ=1.025 t/m^3；

σ_e——von Mises 应力（N/mm^2），$\sigma_e=\sqrt{\sigma_x^2+\sigma_y^2-\sigma_x\sigma_y+3\tau_{xy^2}}$；

σ_x——单元 x 方向的应力（N/mm^2）；

σ_y——单元 y 方向的应力（N/mm^2）；

τ_{xy}——单元 xy 平面的剪应力（N/mm^2）；

σ_l——船体梁纵向的应力（N/mm^2）；

σ_w——船体梁横向或垂向的应力（N/mm^2）；

τ——腹板总深度的平均剪应力（N/mm^2）；

k——材料换算系数；

E——材料弹性模量，对钢材，$E=2.06\times10^5$ N/mm^2；

v——材料泊松比，对钢材，v=0.3。

（3）船舶静水载荷计算

1）重量曲线。

将各项重量（船体、设备、货物）沿船长方向分解成梯形重量分布块，逐项叠加形成给定工况下的船体、设备及货物重量曲线 $w(x)$。对于船长 150 m 及以上的双舷侧结构散货船建议以[肋距]计算重量曲线 $w(x)$。

2）浮力曲线。

基于船舶静水平衡条件，求得船舶的平衡浮态（以艏吃水、艉吃水表达），进而求得沿船长分布的浮力曲线 $b(x)$。

3）剪力、弯矩曲线。

作用在船体梁上的静水剪力 $N_s(x)$和静水弯矩 $M_s(x)$分别为

$$N_s(x)=\int_0^x[\text{ close=}w(x)-b(x)]\mathrm{d}x \quad (\mathrm{kN})$$

$$M_s(x)=\int_0^x N_s(x)\mathrm{d}x=\int_0^x\int_0^x[\text{ close=}w(x)-b(x)]\mathrm{d}x\mathrm{d}x \quad (\mathrm{kN\cdot m})$$

船体首、尾端是自由端，首、尾端点处的剪力、弯矩计算值不为零时，需对剪力曲线和弯矩曲线予以修正。

（4）波浪载荷计算

计算方法适用于：$L\leqslant 500$ m，$L/D\leqslant 17$。

1）设按上述方法和规定计算所得的船中剖面波浪垂向弯矩为 M_W，则沿船长的设计垂向波浪弯矩 M_v 分别如下。

中拱　$M_v(+)=M\cdot C_{HB}\cdot M_W$　（kN·m）

中垂　$M_v(-)=-M\cdot C_{SB}\cdot M_W$　（kN·m）

式中：M_W——由程序计算所得的船中剖面处的垂向弯矩，kN·m；

M——弯矩沿船长的分布系数，一般情况下可按 CCS《钢质海船入级与建造规范（2001 版）》选取；

C_{HB}，C_{SB}——非线性修正系数，有

$$C_{SB}=\frac{110(C_b+0.7)}{95C_b+55(C_b+0.7)}$$

$$C_{HB}=\frac{190C_b}{95C_b+55(C_b+0.7)}$$

式中：C_b——方形系数，不小于 0.6。

2）设垂向波浪剪力的程序计算值为 F_W，则沿船长的设计垂向波浪剪力 F_v 为

中拱　$F_v(+)=F_1C_sF_W$　（kN）

中垂　$F_v(-)=-F_2C_sF_W$　（kN）

式中：F_W——由程序计算所得的船中剖面处的波浪垂向剪力，kN；

F_1，F_2——剪力分布系数，可按 CCS《钢质海船入级与建造规范（2001 版）》选取；

C_s——修正系数，按表 2.2.11 确定。

表 2.2.11　修正系数 C_s

船长(m)	C_s	船长(m)	C_s	船长(m)	C_s	船长(m)	C_s
90	1.521 2	200	1.272 7	320	1.334 8	420	1.347 1
100	1.457 3	220	1.277 1	340	1.347 4	440	1.353 6
120	1.370 5	240	1.287 0	350	1.331 3	460	1.360 4
140	1.319 0	260	1.300 3	360	1.332 7	480	1.367 4
160	1.290 0	280	1.315 2	380	1.336 5	500	1.374 3
180	1.276 0	300	1.327 6	400	1.341 4		

(5)货物压力

货舱内货物压力按下式确定：

$$P_i = 10\rho_c\left(1+0.35\frac{a_0}{C_b}\right)k_b h_d \quad (\text{kN/m}^2)$$

式中：ρ_c——货物密度，t/m³；

h_d——计算点至货物顶面的垂直距离，m，货物顶面的横向形状如图 2.2.3 所示，船长方向认为是均匀分布的。

$$a_0 = \begin{cases} \dfrac{3}{L}\left[10.75-\left(\dfrac{300-L}{100}\right)^{1.5}+0.067V\sqrt{L}\right] & (150\ \text{m} \leqslant L < 300\ \text{m}) \\ \dfrac{1}{L}(32.25+0.2V\sqrt{L}) & (300\ \text{m} \leqslant L < 350\ \text{m}) \end{cases}$$

当 $350\ \text{m} \leqslant L < 500\ \text{m}$ 时，有

$$k_b = \sin^2\alpha\tan^2(45°-0.5\delta)+\cos^2\alpha$$

式中：α——板与水平面之间的夹角(如舱壁、舷侧板为 90°，内底板为 0°)；

δ——货物的休止角(矿石和煤为 35°，盐、黄沙、石子、谷物等为 30°，水泥为 25°)；

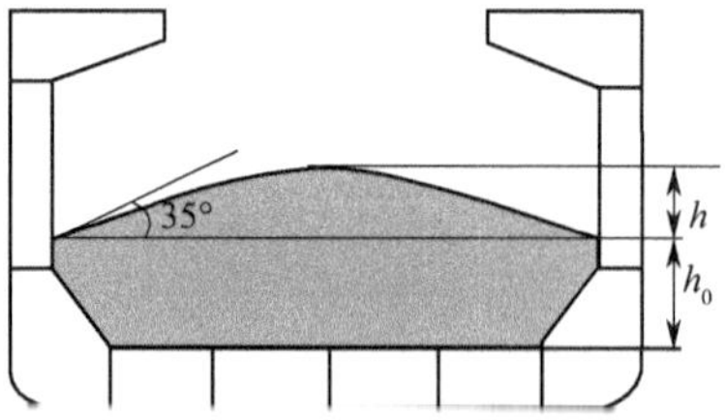

图 2.2.3　货物顶面横向形状

货物顶面，沿纵向均布；沿横向分布符合抛物线方程，即

$$z_s = h\times\left(1-\frac{y_s^2}{b^2}\right)$$

式中：$b = B_t/2$，其中 B_t 为货舱宽度。

顶面至连线的最大距离为

$$h=\frac{b}{2}\tan\delta \quad \delta=35°$$

抛物线部分的面积为

$$A=\frac{2}{3}b^2\tan\delta$$

计算点至货物顶面的垂直距离为

$$h_d=z_s+h_0+h_{db}-z$$

式中：z_s——货物顶面至连线的距离，m；

h_{db}——双层底高度，m；

z——计算点的垂向坐标，从基线量起，m；

h_0——应根据该舱的载货量、货物密度以及横剖面形状计算，不小于底边舱斜板顶点至内底的距离，m。

压载舱内液体压头取至通气管顶，重压载货舱内的压头取至舱口围板顶。

（6）舷外水压

1）满载工况。

舷外水压力由静水压力和波浪水动压力两部分组成

在基线处：　$P_d=10d+1.5C_w$　（kN/m²）

在水线处：　$P_w=3C_w$　（kN/m²）

在舷侧顶端处：　$P_s=3P_0$　（kN/m²）

甲板上的水动压力：　$P_d=2.4P_0$　（kN/m²）

其中：

$$P_0=C_w-0.67(D-d)$$

$$C_w=\begin{cases}10.75-\left(\dfrac{300-L}{100}\right)^{1.5} & (90\text{ m}\leqslant L<300\text{ m})\\ 10.75 & (300\text{ m}\leqslant L<350\text{ m})\\ 10.75-\left(\dfrac{L-350}{150}\right)^{1.5} & (350\text{ m}\leqslant L<500\text{ m})\end{cases}$$

2）其他状态。

在基线处：　$P_d=10d_a$　（kN/m²）

在水线处：　$P_w=0.0$　（kN/m²）

式中：d_a——对应装载工况下的实际吃水，m。

上述给出了基线、水线、舷侧顶端处的水动压力计算公式，舷侧其他部位的舷外水压力按线性插值确定。

（7）端面弯矩

1）施加在端面上的弯矩应为端面处的实际弯矩，包括静水弯矩 M_s 和波浪弯矩 M_w。当不能得到实际弯矩时，可按下列 2）至 4）款所述的方法替代。

2）波浪弯矩 M_w 按照 CCS《钢质海船入级与建造规范（2001 版）》计算确定，中拱为正。

3）静水弯矩 M_s 取对应计算工况的模型长度范围内的最大弯矩，如无对应工况，取所有满载吃水工况中最大（或最小）弯矩，中拱为正，并按 4）款进行修正。

4）端面弯矩 M 由静水弯矩 M_s、波浪弯矩 M_w 和修正弯矩 M_r 三部分组成，即 $M=M_s+M_w-M_r$。

5）修正弯矩的计算。修正弯矩 M_r 是由局部载荷引起的附加弯矩。

①如图 2.2.4 所示，当 $L_1\approx L_2\approx 0.5L_m$ 时，记中间舱段模型的线性均布压力为 Q_m，两端舱段的线性均布压力为 Q_e，沿 Z 轴正向为正，则有

$$Q_m=P_b\times b-W_{mcagro}/L_m$$

$$Q_e=P_b\times b-W_{ecagro}/L_e$$

$$M_r=\frac{3}{32}\times Q_m L_0^2+\frac{1}{32}\times Q_e L_0^2 \quad (\text{kN}\cdot\text{m})$$

式中：P_b——船底外压，kN/m²；

W_{mcargo}——中间货舱的货物重量（含压载水的重量），当采用半宽模型时，取舱内总重量的一半，kN；

W_{ecargo}——端部货舱的货物重量（含压载水的重量），当采用半宽模型时，取舱内总重量的一半，kN；

L_e——与 W_{ecargo} 对应的端部货舱长度，m；

L_m——中间货舱长度，m；

L_0——舱段模型的总长度，m；

b——模型的宽度，当采用半宽模型时为 $B/2$，其中 B 为型宽，m。

②如图 2.2.4 所示，当 $L_1\neq L_2\neq 0.5L_m$ 时，可用梁弯曲理论进行计算，压力采用①中建议的值，M_r 取模型中最大值。

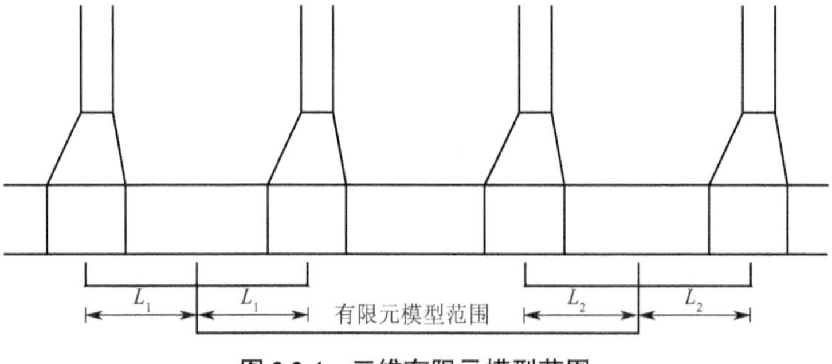

图 2.2.4　三维有限元模型范围

（8）许用应力

最大许用应力见表 2.2.12。

表 2.2.12 最大许用应力

结构分类	许用应力			
	σ_e（N/mm²）	σ_l（N/mm²）	σ_w（N/mm²）	τ（N/mm²）
主甲板	220/*k*	210/*k*	—	—
内、外底板	220/*k*	210/*k*	145/*k*	—
顶边舱，底边舱斜板，舷侧外板，舷侧内壳，双舷侧内舷侧纵桁或平台	220/*k*	210/*k*	145/*k*	115/*k*
船底纵桁	235/*k*	210/*k*	—	115/*k*
肋板、横舱壁板	175/*k*	—	—	95/*k*
凳板、横框架板	195/*k*	—	—	95/*k*
其他	195/*k*	—	—	—
梁单元轴向应力（N/mm²）				
横向构件上的梁	176/*k*			
纵向构件上的梁	206/*k*			

（9）平面屈曲

1）标准减增厚度，用来计算临界屈曲应力，见表 2.2.13。

表 2.2.13 标准减增厚度

位置		减缩厚度（mm）
风雨密甲板 1.5 m 以内的压载水舱	边与压载水相连	1.0
	两边与压载水相连	2.0
其他部位		1.0

2）平面屈曲所需要的安全因子 λ，见表 2.2.14。

表 2.2.14 平面屈曲所需要的安全因子 λ

结构	屈曲安全因子 λ
	局部应力加静水弯曲应力和波浪弯曲应力
甲板和顶边舱的板	1.0
船底板、内底和底边舱板	1.0
双层底和舷侧纵桁或平台	1.0
双层底肋板和顶底边舱内框架	1.1
横向水密舱壁和凳	1.2
横向深舱舱壁和凳	1.2

注：λ =临界屈曲应力/实际应力。

3)计算方法:用有限元方法求解板格的屈曲强度。

按照净强度概念求解稳定性问题时,对选取的准备进行屈曲强度校核的板格,板厚根据上表面临界屈曲应力的规定进行减缩。网格的划分原则是各边不少于 8 个网格,尽量采用正方形网格。

载荷:根据所选定的工况,取出由舱段有限元模型计算得到的在该板格处的中间应力结果 σ_x、σ_y、τ_{xy}(即施加应力),分别乘上减缩前的板厚,得到相应的压力,即

$$N_x=\sigma_x \times t_0$$

$$N_y=\sigma_y \times t_0$$

$$N_{xy}=\tau_{xy} \times t_0$$

式中:t_0 为原始板厚;N_x,N_y 和 N_{xy} 为分别施加在相应的边界上的压力。板格之间的压应力变化较大时,可作为线性分布的载荷施加,剪应力取平均值。

边界条件:为约束刚体位移,选取板格四个边界中点,纵向边界中点约束 x 方向位移,横向边界中点约束 y 方向位移,四边约束 z 方向位移,如图 2.2.5 和图 2.2.6 所示。

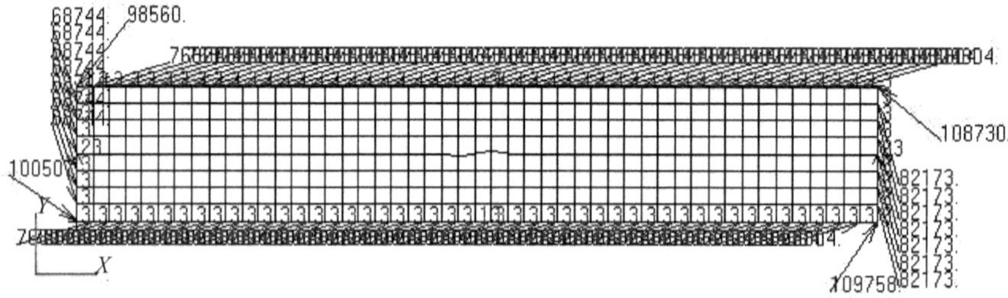

图 2.2.5　施加双向压力和剪力模型

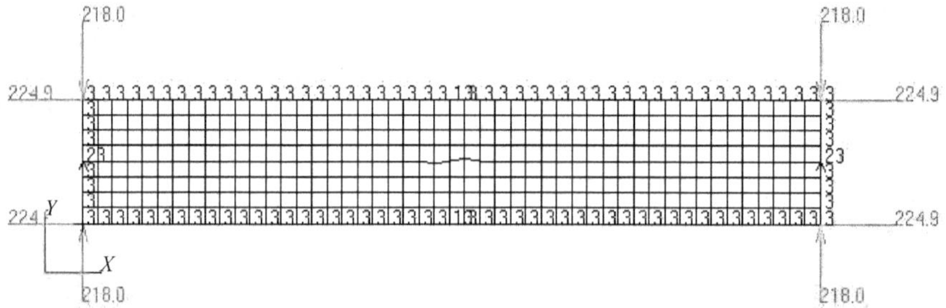

图 2.2.6　施加双向压力模型

注意:

①图 2.2.5 和图 2.2.6 中所示的约束均可采用;

②图 2.2.5 中显示的边界载荷类型为节点压力,图 2.2.6 中显示的边界载荷类型为边界压力;

③根据有限元计算,其后处理中显示的系数(factor)即为临界屈曲因子 λ,可以根据边界约束情况乘上边界约束系数进行屈曲强度校核,其结果应不小于表 2.2.14 中的屈曲安全因子。

2.3 集装箱船

2.3.1 NK

2.3.1.1 大型集装箱船钢材强度

大型集装箱船钢材强度见表 2.3.1。

表 2.3.1 大型集装箱船钢材强度

钢材种类	规则规定的标准最小值
软钢	235 N/mm²
HT32	315 N/mm²
HT36	355 N/mm²
HT40	390 N/mm²
HT47	460 N/mm²

2.3.1.2 NK 规则中与集装箱船各强度相关的规则要求

集装箱船强度规则见表 2.3.2。

表 2.3.2 集装箱船强度规则

强度类型	规则要求
垂直强度	钢船规则 C 第 15 章
水平强度	钢船规则检验程序 C 第 22 章
地方强度	钢船规则 C 第 13、14 和 32 章

2.3.2 CCS

2.3.2.1 附加标志

(1)船型附加标志

对于符合规范要求的集装箱船,授予附加标志“Container Ship”。

(2)其他附加标志

规范规定的集装箱船其他附加标志见表 2.3.3。

表 2.3.3　集装箱船其他附加标志

序号	附加标志		说明和应用
1	GFE	整船有限元强度评估	1. 符合下列条件之一的集装箱船，该附加标志要求为强制； 1）船长 L 大于 250 m； 2）强力甲板舱口宽度大于 0.89B（B 为船宽）； 3）结构布置非常规形式。 2. 除上述以外的其他集装箱船，该附加标志为可选
2	FL（XX，YY）	疲劳寿命	船长 L 为 150 m 及以上的集装箱船，该附加标志为强制，后缀标志的说明如下： XX—船舶运营波浪环境条件，如基于全球波浪谱的环境条件取为 WW，如基于北大西洋波浪谱的环境条件取为 NA； YY—疲劳设计寿命（年），规范规定的最小疲劳设计寿命至少为 25 年，可以从 25 年开始计，以 5 年为间隔； 例如：FL（NA，25）表示在北大西洋波浪谱环境下的设计寿命为 25 年
3	SFA（XX，YY）	基于谱分析的疲劳强度评估	该附加标志为可选，后缀标志的说明同序号 2
4	CLC	集装箱绑扎计算程序	该附加标志为可选，并可加注后缀标志 V，W，说明如下： V—特定航线，如申请特定航线系固的船舶，可授予附加标志 CLC（V）； W—特定季节，在附加标志 CLC（V）的基础上，如申请特定季节集装箱系固的船舶，可授予附加标志 CLC（V，W）
5	SAF	线性波激振动下疲劳强度评估	对于集装箱船，在疲劳强度评估时计及线性波激振动的影响，该附加标志为强制
6	SWAF	砰击颤振和波激振动下疲劳强度评估	对于集装箱船，在疲劳强度评估时计及线性波激振动和砰击颤振的影响，该附加标志为强制
7	WAU	砰击颤振下船体梁极限强度评估	对于集装箱船，在船体梁极限强度评估时计及砰击颤振的影响，该附加标志为强制

2.3.2.2　设计基础

（1）内部环境

1）用于强度评估的燃油密度——除特殊的液化天然气燃料外，所有相关燃油液舱结构强度评估所采用的液体密度应使用 1.025 t/m³ 或设计者规定的更高值。

2）用于疲劳评估的燃油密度——除特殊的液化天然气燃料外，所有相关燃油结构疲劳评估所采用的液体密度应使用 0.98 t/m³ 或设计者规定的更高值。

3）压载水密度——压载舱结构强度和疲劳评估所采用的压载水密度为 1.025 t/m³。

（2）结构建造和检查

1）规范结构要求的制定是基于可以接受的船舶建造和修理的标准和公差的假定。在建造中以及在交船后修理时，CCS 可要求制造商/船东特别关注结构的关键区域。

2）作为目标，必要时船舶应采用认可的材料，按可控的生产质量标准进行建造。

3）规范规定了各结构构件的换新衡准，在制定规范的结构要求时，假定船舶一旦投入营运，结构将接受船东恰当的监控，并按照 CCS 的规范和规则接受定期检验。

4）液舱强度和密性试验应作为验证计划的一部分，根据 CCS《钢质海船入级规范》第 1 篇予以执行。

5）在船舶建造质量程序中应包含材料生产、组装、连接和焊接程序以及钢材表面预处理和涂层的详细说明。

（3）船东的额外要求

在入级或法定要求以外，船东提出的要求会对结构设计产生影响。船东的额外要求可能有：

1）振动分析；

2）使用高强度钢的最大百分比；

3）高于规范要求的附加构件尺度；

4）对规范规定载荷的附加设计余量等；

5）提高抗疲劳性，如增加设计疲劳寿命或相当要求。

2.3.2.3　设计原则

（1）规范基于的通用原则

1）当船舶承受营运和环境载荷或条件时，可利用潜在的结构失效模式评估结构安全性。

2）结构要求基于与集装箱船营运方式一致的设计载荷组。

3）船舶结构设计应满足以下要求。

①具有一定的冗余度。船舶结构应以分级方式工作，一般而言在该等级体系中处于较低级别的构件失效，不会立即导致该等级体系中较高级别的构件失效。

②具有足够的储备强度，以承受合理预见的破损条件下的波浪和内部载荷，例如碰撞、搁浅或进水。残存强度计算应考虑计及永久变形和后屈曲的船体梁极限储备能力。

③将营运中发生裂纹的事故降至最低限度，尤其是影响结构完整性或影响结构系统和其他系统的性能，或难以检查和修理的部位。

④有足够的结构冗余，以防止任一舱室进水而不波及其他舱室。

（2）极限状态设计

极限状态可分为4类：使用性极限状态（SLS）、最终极限状态（ULS）、疲劳极限状态（FLS）和事故极限状态（ALS），具体定义如下。

1）使用性极限状态（SLS）指超越了该状态，特定的要求就不再满足。使用性极限状态与正常使用有关，包括：可能减少结构工作寿命的局部损伤；影响结构构件或非结构构件的有效性或外形的局部损伤；影响结构构件或非结构构件的有效使用和外形的不可接受变形；影响安全设备功能的不可接受变形。

2）最终极限状态（ULS）指在完整（未破损）状态下的最大承载能力或在某些情况下的最大可用应变或变形，包括：由于断裂或过度变形或失稳（屈曲），剖面、构件或构件连接能达到的最大抵抗能力；由于过度屈服，使结构整体或局部变为塑性机构。

3）疲劳极限状态（FLS）指由于交变载荷而引起的失效，用于评估交变载荷作用下结构构件的抗疲劳能力是否大于设计疲劳寿命。

4）事故极限状态（ALS）指结构抵抗事故场景的能力，包括：假定在受到意外或非正常载荷作用的完整（未破损）状态下，任一舱室进水而不漫延到其他舱室，考虑围蔽性没有丧失，但结构强度丧失；假定在有限时间范围内所遇到的环境载荷作用的破损状态下，结构强度和围蔽性均丧失。

(3)失效模式

船舶结构的不同部分可能有不同的失效模式。每种失效模式可能与一种或多种极限状态相关。评估船舶结构安全性时，必须考虑的失效模式与极限状态的关系见表2.3.4。

表 2.3.4　失效模式与极限状态关系

失效模式	极限状态①			
	SLS	ULS	FLS	ALS
屈服	Y	Y	—	Y
塑性崩溃	—	Y	—	Y
屈服	Y	Y	—	Y
断裂	—	Y	—	Y
疲劳破坏	—	—	Y	—
脆性断裂②	—	—	—	—

注：①"Y"指须进行结构评估，"—"指不进行结构评估；
②由材料的钢级规范要求控制。

(4)结构评估

规范中给出的结构评估方法用于验证不同构件的相关极限状态。规范中的结构强度评估定义为屈服校核、屈曲校核、极限强度校核和疲劳校核，见表2.3.5。

表 2.3.5　屈服校核、屈曲校核、极限强度校核和疲劳校核

结构类型①		屈服校核	屈曲校核	极限强度校核	疲劳校核
局部结构	骨材	Y	Y	Y②	Y
	板	Y	Y	Y③	—
主要支撑构件		Y	Y	Y②	Y
船体梁构件		Y	Y④	Y	—

注：①"Y"指须进行结构评估；
②骨材的极限强度校核包含在屈服校核中；
③板的极限强度校核包含在板的屈服校核中；
④船体梁强度中的骨材和板的屈服校核采用船体梁载荷引起的应力。

1)使用性极限状态——船体梁屈服校核的应力对应 10^{-8} 概率水平的载荷；主要支撑构件的板的屈服和屈曲校核的应力对应 10^{-8} 概率水平的载荷；骨材屈服校核的应力对应 10^{-8} 概率水平的载荷。

2)最终极限状态——船体梁极限强度校核的应力对应 10^{-8} 概率水平的载荷，该载荷由分项安全因子予以放大；主要支撑构件和骨材之间的板的极限强度校核对应 10^{-8} 概率水平的载荷;骨材极限强度校核对应 10^{-8} 概率水平的载荷。

3)疲劳极限状态——应取基于 10^{-2} 概率水平的长期分布载荷对典型焊接结构细节进行疲劳评估,并考虑颤振和波激振动效应。

(5)载荷

设计载荷场景基于如下静态和动态载荷:

1)静态设计载荷场景(S),涵盖相关静态载荷,通常包括在港、遮蔽水域或舱室试验;

2)静态加动态设计载荷场景(S+D),涵盖相关静态载荷加上同时发生的动载荷成分,通常包括航行工况下的载荷场景;

3)冲击设计载荷场景(I),涵盖船舶航行中遭遇的冲击载荷(如底部砰击和船艏冲击等);

4)晃荡设计载荷场景(SL),涵盖船舶航行中遭遇的晃荡载荷;

5)疲劳设计载荷场景(F),涵盖相关动载荷;

6)事故设计载荷场景(A),涵盖在正常营运过程中不会出现的载荷。

(6)结构能力评估

1)ULS、SLS 和 ALS 能力模型。

结构强度评估方法应能按所要求的精度分析失效模式,包括描述性方法和更高级的计算方法(如有限元分析方法)。用于确定应力、变形和能力的公式应与所选用的能力评估方法和设计载荷组的类型及大小相适应。

2)FLS 能力模型。

疲劳评估方法提供了用于评估结构细节疲劳失效的规范要求。

疲劳能力评估模型基于线性累积损伤(Palmgren-Miner 准则),并结合设计 *S-N* 曲线、参考应力范围和假定的应力长期分布曲线。

疲劳能力评估模型采用描述性方法或更高级的计算方法(如有限元分析方法),考虑整体和局部动态载荷的组合效应。

3)净尺寸方法。

净尺寸方法的目的如下:

①将新造船阶段用于强度计算的厚度与营运阶段可接受的最小厚度联系起来;

②在船舶整个使用寿命期内能够清晰确定有关腐蚀的结构状态。

净尺寸方法可分为局部腐蚀和总体腐蚀。局部腐蚀定义为局部结构单元(如单块板和骨材)的均匀腐蚀。总体腐蚀定义为较大区域(如主要支持构件和船体梁)的总平均腐蚀。局部腐蚀和总体腐蚀都是新造船审核和营运船评估的基础。在结构能力评估时,不考虑涂层或类似防腐系统。

2.3.2.4 规范设计方法

(1)一般要求

1)WSD 法:

对于条件 A　$W_{stat} \leqslant \eta_1 R$

对于条件 B　$W_{stat} + W_{dyn} \leqslant \eta_2 R$

式中：W_{stat}——同时出现的静态载荷（或以应力表示的载荷效应）；

W_{dyn}——同时出现的动态载荷，动态载荷通常是局部和整体载荷成分的组合；

R——特征结构能力（例如最小屈服强度或屈曲能力）；

η_i——许用利用因子（承载能力因子），计及载荷、结构能力和失效后果的不确定性。

条件A：通常是指结构设计时必须满足的基本条件，即常规的使用状态下的载荷组合。

条件B：通常是指在特定情况下需要额外考虑的条件，例如极端天气、地震、火灾等特殊环境下的设计要求，或者是对某些特殊功能或使用要求的考虑。

2）PSF法：

对于条件A　$\gamma_{stat}W_{stat}+\gamma_{dyn}W_{dyn}\leqslant\dfrac{R}{\gamma_R}$

对于条件B　$\gamma_{stat}W_{stat}+\gamma_{dyn}W_{dyn}\leqslant\dfrac{R}{\gamma_R}$

式中：γ_{stat}——考虑与静态载荷相关不确定性的分项安全因子；

γ_{dyn}——考虑与动态载荷相关不确定性的分项安全因子；

γ_R——考虑与结构能力相关不确定性的分项安全因子。

（2）最小要求

1）最小厚度，与规定的最小屈服强度无关。

2）最小刚度和尺度比，基于屈曲失效模式。

（3）基于承载能力的要求

基于承载能力的要求见表2.3.6。

表2.3.6　基于承载能力的要求

营运	载荷类型	设计荷载场景	验收衡准
航行状态			
短暂	恶劣环境的静态和动态载荷	S+D	AC-SD
	恶劣环境的冲击载荷	冲击（I）	AC-I
	内部晃荡载荷	晃荡（SL）	AC-S
	循环波浪载荷	疲劳（F）	—
径流法或顺序法压载水置换	恶劣天气的静态和动态载荷	S+D	AC-SD
在港或在遮蔽海域			
装卸、卸载和压载	在装卸、卸载和压载过程中的典型最大载荷	S	AC-S
舱室试验	在舱室试验过程中的典型最大载荷	S	AC-ST
港内特殊工况	在港内特殊工况中的典型最大载荷，如漂浮中的螺旋桨检验和干坞装载工况	S	AC-S
事故工况			
进水工况	由于进水事故导致的内部水密分舱结构所承受的典型最大载荷	A	AC-SF

（4）设计验证

1）船体梁极限强度——其要求是基于 PSF 法。安全因子被赋予每个基本变量，如静水弯矩、波浪弯矩和极限能力。安全因子采用结构可靠性方法确定，并采用船舶运动分析技术获得波浪弯矩的长期载荷分布。船体梁极限强度验证的目的是证明船体梁发生崩溃失效得到了控制。

2）有限元分析——船体结构进行静力和动力分析，以更好地考虑船体结构构件间复杂的相互作用、复杂的局部结构、厚度和构件剖面特性的变化，以及达到精度要求的复杂载荷模式。有限元分析的目的是验证船体结构构件的应力和屈曲能力在所应用设计载荷的可接受范围内。

3）疲劳评估——验证关键结构节点的疲劳寿命是否足够。对于可使用应力集中系数（SCF）确定实际热点应力的结构节点（如纵骨端部连接处），采用简化应力疲劳分析方法；对于其他结构节点，采用有限元应力分析方法。

2.4 邮轮、游艇

2.4.1 CCS

2.4.1.1 邮轮

（1）设计波浪弯矩和波浪切力

1）设计波浪弯矩和波浪切力按《钢质海船入级规范》第 2 篇第 2 章 2.2.3 计算。如方形系数小于 0.6，在计算时方形系数取 0.6。

2）在计算中垂波浪弯矩 $M_W(-)$ 时，其中垂弯矩分布系数 M 应按《邮轮规范》第 2 章第 2 节 2.2.3.2 计算的 C_f 值确定。

当 $0.4 \leqslant C_f < 0.50$ 时，从尾端到 0.65L 范围内的中垂弯矩分布系数 M 按《钢质海船入级规范》第 2 篇第 2 章第 2 节 2.2.3.1 确定，距尾端 0.65~1.0L 范围内的中垂弯矩分布系数 M 按表 2.4.1 确定，并根据 C_f 采用线性内插求得 M 分布。

表 2.4.1　中垂弯矩系数 M

C_f	中垂弯矩系数 M		
	0.65L	0.75L	1.0L
0.4	1.0	0.714	0
⩾0.5	1.0	0.8	0

（2）船体梁屈曲强度

1）受船体梁弯曲压应力和剪切应力的板格及纵向构件，应按《钢质海船入级规范》第 2 篇第 2 章第 2 节 2.2.7 的要求校核屈曲强度。

2）在屈曲强度校核时，板格及纵向构件的标准减薄厚度应符合表 2.4.2 的要求。

表 2.4.2　标准减薄厚度

结构	标准减薄厚度(mm)
(1)干舷甲板以下的板格及纵向构件； (2)液舱边界； (3)液舱内的构件	按《钢度海船 X 级规范》第 2 篇第 2 章第 2 节的要求
(1)干舷甲板以上的舷侧外板； (2)作为强力甲板的上层建筑甲板的露天部分板格	0.5
其他纵向结构	0

(3)甲板计算压头甲板计算压头见表 2.4.3。

表 2.4.3　甲板计算压头 *h*(m)

甲板位置	次要构件	主要构件
居住和公共处所	0.9	0.45
露天甲板	0.9	0.45
阳台处所	0.56	0.28
行李处所	0.5*H*,其中 *H* 为甲板间的平均高度	
仓库处所	2.0	
机舱平台	2.6	
露天救生甲板	1.2	
穹顶处所	0.35	

(4)骨材尺寸

骨材的尺寸应满足《邮轮规范》第 2 章第 3 节 2.3.9.2 中的要求。其中腹板长细比系数 C_w 和面板长细比系数 C_f 见表 2.4.4。

表 2.4.4　长细比系数

骨材类型	C_w	C_f
角钢	75	12
T 型材	75	12
球扁钢	45	—
扁钢	22	—

(5)计算工况

计算工况由选定的静水工况和对应的波浪工况组成。整船直接计算应按照表 2.4.5 的计算工况进行校核。

表 2.4.5　计算工况

工况	垂向弯矩	横摇角
中拱工况	LC1（中拱） LC2（中垂）	LC3（向左） LC4（向右）
中垂工况	LC5（中拱） LC6（中垂）	—

（6）强度评估衡控。

1）整船的屈服强度衡准见表 2.4.6。

表 2.4.6　模型许用应力（MPa）

模型	应力分量	许用应力
粗网格模型	板单元的相当应力，梁单元的轴向应力	210/*K*
细化模型	相当应力	376/*K*

注：*K* 为材料系数。

2）主要支撑构件屈服强度衡准见表 2.4.7。

表 2.4.7　构件许用应力（MPa）

构件	应力分量	许用应力
主要构件面板	轴向应力	124/*K*
主要构件腹板	相当应力	124/*K*
	剪切应力	72/*K*
开孔细化区域	相当应力	198/*K*

（7）许用应力范围

1）船体结构应力范围的长期分布假设为二参数 Weibull 分布，Weibull 分布的形状参数应按《邮轮规范》第 2 章第 6 节 2.6.5.1 中的要求进行计算。

2）疲劳强度应满足《邮轮规范》第 2 章第 6 节 2.6.5.3 中的要求。其中许用应力范围 [SL] 见表 2.4.8。

表 2.4.8　许用应力范围[SL]（MPa）

ξ	*C* 曲线	*D* 曲线	ξ	*C* 曲线	*D* 曲线	ξ	*C* 曲线	*D* 曲线
0.60	1 055.68	802.21	0.81	612.6	464.76	1.02	421.42	320.24
0.61	1 022.78	777.21	0.82	598.95	455.15	1.03	415.23	315.53
0.62	991.59	753.51	0.83	586.78	445.90	1.04	409.21	310.96
0.63	961.97	731.00	0.84	575.06	436.99	1.05	403.37	306.52
0.64	933.83	709.62	0.85	563.78	428.42	1.06	397.70	302.21

续表

ξ	C 曲线	D 曲线	ξ	C 曲线	D 曲线	ξ	C 曲线	D 曲线
0.65	907.08	689.29	0.86	552.90	420.15	1.07	392.18	298.02
0.66	882.62	669.95	0.87	542.42	412.19	1.08	386.82	293.53
0.67	857.38	651.53	0.88	532.31	404.50	1.09	382.61	289.99
0.68	834.27	633.97	0.89	522.55	397.09	1.10	376.54	286.14
0.69	812.24	617.22	0.90	513.13	389.93	1.11	372.61	282.39
0.70	791.20	601.24	0.91	504.03	383.01	1.12	366.81	278.74
0.71	711.11	585.97	0.92	495.23	376.33	1.13	362.14	275.19
0.72	751.91	571.38	0.93	486.73	369.87	1.14	357.59	271.74
0.73	733.54	557.42	0.94	478.51	363.62	1.15	353.16	268.37
0.74	715.97	544.06	0.95	470.55	357.57	1.16	348.84	265.09
0.75	699.13	531.27	0.96	462.85	351.72	1.17	344.63	261.89
0.76	683.00	519.01	0.97	455.39	346.06	1.18	340.53	258.77
0.77	667.53	507.26	0.98	448.17	340.57	1.19	336.53	255.73
0.78	652.69	495.98	0.99	441.17	335.25	1.20	332.63	252.77
0.79	638.44	485.15	1.00	434.39	330.09			
0.80	624.76	474.75	1.01	427.80	325.09			

(8)船体梁剩余强度的评估方法

(1)破损范围

1)假定碰撞损伤发生一舷,损伤范围见表 2.4.9。

表 2.4.9　碰撞损伤范围

损伤范围	单壳	双壳
高度 h	0.75D	0.6D
深度 d	B/16	B/16

注:D——船在海面上的高度是其吃水深度的倍数(单位:m)。
　B——该船的最大排水量的倍数(单位:m)。

2)假定搁浅损伤发生在船底最不利的横向位置,损伤范围见表 2.4.10。

表 2.4.10　搁浅损伤范围

高度 h	B/20 和 2 m 的较小者
宽度 b	0.6B

注:B——该船的最大排水量的倍数(单位:m)。

(9)整船分析工况

整船分析包括 6 种计算工况，LC1~LC6,见表 2.4.11。每个计算工况由若干子工况组成,计算工况的应力结果由子工况的应力结果合成。

表 2.4.11　整船分析工况

计算工况	子工况	载荷成分	边界条件	浮态调整
LC1 中拱	STA(+) 静水中拱	空船重量,最大中拱装载重量,静水压力	BC1	√
	WB(+) 波浪中拱	波浪剪力(中拱) 波浪弯矩(中拱)	BC1	—
	PRE(+) 波峰压力	波浪动压力(波峰)	BC1	—
LC2 中垂	STA(-) 静水中垂	空船重量,最小中拱装载重量,静水压力	BC2	√
	WB(-) 波浪中垂	波浪剪力(中垂) 波浪弯矩(中垂)	BC1	—
	PRE(-) 波谷压力	波浪动压力(波谷)	BC1	—
LC3 船中剪力(+)	STA(+) 静水中拱	空船重量,最大中拱装载重量,静水压力	BC2	√
	SHEAR(+) 船中正剪力	波浪剪力(正)	BC1	—
LC4 船中剪力(-)	STA(-) 静水中垂	空船重量,最小中拱装载重量,静水压力	BC1	√
	SHEAR(-) 船中负剪力	波浪剪力(负)	BC1	—
LC5 横摇-向左	ROLL(P) 向左横摇	横摇状态下的舷外水压力、重力及横摇惯性力	DC3	—
LC6 横摇-向右	ROLL(S) 向右横摇	横摇状态下的舷外水压力、重力及横摇惯性力	BC3	—

注:BC1——船体与水流的接触边界;
BC2——船体与波浪的接触边界;
BC3——船体与海底的接触边界。

(10)载荷与边界条件

1)局部载荷情况如下。

①舷外海水静压力按《邮轮整船直接计算指南》第 2 章第 3 节 2.3.1.1 中的式子计算。

②工况 LC1 和 LC2 的波浪动压力见表 2.4.12,其中正值表示波峰,指向船内,用于 LC1,与舷外海水静压力相叠加;负值表示波谷,指向船外,用于 LC2,抵消舷外海水静压力。

表 2.4.12　波浪动压力

高度 z(m)范围	波峰动压力(kN/m²)	波谷动压力(kN/m²)
$di<z\leqslant di+0.33C$	$3.3C-10(z-di)$	0
$0\leqslant z\leqslant di$	$2.25C+1.05zC/di$	$\max(-2.25C-1.05zC/di, pg(z-di))$

注:C——波浪的波长。
di——船的最大吃水深度。

2)总纵载荷目标值:静水弯矩和剪力的目标值为许用值,由设计方提供。各工况静水剪力目标值见表 2.4.13。

表 2.4.13　各工况静水剪力目标值曲线

工况	LC1	LC2	LC3	LC4
目标剪力曲线	A1-A2-B3-B4	B1-B2-A3-A4	A2-A3	B2-B3

注:A1——船体在某一特定剖面上的剪力值;
A2——船体在不同航速和海况下的整体阻力性能;
B1——船体在特定剖面上的弯曲剪力值;
B2——船体在航行过程中的稳定性;
B3——船体在特定剖面上的纵向剪力值;
B4——船体在航行过程中的纵向稳定性。

3)总纵载荷实际值如下。

①波浪弯矩和波浪剪力通过沿船长施加分布力进行加载。对于 LC1 和 LC2,波浪弯矩沿船长的分布见《邮轮整船直接计算指南》第 2 章第 3 节 2.3.4.2。

②船中剪力工况 LC3 和 LC4 的波浪剪力公式由《邮轮整船直接计算指南》第 2 章第 3 节 2.3.4.3 给出。其中的剪力分布系数 F_3 和 F_4 取值见表 2.4.14。

表 2.4.14　剪力分布系数

x	F_3	F_4
0	0	0
0.1L	-0.56	0.56
0.2L	-0.56	0.56
0.4L	0.7	-0.7
0.6L	0.7	-0.7
0.8L	-0.56	0.56
0.9L	-0.56	0.56
1.0L	0	0

注:x——计算点在整船模型中的相对坐标,模型尾端为 0,模型首端为 1;
F_3, F_4——剪力分布系数;
L——船长,m。

4)边界条件及平衡如下。

①整船分析包括 BC1、BC2 和 BC3 共 3 种位移边界条件，用于不同的子工况，二者对应关系见表 2.4.11。

② BC2 边界条件的位移约束见表 2.4.15。BC2 还需在强框架与外板交线的节点上施加与该处局部载荷大小相同，方向相应的反力，避免局部载荷引起船体梁弯曲。

表 2.4.15　边界条件

约束	δ_x=0	δ_y=0	δ_z=0
作用位置	点 2	点 1,2	舱壁甲板边线上所有节点

(11)船体结构强度评估

1)强度评估范围如下。

①根据表 2.4.11 工况分析得到应力，并按照《邮轮整船直接计算指南》第 2 章第 4 节 2.4.1 的方法修正后进行船体结构强度评估。

②应对船体结构的外板、内底板、甲板板、舱壁板、上层建筑的侧壁和甲板，及主要支撑构件进行强度评估。

2)屈服强度：船体结构的屈服强度衡准见表 2.4.16。其中板单元应力取单元中心处的中面应力。

表 2.4.16　船体结构屈服强度衡准

船体结构	工况	许用应力		
		纵向应力	剪切应力	相当应力
船底板、内底板	LC1、LC2、LC3、LC4	210/K	—	220/K
船底纵桁		210/K	—	220/K
实肋板		—	110/K	220/K
其他纵向构件		175/K	110/K	220/K
横向结构	LC5、LC6	—	$0.35R_{eH}$	$0.75R_{eH}$

注：①LC3 和 LC4 工况仅校核 0.4L~0.6L 的船体结构；
②K 为材料系数。

3)支柱强度衡准见表 2.4.17。

表 2.4.17　支柱强度衡准

支柱	衡准
受拉	$\sigma_{axial} \leqslant 0.6R_{eH}$ $\sigma_{axial}+\sigma_{bending} \leqslant 0.84R_{eH}$ $\tau \leqslant 0.47R_{eH}$

续表

支柱	衡准
受压	$\sigma_{axial} \leqslant 0.8\sigma_{crit}$ $\sigma_{axial}/\sigma_{crit}+\sigma_{bending}/R_{eH} \leqslant 0.84$ $\tau \leqslant 0.47R_{eH}$

注：①σ_{crit} 为支柱的临界屈曲应力，根据下式计算：

$$\sigma_{crit}=\frac{R_{eH}}{1+\frac{R_{eH}}{E}\left(\frac{L_e}{\pi r}\right)^2}$$

式中：L_e——支柱有效长度，取 80%支柱长度；

r——支柱的最小弯曲惯性半径。

②$\sigma_{bending}$ 为支柱内的最大弯曲应力，根据下式计算：

$$\sigma_{bending}=|\sigma_{extreme}-\sigma_{axial}|$$

式中：$\sigma_{extreme}$——支柱剖面上最大/最小应力，在剖面边缘得到；

σ_{axial}——支柱轴向应力，在剖面形心处得到。

4）屈曲强度

①除本节有规定外，屈曲评估应按照《钢质海船入级规范》第 9 篇第 1 部分第 8 章的有关要求进行。屈曲强度的横准应满足《邮轮整船直接计算指南》第 2 章第 5 节 2.5.4.1 的要求。

②评估构件能力时，应扣除标准减薄厚度。各部位的标准减薄厚度见表 2.4.18。

表 2.4.18　标准减薄厚度

构件	减薄厚度（mm）
液舱周界与船体外板	1.0
露天甲板	0.5
其他结构	0.0

③屈曲评估的许用屈曲利用因子见表 2.4.19。

表 2.4.19　许用屈曲利用因子

构件	工况	许用屈曲利用因子
纵向构件	LC1、LC2、LC3、LC4	1.0
横向构件		0.9
横向构件	LC5、LC6	1.0

④邮轮船体结构的加筋/非加筋板格的屈曲评估方法见表 2.4.20。

表 2.4.20　船体结构的板格类型及评估方法

序号	结构	评估方法
1	船体外板、内底、纵舱壁及其下船底纵桁、甲板	SP-A
2	船底纵桁	SP-B
3	上层建筑侧壁及纵壁、上层建筑甲板	SP-A
4	甲板纵桁、纵舱壁水平桁腹板	UP-B
5	开口周围不规则板格	UP-B
6	横舱壁及其下实肋板	SP-A
7	实肋板	SP-B
8	甲板强横梁、横舱壁桁材腹板	UP-B
9	舱壁、实肋板等处不规则板格	UP-B

注：板格长度一般取纵骨或加强筋跨距，宽度取纵骨或加强筋间距。

（12）细化分析

1）细化分析时的一般规定参照《邮轮整船直接计算指南》第 3 章第 1 节的要求。

2）细化模型、工况与载荷分别参照《邮轮整船直接计算指南》第 3 章第 2 节、第 3 章第 3 节的要求。

3）屈服强度

①细化区域的应力衡准见表 2.4.21。

表 2.4.21　许用应力

位置	应力成分	许用应力
细化区域	板单元相当应力	$1.35R_{eH}$

注：当单元小于50 mm × 50 mm时，采用相当范围内所包含单元的平均应力。

R_{eH}——材料屈服应力，N/mm²。

②疲劳强度参照《邮轮整船直接计算指南》第 3 章第 4 节 3.4.2 的要求。其中 S-N 曲线参数见表 2.4.22。

表 2.4.22　*S-N* 曲线参数

S-N 曲线	K	S_q	m	∇_m
C	3.464×10^{12}	70.230 5	3	2
D	1.520×10^{12}	53.368 0	3	2

注：K——*S-N* 曲线参数；

S_q——*S-N* 曲线二线段的交点处的应力范围值；

m——*S-N* 曲线反斜率；

∇_m——*S-N* 曲线两段反斜率差。

（13）局部设计载荷

应满足《邮轮局部结构直接计算指南》中第 2 章第 4 节 2.4.4 的要求。其中甲板的设计载荷应不小于表 2.4.23 的要求。

表 2.4.23　甲板的设计载荷

甲板位置	设计载荷（t/m²）
居住和公共住所	0.32
露天甲板	0.32
阳台处所	0.20
行李处所	1.06
仓库处所	1.44
机舱平台	1.87
露台救生甲板	0.86
穹顶处所	0.25

（14）边界条件

施加船体梁载荷时，邮轮典型结构模型两端的连接情况见表 2.4.24 和表 2.4.25。两端剖面的纵向连续节点与剖面的独立点刚性连接，可在模型后端面的独立点上施加船体梁载荷，独立点为两端船体梁剖面中和轴与剖面中心线的交点，刚性连接的相关性见表 2.4.24。两端剖面的独立点固定情况见表 2.4.25。

表 2.4.24　两端刚性连接情况

模型两端纵向连续构件节点	位移			转角		
	δ_x	δ_y	δ_z	θ_x	θ_y	θ_z
所有纵向构件	RL	RL	RL	—	—	—

注：RL 表示与独立点刚性连接的相关联的自由度。

表 2.4.25　独立点的支撑情况

独立点	位移			转角		
	δ_x	δ_y	δ_z	θ_x	θ_y	θ_z
前端面独立点	固定	—	—	—	—	—
后端面独立点	固定	固定	固定	固定	固定	固定

2.4.1.2 游艇

(1)纤维增强塑料艇

1)纤维增强塑料艇尾封板的总厚度一般应不小于表 2.4.26 的要求。

表 2.4.26 尾封板总厚度

发动机功率 p (kW)	尾封板总厚度(舷外机)(mm)	尾封板总厚度(尾推进装置)(mm)
$18 \leqslant p < 30$	30	35
$30 \leqslant p < 60$	35	40
$60 \leqslant p < 150$	40	45
$150 \leqslant p < 250$	45	50
$p \geqslant 250$	按具体情况作特别考虑	按具体情况作特别考虑

2)甲板计算压力按表 2.4.27 计算。

表 2.4.27 甲板计算压力

甲板位置	甲板计算压力(kN/m^2)
露天干舷甲板及距首垂线 $0.25L$,之前的第二层及以下上层建筑和甲板室露天甲板	$2+0.25La$,且不低于 3.6①
非露天干舷甲板及距首垂线 $0.25L$,之后的第二层及以下上层建筑和甲板室露天甲板	$2+0.1Lm$,且不低于 3.6①
乘员甲板	3.6
其他甲板	3

注:①对Ⅱ类、Ⅲ类、Ⅳ类和Ⅴ类游艇,其露天甲板的计算压力可分别取上述公式计算值的 95%、90%、85%和 80%,但应不低于 3.6 kN/m^2。

La——按照规范或标准计算得到的甲板厚度;

Lm——按照经验公式或经验数据计算得到的甲板厚度。

3)层板结构尺寸要求如下。

①纤维增强塑料艇单层板的厚度按照《游艇入级与建造规范》中第 2 章第 2 节 2.2.2.3 的要求进行计算。其中,当艇长小于 15 m 时,板材位置系数 $K_\theta=1$;当艇长 15 m 及以上,板材位置系数 K_θ 见表 2.4.28。

表 2.4.28 板材系数 K_θ

结构名称		板材位置系数 K_θ
艇底板	中前	0.95
	中前与尾端之间	0.95
	尾端	0.95

续表

结构名称		板材位置系数 Kθ
舷侧板	中前	0.8
	中前与尾端之间	0.8
	尾端	0.8
甲板板	露天甲板	0.85
	非露天甲板	0.85
其他		1.0

②纤维增强塑料艇夹层板面板的最小厚度(单面)按照《游艇入级与建造规范》中第 2 章第 2 节 2.2.2.3 的要求进行计算,其中系数 K_θ 由表 2.4.29 查取。

表 2.4.29 系数 K_θ

结构名称	艇底外板连接桥底板	舷侧板	甲板板	上层建筑、甲板室			舱壁	
				前端壁	侧后壁	顶板	水密舱	防撞舱、液舱
系数 K_θ	0.6	0.5	0.45	0.45	0.35	0.35	0.40	0.45

4)骨材具体要求如下。

骨材的剖面模数 W 应不小于《游艇入级与建造规范》中第 2 章第 2 节 2.2.2.4 计算所得之值。其中系数 K 由表 2.4.30 查取;系数 Kθ 由表 2.4.31 查取。

表 2.4.30 板材系数 K

结构名称	系数 K	
	龙骨、纵桁、强肋骨、实肋板、强横梁	纵骨、肋板、肋骨、横梁、扶强材
艇底、连接桥底	480	400
舷侧	480	400
甲板	480	400
上层建筑	—	400
水密舱壁	—	400
液体舱壁 防撞舱壁	—	480

表 2.4.31　系数 K_θ

结构名称	位置系数 K_θ	
	艇长<15 m	艇长≥15 m
龙骨	1.0	1.0
船底纵桁	1.0	0.85
实肋板	1.0	0.9
舷侧强肋骨	0.8	0.8
舷侧纵桁	1.0	0.8
甲板强横梁	1.0	0.85
其他	1.0	

(2)钢质艇

1)板厚要求如下。

①钢质艇最小板厚计算系数 K_θ 由表 2.4.32 查取。

表 2.4.32　板材系数 K_θ

构件名称		系数 K_θ
艇底外板		1.4
连接桥湿甲板		1.3
舷侧外板		1.3
甲板:露天/非露天		1.1/0.9
上层建筑	前端壁	1.2
	侧壁、后壁	0.86
	顶板	0.65
舱壁		1.0
主机座		1.90

②钢质艇板厚度计算系数 K_1 由表 2.4.33 查取。

表 2.4.33　板材系数 K_1

构件名称		系数 K_1		
		首垂线 0.1*LWZ* 处	船中 0.4*LWZ* 处	尾垂线 0.1*LWZ* 处
艇底、连接桥底		21.8	25.0	21.8
舷底	近艇底	21.8	25.0	21.8
	近中和轴	20.5	纵骨架式:20.5 横骨架式:21.8	20.5
	近甲板	20.5	25.0	20.5

续表

构件名称		系数 K_1		
		首垂线 0.1LWZ 处	船中 0.4LWZ 处	尾垂线 0.1LWZ 处
甲板（包括上层建筑/甲板室顶板）		纵骨架式：20.5 横骨架式：21.8	25.0	纵骨架式：20.5 横骨架式：21.8
上层建筑/甲板室围壁		21.8		
舱壁	防撞舱壁	21.8		
	水密舱壁	19.0		
	液舱舱壁	21.8		

2）钢质艇骨材剖面模数（包括带板）计算系数 K_2 由表 2.4.34 查取。

表 2.4.34　板材系数 K_2

构件名称		系数 K_2			
		次骨材			强骨材
		纵骨	横梁、肋骨、肋板	扶强材	桁材、强肋骨、实肋板、强横梁
艇底、连接桥底		136	150		150
舷侧		128	150		150
甲板（包括上层建筑/甲板室顶板）		甲板：136 顶板：150	150		150
上层建筑/甲板室前、侧壁				150	150
上层建筑/甲板室后壁				150	150
舱壁	防撞舱壁			150	150
	水密舱壁			150	109

（3）铝合金艇板厚

1）铝合金艇最小板厚计算系数 K_0 由表 2.4.35 查取。

表 2.4.35　板材系数 K_0

构件名称		系数 K_0
艇板外底		1.55
连接桥湿甲板		1.40
舷侧外板		1.40
甲板：露天/非露天		1.40/1.16
上层建筑	前壁端	1.30
	侧壁、后壁	0.92
	顶板	0.80

续表

构件名称	系数 K_0
舱壁	1.16
主机座	1.90

2)铝合金艇板厚度计算系数 K 由表 2.4.36 查取。

表 2.4.36 板材系数 *K*

构件名称		系数 K				
		板	次骨材			强骨材
			纵骨	横梁、肋骨、肋板	扶强材	桁材、强肋骨、实肋板、强横梁
艇底、连接桥底		25.0	115	135	0	135
舷侧		25.8	130	150	0	150
甲板(包括上层建筑/甲板室顶板)		27.8	130	150	0	150
上层建筑/甲板室前壁		25.8	0	0	170	150
上层建筑/甲板室侧、后壁		25.8	0	0	150	150
舱壁	防撞舱壁、液舱壁	25.8	0	0	130	150
	水密舱壁	23.4	0	0	120	150

(4)轮机

主推进机械和为游艇推进和安全服务的辅助机械应设计成在表 2.4.37 的倾斜状态下可正常运转。

表 2.4.37 游艇倾斜角

装置和设备	倾斜角(°)			
	横向		纵向	
	横倾	横摇	纵倾	纵摇
主机、辅机	15	22.5	5	7.5

注:倾斜角可能同时发生横向和纵向倾斜。

(5)轴系与推进器

轴的直径 d 应按照《游艇入级与建造规范》中第 3 章第 4 节 3.4.1.2 中的要求进行计算。其中不同轴的设计特性系数 C(具体数值见表 2.4.38);但当游艇小于 500 总吨时,螺旋桨轴直径计算中的 C 均取 1.04。

表 2.4.38 不同轴的设计特性系数 *C*

具有下列形式的中间轴					在发动机外的推力轴		具有下列形式的螺旋桨轴	
整体连接法兰	液压无键套合联轴器	键槽	径向孔、横向孔	纵向槽	在推力环处向外等于推力轴直径的部分,其余部分可按圆锥减小到中间轴直径	滚柱轴承用作推力轴承时轴向轴承处	无键套合或法兰连接的螺旋桨轴、空气螺旋桨轴、喷水推进泵轴	有键螺旋桨轴
1.0	1.0	1.10	1.10	1.20	1.10	1.10	1.22	1.26

注:①法兰根部过渡圆角半径应不小于 0.08*d*。

②至少在键槽及从键槽两端延伸到 0.2*d* 的长度范围内，*C* 取 1.10。在这个范围以外,轴的直径可以减至以 *C*=1.0 计算直径。键槽底部横截面的过渡圆角半径应不小于 0.012 5*d*.

③至少在孔及从孔两边缘延伸到 0.2*d* 的长度范围内，*C* 取 1.10。在这个范围以外,轴的直径可以减至以 *C*=1.0 计算直径。镗孔直径应不大于 0.3*d*.

④至少在槽及从槽两边延伸到 0.3*d* 的长度范围内，*C* 取 1.20。在这个范围以外,轴的直径可以减至以 *C*=1.0 计算直径。一般槽长度应小于 0.8*d*,宽度应大于 0.1*d*,内径应小于 0.8*d*。槽的末端圆角不小于槽宽度的一半,槽的数量应不大于 3。

⑤当遇到轴上有多种形式时,则其修正时多个系数应连乘计算。

⑥当轴的扭振应力超过持续许用扭振应力的 90%时,则套合直径应增大,如增加直径 1%~2%。

⑦对设有转速禁区的轴系,一般不采用键槽。

(6)燃油系统

燃油柜应有足够强度,其最小壁厚应不小于表 2.4.39 的规定值。

表 2.4.39 燃油柜最小壁厚(mm)

材料	最小壁厚	附注
铜,内部镀锡	1.5	不应用于柴油
含铜量不大于 0.1%的铝合金	2	
钝化的奥氏体,低碳铬镍合金钢	1	除去所有的焊接积垢
低碳钢	2	不应用于汽油
制造后外部经热浸镀锌的低碳钢	1.5	不应用于汽油
制造后外部和内部都经热浸镀锌的低碳钢	1.5	
聚乙烯	5	不应用于汽油

(7)电气装置

1)电气设备的设计、制造和安装应考虑安全和便于检修。电气设备应能在表 2.4.40 的电压和频率偏离额定值的波动情况下可靠工作。

表 2.4.40 电压和频率波动

设备	参数	稳态(%)	瞬态	
			%	恢复时间(s)
一般设备	电压	−10~+6	±20	1.5
	频率	±5	±10	5

续表

设备		参数	稳态(%)	瞬态	
				%	恢复时间(s)
由蓄电池供电的设备	充电期间接于蓄电池者	电压	-25~+30	—	—
	充电期间不接于蓄电池者		-25~+20		

2)电气设备应能在下列环境条件下正常工作:环境空气温度应符合表 2.4.41 的规定。

表 2.4.41　环境空气温度

部位	温度
封闭处所内	0~40 ℃
温度超过 40 ℃或低于 0 ℃的处所内	按这些处所的温度
开敞甲板	-25~40 ℃

注:热带区域,温度上限为 45 ℃;电子设备适用的环境空气温度的上限为 55 ℃。

3)倾斜摇摆如表 2.4.42 所列。

表 2.4.42　倾斜摇摆

设备组件	倾斜角(°)			
	横向		纵向	
	横倾	横摇	纵倾	纵摇
电气设备、开关设备、电气及电子设备	22.5	22.5	10	10
除电气设备、开关设备、电气及电子设备外的设备、组件	15	22.5	5	7.5

注:倾斜角可能同时发生横向和纵向倾斜。

4)电气设备的外壳防护型式,应满足表 2.4.43 的规定。

表 2.4.43　外壳防护形式

艇上处所	防护等级
甲板下保护良好的舱室	IP20
舱顶遮蔽的甲板上	IP22
溅湿的甲板上	IP44
大量浸水的甲板上	IP56

（8）纯电池电力推进游艇的附加要求

控制站应设有必要的指示状态的仪器仪表。如适用时，控制站应设置表 2.4.44 中的指示、显示和报警。

表 2.4.44　指示、显示和报警

系统	检测参数	报警	显示	备注
蓄电池	电压	√	√	高/低电压报警
	电流		√	
	充放电提示		√	
	SOC	√	√	剩余电量低报警，仅适用于锂离子蓄电池
	BMS 自检功能	√	√	BMS 故障报警，仅适用于锂离子蓄电池
推进电动机（交流和直流）	电枢电流		√	读取所有相
	励磁电流		√	对同步电动机而言
	电动机运行		√	
推进半导体变换器	电压（输入）		√	
	电流（输入）		√	
	过敏（大电流）	√		在保护装置动作前报警
	变换器冷却泵或风机故障	√		

注：“√”表示适用时应设置。

（9）锚泊与系泊设备

游艇一般配置 1 个大抓力首锚，其重量按舾装数查表 2.4.45 确定。

表 2.4.45　锚泊及其锚链和系泊索

舾装数 *N*		大抓力锚		锚链			系泊索		
超过	不超过	数量	质量（kg）	直径（mm）CCS1 级	直径（mm）CCS2 级	每根长度	数量	每根长度（m）	破断负荷（kN）
0	5	1	6	8	8	55	2	15	26
5	10	1	10	8	8	55	2	15	26
10	15	1	14	8	8	55	2	25	26
15	20	1	18	8	8	55	2	25	26
20	25	1	25	8	8	55	2	35	26
25	30	1	30	8	8	55	2	35	26
30	35	1	37	8	8	82.5	2	40	26
35	40	1	44	8	8	82.5	2	45	31
40	45	1	52	8.5	8	110	2	50	31
45	50	1	59	9	8.5	110	2	55	31

（10）完整稳性

对于 I 类和 II 类游艇，应按照 IMO MSC.267（85）决议《2008 年国际完整稳性规则》中的气象衡准进行校核，其中风压 P 可按表 2.4.46 计取。

表 2.4.46　风压

游艇类别	I 类	II 类
风压（N/m²）	504	300

（11）消防

消防设备的配置应满足表 2.4.47 的规定。

表 2.4.47　封闭的机器处所和/或燃料油柜所在处所的保护

封闭的机器处所		所要求的保护
发动机位置	发动机的类型和功率	
在舰舱底面正上方设有发动机或发动机部件的敞开艇	总输出功率 120 kW 及以上的艇内汽油机	固定式灭火系统
	柴油机和总输出功率小于 120 kW 的艇内汽油机	固定式灭火系统或手提灭火器
具有尾板安装的舷外机，以及存放在开敞大气中的便携式燃油箱的敞开艇	舷外汽油机	对小于 25 kW 的单台舷外机无要求；对不小于 25 kW 的舷外机，应配备最小合计容量为 8 A/68B 的一个或多个手提灭火器
具有尾板安装的舷外机，以及对每台舷外机具有多于 1 个的便携式燃油箱或燃油箱设置在封闭处所中的敞开艇	舷外汽油机	固定式灭火系统或手提灭火器
在舰舱平面以下或在艇内的发动机	艇内汽油机	固定式灭火系统
	总输出功率小于 375 kW 的艇内柴油机（主机和辅机）	固定式灭火系统或手提灭火器
	总输出功率 375 kW 及以上的艇内柴油机（主机和辅机）	固定式灭火系统
燃料油柜所在处所		固定式火火系统或手提火火器

注：总输出功率是指单个机器处所内的发动机合计总功率。

2.5　海上 LNG 装备

2.5.1　DNV

2.5.1.1　船队及发展

如图 2.5.1 所示，截至 2021 年 9 月，有 221 艘液化天然气（LNG）燃料船舶在运营（不包括 LNG 油轮),并确认另有 359 艘的订单,且均为新造船。近年来,LNG 的利用已经从近海航运转向大型远洋船舶。预计这一趋势将继续,从而导致未来十年 LNG 在船用燃料市场的渗透率更高。

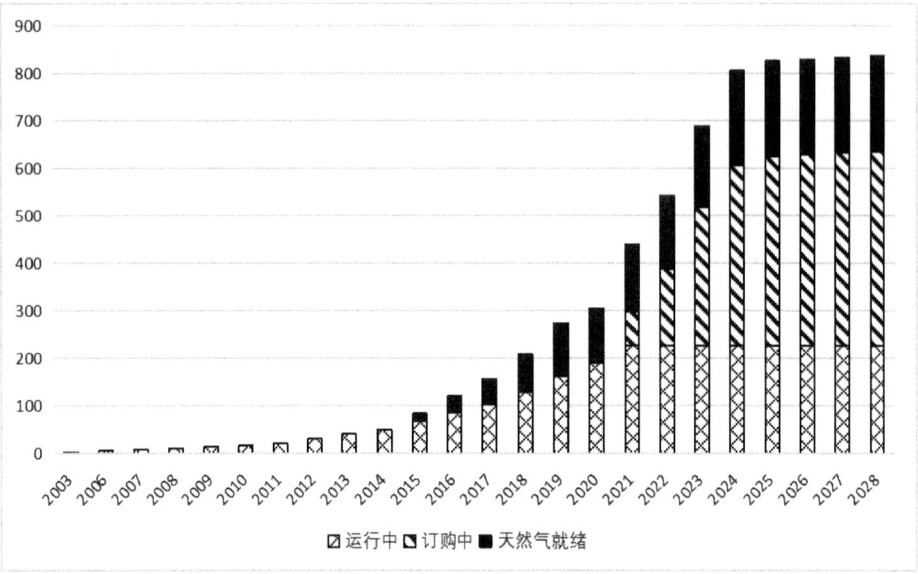

图 2.5.1　LNG 燃料船队的发展

LNG 需求和图 2.5.2(a)显示了现有船舶和预订船舶的 LNG 消耗量。预计未来几年对 LNG 燃料的需求将呈指数级增长,这主要是因为大型 LNG 燃料船舶已经并且仍在订购中。

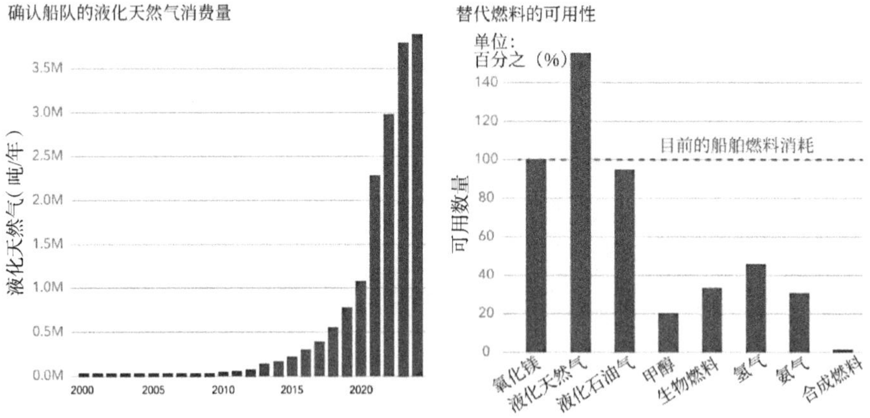

(a)　　　　　　　　　　　　　　(b)

图 2.5.2　船队 LNG 消费量与替代燃料的可用性

(a)LNG 年消耗量动态图　(b)各替代燃料的可用性

图 2.5.2(b)显示了各种替代燃料的可用性。虚线代表海运业的重燃料油(HFO)/低硫燃料油(LSFO)总需求,条形柱表示每种燃料的总产量。可以看出,液化天然气的用量远高于其他替代燃料。液化天然气的加注基础设施也在迅速发展,大多数主要航运枢纽已经得

到覆盖，并且在不久的将来进行更多的项目，以确保 LNG 可用于航运。

2.5.1.2 基础设施和发展

为使用 LNG 燃料不断增长的船队提供服务的液化天然气加注基础设施仍在开发中。

现如今，大多数 LNG 加注设施都在欧洲，尤其是挪威，有许多正在运营的燃料中心，因为挪威是使用 LNG 作为船舶燃料发起地。

2.5.1.3 船舶燃料技术

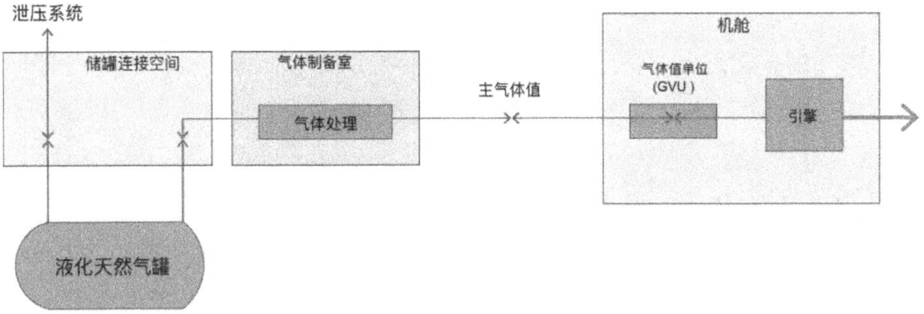

图 2.5.3 集装箱船上气体处理图解

(1)燃料系统和发动机

由于 LNG 作为深冷液体在船上加注和储存，而在发动机中作为气体燃烧，因此与传统燃料油推进装置相比，LNG 燃料系统需要考虑不同的因素。天然气的低燃点(低于 60 ℃)引起了几个与安全相关的问题和要求。IMO 的《使用气体或其他低闪点燃料船舶国际安全规则》(以下简称《IGF 规则》)中规定了具体要求。《IGF 规则》是针对使用低燃点燃料船舶的标准，但当前版本侧重于满足气体燃料(LNG)功能要求，各自的功能要求在《IGF 规则》第 3 节中有定义，从而可以得出适用于燃气装置的几个零部件的基本安全原则，如图 2.5.4 所示。

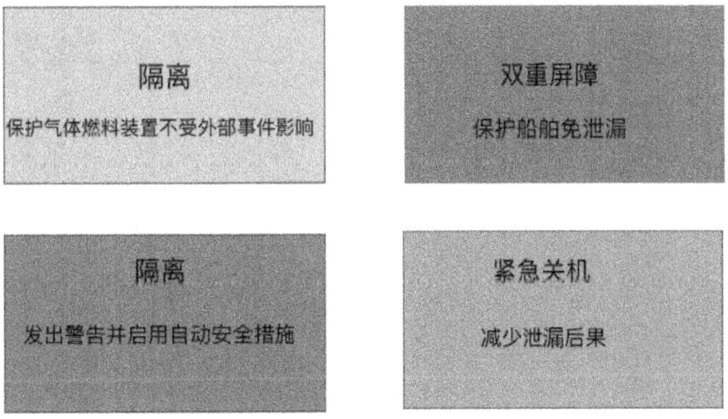

图 2.5.4 基本安全原则

(2)LNG 围护系统/罐

LNG 的能量密度低于 HFO，这意味着与 HFO 相比，船舶需要更多的空间来承载必要的燃料量，这个额外的体积就减少了可用的货物空间。目前，用于 LNG 燃料的储罐有 B 型棱柱形储罐、C 型储罐和薄膜储罐。但与货舱设计相比,此类舱的设计需要进行调整,以符合《IGF 规则》,并考虑不同的填充水平。接近市场的新混合设计,例如 Lattice 罐、Bi-Nut 罐,旨在结合 B 型和 C 型储罐的优点,例如:

1)B 型棱柱储罐空间利用率高;

2)C 型储罐的安全理念先进,且有更高的设计压力。

有必要特别注意考虑气体燃料箱的可变填充水平。在航行期间,油箱的油位会降低,从最高(95%)降至最低(10%),中间水平对不同的油箱负载有很大的影响。特别是晃荡载荷在很大程度上取决于实际填充,需要在罐设计时加以考虑。

2.5.1.4 储罐的安全原则

三种不同的安全原则可用于油罐围护系统的不同组合。

(1)隔离

油箱应避免碰撞、接地和其他机械损坏情况(例如货物操作)。 此外,它们应远离火灾和爆炸危险区域。

(2)双重屏障和隔热系统

许多储罐采用双屏障概念,随着时间的推移可以保持较高的安全水平,其中包含高压/低温液态气体的储罐本身是第一道屏障,完整或部分的第二道屏障用于保护船员、船舶和环境免受气体泄漏和低温影响(例如脆性材料)。只有 C 型储罐遵循另一个安全原则,它的设计对疲劳和裂纹具有较高的安全裕度,因此储罐本身不需要第二道屏障。

(3)泄漏检测

应监测甲板下的所有舱室是否有泄漏,以便船长和船员有针对性地做出反应。只有在储罐排空并加热时才能修复泄漏。《IGF 规则》允许罐体在泄漏的情况下最长的运行时间为 15 天。

罐体与外板最小距离要求的比较见表 2.5.1。

表 2.5.1 罐体与外板最小距离要求的比较

确定性方法	概率方法
与侧面的最小距离:*B*/5 或 11.5 m(更小) 距离 *B*/15 或 2.0 m(更小)的最小距离 离壳板的距离不得超过“*d*” *d*=0.8~2.0 m,取决于罐体尺寸	货船油罐损坏概率 f_{cn}<0.04 $f_{cn}=f_l\times f_t\times f_v$ 式中:f_l——纵向碰撞损伤的概率; f_t——考虑可用侧面保护的内侧穿透概率; f_v——考虑垂直损坏程度的概率
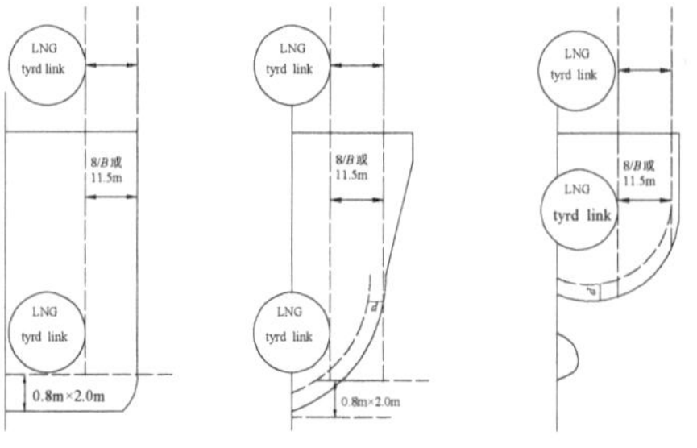	公式基于并参考 SOLAS 规则 II-1/7-1 和 7-2.6,用于货船和客船的破损稳性计算。 f_l 使用 SOLAS 规则 II-1/7-1 中的 p 因子公式计算得出; f_t 是油箱和侧壳之间距离的函数; f_v 是从最深吃水到 LNG 储罐最下端边界的距离的函数

2.5.1.5 LNG 储罐类型概述

1)IMO 定义了三种基本的独立 LNG 储罐类型：IMO A 型、IMO B 型和 IMO C 型。使天然气保持液相的两个基本物理原理：

①高压力；

②低温下低压。

此外，完全集成的膜罐与大型液化天然气运输船使用的概念相同，通常用作燃料气体储存系统。

油箱宽度对于大型集装箱船的气体燃料箱来说是一个普遍的挑战，因为它允许流体因船舶行进而自由运动。没有晃荡舱壁的罐体可能会受到广泛的晃荡冲击载荷。可以通过优化水箱几何形状（增加连接水箱底部和侧壁的水箱壁的坡度）来减少此类负载，但这会降低空间利用率。

2)储罐类型见表 2.5.2。

表 2.5.2 储罐类型

特征	独立储罐			一体式水箱
	IMO A 型	IMO B 型	IMO AC 型	膜
几何学	带有倾斜边界选项的自支撑独立棱柱罐		压力容器（圆柱形，双叶、三叶设计）	棱柱形罐，内置于支撑船结构中
空间利用	优秀		低到中等	中到高等
温度/压力	-163 ℃ /<0.7 bar		NA/>2.0 bar（可能超压）	-163 ℃ /<0.7 bar
障碍	2 道障碍 第二道屏障，封在罐中，能够容纳 15 天的液态气体	2 道障碍 部分第二道屏障设计用于容纳液相 LNG 燃料 15 天	1 道障碍	2 道障碍 包围水箱的第二道屏障
设计复杂性	中等	高等	低到中等	缓和
制造业	预制，独立于船舶结构		预制，独立于船舶结构，可能位于甲板上	在预制罐舱内建造罐
材料	9% 镍钢、不锈钢、铝	9%镍钢、高锰钢	9%镍钢	不锈钢
晃动风险	小于斜舱壁		由于形状、体积和斜盘舱壁而体积小	高
主要挑战	第二道屏障	设计复杂性	重量和空间利用率	晃动和串联结构

3)A 型和 B 型储罐的规则参考见表 2.5.3。

表 2.5.3 A 型和 B 型储罐的规则参考

DNV 等级指南：CG-0554	A 型和 B 型独立棱柱形储罐的气体燃料集装箱船
DNV 等级指南：CG-0133	带有 A 型和 B 型独立棱柱形储罐的液化气运输船
DNV 船级规则：DNVGL-RU-SHIP Pt.5 Ch.7 Sec.4	液化气罐车货物围护

续表

DNV 船级规则:DNVGL-RU-SHIP PL.5 Ch.7 Sec.20	液化气罐车采用 A 型和 B 型独立棱柱形储罐设计
DNV 船级规则:DNVGL-RU-SHIP PL.5 Ch.2 Sec.4	集装箱船燃气油箱有限元分析
DNV 船级规则: DNVGL-RU-SHIP Pt.6 Ch.2 Sec.5	气体燃料船舶装置气体燃料 LNG
DNV 等级指南:CG-0127	有限元分析
DNV 等级指南:CG-0129	疲劳评估

4)C 型储罐的规则参考见表 2.5.4。

表 2.5.4　C 型储罐的规则参考

DNV 等级规则:DNVGL-RU-SHIP Pt.6 Ch.2 Sec.5	气体燃料船舶装置气体燃料 LNG
DNV 等级规则:DNVGL RU-SHIP Pt.5 Ch.7 Sec.4	液化气罐车货物围护
DNV 等级规则:DNVGL-RU-SHIP Pt.5 Ch.7 Sec.22	液化气罐车 C 型圆柱罐设计
DNV 等级指南:CG-0135	具有独立型圆柱罐的液化气运输船
DNV 等级指南:CG-0127	有限元分析
DNV 等级指南:CG 0129	疲劳评估

5)膜罐规则参考见表 2.5.5。

表 2.5.5　膜罐规则参考

DNV 等级规则:DNVGL-RU-SHIP PL.5 Ch.7 Sec.4	液化气罐车货物围护
DNV 等级规则:DNVGL-RU-SHIP Pt.5 Ch.7 Sec.23	液化气罐车膜罐设计
DNV 等级规则:DNVGL-RU-SHIP Pt.5 Ch.2 Sec.4	集装箱船气体燃料罐有限元分析
DNV 等级指南:CG-0136	带膜罐的液化气运输船
DNV 等级指南:CG-0127	有限元分析
DNV 等级指南:CG-0129	疲劳评估

考虑所有可能组件的典型布置如图 2.5.5 所示。

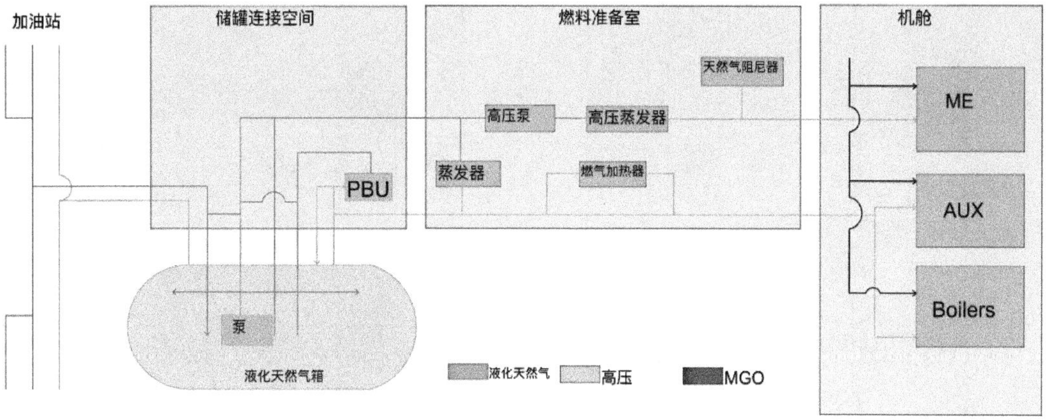

图 2.5.5　考虑所有可能组件的典型布置

2.5.2　CCS

2.5.2.1　设计载荷

（1）航行/解脱状态的载荷组合工况

1）舷外水压力包括舷外海水静压力和波浪动压力。

2）常见浮式装置装载模式有两种。

①单排舱布置装载模式，如图 2.5.6 所示。

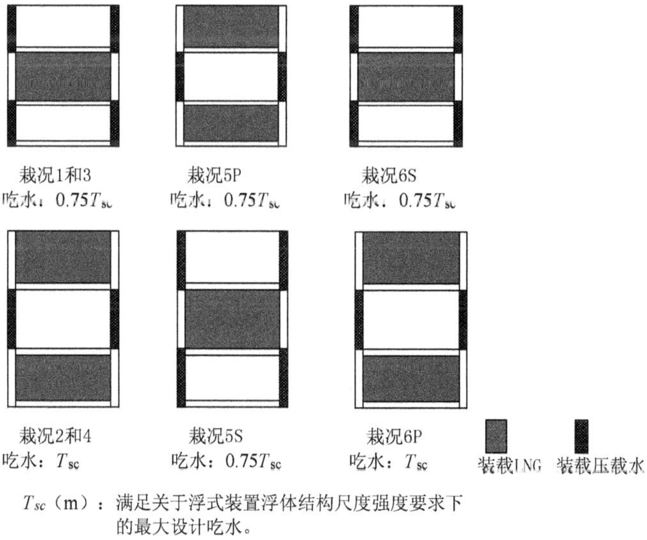

图 2.5.6　单排舱布置装载模式

②双排舱布置装载模式，如图 2.5.7 所示。

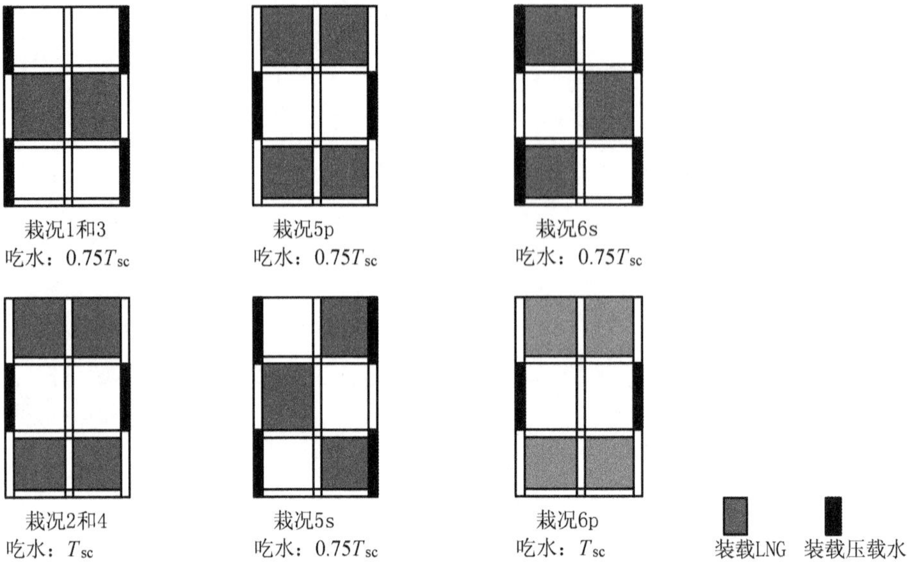

T_{sc}(m)：满足关于浮式装置浮体结构尺度强度要求下的最大设计吃水。

图 2.5.7　单排舱布置装载模式

（2）动载荷工况及动载荷组合因子

1）场地自存状态的载荷组合工况。

应根据模型试验或 CCS《海上浮式装置入级规范》计算动载荷组合因子，并考虑下列因素：

①作业区域载荷；

②系泊系统载荷；

③浮式装置方位及波浪方向；

④装载状态。

计算动载荷组合因子时应考虑构件的纵向位置，如图 2.5.8 所示。

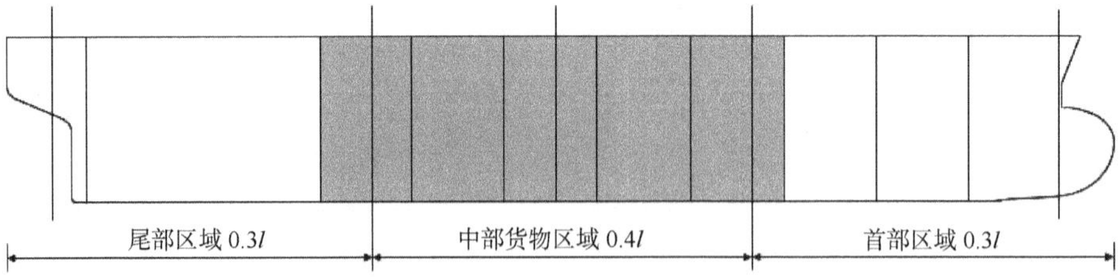

注：l 为构件长度。

图 2.5.8　构件的纵向位置

2)独立型液货舱的特别分析工况。

①应按表 2.5.6 与表 2.5.7 给出的工况,对独立液货舱及其支撑结构进行强度评估。

表 2.5.6　独立型液货舱动载荷工况

波浪方向			迎浪				横浪		斜浪	
动载荷工况			1	2	3	4	5S	5P	6S	6P
总体载荷	M_{wv}	f_{wv}	−1.0	1.0	−1.0	1.0	0.4	−0.4	−0.2	0.4
	Q_{wv}	f_{qv}	1.0	−1.0	1.0	−1.0	−0.2	0.2	0.2	0.0
	$M_{wv\text{-}h}$	$f_{wv\text{-}h}$	0.0	0.0	0.1	−0.1	0.2	−0.2	1.0	−1.0
加速度	a_v	f_v	0.6	−0.6	0.6	−0.6	1.0	−1.0	0.0	−0.1
	a_t	f_t	0.0	0.0	−0.1	0.1	0.2	−0.2	0.0	0.0
	a_{ing}	f_{ing}	−0.3	0.3	0.3	−0.3	−0.1	−0.1	0.4	0.5
左舷波浪动压力	P_{WL}	f_{WL}	−0.5	0.5	−0.5	0.5	−0.2	0.7	0.1	0.3
	P_{blige}	f_{blige}	−0.2	0.2	−0.2	0.2	−0.5	−1.0	0.1	0.4
	P_{ctr}	f_{ctr}	−0.4	0.4	−0.4	0.4	−0.9	−1.0	−0.2	0.3
右舷波浪动压力	P_{WL}	f_{WL}	−0.5	0.5	−0.5	0.5	−0.7	−0.2	0.3	0.1
	P_{blige}	f_{blige}	−0.2	0.2	−0.2	0.2	−1.0	−0.5	0.4	0.1
	P_{ctr}	f_{ctr}	−0.4	0.4	−0.4	0.4	−1.0	−0.9	0.3	−0.2

表 2.5.7　独立型液货舱静态工况

静态工况	SLC1	SLC2	SLC3	SLC4	SLC5
工况描述	单侧装载	进水工况（横舱壁）	进水工况（止浮舱壁）	碰撞	静横倾
吃水	$0.5T_{sc}$	T_{flood}	T_{sc}	—	T_{sc}
纵向惯性载荷	—	—	—	$-0.25g$	—
垂向惯性载荷	$1.0g$	—	$1.0g$	$1.0g$	$G\cos 30°$
横向惯性载荷	—	—	—	—	$G\sin 30°$

注:T_{flood}——破损进水情况下的最深吃水;
g——重力加速度,取 9.81 m/s²。

②特别分析工况对应的装载模式,如图 2.5.9 所示。

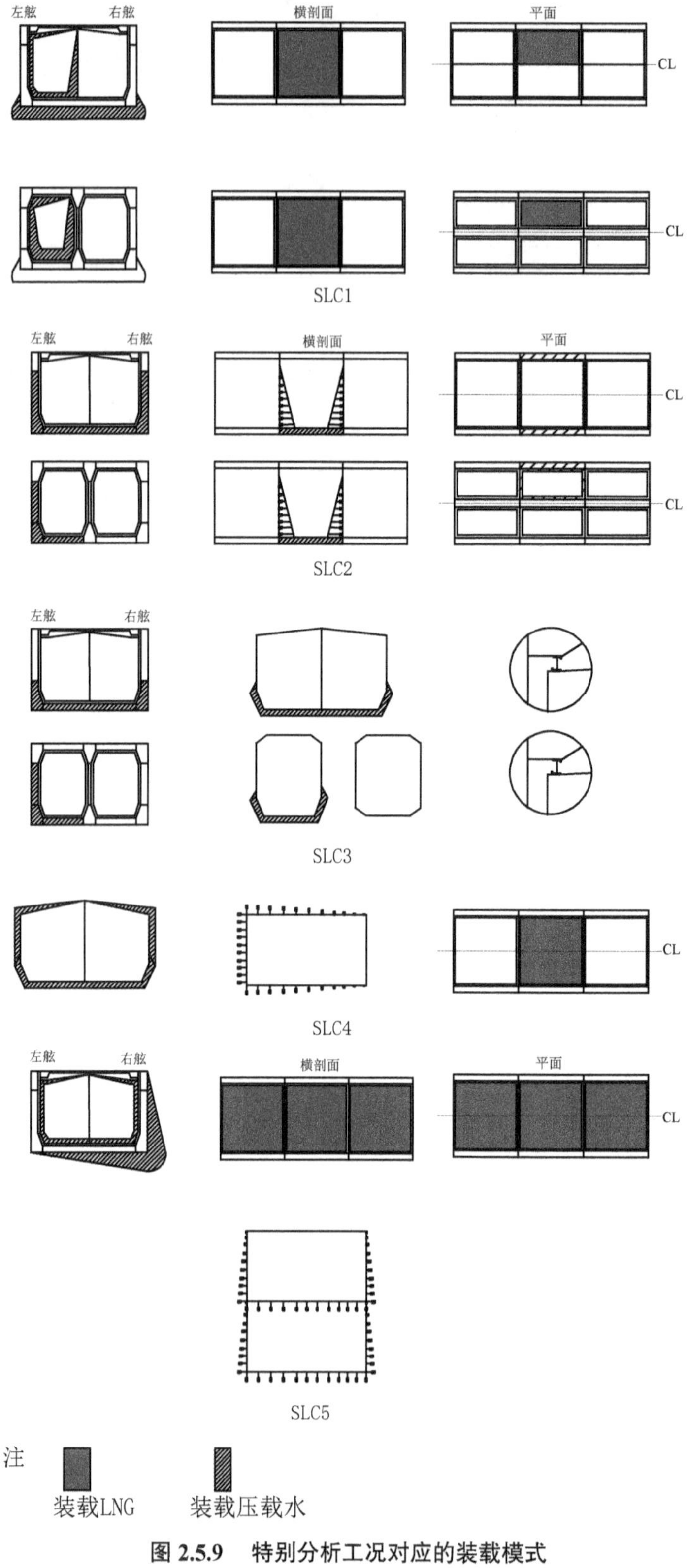

图 2.5.9　特别分析工况对应的装载模式

2.5.2.2 LNG 传输系统

(1)一般要求

1)LNG 传输系统通常是指浮式装置上接收 LNG 运输船或其他海上设施向浮式装置输送 LNG 的传输管路、LNG 蒸气回路以及其他相关系统,或浮式装置的 LNG 液货舱至 LNG 通岸接头(外输)的管系及其他相关系统,主要为浮式装置上的管系、LNG 泵、气体压缩机以及软管卸货系统等。其中,软管卸料系统包括货物软管、拉断阀和绝缘法兰。

2)LNG 传输系统在正常传输作业时应避免气体或液体释放到空气中。

3)LNG 传输系统的 LNG 管路应进行应力分析,考虑管路及其结霜重量所引起的所有应力,包括加速载荷、内压、热收缩和管道系统的每个分支因浮式装置中拱和中垂导致的载荷。

(2)管路系统

1)管路的法兰接头应尽可能地减少至管系安装和维护所需的最小数量。

2)LNG 传输系统管路(特别是传输连接总管)应进行足够加强和可靠支撑,以承受作业过程中可能产生的载荷和振动。

3)应设有 LNG 传输操作结束后将 LNG 从传输管路中排出的措施,且 LNG 应被排放至液货舱或其他适当的位置。

4)应设有对 LNG 传输管路进行除气和惰性气体(如氮气)吹扫的装置,以保证不进行 LNG 传输作业时,管路内不含可燃气体。

5)在管路充满液体情况下,对可能被隔断的所有管路或部件均应装设释放阀,以应对热膨胀和蒸发。

6)LNG 传输总管上应设置过滤器,此类过滤器可以是固定或临时的,过滤标准应与碎片等进入系统的风险相适应。应设有能够显示过滤器是否被堵住的设施,还应设有能进行过滤器隔断、减压和安全清洁的措施。

7)LNG 液货舱和传输系统之间的管路应串联安装 1 个用于隔离的手动操作阀和 1 个遥控阀,或一个手动操作和遥控操作的组合阀。该阀门应尽可能位于靠近液货舱的位置。

8)每一传输管路靠近岸边连接总管处应串联安装 1 个用于隔离的手动操作阀和 1 个遥控阀,或一个手动操作和遥控操作的组合阀。

9)应设置与 LNG 运输船液货舱气相空间连通的 LNG 蒸发气回路。

10)对于存在泄漏风险的位置(如低温管路接头、LNG 传输管路总管处等),应配置能容纳所有可能泄漏量的固定式或移动式集液盘。集液盘应采用耐低温材料制成,并采取有效措施防止低温对船体产生危害,且集液盘应设置溢流口,溢流的 LNG 应能通过一根向下并靠近水面的排放管排出舷外,或采取有效防护措施使其对浮式装置、船舶、海上设施靠泊不产生影响。

11)为避免因 LNG 压力喷射导致的人员低温伤害和船体结构低温损伤,应在任何压力大于 1.0 MPa 的 LNG 管路的法兰接头处设有防溅板和集液盘或类似装置。

12)应安装供水系统,提供低压水幕,以为集液盘排放管附近的船体钢材和舷侧结构提供额外保护,该系统应在 LNG 进行传输作业时工作。

（3）应急关断（ESD）系统

1）应安装用于传输系统和设备的紧急关闭（ESD）系统，该系统应满足 CCS《散装运输液化气体船舶构造与设备规范》的有关要求。

2）ESD 系统应由 CCS《散装运输液化气体船舶构造与设备规范》规定的 ESD 功能安排中所列的手动和自动传输装置触发。任何额外的传输只能包含在 ESD 系统中，并不应降低系统的完整性和可靠性。

3）ESD 系统应能将传输系统恢复到安全的静止状态，并采取安全措施。ESD 系统的设计应考虑避免在管内产生超出安全范围的冲击压力。

4）在 ESD 系统触发时，应能关闭装载或卸载过程中的总管应急截止阀，以及与液态或气态状态下传输货物相关联的泵和压缩机。

5）ESD 系统附加关闭阀的数量和位置应根据传输系统和设备的类型、数量和位置确定。

（4）LNG 货物软管

1）软管应满足 CCS《散装运输液化气体船舶构造与设备规范》及 CCS 接受的有关标准的要求。

2）软管应严格遵循制造商关于试验、存储、温度、压力操作循环周期的说明。

3）所有材料应相互兼容，且与输送的流体（LNG 和 LNG 蒸发气体）相容。

4）软管端部附件应与工作压力和工作温度相适应。

5）软管应由 CCS 进行型式认可。型式认可试验包括温度和压力循环试验、爆破压力试验、弯曲循环疲劳试验、破坏试验、冲击试验、拉伸试验、最小弯曲半径（MBR）的弯曲试验、最大许可施加扭矩（MAAT）试验、电气试验以及液压试验等。

①温度和压力循环试验——软管组件应进行压力循环试验，该试验应在正常环境温度和从零到至少两倍于规定的最大工作压力下进行不低于 200 次。

②爆破压力试验——在上述压力循环试验后，还应进行爆破试验，以确认在最高和最低极端运营温度下，爆破压力至少 5 倍于规定的最大工作压力。

③弯曲循环疲劳试验——软管组件应在环境温度和设计温度下进行弯曲循环疲劳试验，至少应达到 400 000 次循环无失效。

④破坏试验——软管组件应能承受在环境温度和设计温度下进行的破坏试验，而不会损坏。软管组件固定在两个刚性板（相当于软管直径的面积）之间，在每个柔性软管中间相同位置施加 1 000 N 的力 10 次。

⑤冲击试验——软管组件应进行冲击试验，以确认软管在环境温度和设计温度下能承受规定的负荷而不造成损坏。试验时规定的负荷为软管在传输作业时可能承受的最大冲击压力。

⑥拉伸试验——软管组件应在环境温度和设计温度下进行拉伸试验，以确认软管可承受最大的工作载荷。

⑦最小弯曲半径（MBR）的弯曲试验——软管组件应在环境温度和设计温度下进行弯曲试验，以确认软管能承受最小弯曲半径处的最大工作压力。软管应逐步弯曲到 MBR，然后压力增大至最大工作压力。在 MBR 保持 15 min 时，对软管进行检查，并且在返回试验前

的状态时无损伤。

⑧最大许可施加扭矩（MAAT）试验——软管组件应在环境温度和设计温度下进行扭转试验，以确认软管可在 MAAT 期间保持最大工作载荷。软管组件应逐步扭转到 MAAT，然后施加至最大工作压力。在 MAAT 保持 15 min 时，检查软管是否泄漏，并且在返回试验前的状态时无损伤。

⑨液压试验——在进行上述所定义的型式认可试验后，软管组件应进行液压试验，以验证软管能承受试验而不产生泄漏，试验压力不应小于 1.5 倍的公称压力。

⑩工厂试验——每个带有端部附件的货物软管都应进行工厂试验（用于原型试验的软管不能用于浮式装置），工厂试验主要有压力试验、泄漏试验以及焊接检查等。

2.6 海洋油气装备（CCS）

2.6.1 合金钢 4130

在空气、海水及海水中外加-851 mV、-880 mV 阴极极化条件等试验条件下合金钢 4130 试样的慢拉伸应力-应变曲线如图 2.6.1 所示。由图可见，四种试验条件下试样的应力变化趋势无明显差异。从断裂点的应变大小可知，在海水中外加阴极极化条件下，试样最先发生断裂，在空气中拉伸的试样最后断裂。合金钢 4130 试样在不同试验条件下的断口形貌，四种试验条件下试样的断面均未观察到二次裂纹。试样在空气中拉伸，其断口有明显的颈缩现象，是典型塑性断裂断口特征，而海水中试样和海水中同时外加阴极极化条件下试样的断口均存在脆性断裂特征。

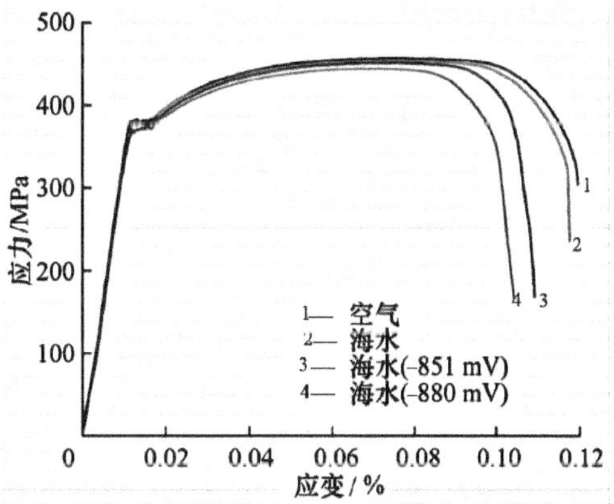

图 2.6.1 合金钢 4130 试样的慢拉伸应力-应变曲线

合金钢 4130 试样在不同试验条件下的慢应变速率拉伸试验结果见表 2.6.1。由表可知，相对于海水中未经阴极保护的试样，在海水中-851 mV 阴极极化电位下试样的抗拉强度下降了 0.66%，延伸率下降 1.2%，断面收缩率下降 9.9%；在海水中-880 mV 阴极极化电位下试样的抗拉强度下降 1.99%，延伸率下降 3.2%，断面收缩率下降 17.4%。这说明阴极极化增大了海水中合金钢 4130 的应力腐蚀开裂敏感性。

表 2.6.1　合金钢 4130 试样慢应变速率拉伸试验结果

试验条件	延伸率/%	断面收缩率/%	抗拉强度 σ_k/MPa	抗拉强度下降率/%
空气	28.3	46.3	456	—
海水	28.5	54.7	453	—
海水中-851 mV 阴极极化	27.3	44.8	450	0.66
海水中-880 mV 阴极极化	25.3	37.3	444	1.99

2.6.2　低合金钢 Q345D

低合金钢 Q345D 试样在空气、海水及海水中外加-870 mV、-880 mV 阴极极化条件下的慢应变速率拉伸的应力-应变曲线如图 2.6.2 所示。

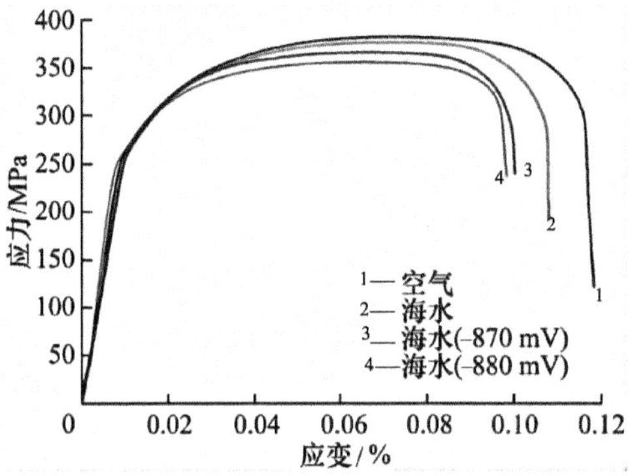

图 2.6.2　低合金钢 Q345D 试样的慢拉伸应力-应变曲线

由图 2.6.2 可见，在弹性变形阶段四条曲线的变化趋势基本一致；在塑性变形阶段，在空气中拉伸曲线最高点应力最大，拉伸持续时间最长，海水中外加-880 mV 阴极极化条件下曲线的最高点应力最小，率先发生断裂。低合金钢 Q345D 拉伸试样在不同条件下的拉伸断裂的断口：三种条件下试样的断口特征大致相同，在海水及海水中外加阴极极化条件下的试样断口有腐蚀产物覆盖，各试样断面上均未发现二次裂纹。

低合金钢 Q345D 试样在不同试验条件下的慢应变速率拉伸试验结果见表 2.6.2。由表可知，海水中外加-870 mV 阴极极化电位后，与海水中未进行阴极保护的试样相比，延伸率降低 0.3%，断面收缩率减小 0.8%，抗拉强度下降 2.66%；-880 mV 阴极极化电位下试样的抗拉强度下降 5.32%，延伸率减小 0.3%，断面收缩率下降 1.7%。这说明阴极极化在一定程度上增大了海水中低合金钢 Q345D 试样的应力腐蚀开裂敏感性。

表 2.6.2　低合金钢 Q345D 试样慢应变速率拉伸试验结果

试验条件	延伸率/%	断面收缩率/%	抗拉强度 σ_k/MPa	抗拉强度下降率/%
空气	29.2	37.9	382	—
海水	25.0	31.9	376	—
海水中-870 mV 阴极极化	24.7	31.1	366	2.66

续表

试验条件	延伸率/%	断面收缩率/%	抗拉强度 σ_k/MPa	抗拉强度下降率/%
海水中-880 mV 阴极极化	24.7	30.2	356	5.32

2.6.3 双相不锈钢 2205

双相不锈钢 2205 试样在空气、海水及海水中外加-621 mV、-880 mV 阴极极化条件下慢应变速率拉伸的应力-应变曲线如图 2.6.3 所示。试样在空气及海水中拉伸曲线变化趋势大致相同,而在海水中外加-621 mV 阴极极化条件下,曲线的最高点应力最小,拉伸的持续时间最长。在不同的试验条件下,试样的断口特征差别不大,均出现颈缩现象,断面上无二次裂纹产生,为塑性断裂断口。双相不锈钢 2205 试样在不同试验条件下的慢应变速率拉伸试验结果见表 2.6.3,相较于海水中无阴极极化条件,-621 mV 阴极极化电位下的试样除抗拉强度有所降低(0.6%)外,延伸率增大 1.3%,断面收缩率增加 0.2%;在-880 mV 阴极极化电位下,延伸率减小 4.7%,断面收缩率降低 19.9%,而抗拉强度仅降低 0.15%。这说明-621 mV 阴极极化在一定程度上降低了双相不锈钢 2205 在海水中的应力腐蚀开裂敏感性,而-880 mV 阴极极化则增大了其应力腐蚀开裂敏感性。

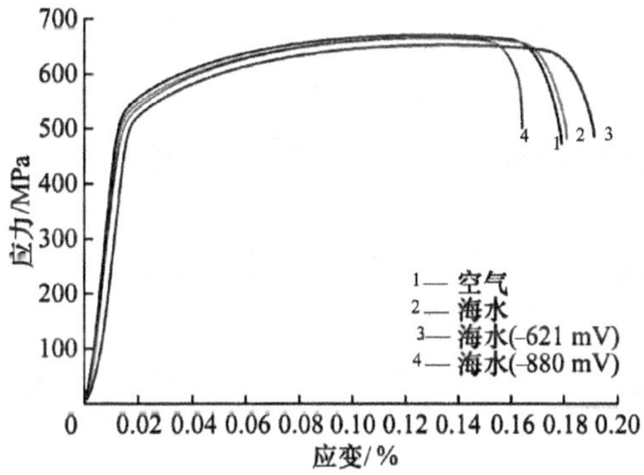

图 2.6.3 双相不锈钢 2205 试样的慢拉伸应力-应变曲线

表 2.6.3 双相不锈钢 2205 试样慢应变速率拉伸试验结果

试验条件	延伸率/%	断面收缩率/%	抗拉强度 σ_k/MPa	抗拉强度下降率/%
空气	41.2	57.6	670	—
海水	41.2	57.3	666	—
海水中-621 mV 极化条件	42.5	57.5	662	0.6
海水中-880 mV 极化条件	36.5	37.4	665	0.15

2.7 海上风电装备

2.7.1 国际标准化组织

2.7.1.1 适用范围

《船舶与海洋技术 海上风能 港口和海洋作业》(ISO 29400—2015)为海上风电场的港口和海上作业的规划和工程提供了全面的要求和指导,包括与这些作业有关的所有文件和工作,例如设计和分析进行港口和海上作业所需的部件、系统、设备和程序,以及为安全进行这些作业所制定的方法或程序。

该文件的目的是全面的,涵盖所有与港口和海上作业有关的信息,这些作业是海上风电场的装载、海上运输、安装、海上调试工程、运行和维护、部件交换、维修作业和退役或重新部署所必需的。

该文件适用于海上结构的港口和海上作业,包括:

1)钢制的格子结构地基;

2)混凝土重力基础结构(GBS);

3)桩式钢基础或钢和混凝土混合基础结构;

4)海底模板和类似的临时结构或安装辅助设施;

5)构成风力发电机组(WTG)一部分的钢制或混合材料塔架、机舱和叶片;

6)停泊在海床上的浮动式涡轮机;

7)用于海上变电站或海上住宿平台的自升式海上装置;

8)码头边或岸上的海上发射系统;

9)风电场内的阵列电缆以及连接风电场和电网的出口电缆。

该文件也适用于现有结构的修改,如安装额外的模块、交换部件或退役,以及在风电场服务期内与技术维护工作相关的海上作业。

该文件不适用于以下操作:

①建筑活动,例如在岸上的制造厂,其没有暴露在海洋环境中;

②岸上的公路运输;

③潜水。

2.7.1.2 海上升压站/海上起居平台安装

在不能直接与陆地电网连接或直接连接不经济的情况下,海上风电场通常会设置海上升压站,以上部模块的形式安装在导管架基础上。为提高设施运行期间的可达性,一些海上风电场会设置海上起居平台,通常以上部模块的形式安装在导管架基础上。

海上升压站或起居平台的安装包括下部结构的安装(例如导管架基础)和上部模块的安装。根据上部模块的重量,安装方式既可以是吊装式,也可以是浮托式。

在吊装作业时,导管架基础和上部结构通常由载货驳船拖带,载货驳船通常系泊在已经锚泊或处于动力定位模式的安装船上。桩腿、导管架和上部模块的吊装程序应根据具体的系泊布置进行设计。

吊装工具或辅助工具（眼板、钩耳等）以及上部模块和导管架宜由认证组织进行认证。

2.7.1.3 海上安装作业概要

基础是风力涡轮发电机所在处，其作用是确保能够吸收风力涡轮发电机运行时所产生的力，并保持风力涡轮发电机的位置不变。常用基础类型包括单桩基础、钢制导管架基础（通常为 3 条或 4 条支腿）、重力式基础、吸力式基础、浮式系泊基础。通常在一个海上风电场中应采用同类型的基础。

2.7.1.4 风力涡轮发电机安装

风力涡轮发电机通常由塔筒、机舱、叶片等部件构成，如图 2.7.1 所示。该文件中不包含上述各个部件安装设置的详细说明。

所有特殊物品（机舱、叶片、轮毂）都应经过设计和认证，以适合运输和在所需位置的安装。按照要求，所有起吊点应包括不小于 30%的附加安全系数，应用于设计载荷时，其系数为 1.3。

由于对碰撞载荷的敏感性相对较高，甲板布局时，吊装物与运输和安装船舶上的结构之间应有足够的间距。

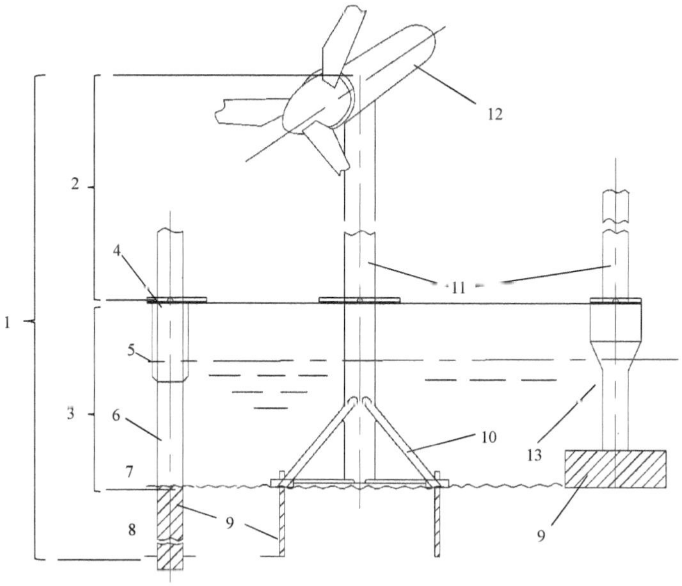

图 2.7.1 海上风力涡轮机组件

1—支撑结构；2—塔；3—子结构；4—带平台的过渡件；5—水位；6—柱；7—海床；8—海底；9—基础；10—支架/三脚架；11—塔；12—船舱组件；13—GBS

2.7.2 ABS

2.7.2.1 ABS 和 ISO 国际标准化组织文件

1）ABS Guide for Building and Classing Floating Offshore Wind Turbines（FOWT Guide）。

2）ABS Rules for Building and Classing Floating Production Installations（FPI Rules）。

3）ABS Rules for Building and Classing Mobile Offshore Units（MOU Rules）。

4）ABS Rules for Building and Classing Single Point Moorings（SPM Rules）。

5）ABS Guidance Notes on the Application of Fiber Rope for Offshore Mooring。

6）ISO 19901-7, Petroleum and natural gas industries- Specific Requirements for Offshore-Structures, Part 7: Stationkeeping Systems for Floating Offshore Structures and Mobile Offshore Units。

7）ISO 19904-1, Petroleum and natural gas industries - Floating Offshore Structures, Part 1: Monohulls, Semi-submersibles and Spars。

8）ISO 19906, Petroleum and natural gas industries - Arctic Offshore Structures。

2.7.2.2 浮式下部结构分类特点

典型浮式海上风电场结构的代表性生命周期见表 2.7.1。

表 2.7.1 典型浮式海上风电场结构的代表性生命周期

动力	自然周期(s)		
	翼梁类型	半潜式	TLP 类型
浪涌	>40	>40	>40
摇摆	>40	>40	>40
起伏	20~50	17~40	<5
翻转	25~60	25~50	<5
投掷	25~60	25~50	<5
偏航	>3	>3	>3

2.7.2.3 海上风电场建模要求

1）为了在全局性能分析中进行运动和载荷计算，海上风电场建模可分为以下几个方面：

①船体建模；

②塔的柔性建模；

③站位保持系统的建模；

④转子叶片及控制和安全系统的建模；

⑤传动系动力学建模。

2）风电场尾流影响建模全球性能分析中要考虑的外部条件包括：

①环境条件；

②电网条件。

此外，在分析中应正确构建与电气系统、控制和安全系统以及机械部件相关的各种故障条件。

3）船体通常可以建模为具有 6 个自由度运动的刚体。船体建模应考虑以下荷载和荷载效应：静水荷载；重力和惯性载荷；风、波浪和海流荷载；其他荷载效应，如船体 VIM 和 VIV。

2.7.2.4 电缆注意事项

用于输出发电的电力电缆系统可以有一个较长的悬挂段，从船体上的连接点延伸到海底。电力电缆与浮式下部结构和系泊系统在多个方面相互作用。缆绳上的波浪和海流作用可能会增加系泊系统抵抗环境的作用，而缆绳系统刚度可为系泊提供帮助。此外，缆绳系统的阻尼降低了低频运动，进而降低了系泊张力。这些影响的最终结果取决于许多因素，如电缆类型和水深。系泊设计应考虑电缆荷载、刚度和阻尼，除非可以证明在总体性能分析中忽略电缆会导致更保守的系泊设计。

2.7.2.5 荷载一般要求

基础设计中使用的荷载应包括 ABS 中定义的荷载和安装过程中经历的荷载。对基础位移进行必要的评估，以保证其在不影响底置式海上风力涡轮机预期功能和安全的限制范围内。土壤和海上风力涡轮机被视为一个交互系统。ABS 中描述了桩基的具体设计要求，描述了重力结构的具体设计要求。其他类型的基础需要 ABS 特别考虑。

2.7.2.6 海上风电场救援船一般分类要求

（1）覆盖范围

本指南涵盖了 a 类船舶作为风电场支持船的船体和机械要求。除紧急位置指示无线电信标（EPIRB）外，未提及导航设备和无线电通信的要求。

（2）操作限制

根据 2018 年 10 月 1 日的海上风电救援船一般分类要求，对于高速风电场支持船的操作限制有以下要求。

1）国内航程限制：高速风电场支持船仅限于国内航程，其航程距离避难所不超过 200 海里。

2）过境航程限制：从避难地出发的高速风电场支持船，在正常航程中，最小储备燃油容量应等于船舶总燃油容量的 25%。需要提交审查以验证避难地最大范围的计算。

3）特殊操作限制考虑：除了以上两个限制外，还应特别考虑船舶的旗国和/或港口国对于高速风电场支持船操作的任何特定要求，并将其记录在船舶操作手册中。

这些限制是针对高速风电场支持船的操作要求，旨在确保船舶的安全和合规性。请注意，以上信息仅为参考，请根据最新的法规和指南进行操作。

（3）分类要求及注意事项

1）船的总吨位应小于 500 t，总吨位船舶≥500 t 和国内航程需特别考虑。

2）推进发动机和发电机原动机的孔径不超过 300 mm（11.8 in）。

3）推进发动机和发电机原动机不使用气体或其他低闪点燃料。

4）该船有多个推进装置，并有能力在一次故障后返回避难所。

海上风电场救援船种类见表 2.7.2。

表 2.7.2　海上风电场救援船种类

总吨位(GT)	工业人事知识产权	国内航行	国外航行
<500	≤12	Wind-SC(A)	Wind-SC(A)
	>12	Wind-SC(A)	Wind-SC(B)
≥500	任何	Wind-SC(B)	

注:船上最大载人量须管理部门批准。

2.7.2.7　浮力式海上风电场

(1)浮力式海上风电场涡轮机的设计寿命

1)浮力式海上风力涡轮机的设计寿命不低于 20 年。

2)应业主要求，ABS 可接受较短的浮力式海上风力涡轮机设计寿命,以证明新设计概念的可行性或进行试运行。超过设计寿命的分类持续性取决于以下要求和附加工程分析中规定的调查要求。

①设计可行性证明:在设计寿命内的试运行期间,需要进行充分的监测和数据分析,以证明新设计概念的可行性。

②额外工程分析:超过设计寿命的分类持续性需要进行附加的工程分析,包括但不限于结构强度、材料耐久性、系统可靠性等方面的评估。这些分析必须符合 ABS 或其他相关规范和标准的要求。

③调查要求: ABS 可能会要求进行详细的调查,包括现场检查、结构评估、材料测试等,以验证超过设计寿命后的可靠性和安全性。

需要注意的是,具体的要求和调查程序可能因不同的设计概念、业主要求以及适用的规范和标准而有所差异。因此,在实际操作中,建议与 ABS 或其他相关机构进行详细的沟通和协商,以确保符合要求并获得适当的许可和认可。

(2)底置式海上风电场涡轮机的设计寿命

1)底置式海上风力涡轮机的设计寿命不低于 20 年。

2)应业主要求，ABS 可接受较短的设计寿命,以证明新设计概念的可行性或进行试运行。 超过设计寿命的分类持续性取决于以下调查要求和其他工程分析:

①结构调查:超过设计寿命后,需要进行结构调查,以评估风力涡轮机结构在实际运行中的疲劳、腐蚀等情况,确保其安全性和可靠性。

②材料分析:对涉及的材料进行进一步的分析,包括材料的疲劳性能、腐蚀特性等,以确定超过设计寿命后材料的可用性。

③系统可靠性评估:对风力涡轮机的各个系统进行可靠性评估,确保超过设计寿命后系统的正常运行和响应能力。

④监测数据分析:对试运行期间的监测数据进行详尽分析,以验证新设计概念的可行性,并提供实际运行数据支持超过设计寿命的分类持续性。

这些调查要求和工程分析将帮助 ABS 评估超过设计寿命的风力涡轮机的可行性和持续性,并确保其符合相关的规范和标准。同时,业主也需要与 ABS 积极沟通,充分披露设计概念、试运行计划以及相关的技术数据,以便获得适当的支持和认可。

2.7.3 DNV

2.7.3.1 适用范围

适用于风电场设计、施工、运输、安装、调试和运营期间的项目认证和相关验证任务。如图 2.7.2 所示，海上和陆上风电场资产包含以下内容：

1）风力涡轮机及其支撑结构；

2）变电站，包括上部结构和支撑结构；

3）电力电缆。

图 2.7.2 海上和陆上风电场资产

每个资产可进一步细分为涡轮机和变电站的组件以及电缆段。在本服务规范中，“组件”或“电缆截面”可用于表示以下内容：

1）海上风力涡轮机的组件包括转子机舱组件（RNA）、塔架（支撑结构）、子结构（支撑结构）、基础设施（支撑结构），如图 2.7.3 所示；

2）海上变电站的组件包括装置和设备（上部结构）、上部结构的结构、子结构（支撑结构）、基础设施（支撑结构），如图 2.7.4 所示；

3）海上电力电缆路由的电缆截面为电力电缆（例如涡轮机电力电缆、变电站电力电缆）、一系列电力电缆、出口电力电缆。

将资产细分为组件和电缆段是为了在验证资产的单个组件或电缆段时启用可选服务。在成功验证资产相关组件或电缆段后，将发布符合性声明。本服务规范通常适用于固定风电场安装。对于浮式风电场安装，建议在早期阶段与 DNV 商定认证工作范围。

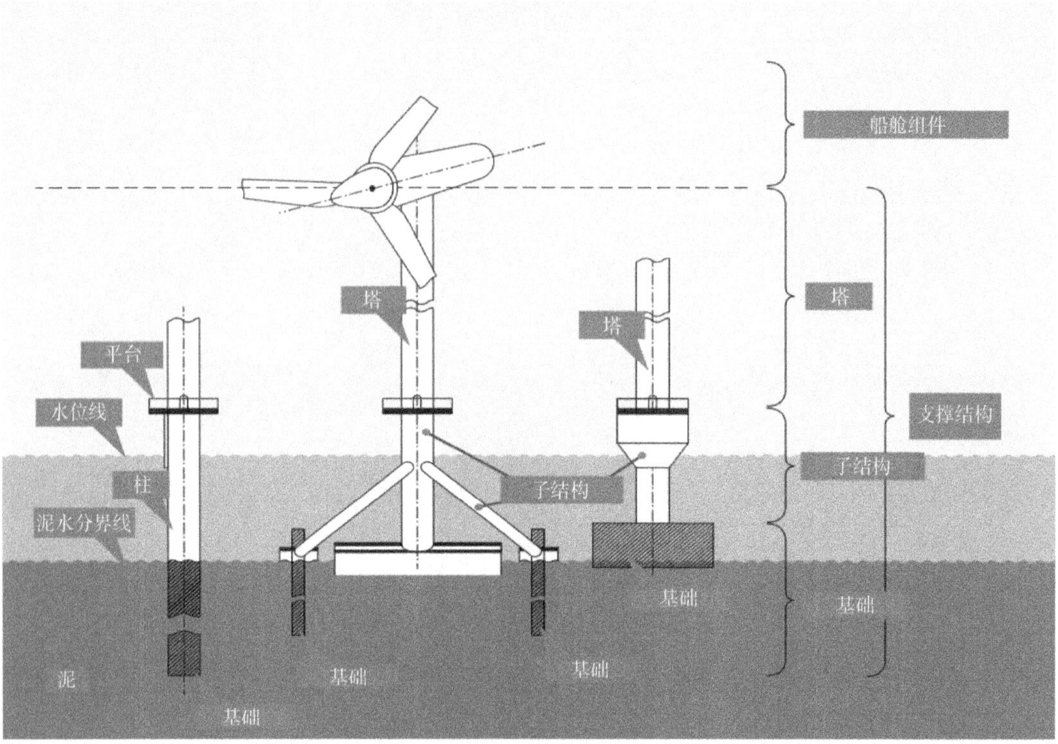

图 2.7.3　海上风力涡轮机组件的定义

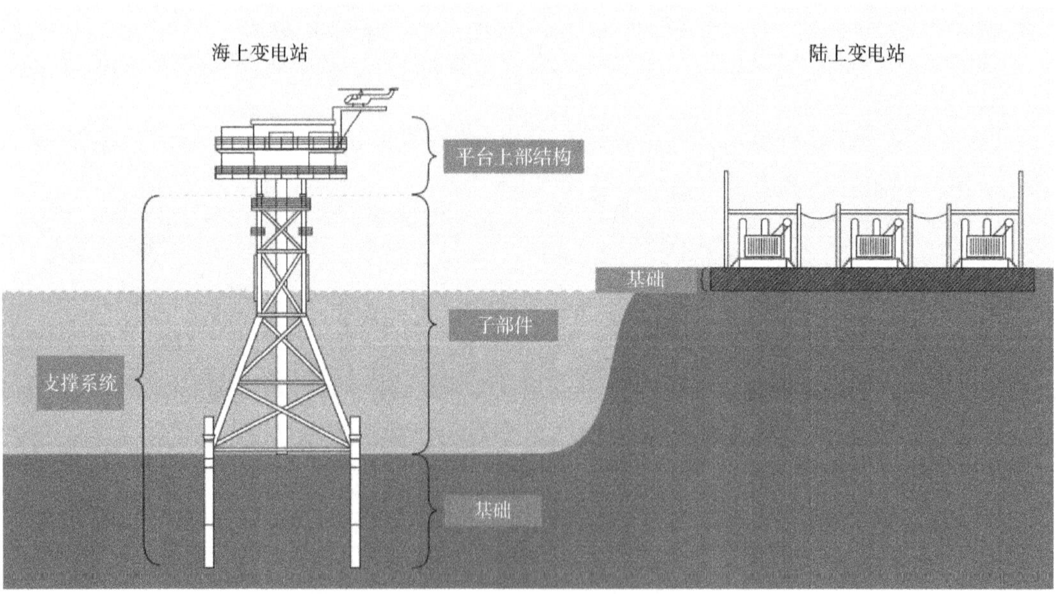

图 2.7.4　海上和陆上变电站组件的定义

2.7.3.2　认证参考 DNV 和 ISO 文件

ISO 与 DNV 对标参考文件见表 2.7.3。

表 2.7.3　ISO 与 DNV 对标参考文件

参考文件	文件标题
ISO 9000	《质量管理体系—基础知识和词汇》
ISO 9001	《质量管理体系—要求》
ISO/IEC 13273-1	《能源效率和可再生能源—国际通用术语—第一部分:能源效率》
ISO/IEC 13273-2	《能源效率和可再生能源—国际通用术语—第二部分:可再生能源》
ISO/IEC 17000	《合格评定词汇和一般原则》
ISO/IEC 17020	《执行检验的各类机构的合格评定要求》
ISO/IEC 17025	《校准和检测实验室能力的一般要求》
ISO/IEC 17065	《认证产品、过程和服务的机构的合格评定要求》

2.7.3.3　认证标准、规范和附加要求

认证标准、规范和附加要求应在早期阶段在所谓的设计基础文件中列出和商定。有关现场还应列出相关的法定要求。此类要求可能是去调查和安全相关的问题,如登船和救援要求。还应列出与项目认证相关的其他要求,如并网要求以及业主和电网运营商的其他具体要求。验证适用于相关项目和现场的标准、规范和附加要求是否符合项目的设计先决条件,是否完整、适当、适用。应在项目的早期阶段对标准、规范和附加要求的选择进行验证,以避免对设计基础的基本方面进行根本性讨论。对于注明日期的标准和规范,仅引用的版本适用;对于未注明日期的引用文件,包括任何修改件的最新版本适用。如果与规范有偏差,应单独与 DNV 事先达成一致。

本书中引用标准以外的其他标准的应用不允许低于 IEC 61400-22 中所述的目标安全性以及相关澄清表和技术标准。DNV 保留要求附加要求的权利,以涵盖认证过程中必不可少的问题,而相关标准未涵盖这些问题。

由于不同标准体系的基本安全理念可能存在差异,因此不允许合并不同标准体系的安全措施。如果合并了标准,应谨慎行事,标准的选择须经 DNV 接受。

表 2.7.4　符合 IEC 61400-22 的 DNV 项目认证方案

<table>
<tr><th rowspan="2">IEC 61400-22 的组件</th><th rowspan="2">DNV-GL-SE-0073 的阶段</th><th colspan="3">风电厂项目资质</th><th rowspan="2">可交付的成果</th></tr>
<tr><th>风力涡轮机</th><th>变电站</th><th>电力电缆</th></tr>
<tr><td>场地条件评估</td><td rowspan="2">Ⅰ</td><td rowspan="2">设计基础</td><td rowspan="2">设计基础</td><td rowspan="2">设计基础</td><td rowspan="7">评估报告和符合性声明</td></tr>
<tr><td>设计基础评价</td></tr>
<tr><td>综合负荷分析</td><td rowspan="2">Ⅱ</td><td rowspan="2">设计</td><td rowspan="2">设计</td><td rowspan="2">设计</td></tr>
<tr><td>设计评估</td></tr>
<tr><td>生产监管</td><td>Ⅲ</td><td>制造</td><td>制造</td><td>制造</td></tr>
<tr><td>运输、安装、监管</td><td>Ⅳ</td><td>运输、安装</td><td>运输、安装</td><td>运输、安装</td></tr>
<tr><td>调试监控</td><td></td><td>试运转</td><td>试运转</td><td>试运转</td></tr>
<tr><td>项目特征管理(非强制)</td><td colspan="5"></td></tr>
</table>

续表

IEC 61400-22 的组件	DNV-GL-SE-0073 的阶段	风电厂项目资质			可交付的成果
		风力涡轮机	变电站	电力电缆	
最终评估		最终评估报告	最终评估报告	最终评估报告	最终评估报告
项目资质		风力涡轮机项目资质	变电站项目资质	电力电缆项目资质	风电厂项目资质：风力涡轮机、变电站、电力电缆
操作和维修监管（非强制）	Ⅵ（非强制）	运行中 C（非强制）	运行中 C（非强制）	运行中 C（非强制）	评估报告和符合性声明

表 2.7.5　风电场项目认证及标准参考

阶段		资产		
		风力涡轮机[3.3]	变电站[3.4]	电力电缆[3.5]
Ⅰ	设计基础	[3.3.2]	[3.4.2]	[3.5.2]
Ⅱ	设计	[3.3.3]	[3.4.3]	[3.5.3]
Ⅲ	建造	[3.3.4]	[3.4.4]	[3.5.4]
Ⅳ	运输和安装	[3.3.5]	[3.4.5]	[3.5.5]
Ⅴ	试运转	[3.3.6]	[3.4.6]	[3.5.6]
		风力涡轮机项目资质	变电站项目资质	电力电缆项目资质
		风电场项目资质		
Ⅵ	运行中	[3.3.7]	[3.4.7]	[3.5.7]

2.7.3.4　海上风电场的导航和航空辅助设备的认证

表 2.7.6（1）　ISO 等标准技术要求

范围	标题
日间标记	CIE 039.2-1983《视觉信号表面颜色的规范》
日间标记	IALA 建议案 E- 108《关于用作助航设备视觉信号的表面颜色》
日间标记	《关于人造近海构筑物标志的 IALA 建议》O-139
日间标记	GL-IV-7-3：认证和建造规则，德国劳埃德工业服务公司，第 7 部分：海上变电站，3. 一般安全
晚间标记	关于船用信号灯的 IALA 建议 E-200-0
晚间标记	关于人造近海构筑物标志的 IALA 建议 0-139
航行	国际民用航空组织（ICAO）发布的《国际民用航空公约》附件 14，用于标记风力涡轮机的航空安全
航行	IALA -建议案 E-200《船用信号灯，第 3 部分：测量》
AIS	关于在海上助航服务中使用自动识别系统（AIS）的建议 A-126
AIS	海上导航和无线电通信设备和系统-自动识别系统（AIS）第 2 部分：AIS 自动识别站操作和性能要求、试验方法和要求的试验结果
AIS	海上导航无线电通信设备和系统的 IEC 61162 系列标准数字接口

续表

范围	标题
AIS	国际电信联盟(ITU)建议 M.585 海上移动业务中身份的分配和使用
雷达	关于在海上助航服务中使用 AIS 系统的建议 A-126

表 2.7.6(2) ISO 等标准技术要求

范围	标题
雷达	GL-IV-7-3:认证和建造规则,德国劳埃德工业服务公司,第 7 部分:海上变电站,3 一般安全
可用性	IAL A 指南第 1035 号:助航设备的可用性和可靠性
可用性	IALA 关于短程导航设备的分类和可用性目标的建议 0-130
可用性	IEC 61078:2016:可靠性框图
信息技术安全体系	ISO/IEC 27001:信息技术安全技术—信息安全管理系统-要求
信息技术安全体系	ISO/IEC 27002:信息技术安全技术—信息安全管理的实践规范

表 2.7.7(1) 国内标准技术要求

范围	标题
所有组件	确保可比实施离岸设施周围基于运输技术的实施框架,风险管理框架见下确保专业实施离岸设施与道路系统相关的信息技术投入;标签、首席水道和西北海运站
信息安全	BSI 标准 100-1:信息安全管理体系(ISMS)
信息安全	BSI 标准 100-2:IT-Grundschutz-Methodology
信息安全	BSI 标准 100-3:基于 IT-Grundschutz 的风险分析
信息安全	IT-Grundschutz-catalogues,BSI
日间标记	主航道和西航道(西北部)
日间标记	DIN 5033-7 比色法第 7 部分,物体测定与照片测定描述特性(材料的放射物理学和光特性)概念、指标
日间标记	DIN 5036- 1 材料的辐射和光度特性(定义特征材料的放射物理学用法概念、指标)
日间标记	德国联邦航海和安全局(AWZ)基地防腐蚀指南(AWZ)水文(BSH)vom 09.08.2013
日间标记	EN ISO 16474—1:2013 油漆和清漆,实验室光源暴露方法,第 1 部分:一般指南(Geraten -泰尔 1:阿尔格明. 恩福德伦)

表 2.7.7(2) 国内标准技术要求

范围	标题
航运	航运障碍的一般管理条例,联邦交通和数字基础设施部
表 2-3 国家法规:北美	
范围	标题
航运照明	美国交通部,联邦航空管理局(FAA),AC 号:70/7460-1 L,障碍物标记和照明
航运照明	加拿大航空法规(CARs)2016-1,标准 621 —障碍物标记和照明
可用性	MIL-STD 785B,军事标准:系统和设备开发和生产的可靠性计划,美国国防部

表 2.7.8　国家法规:英国

范围	标题
日间标记	海上可再生能源装置:在英国海上可再生能源装置附近作业的海员指南,海事和海岸警卫队,海事指南 MGN 372(M+F)
导航标记	航海安全:海上可再生能源装置(OREIs)—英国航海实践、安全和应急响应指南,海事和海岸警卫队,海事指南说明 MGN 543(M+F)

2.7.3.5　海上风电设备

(1)自动识别系统

自动识别系统(AIS)收发器位于海上风电场的一个位置,用于标记海上风电场转角结构的坐标("合成 AIS")。

应考虑并记录收发器、天线、布线,系统设计,备用系统,安装材料等,并提供所需的传输范围。

(2)雷达

海上风电场应配备雷达系统,以防国家标准对航空交通安全提出要求。雷达系统的安装应符合相关国家标准和 GL-IV-7-3 第 2 部分标记平台。雷达系统的详细设置应符合国家标准,并在设计中进行相应定义。

(3)声呐

海上风电场应配备声呐系统,以防国家标准对潜艇安全提出要求。声呐系统的安装应符合相关国家标准和 GL-IV-7-3 第 2 部分标记平台。声呐系统的详细设置应符合国家标准,并在设计中进行相应定义。

2.7.4　NK

2.7.4.1　适用范围

本程序规定了风力发电站的风电场认证。原则上,本程序适用于日本境内输出功率为 500 kW 或超过 500 kW 且受《电力商业法》约束的风力发电厂。在其他情况下,应酌情适用 NIPPON KALJI KYOKAL(以下简称"ClassNK")单独规定的条款。

2.7.4.2　风机认证

大型风力涡轮机认证如图 2.7.5 所示,小型风力涡轮机认证如图 2.7.6 所示。

风力涡轮机资质［大型风力涡轮机］

设计标准评估

■ 评估风力发电机是否根据设计假设，具体标准和其他技术要求进行设计和记录

雏形资质

■ 在建造设计单元时，专门验证安全性的设计评估

类型检测

■ 通过测试单元的实际运行，验证输出性能并进行试验安全验证

制造评估

■ 评估风力发电机是否根据设计评估过程中验证的设计文件制造

风力涡轮机认证

（日本认证委员会）

类型检测

■ 授予风力涡轮机证书，该证书是每个设计评估、类型测试和制造评估应当满足的要求

图 2.7.5　大型风力涡轮机认证

小型风力涡轮机定义

□ 扫掠面积：<200 m²　　□ 输出功率：<20 kW

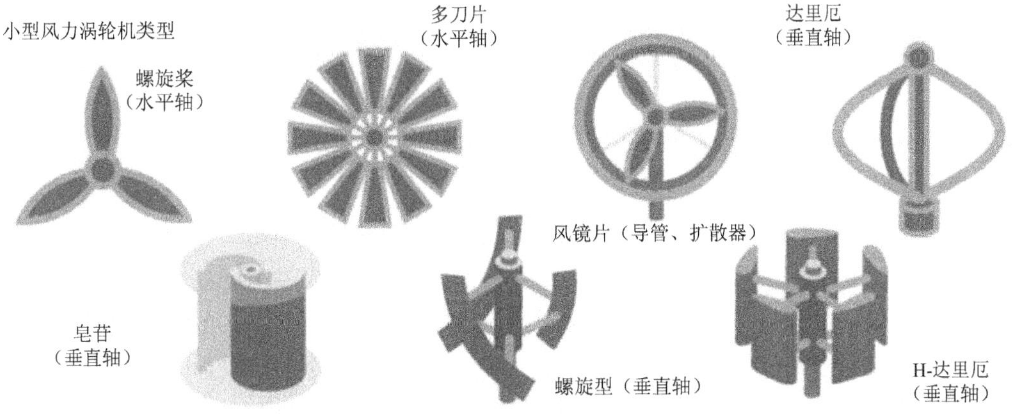

图 2.7.6　小型风力涡轮机认证

2.7.4.3　风电场施工现场条件评估

评估风电场施工现场的环境条件，并验证风力涡轮机和支撑结构的强度和安全性是否符合基于环境条件的设计。（该认证是日本独有的，旨在根据《电力商业法》在施工计划通

知审查中使用)。

原则上,风电场认证适用于日本的风电场,其输出功率为500 kW或以上,由一个或多个风力涡轮机及其支撑结构(塔架和基础)组成,并受《电力商业法》的约束。

风电场认证的目的是评估经型式认证的风力涡轮机及其支撑结构(塔架和基础)的设计是否符合外部条件和《电力商业法》的要求。

2.7.4.4 风力涡轮机支持机构

风力涡轮机支架结构材料认证见表2.7.9。

表2.7.9 风力涡轮机支架结构材料认证

风力涡轮机支架结构材料认证概述	
认证假定风力涡轮机支架结构的材料不属于以下任何一种:	
■ 建筑标准法第37条“指定建筑材料”	
■ 由国土、基础设施、交通和旅游材料部批准的材料	
■ 在风力发电设施技术标准符合性方面的性能评估方面获得批准的材料	
<审查范围>	
✓ 塔法兰	✓ 锚定螺栓
✓ 法兰连接螺栓和螺母平垫圈组	✓ 钢板
<评审标准>	
✓ 国土交通部部长认证过程中使用的审查标准比照适用(在技术审查过程中,可能会增加对风力发电设施很重要的疲劳强度评估)	
<检查细节>	
✓ 技术评审(统计评估):	
➢ 化学性能值稳定性(现有元素的成分比,特别是可焊性、裂纹敏感性等)	
➢ 物理性能值稳定性(尺寸、硬度、强度、公差、方差、松弛、抗延迟断裂等)	
✓ 质量控制体系评审:	
➢ 质量管理体系相当于ISO 9001	
➢ 有适当的分包管理制度并运作良好	
➢ 公司内部建立了接收制度和各阶段的检验制度,检验设备管理得当	

2.7.4.5 海上风电场认证

(1)现场条件评估

评估施工现场的环境条件(包括一般天气条件,如风条件、温度条件和湿度条件,以及海洋条件(海上风电场)、海拔条件、地形、地震、雷电以及与电网互联相关的操作方法的变化)。

表 2.7.10(1) 评估操作员提供的施工现场环境和外部条件的以下值设置是否有效

分类	项目(实例)	设置方法等(举例)
风况	(1)风力涡轮机运行的风力条件(风力涡轮机位置和枢纽高度),如平均风速(10 min)、稳流密度、动力指数、空气密度等;	(1)风机运行时风况,根据现场观测数据和模拟计算风机各位置和轮毂高度值;
	(2)当发生暴风时风力涡轮机的风力条件(风力涡轮机位置和枢纽高度)[50年重现期],如平均风速(10 min)、稳流密度、平均风速(3 s)、动力指数、空气密度等	(2)风力涡轮机风暴待机时的风况,根据建筑标准法案和模拟的参考风速计算每个风力涡轮机位置和轮毂高度值
海洋环境	(1)正常状态下海运条件(风力涡轮机运行期间)(风力涡轮机位置),如显著波高、显著波周期、潮汐高度、气流等;	(1)正常时段海况,根据现场观测资料和模拟计算各风力机位置值;
	(2)当暴风来临时的海运条件(风力涡轮机位置)[50年重现期间隔],如显著波高、显著波周期、潮汐高度、气流等	(2)风浪时的海洋状况在现有的波浪观测和波浪预报数据基础上,参照附近港口和海防设施的设计值计算各风力机位置值

表 2.7.10(2) 评估操作员提供的施工现场环境和外部条件的以下值设置是否有效

分类	举例	安装方法等(举例)
土壤和地质	(1)海区海底地形; (2)风机位置土壤组成、结构、性质(物理性质、力学性质等)	(1)进行海底地形调查; (2)根据地球物理勘探、地面钻孔和取样、现场试验和实验室试验的结果,设置每个风机位置的设计所需值
地震	地震波在风力涡轮机的位置: (1)光谱匹配的波; (2)观测到的波; (3)站点波	将(1)和(2)设置为《风力发电设施技术标准解释》中规定的罕见地震地震动和极罕见地震地震动; 设(3)为日本《港口设施技术标准》规定的港口一级地震地震动(必要时还应考虑港口二级地震地震动)
其他环境条件	海啸、积雪、海冰和冰的积累、海洋生长、温度和湿度、海水密度、闪电	根据相关法律法规、当地法规、现场观测数据等进行设置

(2)设计基础评估

设计基础评估是否根据型式认证时应用的设计标准,根据现场条件制定适当的设计标准(设计政策等),以实现安全设计和项目执行,见表 2.7.11。

表 2.7.11 设计基础评估

设计准则 A 场地条件(示例)	设计准则 B 风力涡轮机和塔(示例)	设计准则 C 基础(示例)
编制人:操作员	编制人:风力涡轮机制造商	编制人:基础设计师

续表

设计准则 A　场地条件（示例）	设计准则 B　风力涡轮机和塔（示例）	设计准则 C　基础（示例）
1）风力机安装位置； 2）风况； 3）波浪条件； 4）其他海况； 5）土壤与地质； 6）地震条件； 7）其他环境条件； 8）约束条件等 *包括与现场条件评估重叠的项目	1）适用的准则和标准； 2）现场条件； 3）风力机和塔架规格； 4）设计方针（要求性能、参考项目、使用材料等）； 5）与荷载有关的设计参数；通过计算验证了应用载荷分析方法的有效性； 6）装箱表； 7）偏安全系数； 8）负荷分析模型概述； 9）仿真细节； 10）极限和疲劳设计荷载及响应分析； 11）材料和焊缝； 12）涂料和防腐系统	1）适用的准则和标准； 2）现场条件； 3）支架结构规格（包括额外设施）； 4）设计方针（要求性能、参考项目、使用材料等）； 5）与荷载计算相关的设计参数，以及应用荷载分析方法的有效性； 6）装箱表； 7）偏安全系数； 8）负荷分析模型概述； 9）仿真细节； 10）极限和疲劳设计荷载及响应分析； 11）材料和焊缝； 12）涂料和防腐系统

（3）综合荷载分析评估

综合荷载分析评估是否已根据设计依据计算现场特定环境条件对综合风力涡轮机结构（包括风力涡轮机、支撑结构和支撑土壤）的荷载和荷载效应。

（4）风力涡轮机设计评估

根据施工现场的环境条件，评估经型式认证的风力涡轮机是否具有结构完整性。

（5）支撑结构设计评估

根据施工现场的环境条件，评估支撑结构的结构完整性。

2.7.4.6　海上风电场法律和规定

海上风电场法律和规定见图 2.7.7，表 2.7.12 和表 2.7.13。

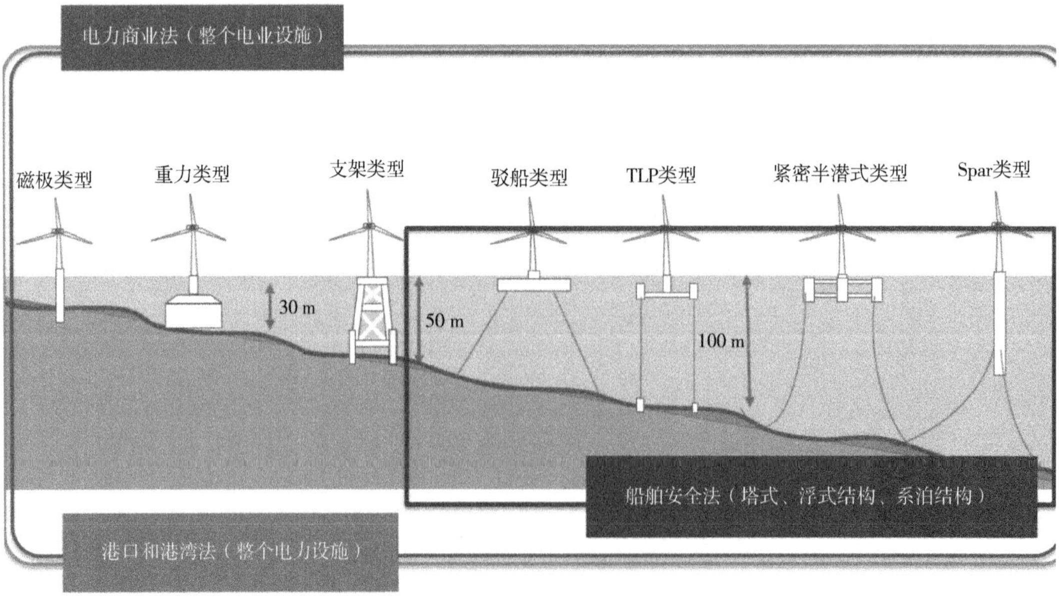

图 2.7.7　海上风电场法律和规定

表 2.7.12 海上风电场法律和规定 1

风力场类型	电力行业法规	港口和港湾法规	船舶安全法规
陆上风电场	应用	N/A	N/A
海上风电场（固定底式）	应用	应用	N/A
海上风电场（浮式）	应用	应用	应用
批准格式	建设计划通知（使用风力发电厂的结果）	由国土、基础设施、交通和旅游部注册的认证机构 CDIT 进行符合性验证	ClassNK 进行的船级检验，该组织是在国土、基础设施、交通和旅游部注册的

表 2.7.13 海上风电场法律和规定 2

设计评审
■ 根据海上浮式风电指南审查浮式结构、塔和系泊线的设计及风电动力设施
■ 在风电场认证的同时，审查场地条件（风力条件、海洋条件等）设置、风力机与浮式结构耦合分析、支撑结构设计评估
■ 确认使用的钢板和配件是 NK 认可的
检查施工和现场工作
■ 对下列事项进行见证调查：
✓ 在浮式结构和塔架制造过程中见证检验
✓ 用于系泊线的链条、锚等的装运检验
✓ 参加制造工厂试验（水压试验等）和安装工作试验（承载能力试验等）
完成调查
■ 在现场安装完成后，ClassNK 将参加风力发电机控制系统和浮式结构压载系统等验证试验

2.7.5 CCS

2.7.5.1 海上浮式装置适用范围

1）《海上浮式装置入级规范》适用于入级的海上浮式装置。

2）《海上浮式装置入级规范》适用于新建浮式装置。对于规范生效前的浮式装置，除已经指明外，应继续符合其原先适用的规范要求。对于重大改建浮式装置，改建部分及其相关部分应适用现行规范。

3）《海上浮式装置入级规范》第 I 篇也适用于现有浮式装置。

4）浮式装置的材料与焊接，应符合 CCS《材料与焊接规范》的要求。

5）对于具有主推进装置的浮式装置，其与主推进系统及操舵系统相关的结构、机械及电气与自动化的要求，应满足 CCS《钢质海船入级规范》相适用部分的要求。

6）对于浮式装置上起重设备的入级，应满足 CCS《船舶与海上设施起重设备规范》的相应要求。

7）对拟改造为浮式装置的现有船舶或钻井平台，应参照《海上浮式装置入级规范》的规定进行建造并达到 CCS 要求。

2.7.5.2 张力腿平台一般要求

1)张力腿平台的设计和建造应遵循《海上浮式装置入级规范》、CCS《张力腿平台入级指南》以及美国石油学会《张力腿平台规划、设计和建造的推荐做法》(API RP 2T)以及其他等同采用的石油行业规范的适用要求,还可以根据张力腿平台的特点进行相应的调整,以反映张力腿平台的不同性能和结构特点。

2)张力腿平台应满足国际海事组织发布的《载重线公约》《避碰规则》《海上人命安全公约》及其修正案和《防污公约》及其修正案等的适用要求。

3)张力腿平台应满足该平台拟作业海域的船旗国/沿岸国的有关要求。

4)当《海上浮式装置入级规范》要求与船旗国/沿岸国的要求不一致时,以船旗国/沿岸国的要求为准。

5)张力腿平台结构防腐系统的设计应按照国际公认的标准进行,并得到 CCS 的认可。

2.7.5.3 柱稳式平台一般要求

1)柱稳式平台的设计和建造应遵循《海上浮式装置入级规范》、CCS《海上移动平台入级规范》中柱稳式平台的适用要求,以及美国石油学会《浮式生产系统规划、设计与建造的推荐做法》(API RP 2FPS)和《浮式结构物定位系统设计与分析的推荐做法》(API RP 2SK)、国际标准化组织中石油及天然气工业部分的《浮动式海洋平台 第 1 部分:单体船、半潜式平台和深吃水单立柱式平台》(ISO 19904-1)和其他等同采用的石油行业规范的相关要求,还可以根据柱稳式平台的特点进行相应的调整,以反映柱稳式平台的不同特点。

2)柱稳式平台应满足国际海事组织发布的《载重线公约》《避碰规则》《海上人命安全公约》《防污公约》等的适用要求。

3)柱稳式平台应满足该装置船旗国和拟作业海域沿岸国的有关要求。

4)当《海上浮式装置入级规范》要求与船旗国/沿岸国的要求不一致时,以船旗国/沿岸国的要求为准。

5)柱稳式平台结构防腐系统的设计应按照国际公认的标准进行,并得到 CCS 的认可。

2.7.5.4 深吃水单立柱式平台一般要求

1)深吃水单立柱式平台(SPAR 平台)是一种由浮体和上部甲板组成的深吃水平台。其中,上部甲板位于浮体的上部,浮体可分为上部浮体、中部浮体和下部浮体。上部甲板是空间桁架式甲板,上面布置生产设备、钻/修井装置、居住区和海上支持系统,并承受这些设备的载荷(包括操作载荷)。

2)浮体的设计应符合 CCS《海上移动平台入级规范》和国际标准化组织中石油及天然气工业部分的《浮动式海洋平台 第 1 部分:单体船、半潜式平台和深吃水单立柱式平台》(ISO 19904-1)的适用要求。上部甲板的设计和建造应符合美国石油学会《海上固定平台规划、设计和建造的推荐作法——工作应力设计法》(API RP 2A-WSD)或其他等同采用的石油行业规范的适用要求。由于深吃水单立柱式平台具有长期在同一特定地点作业的特点,在结构的性能和要求上与移动平台有所不同,所以应对 CCS《海上移动平台入级规范》的要求进行调整,以适应深吃水单立柱式平台的特点

3)深吃水单立柱式平台应满足国际海事组织发布的《载重线公约》《避碰规则》《海上人命安全公约》《防污公约》等的适用要求。

4）深吃水单立柱式平台应满足该平台船旗国和拟作业海域沿岸国的有关要求。

5）当《海上浮式装置入级规范》要求与船旗国/沿岸国的要求不一致时，以船旗国/沿岸国的要求为准。

6）深吃水单立柱式平台结构防腐系统的设计应按照国际公认的标准进行，并得到 CCS 的认可。

2.7.5.5　水下标记一般要求

1）拟进行水下检验装置的水下部分外板上应有为潜水员确定位置的永久性标记，以清楚地标注出骨架、舱壁、装置和节点等位置，并和水下标记图相一致。

2）标记应由凸起的线条、数字和字母组成。

3）如果标记是焊制的，则焊缝应连续，且焊接质量应与主体结构相当；应使用大直径焊条连续施焊，避免浮焊；焊缝表面应成型均匀、致密、平滑地向母材过渡、无裂纹，以及不应有焊瘤、弧坑和咬边等缺陷存在。不准在高应力区域或在既有的对接焊缝上焊接标识。

4）在 D 级或 E 级钢材上或在高强度钢上，应采用与母材相适应级别的低氢焊条施焊。在高强度钢上焊接标记时，应预热至约 100 ℃。

2.7.5.6　海缆安装一般要求

1）海缆安装主要包括以下施工作业：①海缆的储存、码头装船和运输；②海缆敷设；③海上设施海缆引入时/海缆登陆时海缆的拖拉施工作业；④海缆接头；⑤海缆掩埋保护；⑥非掩埋方式海缆保护；⑦海缆与海底基础设施交叉；⑧完工检查和维修。

2）施工作业限制条件应根据以下因素确定：①预期的安装船或运输船舶的能力；②安装技术；③相应的气候窗；④意外情况。

3）海缆安装应满足环境条件限制要求和天气预报相关要求，以及《海上浮式装置入级规范》第 3 章适用部分相关要求。

4）海缆安装衡准应考虑不确定因素，如遇意外情况，施工作业应能转入安全模式。

5）海缆安装施工作业人员应具有相应的资质证书或相关证明文件。

6）海缆安装施工设计和施工方案应提交 CCS 审查。

7）海缆安装施工作业日志和操作关键参数监控数据应妥善保存。

2.7.5.7　分类载荷一般要求

（1）一般要求

1）应验证海上风力发电机组承载零部件的结构完整性，并确保其具有可接受的安全等级。结构部件的极限强度和疲劳强度应通过计算和/或试验来验证，以证明相应安全等级的海上风力发电机组的结构完整性。

2）结构分析应满足《海上风力发电机组认证规范》相关章节的要求，或经 CCS 同意后采用其他适用标准进行分析（如 ISO 2394）。

3）采用适当的方法计算时，设计文件中应有计算方法说明。这些说明应包括计算方法有效性的证据，或相应验证研究的参考文献，所有强度验证试验中的载荷水平应与计算中的安全系数相对应。

4）应分析支撑结构、风轮及传动系的共振，分析频率不低于 6P 励磁频率。应在 DLC1.2 工况 30%的 C 级 NTM 设计湍流度下，分析可能发生的共振。如果低湍流中出现了高的共振载荷，应采取措施避免共振或在设计载荷中考虑该共振。

5）所验证的极限状态应不超过海上风力发电机组设计状态。模型试验和样机试验可代替计算来验证设计的合理性。

6）设计计算中应考虑 2.4.1 规定的载荷，载荷计算应基于海上风力发电机组场地的典型外部条件。应使用合适的方法来计算载荷和载荷效应，同时适当考虑海上风力发电机组对相关外部条件组合的结构动态响应。

（2）水动力载荷

水动力载荷是由水流及水流与海上风力发电机组支撑结构的相互作用引起的动力载荷。水动力载荷取决于水流运动、水密度、水深、支撑结构形状及其与水流的相互作用（包括水弹性作用）。

作用于海上风力发电机组支撑结构上的水动力载荷能间接影响风轮—机舱组件，导致支撑机构动态振动。通常，水动力载荷对风轮—机舱组件的间接影响较小，有可能忽略不计（取决于支撑结构的动力特性）。

若能证明作用在风轮—机舱组件上的水动力载荷效应可以忽略，则可不考虑水动力载荷的影响。这种情况下，当在风轮—机舱组件设计中没有考虑水动力载荷的影响时，应适当地考虑海上风力发电机组场地的海洋条件，并证明结构的完整性。

对于海上风力发电机组支撑结构中没有设计承受水动力载荷的部件，其安装位置应与预期的最大波峰高度（重现期为 50 年）保证一定的最小空隙，其中应考虑最高天文潮、正风暴潮、极端波浪的波峰高度和支撑结构运动的影响。最小空隙，即气隙，规定为 $0.2H_{so}$，但不能小于 1.5 m。此外，还需根据 IEC 61400-3-1 和 ISO 19904-1 评估波浪冲击载荷作用（包括砰击、晃动和甲板上浪）。

水动力载荷可通过理论分析计算得到。但若理论分析中有明显的不确定性，计算结果应通过模型试验、已建成结构的全尺寸测试或其组合来验证。

应使用合适的方法计算作用于海上风力发电机组支撑结构上的水动力载荷，并考虑附属装置和海生物的影响。

应在结构部件的外部尺寸上增加“硬”海生物的预期平均厚度，或者将结构部件分为“光滑”或“粗糙”（取决于海生物的预期数量和厚度），来考虑海生物对支撑结构的水动力载荷影响。若部件高于最高天文潮，则可只考虑其水动力光滑。若海生物的厚度足以使某些部件完全堵塞，则应在支撑结构的水动力载荷模拟中适当地考虑其影响。

（3）波浪载荷

波浪载荷计算必须建立在波浪动力学公认的波浪理论基础上，且根据水深和波浪理论使用范围进行选择，图 2.7.8 可作为选择波浪理论的参考。

波浪载荷的计算方法应根据结构的尺寸、外形和类型确定。

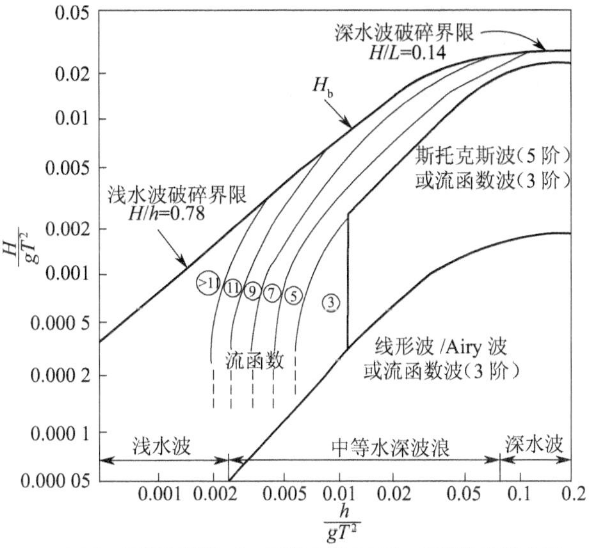

H/gT^2—无因次波陡；h—平均水深；h/gT^2—无因次相对水深；
T—波浪周期；H—波高；g—重力加速度；H_b—破碎波波高

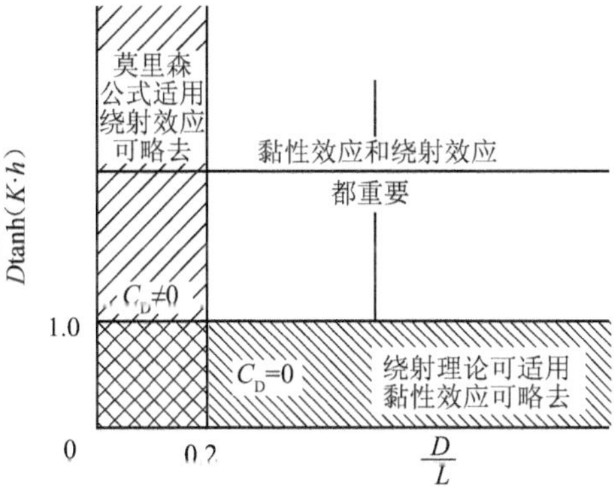

H—波高；D—桩柱的特征尺度；L—波长；
h—水深；K—波数

图 2.7.8 选择波浪理论、莫里森公式(Morison)和势流理论的参考

对于细长结构，如导管架组成构件和单桩结构，可使用莫里森公式(Morison)计算波浪载荷，计算公式如下：

$$f = \frac{1}{2} C_D \rho D |u| u + C_M \rho \frac{\pi}{4} D^2 \dot{u} \quad (\text{N/m})$$

式中：ρ——海水密度，kg/m³；

C_D——垂直于构件轴线的阻力系数，必要时应尽量由试验确定，在试验资料不足时，对表面光滑圆形构件取 0.65，对表面粗糙圆形构件取 1.05；

C_M——惯性力系数，应尽量由试验确定，在试验资料不足时，对表面光滑圆形构件取 1.6，对表面粗糙圆形构件取 1.2；

u——水质点相对于构件的垂直于构件轴线的速度分量，m/s，$|u|$为其绝对值，当海流和

波浪联合对平台作用时，u 为水质点的波浪速度矢量与海流速度矢量之和在垂直于构件方向上的分矢量；

$\dot{u}$——水质点相对于构件的垂直于构件轴线的加速度分量，m/s^2；

D——构件直径，当平台有海生物附着时，应包括海生物的附着厚度，m。

对于大尺度结构，由于结构对波浪运动的影响，应使用波浪绕射分析确定局部和整体波浪载荷；对于漂浮式基础，还应考虑波浪辐射力。

黏性效应和势流效应都可能是海上风力发电机组支撑结构上波浪载荷的重要作用，波浪绕射和辐射作用包含在势流效应中。

莫里森公式和势流理论的使用范围可参考图 2.7.9 选用。

（4）海流载荷

当只考虑海流载荷时，作用在海上风力发电机组支撑结构水下部件的海流载荷可按下式计算：

$$f_D = \frac{1}{2} C_D \rho A U_c^2 \quad (\mathrm{N/m})$$

式中：C_D——阻力系数，同波浪载荷计算选用；

ρ——海水密度，t/m^3；

A——单位长度构件垂直于海流方向的投影面积，m^2；

U_c——设计海流速度，m/s；

应注意海流与海浪的相互作用。当采用莫里森公式计算波浪载荷时，应将波浪水质点速度与海流速度矢量叠加。当采用势流理论时，海流载荷按上式计算后，还应和波浪载荷矢量叠加。

（5）海冰载荷

对于漂浮式风力发电机组，海冰载荷可以依据 ISO 19906 进行计算。海冰载荷的计算应考虑由于风、浪、流、冰等作用对漂浮式风力发电机组的运动耦合。海冰载荷的计算需要考虑系泊系统的顺应性。

如果部分系泊系统和电缆暴露在海冰载荷下，这样的冰载荷应予以考虑。

可以采用海冰管理系统来减小冰载荷的作用，海冰管理系统的效果应该在设计中予以考虑。

（6）其他载荷

设计载荷工况见表 2.7.14。

表 2.7.14　设计载荷工况

设计工况	DLC	风况	波浪	风和波浪方向性	海流	水位	其他情况	分析类型	分项安全系数
1. 发电	1.1	NTM $V_{in}<V_{hub}<V_{out}$ 风轮—机舱组件	NSS $H_s=E[H_s/V_{hub}]$	同向，单向	NCM	MSL	风轮—机舱组件上极端载荷的外推	U	N (1.25)
	1.2	NTM $V_{in}<V_{hub}<V_{out}$	NSS H_s，T_p，V_{hub} 的联合概率分布	偏向，多向	无海流	NWLR 或 ≥MSL		F	*
	1.3	ETM $V_{in}<V_{hub}<V_{out}$	NSS $H_s=E[H/V_{hub}]$	同向，单向	NCM	MSL		U	N
	1.4	ECD $V_{hub}=V_r$-2 m/s，V_r，V_r+2 m/s	NSS $H_s=E[H_s/V_{hub}]$	偏向，风向变化	NCM	MSL		U	N
	1.5	EWS $V_{in}<V_{hub}<V_{out}$	NSS $H_s=E[H_s/V_{hub}]$	同向，单向	NCM	MSL		U	N
	1.6	NTM $V_{in}<V_{hub}<V_{out}$	SSS $H_s=H_{s,sss}$	同向，单向	NCM	NWLR		U	N
2. 发电和有故障	2.1	NTM $V_{in}<V_{hub}<V_{out}$	NSS $H_s=E[H_s/V_{hub}]$	同向，单向	NCM	MSL	正常控制系统故障或电网失效或第一层控制功能故障	U	N
	2.2	NTM $V_{in}<V_{hub}<V_{out}$	NSS $H_s=E[H_s/V_{hub}]$	同向，单向	NCM	MSL	异常系统故障或第二层保护功能故障	U	A
	2.3	EOG $V_{hub}=V_r\pm2$ m/s 和 V_{out}	NSS $H_s=E[H_s/V_{hub}]$	同向，单向	NCM	MSL	外部或内部电气故障，包括电网失效	U	A
	2.4	NTM $V_{in}<V_{hub}<V_{out}$	NSS $H_s=E[H_s/V_{hub}]$	同向，单向	无海流	NWLR 或 ≥MSL	控制系统、电气系统故障，包括电网失效	F	*
	2.5	NWP $V_{in}<V_{hub}<V_{out}$	NSS $H_s=E[H_s/V_{hub}]$	同向，单向	NCM	MSL	低电压穿越	U	N
3. 启动	3.1	NWP $V_{in}<V_{hub}<V_{out}$	NSS $H_s=E[H_s/V_{hub}]$	同向，单向	无海流	NWLR 或 ≥MSL		F	*
	3.2	EOG $V_{hub}=V_{in}$，$V_r\pm2$ m/s 和 V_{out}	NSS $H_s=E[H_s/V_{hub}]$	同向，单向	NCM	MSL		U	N
	3.3	EDC $V_{hub}=V_{in}$，$V_r\pm2$ m/s 和 V_{out}	NSS $H_s=E[H_s\|V_{hub}]$	偏向，风向变化	偏向，风向变化	MSL		U	N
4. 正常关机	4.1	NWP $V_{in}<V_{hub}<V_{out}$	NSS $H_s=E[H_s\|V_{hub}]$	同向，单向	无海流	NWLR 或 ≥MSL		F	*
	4.2	EOG $V_{hub}=V_r\pm2$ m/s 和 V_{out}	NSS $H_s=E[H_s\|V_{hub}]$	同向，单向	NCM	MSL		U	N

续表

设计工况	DLC	风况	波浪	风和波浪方向性	海流	水位	其他情况	分析类型	分项安全系数
5. 紧急关机	5.1	NTM $V_{hub}=V_r\pm2$ m/s 和 V_{out}	NSS $H_s=E[H_s\|V_{hub}]$	同向，单向	NCM	MSL		U	N
6. 停机（静止或空转）	6.1	EWM $V_{hub}=V_{ref}$	ESS $H_s=H_{s50}$	偏向，多向	ECM $U=U_{50}$	EWLR		U	N
	6.2	EWM $V_{hub}=V_{ref}$	$H_s=H_{s50}$	偏向，多向	ECM $U=U_{50}$	EWLR	电网失效	U	A
	6.3	EWM $V_{hub}=V_1$	$H_s=H_{s1}$	偏向，多向	ECM $U=U_{50}$	NWLR	极端偏航角误差	U	N
	6.4	NTM $V_{hub}<0.7V_{ref}$	NSS H_s，T_p，V_{hub} 的联合概率分布	同向，多向	无海流	NWLR 或 ≥MSL		F	*

2.7.5.8 漂浮式风力发电机组水动力载荷计算的指导性规则

FOWTs 水动力载荷计算的指导性规则包括静水力、辐射、衍射和黏性效应，可参考 ISO19904-1 和如下 RCS 规则。

1）ABS Guide for buiding and classing Floating Offshore Wind Turbine Istallations。

2）BV.NI572，Classification and Certification of Floating Offshore Wind Turbine。

3）DNV，DNV-OS-J103，Design of Floating Wind Turbine Structures。

4）Nippon Kaiji Kyokai（ClassNK），Guidelines for Offshore Floating Wind Turbine Strucures。

2.7.5.9 疲劳校核一般要求

1）疲劳校核的目的是确保漂浮式基础结构在营运期间具有足够的疲劳寿命。疲劳寿命的计算结果可作为制定漂浮式基础在制造和工作期间检验规程的依据。

2）除本指南另有规定者外，漂浮式基础的疲劳强度校核应按照 CCS《海洋工程结构物疲劳强度评估指南》进行。

3）疲劳分析的范围和方法取决于漂浮式基础设计中所考虑的预期操作模式和区域。

4）结构的设计疲劳寿命应不小于漂浮式基础的设计年限，且不小于 20 年。

5）循环载荷中应重点考虑波浪（包括引起砰击和变化的浮力效应）、风（特别是作用在细长杆上的湍风流）、海流（对波浪产生的力/诱导的湍流有作用时）以及由作业的机械设备引起的机械振动等。

6）对于可能产生潜在疲劳裂纹的任一焊缝和引起应力集中的结构形式均应进行抗疲劳设计。必要时，应进行节点细部的疲劳分析。校核部位应至少包括以下内容。

①柱稳式基础：撑杆；撑杆与下壳体、柱体和甲板相连处；主柱与下壳体相连处；柱体与甲板相连处；主要结构不连续处。

②水面式基础：纵骨与横向强框架和横舱壁的连接处；横向强框架与外板、底板、内底板以及舱壁板的连接处；底边舱斜板与内底板和纵舱壁板的连接处；纵/横板材端肘板的连接处。

2.7.5.10 变压器一般要求

1）包含在风力发电机组系统内或作为其一部分的电力变压器应满足 IEC 60076（所有部分）的要求。对此可通过制造商的型式试验记录来验证。

2）干式变压器尚应满足 GB/T 1094.11—2022 的相关要求，变流变压器尚应满足 GB/T 18494.1—2014 的要求。变压器应能承受海上风力发电机组的环境条件，防止电绝缘系统（包括变压器接线端子）加速老化或绝缘性能的削弱，防止由变压器引起的火灾。因此，变压器包括所有接线端和电缆可采用 IP55 的防护。

3）如果变压器整体保护等级达不到 IP55，则应至少满足下列要求之一：①变压器的外壳，包括内部冷却系统（如有），保护等级应在 IP55 或以上；②定期对电绝缘系统表面进行清理（盐分和灰尘），保证电绝缘系统表面阻抗有效，保证电气完整；③提高电绝缘系统表面绝缘等级。

2.7.5.11 电缆和电线

1）电缆和电线应符合下列标准或其他适用的标准：① GB/T 5023—2008；② GB/T 12706—2020；③ GB/T 3956—2008。其他材料和结构的电缆和电线，如符合相关的标准并验证其适用性，亦可使用。

2）电缆的电气性能、可燃性、机械性能应与应用环境相匹配，并应按照其规定的方式进行安装。在啮齿动物或其他动物有可能损伤电缆的地方，应使用铠装电缆或护管。

3）电缆和电线的额定电压应不低于相关电路的额定工作电压。对于电压有变化的电路，则应不低于运行中出现的最大电压。

4）不管对机动性的要求如何，一般建议使用含有多股导线的电缆和电线。

5）电缆和电线的载流容量由以下两个因素确定：①正常条件下，通过最大可能的稳态电流时的最高温度；②短路条件下，允许的短时极限温度。

6）导线截面面积应满足在最大稳态电流或其等效值情况下，导线温度不超过 GB/T 5226.1—2019 或其他等效标准的规定值。

2.8 船舶动力装备

2.8.1 国际标准化组织

2.8.1.1 柴油天然气双燃料发动机

（1）适用范围

国际海事组织（IMO）规定了船用柴油天然气双燃料发动机（以下简称发动机）的技术要求、试验方法、检验规则和标志、包装、运输、储存等。

国际海事组织（IMO）制定的标准适用于以纯柴油和双燃料两种模式运行的四冲程发动机的设计、制造和验收。

（2）气缸盖安全阀

缸径不小于 230 mm 的发动机的每个气缸盖上应装有安全阀或者防止超压的装置，其最大开启压力不得超过 1.4 倍的最高燃烧压力。安全阀排气口的位置应不使排出的气体造成危害。对于没有安装气缸安全阀的发动机，应装设可靠的超压报警装置。

（3）燃料的供应与切断

气体燃料供应的时间不应早于点火时间。气体燃料供应的切断不应迟于柴油供应的切断。气体燃料供应的切断应不依赖于柴油供应的切断。切断点火源时，应确保提前或同时切断每个气缸或整台发动机的气体燃料供应。当气体燃料供应切断时，发动机应能仅使用燃油保持连续正常运转。

发动机部分参数见表 2.8.1。

表 2.8.1　发动机部分参数

参数	测量位置	测量仪器.	仪器精度
柴油消耗量	柴油进油管上	油耗自动测量仪	±0.5%
天然气压力	在距发动机进气管进气口前 50~300 mm 的主供天然气管内测量，传感器与管壁齐平	压力变送器	±0.3%
天然气温度	在距发动机进气管进气口前 50~300 mm 的主供天然气管内测量，传感器垂直气流方向，并使端头位于气流中心	PT100 或 PT1000	A 级
天然气消耗量	在最靠近发动机的天然气管道上测量	质量流量计	1 级

2.8.1.2　小型船柴油机范围

IMO 第 402 号决议：《关于小型商船（船长不超过 24 米）燃油泄漏电击和火灾防护的指导》规定了柴油机上安装的燃料、电气部件的设计和安装要求，以最大限度地减少 24 m 以下船体的燃料泄漏、电击和火灾蔓延的风险，符合 ISO 8666 的规定。

2.8.2　ABS

2.8.2.1　燃料电池

（1）动力系统一般要求

1）燃料电池动力系统的可触及部件应无可能导致伤害的锐边、锐角或粗糙表面。

2）燃料电池动力系统的易接近部分的设计和构造应防止滑动、绊倒或坠落危险。

3）燃料电池动力系统、组件和配件的设计和建造应确保其在预期的操作条件下足够稳定，以供使用，且不会发生翻转、坠落或意外移动的风险；否则应纳入适当的锚固方式，并在说明中注明。

4）燃料电池动力系统的移动部件的设计、制造和布置应避免危险，或在危险持续存在的情况下，用防护装置或保护装置固定，以防止所有接触风险。

5）燃料电池动力系统的各个部分及其连杆的构造应确保在正常使用时不会发生可能损害安全的不稳定、变形、破损或磨损。

6）燃料电池动力系统的设计、建造和配备应避免因燃料电池动力系统运行或维护期间释放的气体、液体、灰尘或蒸汽而产生的风险。

7)所有零件均应牢固安装或连接,并牢固支撑;如果适用,允许使用减震座。

8)所有安全停堆系统部件的故障可能导致危险事件,如 2/3 中所述的风险分析所确定,应针对其预期用途进行识别、认证或单独测试。

9)制造商应采取措施,消除因在高温下接触或接近燃料电池动力系统外壳、手柄、把手或旋钮的外表面而造成的任何伤害风险。

(2)风险评估

进行风险评估,以确定因使用燃料(甲醇/乙醇、氢气等)而产生的影响船舶结构强度或完整性、船上船员安全和环境保护的风险。在任何可合理预见的故障后,应考虑与物理布局、操作和维护相关的危险。使用可接受和公认的风险分析技术分析风险。功能丧失、部件损坏、火灾、爆炸和触电应视为最低限度。分析应确定可以尽可能消除的风险,无法消除的风险将在必要时予以缓解。风险的识别和减轻风险的方法应记录在案,以使 ABS 满意,并在需要时提交给船旗国管理部门。

(3)燃料电池分类

燃料电池类型及应用特点见表 2.8.2。

表 2.8.2　燃料电池类型及应用特点

类型	移动离子	工作温度	应用及注意事项
质子交换膜(PEM)	H^+	30~120 ℃	车辆和移动应用,以及低功率 CHP(热电联产)系统
碱性(AFC)	OH^-	100~250 ℃	用于航天飞行器(如阿波罗号、航天飞机)
磷酸(PAFC)	H^+	135 ℃	大量 200 kW 的热电联产系统投入使用
熔融碳酸盐(MCFC)	CO_3^{2+}	600~700 ℃	适用于中大型热电联产系统,容量可达兆瓦级
固体氧化物(SOFC)	O^{2-}	650~1 000 ℃	适用于各种规模的热电联产系统,从 2 kW 到兆瓦级

(4)危险区域

区域分类是一种分析和分类可能发生爆炸性气体环境的区域的方法。分类的目的是允许选择能够在规定区域内安全操作的电气设备。为了便于选择合适的电气设备和设计合适的电气装置,根据 IEC 60079-10 的原则以及 IEC 60092-502 中给出的指南和信息示例,将危险区域划分为 0、1 和 2 区,还应提供保护燃料电池装置免受短路和反向电流影响的方法。

2.8.2.2　混合动力系统

(1)ABS 与其他标准文献对比参考

ABS Rules for Building and Classing Marine Vessels(Marine Vessel Rules)。

ABS Rules for Building and Classing Mobile Offshore Units(MOU Rules)。

ABS Guide for Building and Classing Yachts(Yacht Guide)。

ABS Guide for Fuel Cell Power Systems for Marine and Offshore Applications。

ABS Guide for Direct Current(DC)Power Distribution Systems for Marine and Offshore Applications。

ABS Guide for High Voltage Shore Connection(HVSC Guide)。

ABS Guide for Use of Lithium-ion Batteries in the Marine and Offshore Industries (Lithium-ion Battery Guide)。

ABS Guide for Use of Supercapacitors in the Marine and Offshore Industries (Supercapacitor Guide)。

ABS Guidance Notes on Risk Assessment Applications for the Marine and Offshore Oil and Gas Industries。

ABS Guidance Notes on Failure Mode and Effects Analysis (FMEA) for Classification。

ABS Guide for Dynamic Positioning Systems。

ABS Guide for Comfort on Yachts。

ABS Guide for Nondestructive Inspection。

ABS Guide for Wind Assisted Propulsion System Installation。

ABS Guide for Crew Habitability。

ISO 21984：2018：Ships and marine technology - Guidelines for measurement，evaluation and reporting of vibration with regard to habitability on specific ships。

ISO 23274-1：Hybrid-electric road vehicles - Exhaust emissions and fiuel consumption measurements。

(2)混合电动系统的认证

混合电动系统认证见表 2.8.3 和表 2.8.4。

表 2.8.3(1)　混合电动系统认证

系统、设备、部件	ABS 认证	ABS 型式认可等级	规则(船舶规则)参考
基本服务、应急电源和低压变换器用电力变压器	—	1	MVR 4-8-3/7，4-8-3/8
高压系统用电力变压器和变换器	要求	5	MVR 4-8-5/3.7.5(e)
无火花风扇及其他电气设备	—	2	MVR 4-8-3/11
其他电扇	要求	1/2/4/5	MVR 4-8-3，4-1-1/表 3 适用
其他旋转机械	要求	1/2/4/5	MVR 4-8-3，4-1-1/表 3 适用

表 2.8.3(2)　混合电动系统认证

系统、设备、部件	ABS 认证	ABS 型式认可等级	规则(船舶规则)参考
推进发电机	要求	5	MVR 4-8-3，4-1-1/表 3，4-8-5/5.17.5
轴发电机和推进电动机	要求	5	MVR 4-3-2/1.5，4-8-3/3，4-8-5/5.17.5
管道、阀门和管件	要求	1/2/4/5	MVR 46-1，4-1-1/表 6 适用

注：①ABS 认证是指施工期间和安装后的计划审查和验船师到场，以验证船舶、结构、材料项目、设备或机械是否符合 ABS 的规则、指南、标准或其他标准，并达到验船师满意的程度。

②如果《船舶安全规则》4-6-1 中指出“需要”，则管道组件应由 ABS 认证。这涉及组件的设计批准(如适用)，以及根据制造商工厂的合规标准进行测试。此类部件也可在型式认证计划下接受。

③额定功率为 100 kW(135 hp)及以上的用于取力器、取力器(推进助推器)或类似设备的轴发电机/电机应根据《船舶安全规则》的适当要求进行设计、制造和测试(适用于两种功能)。

④对于根据谅解备忘录规则设计的装置，应适用谅解备忘录规则的相应要求。

表 2.8.4　混合电动系统认证

系统、设备、部件	ABS 认证①	ABS 型式认可等级	指导参考
电池系统组件	要求	4/5	锂离子电池指南第 2 节/表 1
电池充电器	要求	4/5	锂离子电池指南第 2 节/表 1
电池管理系统超级电容	要求	4/5	锂离子电池指南第 2 节/表 1
电池/模块	要求	4/5	超级电容指南第 2 节/表.1
超级电容器充电器	所需的要求	4/5	超级电容指南第 2 节/表.1
超级电容管理系统	要求	4/5	超级电容指南第 2 节/表 1
超级电容器转换器	要求	2	超级电容指南第 2 节/表 1
燃料电池组件	要求	4/5	燃料电池指南第 1 节/表 3
燃料电池动力系统	要求②	4/5	燃料电池指南第 1 节/表 3
燃料电池控制与监测系统	要求	4/5	燃料电池指南第 1 节/表 3
太阳能光伏发电系统	要求③	见注③	本指南第 5/5.1 节表 1
风力发电系统	要求③	见注③	本指南第 5/5.1 节表 1

注：①ABS 认证是指施工期间和安装后的计划审查和验船师到场，以验证船舶、结构、材料项目、设备或机械是否符合 ABS 的规则、指南、标准或其他标准，并达到验船师满意的程度。

②净电力输出大于或等于 100 kW 的燃料电池电力系统需要经过 ABS 认证。对于净电力输出小于 100 kW 的燃料电池电力系统，制造商应证明其设计、制造和测试所依据的标准，并报告所进行测试的结果。

③可以根据 IEC 标准（包括标准测试报告、认证等）中要求的制造商文件和质量验收设备/系统。

（3）风险评估

在进行风险评估前，应与 ABS 讨论风险评估技术的使用。风险评估将根据 ABS 关于海洋和近海行业风险评估应用的指导说明进行。

可以应用几种风险评估技术。在早期设计阶段，可采用危险识别（HAZID）技术来识别可能对人员、环境和资产造成影响的潜在危险。还可以进行危险和可操作性（HAZOP）研究，以识别和评估可能对人员或设备构成风险的危险。故障模式和影响分析（FMEA）也可用于证明任何单一故障不会导致不良事件。

（4）风险区域划分

风险区域划分见表 2.8.5。

表 2.8.5　风险区域划分

适用的系统	规则和指引参考
电池安装系统	锂离子电池指南第 3.3.3 节
超级电容器安装系统	超级电容器指南第 3.3.9 节
电池动力系统安装	燃料电池指南第 5.3、5.4 节

（5）电储存能力

能源转换装置（ETD）和储能系统（ESS）的选择和尺寸应对应，以使 HEP 能够运行并提供所需的功能，且在其整个使用寿命内不会损坏。如果 ESS 的性质通常会因使用或使用年限而表现出容量或性能损失，则应根据预计在其使用寿命结束时 ESS 的容量和性能来选择 ESS 并确定其大小。对于装有锂离子电池、超级电容器和/或燃料电池动力系统的船舶，应至少满足表 2.8.6 所示的要求。

表 2.8.6　ESS/ETD 要求

	适用的系统	指导参考
ESS	锂离子电池-电池管理系统（BMS）	船舶和近海工业中锂离子电池使用指南
	超级电容器-电容器管理系统（CMS）	船舶和近海工业中超级电容器使用指南
ETD	燃料电池动力系统	船用和近海应用燃料电池动力系统指南
	太阳能光伏发电系统	参见本指南第 5 节
	风力发电系统	参见本指南第 6 节

2.8.3　DNV

2.8.3.1　发电设备电能储存的应用范围

《锂离子动力电池包及系统安全技术规范》（GB/T 31485—2015）和《电化学电容器系统安全技术规范》（GB/T 34588—2017）涵盖了锂离子电池系统和电化学电容器系统的设计、安装和认证要求，见表 2.8.7。

表 2.8.7　设计目的及应用要求

类别	目的	应用
动力	船舶用 EES 动力进行电力推进	（1）全电动船舶，即所有主要动力源均以 EES 为基础； （2）混合动力船舶，其中一个主要的动力来源是基于 EES； （3）混合动力船舰操作模式，该船仅靠 EES 动力运行，另一个主要来源即待机电源； （4）混合动力船舶将 EES 系统作为冗余电源主类和/或附加类的功率符号，例如动态定位
安全性	适用于综合 EES 装置在一个 EES 空间中有一个额定容量为 20 kW · h 或以上，没有电池（电源）符号	（1）不使用 EES 动力作为主要动力来源的混合动力船舶； （2）混合动力船舶仅使用 EES 功率进行调峰和/或负载平衡； （3）船舶仅在系泊时使用 EES 动力

2.8.3.2　气体燃料动力

（1）目标

额外的气体燃料 LNG 等级标志可为使用天然气作为燃料的推进和辅助用途的机械安全和环境友好提供标准。

（2）燃料储存仓

与燃料安全壳系统有关的障碍物空间和燃料储存舱空间，需要全部或部分二级障碍物，应使用适当的干燥惰性气体进行惰性化，并通过船上惰性气体生成系统提供的补充气体或船上储存的气体保持惰性化，这些气体应足以满足正常消费的需要，至少 30 天。根据船舶的服务，可以考虑更短的时间。

2.8.3.3 蓄电池

（1）EES 系统设计

当所有的主要动力来源只基于 EES 时，主要动力来源应包括至少两个独立的 EES 系统，并位于两个独立的 EES 空间。

（2）蓄电池容量

本规则要求用于供电的电池的尺寸应能满足环境温度为 0 ℃时预期功能所需的时间，除非有加热装置。

2.8.3.4 低闪点液体燃料发动机

（1）适用范围

LFL 燃料的附加等级标志的范围包括从船舶的 LFL 燃料连接处到消费者的要求。

本节中的规则对油箱的布置和位置以及所有有燃料管道和装置的空间都有要求，包括对这些空间入口的要求。

对燃料装置造成的危险区域和空间进行定义，包括对制造、工艺和测试的要求。加油程序需要批准，但加油过程不属于本节规则的范围。

（2）传输与供应

1）燃油系统应与船上的所有其他管道系统完全分开。

2）管道应距离船舷不少于 800 mm。

3）应提供一个用氮气清洗和释放燃料仓、供应、返回和排放管道的安排。该系统的安排应使燃料被清洗到一个安全的位置。

2.8.3.5 带有电动起动机的发电机启动装置

1）当使用推进发动机的电启动安排时，至少要有两个单独安装的电池。通过单独的电路连接，使其不能并联。每个电池应能在冷态和准备启动的情况下启动主发动机。

2）当两个电池为一个推进发动机服务时，一个转换开关或链接安排应提供一个转换开关或链接安排，以便将起动机及其辅助电路与两个电池进行替代性连接。

3）两个或更多个推进器的启动安排应在两个蓄电池之间进行，并通过单独的电路连接。如果需要的话，可以安排一个电池与两个（或所有）发动机进行替代性连接。

4）用于启动的电池应与发动机安装在同一空间。

5）每个电池应具有足够的容量，至少可以满足以下发动机的启动尝试，通常提供：

①每台可逆式发动机有 12 次启动；

②每台非可逆式发动机有 6 次启动，连接到可逆式螺旋桨或其他装置，使发动机在启动时没有相反的扭矩。

2.8.4 NK

2.8.4.1 往复式内燃机

（1）适用范围

本节要求适用于以下 1）和 2）的使用批准。此外，对低压燃气发动机的要求，经必要修改后适用于高压燃气发动机的使用批准（如《钢质船舶检验和建造指南》附录 3 第 3.1 部分 GF 或附录 3 第 4.1 部分 N 部分的要求）。

1)根据《钢质船舶检验和建造规则》D 部分 2.1.1-3 和 2.6.1-3、《高速船规则》第 7 部分 2.1.1-2 以及《内河船舶检验和建造规则》第 7 部分 2.1.1-2 和 2.6.1-3 的要求,批准使用往复式内燃机;还有《钢质船舶检验和建造指南》附件 4 第 GF 部分第 4.1 条或附件 4 第 N 部分第 5.1 条要求的低压燃气发动机的使用批准。

2)尽管有上述 1)的规定,当发动机类型具有长期使用历史或是众所周知的类型,并且当协会认为合适时,可以免除本文的部分或全部测试和检查。

3)对于在任何制造商的任何地方进行的测试和检查的特定类型发动机的认证,将接受由许可证持有人和许可证持有人制造的具有不同气缸数的相同类型的所有发动机。

4)本文要求通常适用于以下任一发动机类型与经认可的发动机类型不同的每种发动机类型。

①孔径。

②冲程。

③喷射方法(直接或间接喷射)。

④燃料种类(液体、双燃料、气体)。

⑤工作循环(2 冲程、4 冲程)。

⑥气缸功率,速度和气缸压力(如果增加)。

⑦增压方法(脉动系统、恒压系统)。

⑧冷却系统的增压(例如带或不带中冷器)。

⑨气缸布置(串联, V),一个型式试验将被认为足以覆盖一系列不同数量的气缸。然而,直列发动机的型式试验可能并不总是涵盖 V 型。在船级社认为必要的情况下,可能需要对 V 型进行单独的型式试验。另一方面, V 型发动机的型式试验包括直列式发动机,除非制动平均有效压力更高。曲轴轴向振动、凸轮轴驱动中的扭转振动和曲轴等可能会随着气缸数的不同而发生很大变化,并可能影响选择用于型式试验的发动机。

⑩燃油喷射和排气阀驱动的控制方法(电控,凸轮轴驱动)。

⑪对于低压燃气发动机,除上述①至⑩外,还应考虑以下 a)至 d):

a)进气方法(直接气缸喷射、增压空气空间或预混合);

b)供气阀操作(机械或电子控制);

c)点火系统(先导喷射、火花点火、电热塞或气体自燃);

d)点火系统(机械或电子控制)。

5)以下三种发动机可视为同一类型。

①设计允许增加以下 3 个参数的发动机,仅曲轴计算书和曲轴图纸(如有修改),并在 5%以内:在这种情况下,应提交证明服务历史成功且分类评级为 100%的文件。

②最大批准功率增加在 10%以内,且上述①中 3 个参数增加在 10%以内的发动机。在这种情况下,应提交工程分析和成功服务历史的证据或内部测试文件。

③根据批准的图纸和文件制造的发动机以及每个阶段 A 的内部测试,记录其额定值高于批准的功率、平均有效压力或速度,并且增加量在此类额定值范围内。在这种情况下,应在增加的功率、平均有效压力或速度下记录以下试验:8.5.2-2(1)中规定的超速试验(仅当标称速度增加时);对于往复式内燃机,在 8.5.2-2(2)(a)至(c)。

6)给出的负载点处的操作应根据本章进行试验,并由验船师见证。

(2)风险分析

对于低压燃气发动机,应按如下内容进行风险分析。

1)风险分析的范围。关于风险分析的范围,需要注意的是,发动机外部系统的故障,如燃料储存或燃气供应系统,可能需要发动机控制和监测系统在出现警报或故障情况时采取行动。风险分析旨在解决以下问题。涉及发动机气体操作的任何系统或部件的故障;气阀装置下游的气体泄漏;当使用气体运行时,紧急停机或断电时发动机的安全;气体燃料系统和发动机之间的相互作用。

2)风险分析的形式。风险分析应根据国际标准 ISO 31010:2009 或其他公认标准进行。所需的分析基于单一故障概念,这意味着在同一时间只需要考虑一个故障。应考虑可检测和不可检测故障,还应考虑故障后果,即任何组件的故障直接由另一个组件的单个故障引起。

3)风险分析程序。风险分析的结果应记录在案,风险分析应符合以下程序。

①识别可能导致以下情况的相关设备和系统中的所有可能故障:

a)未设计用于此目的的部件或位置中存在气体;

b)点火、火灾或爆炸。

②评估 a)和 b)的后果(如有必要),确定故障检测方法。

③在风险无法消除的情况下,确定纠正措施:

a)系统设计,例如冗余,允许系统受限操作的安全装置、监测或警报规定;

b)系统操作,例如启动冗余和激活替代操作模式。

4)在分析中不考虑非直接位于发动机上的供气部件的故障,例如截断阀和放气阀以及气体减压装置(GVU)的其他部件。待分析的设备和系统发动机所需的风险分析至少包括以下方面。

①气体相关系统或部件故障,尤其是气体管道及其外壳(如果提供)和气缸供气阀。

②点火系统故障(燃油先导喷射或火花塞)。

③空燃比控制系统故障(增压空气旁通、气压控制阀等)。

④对于涡轮增压器压缩机上游喷射气体的发动机,可能导致点火源(热点)的部件故障。

⑤气体燃烧故障或异常燃烧(缺火、爆震)。

⑥发动机监测故障,控制和安全系统。

⑦发动机部件(例如双燃料或纯气体发动机的进气歧管和排气歧管)以及与发动机相连的外部系统(例如排气管)中存在异常气体。

⑧发动机工作模式的变化。

⑨曲轴箱燃气积聚的潜在危险,对于活塞下方空间与曲轴箱直接连通的发动机,参阅《钢船检验和建造规则》第 GF 部分 10.3.1-2。

2.8.4.2　纯气体发动机 GOE

"Sulphur Oxides"(缩写为"SOx")应贴在有下列情况的船舶的分类标志上。(1)或(2)符合《防止海洋污染系统规则》第 8 部分 1.2.2 的 1 或 2 所规定的有关硫磺含量的要求,或符合至少相当于符合这些要求的方法。根据所提供的安排/系统，下面的记号在 SOx 后面的括号中列出。

i）使用特定燃料或安装了相应系统：船舶使用了在描述性说明中提到的燃料，或者安装了描述性说明中提到的机械和系统。

ii）这些燃料和机械的目的应作为船舶的描述性说明记入入册。

2.8.4.3　低闪点燃料发电机 LFF

1）政府批准的废气净化系统，作为《防止海洋污染系统规则》第 1.1.3 部分规定的替代方案——“废气清洁系统”（缩写为“EGCS”）。

2）使用双燃料发动机的船舶——双燃料发动机（缩写为“DFE”）。

3）只使用燃气发电机的船舶。

2.8.5　CCS

2.8.5.1　柴油机

（1）适用范围

1）本指南适用于驱动螺旋桨或叶轮（喷水推进用）的主推进柴油机、驱动电力推进用发电机的柴油机、驱动辅助用途发电机的柴油机、驱动辅助机械的柴油机及应急柴油机的认可与检验。本指南主要针对安装于按照 CCS《钢质海船入级规范》所设计船舶的柴油机，其他用途的柴油机可参考执行。

2）柴油机的排放应满足相关法定要求。

（2）主要零部件及管系无损检测验收标准

对于柴油机主要零部件应按照 CCS《钢质海船入级规范》第 3 篇第 9 章第 2 节表 9.2.2.1 进行无损检测，无损检测应按照 CCS 批准或接受的柴油机厂或设计方制定的无损检测工艺及验收标准进行验收，可参考表 2.8.8。

表 2.8.8　主要零部件及管系无损检测标准及验收等级

零部件	检测方法及标准							
	射线检测		超声波检测		磁粉检测		渗透检测	
	标准号	等级	标准号	等级	标准号	等级	标准号	等级
焊接结构件及管系	ISO 10675-1 或 EN-12517-1	Ⅰ①/2	EN-ISO 11666	2①/2	EN-ISO 23278	2X	EN-ISO 23277	2X
	GB/T 3558—2014	Ⅱ①/Ⅲ	CB/T 3559—2019	Ⅱ①/Ⅲ	CB/T 3958—2004	Ⅱ①/Ⅲ	CB/T 3958—2004	Ⅱ①/Ⅲ
	JIS Z3104	Ⅱ①/Ⅲ	JIS Z3060	Ⅱ①/Ⅲ	—	—	—	—
铸钢件	—	—	GB 7233—1987	Ⅱ	GB 9444—2007	Ⅱ	—	—
	—	—	IACS Rec.69	合格	IACS Rec.69	合格	IACS Rec.69	合格

续表

零部件	检测方法及标准							
	射线检测		超声波检测		磁粉检测		渗透检测	
	标准号	等级	标准号	等级	标准号	等级	标准号	等级
锻钢件	—	—	CB/T 3907—1999	Ⅱ	—	—	—	—
	—	—	IACS Rec.68	合格	IACS Rec.68	合格	IACS Rec.68	合格

注:①标注等级适用于焊接结构构件及Ⅰ级管系的焊缝。

(3)零部件型式试验

每个要求认可的柴油机类型,应由柴油机设计者(技术许可方)或制造厂(被许可方)申请取得CCS型式认可证书。

对于采用技术许可模式制造生产的低速柴油机,作为等效替代,可由设计者(技术许可方)取得CCS设计认可证书,制造厂(被许可方)应经CCS进行制造厂评估并满意(评估的有关要求参见本指南附录1)。

对于采用技术许可模式制造生产的中高速柴油机,应由设计者(技术许可方)取得CCS型式认可证书,制造厂(被许可方)通常也应申请CCS型式认可,但根据质量控制水平可免除部分型式试验。如技术许可方能建立全面有效的控制体系,保证各制造厂生产的柴油机及零部件的一致性,也可采用制造厂评估方式(评估要求参见本指南附录1)。

经CCS认可的柴油机,如主要运动部件(曲轴、活塞、连杆、缸套等)及配套部件(增压器、喷油器、高压油泵、进排气阀等)的供方与认可时进行型式试验的样机的供方发生变化时,应经CCS评估,CCS将依据评估情况视情况要求进行部分或全部型式试验的验证。

(4)型式试验项目、试验方法及要求

1)低速机应每个机型选取样机进行型式试验,试验前应确认样机:

①按CCS批准的图纸和技术文件的要求制造;

②制造厂已进行过内部试验并确信性能可靠。

2)中高速机型式试验的样机应按下列原则选取:

①所选机型应该能体现制造厂平时的生产水平;

②强化指标较高。

型式试验项目、试验方法及要求见表2.8.9。

表 2.8.9　型式试验项目、试验方法及要求

序号	试验项目		试验方法及要求
1①	安全保护/报警试验（相关试验应在柴油机运行试验前进行）	油、水、气的温度和压力报警及停车试验（适用于中高速机）	按照柴油机的技术要求，相关试验可采用模拟方法进行。进行相关报警及停车试验时，报警及停车信号应能正常发出，报警及停车试验项目可参照《钢质海船入级与建造规范》第 7 篇有关要求，并基于与柴油机匹配的控制台的自动化程度及试验条件由制造厂提出并经 CCS 批准
		主滑油进口压力低（适用于低速机）	启动柴油机并保持在制造厂规定的低负荷状况下运转，通过模拟的方式将主滑油压力传感器探测的压力值模拟降至柴油机制造厂设定值，此时被测柴油机应停车并发出报警
		超速保护试验（适用于额定功率>220 kW 且能脱离传动轴系或驱动调距桨的主柴油机及额定功率≥220 kW 驱动发电机的柴油机）	型式试验时，在柴油机空载或按照制造厂规定的负荷下，人为升高柴油机转速，直至超速保护装置动作。超速保护装置应能使主机的转速不超过额定转速的 120%，使发电机组柴油机转速不超过额定转速的 115%。出厂试验时，可根据实际试验条件采取模拟的方式验证超速保护的功能
		油雾浓度探测器试验（适用于功率>2 250 kW 或缸径>300 mm 的柴油机）	启动柴油机并保持运行状态，利用烟雾或其他介质模拟油雾浓度超标，任选一个油雾浓度探测器的探头进行试验。对于中高速柴油机，当探测到油雾浓度高时应发出报警并自动停车，同时在控制面板显示油雾浓度超标的探测器编号；对于低速柴油机，当探测到油雾浓度高时应发出报警并降低转速（如受制造厂台架试验条件限制，可采取报警及停车的方式验证），同时在控制面板显示油雾浓度超标的探测器编号。对于其他油雾浓度探测器探头可采用停机状态模拟的方式进行
		推力块高温（适用于低速机）	启动柴油机并保持低速运行，通过模拟的方式利用加热设备将测量推力块温度的传感器的温度升至制造厂规定的设定值，此时被测柴油机应停机并显示报警信息
		盘车机联锁（如适用）	具有遥控或自动启动的柴油机处于停机状态，啮合盘车机，分别在遥控位置和应急操纵台启动柴油机，柴油机应不能被启动，并在控制面板处显示相关报警信息。 非遥控或自动启动的柴油机，应设有明显的安全警告牌，标明盘车机构啮合时勿启动柴油机
		应急操纵试验（如适用）	在柴油机应急操纵台，将控制位置转换至当地，在应急操纵台分别进行正车和倒车的启动、操纵和停止试验，柴油机应能正常启动、运行和停车
		应急停车	启动柴油机并保持在制造厂规定的低负荷状况下运转，分别按下柴油机控制台和应急操纵台上的应急停车按钮，运行中的柴油机均应停机
		燃油高压油管护套及燃油泄漏探测报警	柴油机所配备的燃油高压油管应满足 CCS《钢质海船入级与建造规范》第 3 篇第 9 章第 4 节 9.4.3 条及 SOLAS 公约 II-2 章 Reg.4.2.2.5.2 条关于双套管的有关要求；可通过模拟的方式和报警装置的浮子或液位开关的接通和断开，验证燃油泄漏报警装置报警功能的有效性
		易燃液体管路接头的屏蔽措施	燃油或滑油管路的接头应采用满足 IMO MSC.Circ647 设计的钢质防护罩或 CCS 认可的防溅带或 CCS 批准的其他防护装置予以屏蔽，该项检验可在柴油机出厂时予以确认
		CCS 批准图纸规定的其他安全保护项目	按 CCS 批准图纸的要求进行试验，并满足制造厂的相关规定

续表

序号	试验项目	试验方法及要求
2[①]	整合试验（适用电控柴油机）	作为一个系统的试验，原则上均应在柴油机制造厂尽可能进行必要的功能性试验和故障模拟试验，验证各种工作模式下整个机械、液压、电子系统的反应与预计的一致。如制造厂进行该类试验技术上不可行，可以安排在试航时进行。试验内容应根据故障模式与影响分析（FMEA）确定，并应得到 CCS 批准
3	启动试验	①不可逆转柴油机进行启动试验或可逆转柴油机进行正倒车启动试验，以确定最小启动空气压力及启动所需的空气消耗量。最小启动空气压力及启动所需的空气消耗量应满足制造厂说明书要求。②在不低于说明书规定的最低冷机启动环境温度下，不带负载启动柴油机，当环境温度低于说明书规定的环境温度时，允许将机油和冷却水加热到规定的温度。③用于应急发电机组、应急消防泵的柴油机应能具备 0 ℃启动的能力，或配备有预热装置。④[①]两种启动方式启动的柴油机，应分别验证其启动方法是行之有效的
4[①]	负荷试验	①对于型式试验，负荷试验应按照 CCS《钢质海船入级规范》第 3 篇第 9 章附录 4 第 2.2.3 条的要求进行。 ②对于出厂试验，根据被测柴油机的拟定用途，负荷试验应按照 CCS《钢质海船入级规范》第 3 篇第 9 章附录 6 第 2.3 条的要求进行。 ③负荷试验期间应测量和记录的环境条件参数和柴油机参数应至少满足 CCS《钢质海船入级规范》第 3 篇第 9 章附录 4 第 1.4 条和附录 6 第 2.2 条的要求，相关参数应满足柴油机技术规格书及制造厂设定的要求
5[①]	高温热表面温度测量	柴油机在进行 100%负载或批准的间歇超负荷运转时，应通过红外热扫描设备读取表面温度，验证高温热表面的隔热性能（出厂试验时可采用接触式温度计进行测量），并满足 CCS《钢质海船入级规范》第 3 篇第 1 章 1.3.6.3 的要求。经 CCS 批准，可使用等效测量设备，此时上述测量仪器测得的数据准确性应通过接触式温度测量装置进行随机验证。同时应确认绝热防护罩的表面不应有吸油或被油渗透的条件
6[①]	倒车试验（如适用）	对于推进用柴油机，被测柴油机应在规定的最大倒车功率下稳定运行并测量柴油机的参数（带换向齿轮箱、调距桨、电力推进者除外），如台架试验时采用水力测功器作为负载而无法进行倒车加载时，可在无负荷状态下倒车运行 10 min
7[①]	最低稳定转速试验	对于推进主机，按照螺旋桨推进特性曲线逐渐减小负荷、降低转速，直至获得稳定运转状态的最低转速（可依据转速波动率、各缸工作稳定性、均衡性予以判断），并在该转速下运行 10 min，运行期间无报警发生。对于低速柴油机，该转速应不大于 30%额定转速；对中速柴油机，该转速不高于额定转速的 40%；对高速柴油机，该转速不高于额定转速的 45%
8[①]	换向操纵（适用时）	柴油机在最低稳定转速下，从操纵开始到柴油机在相反方向开始工作为止，相关的换向时间应不大于 15 s
9[①]	调速器试验	①柴油机在额定工况下运行，突然卸掉所有负载（对于使用水力测功器作为负载的柴油机，应尽快关闭进水阀和开大出水阀；对于使用发电机装置的负载，应瞬间切断负载电源），测量并记录突卸负载前的转速和功率，突卸负载时的瞬时最高转速、突卸负载后的转速及转速稳定时间。 ②作为主机的柴油机，在调速器突卸负载时的最大转速应不超过额定转速的 115%。 ③驱动发电机的柴油机，其调速器试验的试验方法及瞬时调速率、稳态调速率、稳定时间须满足《钢质海船入级与建造规范》第 3 篇第 9 章 9.7.10 的要求。 ④调速器试验时不应导致柴油机由于超速而停车

续表

序号	试验项目	试验方法及要求
10	停增压器试验	①通过固定涡轮增压器转子或拆除转子或旁通涡轮增压器等方法使增压器停止工作，启动柴油机，从最低稳定工作转速逐步提高转速与负荷，直至达到制造厂规定的负荷或排烟温度，稳定运转 15 min。 ②对于二冲程推进柴油机，应确定涡轮增压器损坏条件下柴油机能够获得的连续输出功率。当一个涡轮增压器无法运转时，驱动固定螺距螺旋桨的单推进柴油机应能以 40%额定转速持续运转（沿螺旋桨名义特性曲线）。 ③对于四冲程推进柴油机，应确定涡轮增压器损坏条件下柴油机能够获得的连续输出功率，相关功率应满足设计方的技术要求
11①	增压器匹配试验（适用于推进柴油机上的 C 级涡轮增压器）	增压器匹配试验的试验方法及要求应满足 CCS《钢质海船入级规范》第 3 篇第 9 章附录 6 第 2.4 条的要求。对于二冲程柴油机，如拟采用增压器压缩机图谱的验证方式，则相关压气机曲线应经 CCS 备查确认后方可使用，配置相同的柴油机及增压器（含喷嘴环）的首台机配机试验时须对相关性能点进行确认，否则不能采取该验证方式。如在此之前已对相同配置柴油机和增压器（包括相同的喷嘴环）进行过试验并合格，则本试验可以免除
12	臂距差测量（如适用）	负荷试验及相关试验完成后，应在设计方或制造厂规定的条件下测量曲轴臂距差，相关测量结果应满足设计的技术要求
13	耐久试验	①在 CCS《钢质海船入级规范》第 3 篇第 9 章附录 4 规定的 A 阶段工厂内部试验时进行，由制造厂在试验前单独提交耐久试验大纲，报 CCS 审批后进行试验。CCS 保留见证试验过程及试验后拆检的权利。 ②对于中低速柴油机，耐久试验的持续时间及试验负荷可由工厂根据设计开发的情况进行规定。对于高速柴油机，应至少进行 100 h 满负荷试验。 ③对于知名品牌的成熟机型，经 CCS 特殊考虑后，可予以减免
14	低周疲劳试验（仅适用于高速船推进用柴油机型式试验）	采用最陡负荷变化梯度进行不少于 500 次的（空载-满载-空载）循环运转，对承受热负荷的部件进行低周疲劳试验，每次试验间隔时间应足以保证受热负荷部件的温度达到稳定。柴油机在整个试验过程中应工作正常，试验后拆检相关部件（热负荷部件、摩擦副、运动副），必要时进行探伤，结果应满足柴油机设计方和业界普遍接受的准则
15	油箱容量验证试验（仅适用于驱动应急消防泵的自带油箱的柴油机）	应通过试验验证油箱所盛装的燃油使柴油机在额定负荷下运行至少 3 h
16	其他内部试验项目	除本表格第 13 和 14 项试验项目外，内部试验尚应满足 CCS《钢质海船入级规范》第 3 篇第 9 章附录 4 第 2.1 条的有关要求
17①	试验后拆检	柴油机型式试验完成后，应拆开进行全面检查，直列柴油机选择 1 个气缸，V 型柴油机选择 2 个气缸。对于 V 型柴油机，应从两列气缸中各选一个气缸，且两个气缸分属不同曲柄。拆开检查的范围如下： ①活塞吊出并拆开； ②轴承拆开，确认十字头及相关轴瓦的状况（适用于低速机）； ③导板（适用于低速机）； ④连杆轴承（大小端）拆开（特别注意轴承与轴颈接触表面上的划痕和磨损）； ⑤主轴承拆开，确认主轴颈及相关轴瓦的状况； ⑥安装状态的气缸套； ⑦气缸头盖、阀件拆开； ⑧正、倒车推力块各一块（如适用）； ⑨凸轮传动齿轮或链条，凸轮轴和齿轮或链条箱盖； ⑩对于电控柴油机，应对驱动液压泵的传动齿轮的外观进行检查（如适用）。 如现场验船师认为有必要，可要求对柴油机做进一步的拆检。柴油机出厂试验完成后，应拆开检查，拆开检查的范围原则上应参照型式试验的拆检范围进行，经 CCS 验船师同意，可根据实际情况确定拆检范围

注：①标注的试验项目同时也是出厂试验项目。

2.8.5.2 纯电池动力

(1)适用范围

1)《船舶应用电池动力规范》(以下简称“本规范”)适用于以蓄电池作为部分或全部动力源的船舶的设计、建造和检验以及蓄电池及其电池管理系统(BMS)的试验和检验。

2)本规范所指蓄电池包含锂离子蓄电池和能量型超级电容器。

3)本规范所指电池管理系统包含电容管理系统。

4)除本规范明确要求外,本规范适用于船体材料以钢或铝合金材料建造的船舶。

5)船长小于24 m且载客人数在12人以下的增强纤维塑料船适用于本规范。

6)本规范不适用于高速船。

7)本规范未涉及部分,应满足CCS相应规范的相关要求。

(2)蓄电池风险评估

1)危险识别(所有可能潜在危险的清单)。

2)风险评估(风险因素评估)。

3)风险控制选项(设计控制和减少识别风险的措施)。

4)必须采取的措施。

5)是否符合本规范的相关要求的说明、拟采用电池类型(化学)所代表的所有潜在危险,并至少包括:

①蓄电池正常工作及热失控状态下,主要原材料的化学反应方程式及可能释放的气体;

②成分清单;

③气体蔓延风险(有毒、易燃、腐蚀性)、火灾风险;

④爆炸风险;

⑤必要的检测和报警系统(气体检测、火灾检测等)和通风;

⑥外部风险(火灾、水侵入等);

⑦主要或重要服务的推进或辅助动力损失。

(3)蓄电池模块/蓄电池包检验(型式试验)项目

1)蓄电池模块/蓄电池包的性能试验应满足经CCS接受的标准。

2)蓄电池模块/蓄电池包的安全性试验、环境适应性试验应满足表2.8.10的要求。

表2.8.10 蓄电池模块和/或蓄电池包检验(型式试验)项目

	序号	检验项目	试验方法参照标准
安全性检验	1	机械冲击	ISO 6469-1：2019中6.2.3
	2	挤压	GB/T 36276：—2018的5.3.3.4和A.3.16
	3	温度循环	ISO 6469-1：2019中6.3.1
	4	外部短路	GB/T 36276—2018的5.3.3.3和A.3.15
	5	过充电	GB/T 36276—2018的5.3.3.1和A.3.13
	6	过放电	GB/T 36276—2018的5.3.3.2和A.3.14
	7	热失控扩散	GB/T 36276—2018的5.3.3.7和附录A.3.19

续表

	序号	检验项目	试验方法参照标准
环境适应性检验	1	外观检查	认可试验指南中 2.1
	2	性能试验	认可试验指南中 2.2（GB/T 31484—2015、GB/T 31486—2015）
	3	绝缘电阻测量	认可试验指南中 2.3
	4	振动试验	认可试验指南中 2.7（依据标准 IEC 60068-2-6 出版物，试验 Fc）
	5	交变湿热试验	认可试验指南中 2.10（依据标准 IEC 60068-2-30 出版物，试验 Db）
	6	恒定湿热试验	认可试验指南中 2.11（依据标准 IEC 60068-2-78 出版物，试验 Cab）
	7	盐雾试验 Kb①	认可试验指南中 2.12（依据标准 IEC 60068-2-52 出版物，试验 Kb）
	8	滞燃试验（仅塑料壳）	认可试验指南中 216（依据标准 IEC 60092-101 出版物或 IEC 60695-11-5 出版物）

注：①仅适用于安装在开敞甲板的蓄电池模块和/或蓄电池包。

（4）纯电池动力电力推进技术特殊要求

1）纯电池动力船舶除满足本规范外，还应满足 CCS《钢质海船入级规范》或《国内航行海船建造规范》或《钢质内河船舶建造规范》等对电力推进船舶的有关要求。

2）纯电池电力推进系统设计与布置，应使纯电池动力船舶的安全性和可靠性不低于传统船舶。

3）在故障条件下，电气系统及设备应具备适当的保护，以尽量避免下列情况发生：①设备本身受损；②连接到设备的其他设备损坏；③船员和乘客受伤。

4）电气系统的电压和频率波动，应符合 CCS 相关规范的要求。如果有更高的波动范围出现，制造厂应提供文件证明，该系统所涉及的全部设备能在较高的电压和频率波动下长期无故障地运行，经合同相关各方同意，CCS 可特别考虑。

5）推进系统各组成设备之间的参数应匹配，以保证设备能正常运行。在船舶规定的航速状态，各装置应能在设计航速范围内的任一航速稳定运行。

6）推进系统应有足够的转矩余量，以便在恶劣天气下航行或多螺旋桨船舶在转向情况下电机不致失步，并确保在各种环境状态下能可靠启动。

7）在整个转速范围内，包括最低速以及两个旋转方向（如有时），推进电动机、齿轮箱和轴系的轴承，均应保持有效的润滑。在可预计的油温范围，不论是电动机或是螺旋桨所引起的缓慢转速情况下，不应导致上述轴和轴承损坏。

（5）蓄电池一般要求

1）蓄电池在船舶上的布置和安装除应满足 CCS《钢质内河船舶建造规范》（2016）第 3 篇 5.1.3.1、5.1.3.8 和 5.1.3.9 的要求或《钢质海船入级规范》第 4 篇 2.11.1.10 至 2.11.1.12 的要求外，尚应满足本节要求。

2）在布置蓄电池时，应考虑到蓄电池总存储能量（存储能量为蓄电池额定容量与额定电压的乘积）：

①总存储能量大于 20 kW·h 的蓄电池，应安装在蓄电池舱（室）内或开敞甲板上的蓄电池箱（柜）中；

②总存储能量小于或等于 20 kW · h 但大于 2 kW · h 的蓄电池，可以安装在蓄电池箱

（柜）中，在保证箱（柜）使用环境的情况下，可置于机舱中；

③总存储能量小于或等于 2 kW · h 的蓄电池，可采用钢质外壳蓄电池包的形式，在保证包内使用环境的情况下，安装在通风良好的处所。

3）蓄电池应位于防撞舱壁以后的区域。

4）蓄电池不应安放于起居处所内。

5）蓄电池的布置应便于更换、检查、测试和清洁。船长小于或等于 20 m 的船舶，任意蓄电池最小快速维护可拆卸单元质量应小于或等于 130 kg。

6）蓄电池不应安装在受过热、过冷、溅水、蒸汽、其他损害其性能或加速其性能恶化影响的处所内。其布置不应因其滥用造成着火、爆炸，而导致人员遭受危险和设备遭受损坏。

7）蓄电池布置的相关区域，应张贴安全警示标志和禁止无关人员进入标志。

（6）安全分级

1）蓄电池按照表 2.8.11 分级，安全级别从 1 至 2 级递增，1 级危险性最高。

2）在热失控情况下释放氧气和有毒可燃气体，燃烧（爆炸）风险较高的蓄电池，安全等级为 1。

3）在热失控情况下仅释放有毒可燃气体，燃烧（爆炸）风险较低的蓄电池，安全等级为 2。

4）热失控试验需满足表 2.8.11 要求。

表 2.8.11　安全分级一览表

安全等级	热失控试验		燃烧（爆炸）风险
	释放氧气	释放有毒可燃气体	
1	√	√	较高
2		√	较低

（7）电池系统可靠性要求

1）系统电量小于 100 kW · h 的电池系统可靠性应满足国标 GB 38031—2020《电动汽车用动力蓄电池安全要求》的相关要求。

2）系统电量大于或等于 100 kW·h 的电池系统的可靠性应满足国标 GB/T 36276—2018《电力储能用锂离子电池》的相关要求。

（8）蓄电池可靠性要求

蓄电池的可靠性除应满足相应的国际、国内标准的要求外，还应满足本规范第 1 章对应章节的品质、健康要求。

（9）蓄电池舱要求

1）对于船长大于 15 m 的船舶，当推进用蓄电池在舱内布置时，应至少分设于两个专用舱内，每个专用舱室内蓄电池总存储电量不得大于 2 000 kW·h。

2）混合动力船舶的电池系统分舱布置要求，可不必满足 2.4.1.1 的要求。但当船舶长度大于 15 m，锂离子电池在船舶某一特定工况下独立工作，且柴油机无法做到热备份时，蓄电池需分舱布置。

3)蓄电池舱内电池系统整体灭火不宜将水灭火作为第一选择。对于设有水灭火系统用于电池系统灭火的船舶,电池系统应有保护措施。例如,采用水灭火系统的蓄电池舱,组成电池系统的单个电池包的分段电压最大不超过 50 V,并应采取可靠的断路保护措施。

2.8.5.3　混合动力

(1)适用范围

《混合动力船舶检验指南》(以下简称“本指南”)适用于设有多种能量源(不含风帆)可同时作为主推进动力的船舶(以下简称“混合动力船舶”)。

(2)一般要求

混合动力船舶除满足本指南外,还应满足 CCS《钢质海船入级规范》或《国内航行海船建造规范》或《钢质内河船舶建造规范》等(以下统一简称为“相关规范”)的有关要求。

考虑到混合动力船舶技术尚在不断发展中,如应用本指南的规定不合理或不可行,经 CCS 同意,可采用其他替代措施,但应通过试验或其他方法确认其至少具有与本指南要求相等的效能。

当出现本指南未提及的能量源,其特殊要求应经 CCS 特别考虑。

(3)产品检验一般要求

对本指南要求的检验和试验方法,若能提供相应的试验、理论依据、使用经验或有效的公认标准,经 CCS 同意,可以接受作为代替和等效方法。

除规定的检验项目外, CCS 检验机构可根据产品的重要程度、成熟程序、使用经历等考虑增减其他项目。凡是列入检验的项目,如发现有不合格,对抽样检验的,均应加倍抽样复验;若复验仍有不合格,应停止检验,由制造厂消除缺陷后重新提交检验。

磷酸铁锂电池及 BMS 系统的检验和试验方法,应满足 CCS《太阳能光伏系统及磷酸铁锂电池系统检验指南》的产品检验要求。BMS 的试验应记录所验证软件的版本。

混合动力系统所使用的其他装置和设备的产品检验要求,应满足 CCS 其他规范和指南的相关要求。

(4)施压测试

固态开关按下列的电压值进行耐压试验,但不低于 2 000 V:

$$U_p = 2 \times \frac{U_m}{\sqrt{2}} + 1\ 000\ \text{V}$$

式中:U_p——试验电压有效值,V。

U_m——固态开关任何一对端子之间的空载最高峰值电压,如其对地电压高于 2 个端子之间的电压(例如固态开关串联连接时),则应取较高的电压,但如 $\frac{U_m}{\sqrt{2}}$ 小于 90 V,则 U_p 可以取 1 000 V。

试验以 25~100 Hz 的任一频率的交流电压,如在设备的带电部分与可以接地的任一不带电的金属部分之间,历时 1 min 而无击穿或闪络现象。

（5）储能系统

1）蓄电池/超级电容器的铭牌应标注其化学类型。

2）采用储能系统作为推进动力的混合动力船舶，应在船上备有储能系统的紧急操作说明，紧急操作说明应包括发生外部火灾和储能系统内部发生热的故障时的处理程序。

3）采用储能系统作为推进动力的混合动力船舶，应在船上备有储能系统的维护（包括检查）和功能测试说明，应载明专业人员（一般是蓄电池制造商或其授权人员）如何对系统和部件进行测试、测试的周期以及其他详细说明。维护/检查后应留有记录，并应制定维护周期记录表且保持更新。

4）上述的定期维护和功能测试包括但不限于以下内容：

①测试 SOH；

②对涉及储能系统控制、报警和安全的全部设备和系统进行测试；

③测试的实际结果及验收标准；

⑤故障识别和修理。

3 国际与国内在各重点领域标准与规范的对比分析

3.1 油船

3.1.1 国内与国际标准对比

https://www.cssn.net.cn/cssn/index（中国标准服务网）。

https://std.samr.gov.cn/（全国标准信息公共服务平台）。

http://www.gov.cn/fuwu/bzxxcx/bzh.htm（中华人民共和国中央人民政府）。

3.1.1.1 国内标准等同采用国际的标准（国内、国际标准号）

标准一：《船舶与海上技术 保护涂层和检查方法 第3部分：原油船货油舱》（GB/T 34430.3—2017、ISO 16145-3：2012）。

标准二：《船舶与海上技术 保护涂层和检查方法 第2部分：散货船和油船的空舱》（GB/T 34430.2—2017、ISO 16145-2：2012）（同散货船）。

3.1.1.2 国内标准修改采用ISO国际标准或其他国家标准（国内标准号、国际修改采用标准号）

标准一：《船舶和海上技术 油船用单点系泊设备》（GB/T 39617—2020、ISO 17907：2014）。

（1）适用范围的差异

针对《船舶和海上技术 油船用单点系泊设备》的标准适用范围，国际标准规定：本标准适用于油船、气体运输船和化学品船所用的单点系泊设备；而国内标准规定的适用范围为油船用单点系泊设备的设计、制造和验收。

（2）船用单点系泊设备的配置及要求

1）艏部止链器的配置与要求：

①艏部止链器的配置及载荷要求见表3.1.1；

②艏部止链器的一般形式和尺寸参见《船舶和海上技术 油船用单点系泊设备》附录A；

③处于闭合位置时，应有能防止防擦链被突然释放而抛出的设计；

④艏部止链器的操作力应不大于245 N；

⑤材料为可焊性铸钢、锻钢或轧制钢，材料的屈服强度（σ_8）应不小于235 N/mm²，并符合相应的制造标准；

⑥产品应没有影响使用的裂纹、砂眼、气孔等缺陷；

⑦止链器与基座采用焊接连接时，焊缝强度应能承受 2.0 倍安全工作负荷；

⑧当船舶配置应急拖带装置艏部止链器时，单点系泊艏部止链器可兼作应急拖带装置艏部止链器使用。

表 3.1.1　艏部止链器的配置及载荷要求

船舶吨位	艏部止链器数量	最小安全工作负荷（SWL）t
载重 10 万吨及以下 （该大小的船舶亦可选择安装两台止链器）	1	200
载重大于 10 万吨且不超过 15 万吨 （该大小的船舶亦可选择安装两台止链器）		250
载重超过 15 万吨	2	350

注：对于止链器屈服强度的安全系数取 2.0 倍的安全工作负荷。

在上述要求中，与国际标准相比，国内标准在⑤要求处增加了“材料的屈服强度应不小于 235 N/mm²”字样，以此来明确材料的主要性能参数；除此之外，与国际标准相比，国内标准在要求⑦中删除了“当采用螺栓与基座连接时，应增加有效止推块来减少剪力”的字样。

2）与国际标准相比，在国内标准中，艏部导览器的配置及要求与导览滚轮的配置及要求这两部分中的材料要求均与上述艏部止链器的配置及要求相同，且均增加了“材料的屈服强度应不小于 235 N/mm²”字样。

（3）试验方法（艏部止链器）

1）材料要求。

国际标准要求：

①如材料为铸钢，应对材料试棒进行理化检验，检验结果应符合相应的材料标准，表面抛光后进行磁粉探伤，产品无裂纹、砂眼、气孔等影响使用的缺陷；

②对锻件部件，应对材料试棒进行理化检验，检验结果应符合相应的材料标准，超声波检测应按二级锻造要求进行，部件应无裂纹、折叠或其他影响其使用的缺陷；

③焊接件上的焊缝应平整光滑，主焊缝应进行超声波探伤，焊缝应无裂纹、砂孔、气孔、焊缝闪光等影响使用的缺陷。

国内标准要求：

①如材料为铸钢，应对材料试棒进行化学成分和力学性能检验，检验结果应符合相应的材料标准，表面打磨光顺后进行磁粉检测，产品应没有影响使用的裂纹、砂眼、气孔等缺陷；

②对于材料为锻件的部件，应对材料试棒进行化学成分和力学性能检验，检验结果应符合相应的材料标准，按 GB/T 6402—2008 第 14 章表 4、表 5 中质量等级 2 的锻件要求进行超声检测，部件应无明显的裂纹、折叠或其他影响使用的缺陷；

③焊接件焊缝应光顺、平整，主要焊缝应进行超声检测，应没有影响使用的裂纹、砂眼、气孔、焊瘤等缺陷。

与国际标准相比，国内标准要求将其 4.1.1.2 中“按二级锻件要求”修改为“按 GB/T

6402—2008 第 14 章表 4、表 5 中质量等级 2 的锻件要求”，以便更明确材料要求。

2）强度试验。

强度试验中各部件国内与国际标准要求对比见表 3.1.2。

表 3.1.2　强度试验中各部件国内与国际标准要求对比

名称	图示	国内标准要求	国际标准要求
艏部止链器	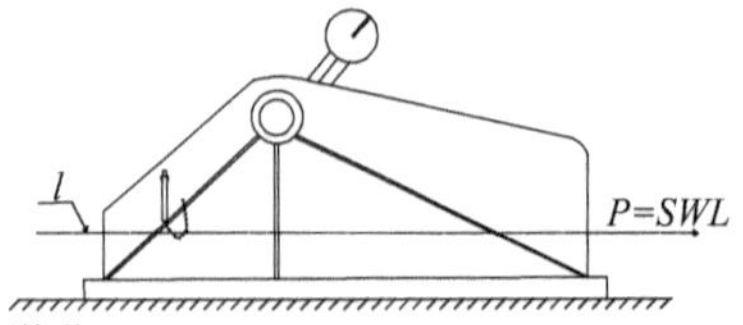 说明： l=防擦链中心线	在防擦链中心线处施加试验负荷，负荷大小等于其安全工作负荷，持续加载 5 min，卸载后采用磁粉检测，检查艏部止链器主要焊缝或铸件，应不出现影响使用的缺陷	在防擦链中心线处施加试验负荷，负荷大小等于其安全工作负荷，持续加载 1 min，卸载后采用磁粉检测，检查艏部止链器主要焊缝或铸件，应不出现影响使用的缺陷
艏部导览器	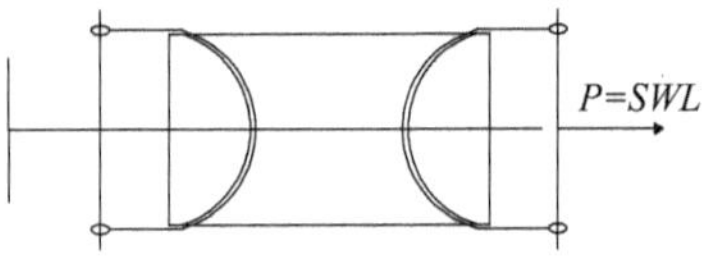	沿水平方向对导览器施加试验负荷，负荷大小等于其安全工作负荷，持续加载 5 min，卸载后采用磁粉检测，检查艏部导览器主要焊缝或铸件，应不出现影响使用的缺陷	沿水平方向对导览器施加试验负荷，负荷大小等于其安全工作负荷，持续加载 1 min，卸载后采用磁粉检测，检查艏部导览器主要焊缝或铸件，应不出现影响使用的缺陷
导览滚轮	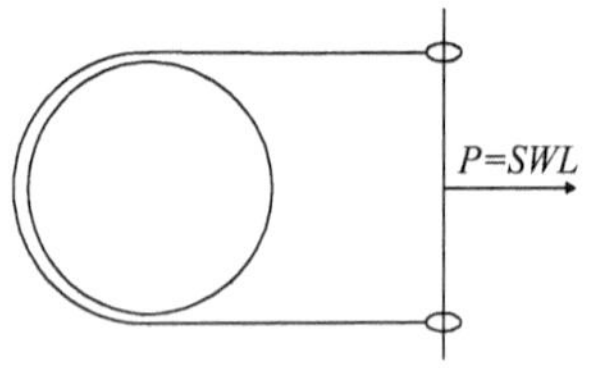	沿水平方向对导览滚轮施加试验负荷，负荷大小等于其安全工作负荷，持续加载 5 min，卸载后导览滚轮应旋转正常，不影响使用	沿水平方向对导览滚轮施加试验负荷，负荷大小等于其安全工作负荷，持续加载 1 min，卸载后导览滚轮应旋转正常，不影响使用

标准二：《石油和液体石油产品 储罐中液位和温度自动测量法 第 2 部分：油船舱中的液位测量》（GB/T 21451.2—2019、ISO 4266-2：2002）。

规范性引用文件国内与国际标准对比，见表 3.1.3。

表 3.1.3　规范性引用文件国内与国际标准对比

	国内标准	国际标准
手工检尺	当采用手工检尺对 ALG 进行设置或检验时，手工检尺应达到最高的准确度（见 GB/T 13236—2011 和 GB/T 13894—1992（新增））	当采用手工检尺对 ALG 进行设置或检验时，手工检尺应达到最高的准确度（见 ISO 4512：2000）
液体温度	在测量油船舱中的液位时，应同时测量油船舱中液体温度。该温度应是油船舱中液体具有代表性的温度，温度测量方法按 GB/T 21451.5—2019 进行	在测量油船舱中的液位时，应同时测量油船舱中液体温度。该温度应是油船舱中液体具有代表性的温度，温度测量方法按 ISO 4266-5：2000 进行

标准三：《石油和液体石油产品 储罐中液位和温度自动测量法 第 5 部分：油船舱中的温度测量》（GB/T 21451.5—2019、ISO 4266-5：2002）。

国内与国际标准对比，见表 3.1.4。

表 3.1.4 国内与国际标准对比

	国内标准	国际标准
标准性文件	GB/T 8927—2008，ISO 4268：2000，MOD（手工法） ISO 1998（所有部分）	GB/T 8927—2008，ISO 4268：2000，MOD（手工法） ISO 1998（所有部分）
电阻式温度传感器（RTD）定义	一种常用的电阻式温度感应元件，用于测量储罐内物品的温度	通过电阻随温度变化的原理来测量储罐内液体温度的电子感温元件
自动油罐温度计（ATT）参考标准的不确定度	0.05 ℃以内	±0.05 ℃以内

标准四：《油船排油监控系统技术条件》（GB/T 12918—2009、IMO MEPC.108（49））。

本标准与 IMO MEPC.108（49）相比，主要技术差异在于：IMO MEPC.108（49）附件第 2 部分《油分计和排油监控系统控制部分的形式认可的环境测试技术要求》着重规定了环境部测试的技术要求，但对测试方法规定得不够详细；国内标准在编制中参照了我国现行的 GB/T 2423—2008《电工电子产品基本环境试验》中的有关部分，等同于国际标准。

3.1.1.3 国家标准

标准一：《原油船货油舱用耐腐蚀热轧型钢》（GB/T 33976—2017）。

标准二：《油船铝黄铜加热盘管钎焊工艺要求》（CB/T 4429—2016）。

标准三：《原油船货油舱用耐腐蚀钢板》（GB/T 31944—2015）。

标准四：《原油油船货油舱漆》（GB/T 31820—2015）。

（1）国内标准涂料的要求

涂料的要求，见表 3.1.5。

表 3.1.5 涂料的要求

检测项目	环氧类	非环氧类
基料和固化剂组分鉴定	环氧基体系	非环氧基体系
密度/（g/mL）	符合产品的技术要求	
不挥发物/%	符合产品的技术要求	
挥发性有机化合物（VOC）/（g/L）	符合产品的技术要求	
石棉	无阈值	
储存稳定性[自然环境条件下 1 a 或（50±2）℃条件下 30 d]	通过	

（2）国内标准涂层的要求

涂层的要求，见表 3.1.6。

表 3.1.6 涂层的要求

检测项目	环氧类	非环氧类
外观与颜色	漆膜平整;多道涂层体系,每道涂层的颜色要有对比,面漆应为浅色	
名义干膜厚度	涂层在 90~100 μm 规则下达到 320 μm	符合产品的技术要求
气密柜试验	通过	
浸泡试验	通过	

(3)国内、国际标准船用颜料要求对比

国内、国际标准船用颜料要求对比,见表 3.1.7。

表 3.1.7 国内、国际标准船用颜料要求对比

项目	ISO 8217:2012(DMA 级)	GB/T 17411—2012(DMA 级)
密度(15 ℃)/(g/mL)	≤0.89	≤0.89
运动黏度(40 ℃)/(mm²/s)	≥2 且≤6	≥2 且≤6
灰分(质量分数)/%	≤0.010	≤0.010
残碳(质量分数)/%	≤0.3	≤0.3
硫含量(质量分数)/%	≤1.50	≤1.50
酸值(以 KOH 计)/(mg/g)	≤0.5	≤0.5
闪点/℃	≥60	≥60
倾点/℃	≤-6	≤-6
十六烷值指数	≥40	≥40
硫化氢/(mg/kg)	≤2.0	≤2.0
氧化安定性/(g/m³)	≤25	≤25

3.1.1.4 行业标准

标准一:《油船惰性气体系统技术条件》(CB/T 4434—2019)。

本标准适用于载运闪点低于 60 ℃(闭杯)油品的油船上设置的以锅炉烟气、主机废气、后燃烧装置产生的废气、制氮装置产生的惰性气体等为气源的惰性气体系统。

标准二:《油船货油舱区域船体节点结构》(CB/T 3371—2013)。

标准三:《成品油船和化学品船的液货舱涂装工艺技术要求》(CB/T 3367—2013)。

标准四:《水上加油船管理技术规范》(SB/T 10745—2012)。

本标准适用于中华人民共和国境内的水上加油船。

标准五:《进出口商品容器计重规程 第 8 部分:奥里油船舱静态计重》(SN/T 2389.8—2012)。

标准六:《油船原油洗舱机修理技术要求》(CB/T 4163—2011)。

标准七:《油船透气系统设计规则》(CB/T 3650—1994)。

3.1.2 各船级社规范对比

国际船级社协会（IACS）共有美国船舶检验局（ABS）、法国船级社（BV）、挪威船级社（DNV）、韩国船级社（KR）、英国劳氏船级社（LR）、日本海事协会（NK）、意大利船级社（RINA）、中国船级社（CCS）、波兰船级社（PRS）、印度船级社（IRS）、俄罗斯船级社（RS）、克罗地亚船舶登记局（CRS）共 12 个成员。

为满足工业界对“坚固、耐用”船舶的需求，IACS 已出版两套共同规范：《油船共同规范》和《散货船共同规范》。其中，《油船共同规范》由 LR、DNV 和 ABS 三家船级社联合制定出草案，并征求意见；《散货船共同规范》由 IACS 中除 BV、CCS、KR 和 NK 外其他 8 个成员参与制定，在广泛征求意见后定稿实施。

IACS 共同规范是为了满足航运业对更高质量的需求，在国际航运界创造一个公平的市场，促进海上安全，防止环境污染，保护海洋环境而制定的 IACS 内部统一的油轮和散货船建造标准，旨在造出更安全、更牢固的新船。这是 IACS 有史以来第一次在全球范围内统一船舶建造标准。共同规范的实施，将确保船级社在 IACS 框架下保持统一的声音，结束自船级社诞生 150 年来各用各的规范的局面，使船级社之间的竞争不再在重量和结构尺寸方面，船舶设计和建造方面也不会有太大的差别，服务将是最主要的竞争领域。

《散货船、油船协调共同结构规范》（HCSR）在 2013 年 12 月 18 日被正式采用，并且于 2015 年 7 月 1 日正式生效，生效后的 HCSR 规范将代替下面的规范：

1）《双壳游船共同规范》（CSR-OT，2012 年 7 月版）；

2）《散货船共同结构规范》（CSR-BC，2012 年 7 月版）；

3）《散货船、油船协调共同结构规范》（HCSR），整体包括以下两个部分：

①第一部分给出了双壳油船或散货船共同适用的要求；

②第二部分给出了适用于双壳油船、散货船的其他要求。

3.1.2.1 规范总则

（1）适用范围

HCSR 适用于长度在 150 m 及以上的双壳油船，其余类型油船适用于各个船级社相应的规范。

（2）设计基础

HCSR 和 CSR 在船型限制上的区别，见表 3.1.8。

表 3.1.8 HCSR 和 CSR 对船型及环境载荷限定

	HCSR	CSR	比较
船长 L	<500 m	无	不一致，HCSR 增加了对最大船长的要求
方形系数 CB	>0.6	>0.7	不一致，HCSR 扩大了适用范围
长宽比 L/B	>5	>5	一致
宽深比 B/D	<2.5	<2.5	一致

续表

	HCSR	CSR	比较
初稳性高度 *GM*	无	均匀满载时不大于 0.12*B*,压载时不大于 0.33*B*	不一致,但是由于 HCSR 在 1-4-3/2 中计算船舶运动与加速度时实际用到的 *GM* 值和 CSR 要求是一样的,所以本质上是一致的。考虑到实际船舶装载工况的 *GM* 值很难超越 CSR 要求的值,所以 HCSR 取消了此处的要求
其他要求	*L*>350 m 船舶,波浪载荷应由船级社特殊考虑	无	不一致, HCSR 增加了对超长船舶单独考虑的要求

(3)结构设计原则

1)船体结构用钢。

①HCSR 增加了 150~250 m 的要求。

②HCSR 关于材料级别和等级与 CSR 有差异,需要特别注意以下几点:

a)C4,对于规范定义的舱口结构最小应为Ⅲ级;

b)C5,增加了舱口角隅处的强力甲板板的要求;

c)C8,C9,增加了等级不低于 D/DH 的要求;

d)CSR 最大板厚定义为 51 mm,而 HCSR 最大板厚定义为 50 mm, HCSR 增加了不锈钢的要求,需要各个船级社根据具体情况予以考虑, HCSR 增加了对用于制造尾柱和尾框架的铸钢件的最小抗拉强度的要求(400 N/mm^2);

e)HCSR 对铝合金材料的杨氏模量和泊松比进行了赋值,对铝合金的材料系数等做了细化定义。

f)HCSR 细化了对一些其他材料产品的要求。

2)腐蚀增量。

①HCSR 未对码头接触区域进行定义,而是直接将腐蚀余量增加上去。

②HCSR 增加了在锚链舱底向上 3 m 范围内的板腐蚀余量 1 mm。

③HCSR 明确了管道穿越处(管遂处)在确定外壳腐蚀余量时应考虑压载舱的要求。

3)极限状态。

①失效模式,见表 3.1.9。

表 3.1.9　与需考虑的极限状态相关的失效模式

要考虑的可能失效模式	极限状态①			
	SLS	ULS	FLS	ALS
屈服	Y	Y	—	Y
塑料瓦解	—	Y	—	Y
屈曲	Y	Y	—	Y
破裂	—	Y	—	Y

续表

要考虑的可能失效模式	极限状态①			
	SLS	ULS	FLS	ALS
疲劳裂纹	—	—	Y	—
脆性断裂②	—	—	—	—

注:①"Y"表示将进行结构评估;
②受钢材等级的材料规则要求控制。

②验证不同构件的相关极限状态的衡准,见表 3.1.10。

表 3.1.10 结构评估

结构元素①		屈服校核	屈曲校核	极限强度校核	疲劳检测
当地结构	加强剂	Y	Y	Y②	Y
	电镀	Y	Y	Y②	—
主要支承构件		Y	Y	Y②	Y
船体梁		Y	Y③	Y	—

注:①"Y"表示进行结构评估;
②极限强度校核包含在屈曲校核中;
③对参与船体梁强度的加劲板和钢板进行了针对船体弯矩和船体剪力产生的应力的屈曲校核。

3.1.2.2 载荷

(1)外部载荷

1)HCSR 在不同动载荷工况下分别给了公式来计算外部动压力/上浪载荷,不同动载荷工况下依据的波浪有效浪高见表 3.1.11。

表 3.1.11 等效设计浪高

EDW	H(规则波高,m)
HSM	$1.31\times C_w\sqrt{\frac{L+\lambda-125}{L}}$
HSA	$1.09\times C_w\sqrt{\frac{L+\lambda-125}{L}}$
FSM	$1.31\times C_w\sqrt{\frac{L+\lambda-125}{L}}$
BSR	$0.88\times C_w\sqrt{\frac{L+\lambda-125}{L}}$
BSP	$1.5\times C_w\sqrt{\frac{L+\lambda-125}{L}}$
OST	$1.38\times C_w\sqrt{\frac{L+\lambda-125}{L}}$

续表

EDW	H（规则波高，m）
OSA	$1.38\times C_w\sqrt{\dfrac{L+\lambda-125}{L}}$

注：H——规则波高，m；

L——船长，m；

λ——每个 EDW 的规则设计波长，m；

C_w——以 m 为单位的波浪系数取

$C_w=10.75-[(300-L)/100]^{1.5}$　$90\leqslant L\leqslant 300$ m

$C_w=10.75$　$300<L\leqslant 350$ m

$C_w=10.75-[(L-350)/150]^{1.5}$　$350<L\leqslant 500$ m

2）最小侧向压力，见表 3.1.12。

表 3.1.12　最小侧向压力

船长 L（m）	P_{A-min}（kN/m²）	
	无保护前端的最底层	其他①
$90<L\leqslant 250$	$25+\dfrac{L}{10}$	$12.5+\dfrac{L}{20}$
$L>250$	50	25

注：①对第 4 层及以上，P 应取 12.5 kN/m²。

（2）内部载荷

主要针对船体梁载荷的计算，对进水工况增加了动载荷的要求。

3.1.2.3　船体局部尺寸

（1）最小厚度

1）板的最小厚度要求，见表 3.1.13。

表 3.1.13　板的最小厚度要求

构件	位置	区域	净厚度（HCSR）	净厚度（CSR）
外板	平板龙骨	—	$7.5+0.03L_2$	$6.5+0.03L_2$
	船底板	艏部	$6.5+0.03L_2$	$4.5+0.03L_2$
	舷侧外板	机器处所艉部	$7.0+0.03L_2$	$4.5+0.03L_2$
	舭列板	其他地方	$5.5+0.03L_2$	$4.5+0.03L_2$
强胸框架	—	艏部	6.5	6.5
甲板	受力甲板	—	$4.5+0.02L_2$	$4.5+0.02L_2$
	平台甲板	机器处所	$2.8+0.0067L_2$	$3.3+0.0067L_2$
		其他地方	6.5	N/A
内底板	—	机器处所	$6.6+0.024L_2$	$6.5+0.02L_2$
		其他地方	$5.5+0.024L_2$	N/A

续表

构件	位置	区域	净厚度（HCSR）	净厚度（CSR）
舱壁	内部液舱边界，横/纵水密舱壁	—	$4.5+0.02L_2$	$4.5+0.02L_2$
	非密性舱壁，制荡舱壁，干舱间舱壁	—	$4.5+0.01L_2$	$4.5+0.01L_2$
	艏、艉尖舱的支柱舱壁	—	7.5	7.5
其他构件	底、顶凳内横隔板	—	$5.0+0.015L_2$	N/A
	机舱棚（位于货舱区域）	货舱区域	5.5	N/A
	机舱棚（位于居住舱室处）	居住舱室	4.0	N/A
	其他普通板	—	$4.5+0.01L_2$	$4.5+0.01L_2$

注：L_2——船体板的长度方向尺寸。
N/A——数据未提供式无法提供。

2）骨材和防倾肘板的最小厚度要求，见表 3.1.14。

表 3.1.14　骨材和防倾肘板的最小厚度要求

构件	位置	净厚度（HCSR）	净厚度（CSR）
骨材和连接的端部肘板	水密边界	$3.5+0.015L_2$	$3.5+0.015L_2$
	其他结构	$3.0+0.015L_2$	$2.5+0.015L_2$
防倾肘板		$5.0+0.015L_2$	$5.0+0.015L_2$

注：L_2——船体板的长度方向尺寸。

3）主要支撑构件的最小厚度要求，见表 3.1.15。

表 3.1.15　主要支撑构件的最小厚度要求

构件	位置	净厚度（HCSR）	净厚度（CSR）
双层底中纵桁	机器处所	$1.55L_2^{1/3}+3.5$	$5.5+0.025L_2$
	其他地方	$5.5+0.025L_2$	$5.5+0.025L_2$
其他船底纵桁	机器处所	$1.7L_2^{1/3}+1.0$	$5.5+0.02L_2$
	船长大于或等于 150 m 船舶的艏部	$0.7L_2^{1/2}$	$5.5+0.02L_2$
	其他地方以及船长小于 150 m 船舶的艏部	$5.5+0.02L_2$	$5.5+0.02L_2$
箱型龙骨边界桁材	机器处所	$0.8L_2^{1/2}+2.5$	N/A
船底肋板	机器处所	$1.7L_2^{1/2}+1.0$	$5.5+0.02L_2$
	艏部	$0.7L_2^{1/2}$	$5.5+0.02L_2$
	其他地方	$0.6L_2^{1/2}$	$5.5+0.015L_2$

续表

构件	位置	净厚度(HCSR)	净厚度(CSR)
艉尖舱肋板	—	$0.7L_2^{1/2}$	$5.5+0.02L_2$
其他主要支撑构件	艉部/艏部	$0.7L_2^{1/2}$	$6.5+0.015L_2$
其他地方	货油舱	$5.5+0.015L_2$	$5.5+0.015L_2$
	其他情况	$0.6L_2^{1/2}$	$5.5+0.015L_2$

注:L_2——船体板的长度方向尺寸。

(2)主要支撑构件和支柱

1)HCSR 定义了一端固支、另一端自由端情况下弯矩和剪力系数,见表 3.1.16。

2)对于支柱来说,应当尽量避免受拉,当受拉时,端部焊接一定要单独校核,在焊接部分也有相应的要求。

3)对于受拉的支柱来说,只需要计算轴向力,不必进行屈曲计算。

表 3.1.16　弯矩和剪力系数

负载和边界条件				加载力矩和显示力分配系数(基于跨中载荷变化处的载荷)		
位置				1	2	3
负载模型	1 支持	2 领域	3 支持			
A	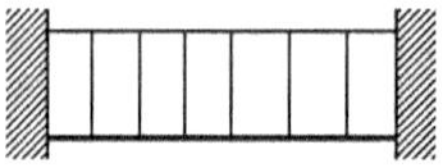			12.0	24.0	12.0
				0.50	—	0.50
B	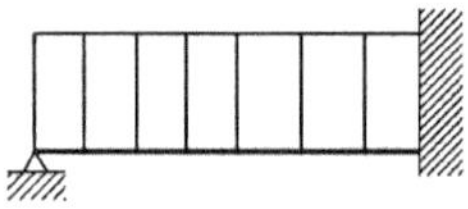			—	14.2	8.0
				0.38	—	0.63
C	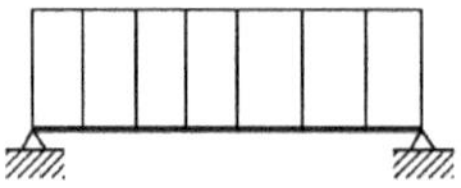			—	8.0	—
				0.50	—	0.50
D	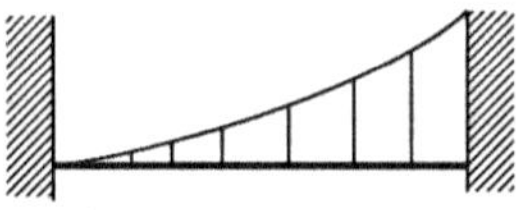			15.0	23.3	10.0
				0.50	—	0.70

续表

负载和边界条件		加载力矩和显示力分配系数(基于跨中载荷变化处的载荷)		
E	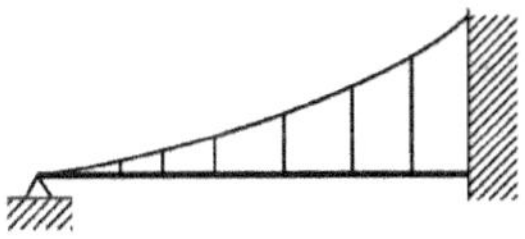	—	16.8	7.5
		0.20	—	0.80
F	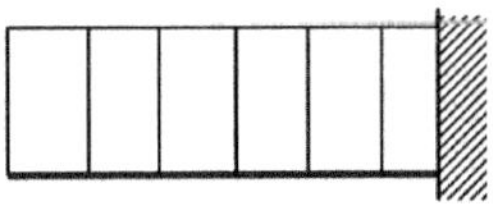	—	—	2.0
		—	—	1.0

3.1.2.4　其他结构

(1)艏部

1)肋板布置。

对于横骨架式,应当每挡肋位设置实肋板;对于纵骨架式,详见规范。

2)制荡舱壁。

在纵向制荡舱壁支撑底部衡量时,舱壁上开孔的细节和布置要避免在制荡舱壁与底部横梁连接位置出现高应力区,计算时艏部区域也要进行有限元直接计算。

3)对于防撞舱壁以及垂直框架之前的舷侧外壳和液舱周界,在主要支撑构件、甲板或平台之间设置防倾肘板,其间距不超过 2.6 m。

4)船底砰击,见表 3.1.17。

表 3.1.17　砰击最大剪力直接计算方法

分析类型	模型范围	假定肋板端部固定
梁理论	有效弯曲支撑间构件的全跨距	端部固定
双层底板架	纵向范围内一个货油舱的长度。横向范围是从底边舱在内底的折角处到船中线之间	模型边界处的肋板和纵桁刚固

注:①应多处加载,找到产生最大剪应力的范围;

②一个船长和船宽更大尺度的模型能够被考虑。

(2)艉部

螺旋桨柱尺寸,见表 3.1.18 和表 3.1.19。

表 3.1.18　单螺旋桨船螺旋桨柱的总尺寸

螺旋桨柱的总尺寸（mm）	组合的螺旋桨柱 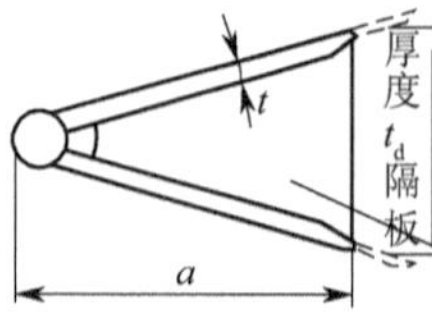	铸造的螺旋桨柱 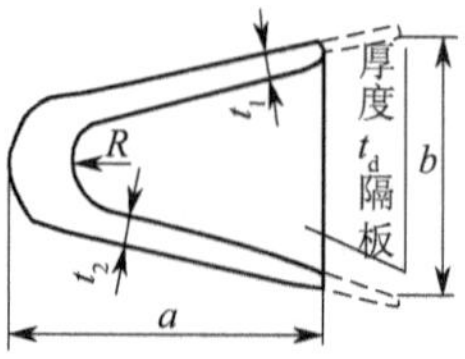	方形螺旋桨柱，铸造或上锻造，且具有矩形剖面 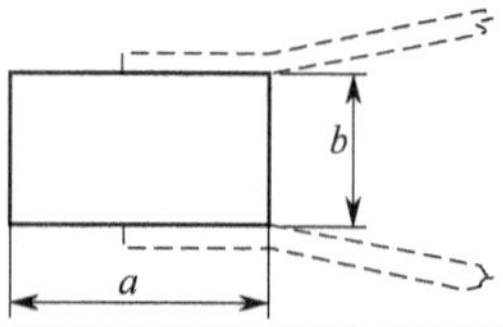
a	$50\,L^{1/2}$	$33\,L^{1/2}$	$10\sqrt{7.2L-256}$
b	$35\,L^{1/2}$	$23\,L^{1/2}$	$10\sqrt{4.6L-164}$
t_1	$2.5\,L^{1/2}$	$3.2\,L^{1/2}$	—
t_2	—	$4.4\,L^{1/2}$	—
t_d	$1.3\,L^{1/2}$	$2.0\,L^{1/2}$	—
R	—	50 mm	—

注：L——船长。

表 3.1.19　双螺旋桨船螺旋桨柱的总尺寸

螺旋桨柱的总尺寸（mm）	组合的螺旋桨柱 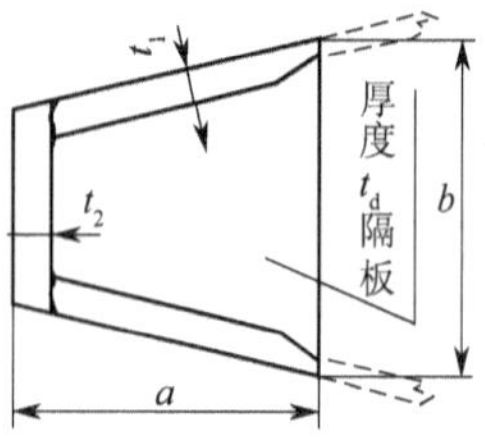	铸造的螺旋桨柱 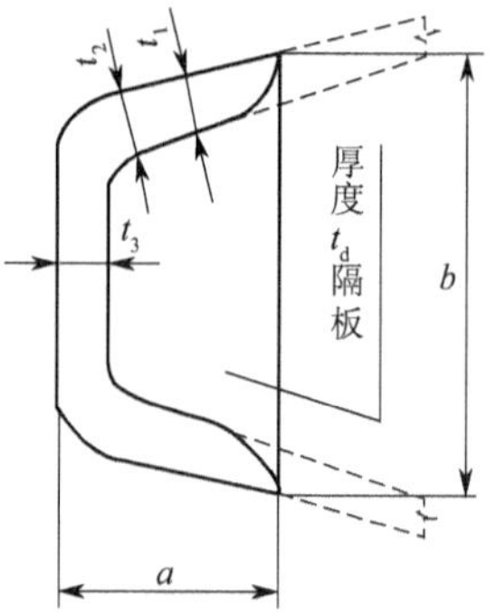	方形螺旋桨柱，铸造或上锻造，且具有矩形剖面 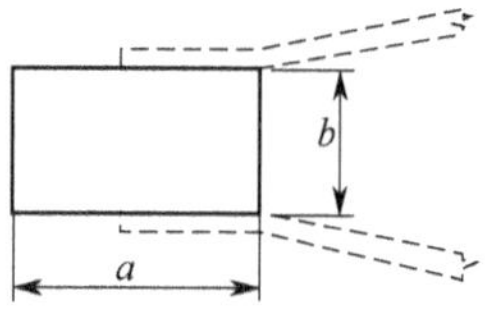
a	$25\,L^{1/2}$	$12.525\,L^{1/2}$	$2.4L+6$
b	$25\,L^{1/2}$	$25\,L^{1/2}$	$0.8L+2$
t_1	$2.5\,L^{1/2}$	$2.5\,L^{1/2}$	—
t_2	$3.2\,L^{1/2}$	$3.2\,L^{1/2}$	—
t_3	—	$4.4\,L^{1/2}$	—
t_d	$1.3\,L^{1/2}$	$2.0\,L^{1/2}$	—

（3）受晃荡液舱

HCSR 中对骨材边界条件进行了细化规定，见表 3.1.20。

表 3.1.20　许用弯曲应力系数

船体梁弯曲应力 σ_{hg} ① 符号	侧向压力作用于②	骨材边界条件③	f_{bdv}	系数 C_s
按应力(正)	骨材一侧	F-F	12	$C_s=\beta_s-\alpha_s\dfrac{\lvert\sigma_v\rvert}{R_{eH}}$ 但不大于 C_{s-max}
		F-S	8	$C_s=\beta_s-\alpha_s\dfrac{\lvert\sigma_v\rvert}{R_{eH}}$ 但不大于 C_{s-max}
		S-S	8	$C_s=C_{s-max}$
	板一侧	F-F	12	$C_s=C_{s-max}$
		F-S	8	$C_s=C_{s-max}$
		S-S	8	$C_s=\beta_s-\alpha_s\dfrac{\lvert\sigma_v\rvert}{R_{eH}}$ 但不大于 C_{s-max}
按应力(负)	骨材一侧	F-F	12	$C_s=C_{s-max}$
		F-S	8	$C_s=C_{s-max}$
		S-S	8	$C_s=\beta_s-\alpha_s\dfrac{\lvert\sigma_v\rvert}{R_{eH}}$ 但不大于 C_{s-max}
	板一侧	F-F	12	$C_s=\beta_s-\alpha_s\dfrac{\lvert\sigma_v\rvert}{R_{eH}}$ 但不大于 C_{s-max}
		F-S	8	$C_s=\beta_s-\alpha_s\dfrac{\lvert\sigma_v\rvert}{R_{eH}}$ 但不大于 C_{s-max}
		S-S	8	$C_s=C_{s-max}$

注:① σ_{hg} 分中拱和中垂情况考虑;

②对于考虑的货油内部主要支撑构件和制荡舱壁,晃荡压力在骨材一侧和板一侧都要施加;

③F-F 代表骨材两端都固定转动,F-S 代表骨材一端固定转动、另一端不固定转动,S-S 代表骨材两端都不固定转动。

3.1.2.5　屈曲强度

(1)许用屈曲利用因子

HCSR 主要对船体结构的屈曲计算方法进行了总体规定,与 CSR 主要区别在于,其增加了对无底凳垂直槽型舱壁许用屈曲利用因子的定义,具体见表 3.1.21。

表 3.1.21　许用屈曲利用因子

结构组件	许用屈曲利用因子 η_{all}
板和加强筋 加筋板和未加筋板 单层散货船垂直加劲侧壳电镀负载组合 卷筒板的开口方式	1.00　负载组合:S+D 0.80　负载组合:S

续表

结构组件	许用屈曲利用因子 η_{all}
支柱、柱子和交叉系带	0.75 负载组合：S+D 0.65 负载组合：S
在液体载荷的侧压下，带底座的垂直波纹舱壁和水平波纹舱壁的波纹，仅用于壳体元件，波纹舱壁下端的支撑结构无下凳	0.90 负载组合：S+D 0.72 负载组合：S
在液体载荷的侧压力下，无下凳的垂直波纹舱壁的波纹，仅适用于壳元素	0.81 负载组合：S+D 0.65 负载组合：S

注：①横向波纹舱壁的支撑结构是指在舱壁前后半腹板架空间内，纵向上与波纹深度相等的结构；
②纵向波纹舱壁的支撑结构是指在距舱壁两侧各三个纵向加劲肋间距内的横向结构，其垂直范围等于波纹深度。

（2）长细比要求

HCSR 主要对船体结构长细比进行了要求，具体如下：

1）球扁钢腹板长细比系数变为 45；

2）加强筋弯曲刚度长细比系数，即纵向加强筋包括削斜的加强筋都要使用 1.43；

3）主要支撑构件的刚度要求时带版宽度是有效宽度的 80%。

（3）描述性屈曲要求

HCSR 主要对船体梁压应力和剪应力（包括曲板）以及加强筋的屈曲计算进行了规定，且适用于全船。

1）对纵向加强筋布置，增加了宽度 b 跨区上板厚变化情况（图 3.1.1）的等效半个宽度的计算公式：

$$b_{eq} = l_1 + l_2\left(\frac{t_1}{t_2}\right)^{1.5}$$

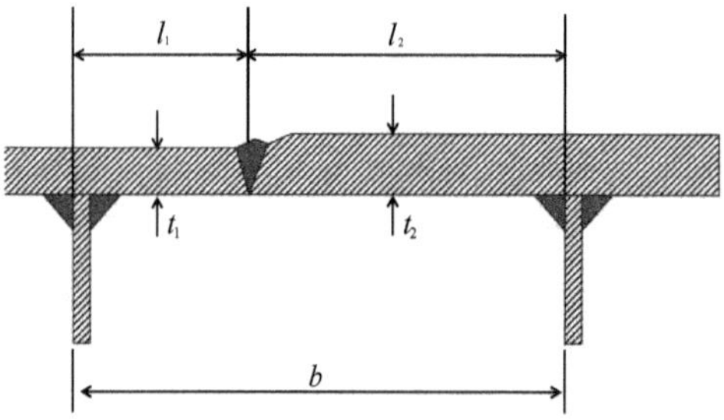

图 3.1.1　在宽度跨区上的板厚变化

2）对于横向加强筋布置，如果基本板格内板厚不同，应该对每个板厚分别进行屈曲校核。

3）不同布置下，考虑船体梁应力和剪应力的工况组合如下。

①纵向筋布置。

a）应力组合 1：

$$\sigma_x = \sigma_{hg}$$

$$\sigma_y = 0$$

$t_x = 0.7t_{\mathrm{hg}}$

b)应力组合 2:

$\sigma_x = 0.7\sigma_{\mathrm{hg}}$

$\sigma_y = 0$

$t_x = t_{\mathrm{hg}}$

②横向筋布置。

a)应力组合 1:

$\sigma_x = 0$

$\sigma_y = \sigma_{\mathrm{hg}}$

$t_x = 0.7t_{\mathrm{hg}}$

b)应力组合 2:

$\sigma_x = 0$

$\sigma_y = 0.7\sigma_{\mathrm{hg}}$

$t_x = t_{\mathrm{hg}}$

式中:σ_{hg}——基本板格或加强筋所承受的船体梁弯曲应力;

t_{hg}——基本板格或加强筋所承受的船体梁剪应力。

(4)屈曲应力

1)板的屈曲应力:

$$\left(\frac{\gamma_{c1}\sigma_x S}{\sigma_{cx}}\right)^{e_0} - B\left(\frac{\gamma_{c1}\sigma_x S}{\sigma_{cx}}\right)^{\frac{e_0}{2}}\left(\frac{\gamma_{c1}\sigma_y S}{\sigma_{cy}}\right)^{\frac{e_0}{2}} + \left(\frac{\gamma_{c1}\sigma_y S}{\sigma_{cy}}\right)^{e_0} + \left(\frac{\gamma_{c1}|\tau|S}{\tau_c}\right)^{e_0} - 1$$

$$\left(\frac{\gamma_{c2}\sigma_x S}{\sigma_{cx}}\right)^{2/\beta_P^{0.25}} + \left(\frac{\gamma_{c2}|\tau|S}{\tau_c}\right)^{2/\beta_P^{0.25}} = 1, \quad \sigma_x \geqslant 0$$

$$\left(\frac{\gamma_{c3}\sigma_y S}{\sigma_{cy}}\right)^{2/\beta_P^{0.25}} + \left(\frac{\gamma_{c3}|\tau|S}{\tau_c}\right)^{2/\beta_P^{0.25}} = 1, \quad \sigma_y \geqslant 0$$

$$\frac{\gamma_{c4}|\tau|S}{\tau_c} = 1$$

为方便计算,实际上极限状态在失效时的应力倍增因子计算公式可以转换为

$$\gamma_{c1} = \sqrt[e_0]{\frac{1}{\left(\frac{\sigma_x S}{\sigma_{cx}}\right)^{e_0} - B\left(\frac{\sigma_x S}{\sigma_{cx}}\right)^{\frac{e_0}{2}}\left(\frac{\sigma_y S}{\sigma_{cy}}\right)^{\frac{e_0}{2}} + \left(\frac{\sigma_y S}{\sigma_{cy}}\right)^{e_0} + \left(\frac{|\tau|S}{\tau_c}\right)^{e_0}}}$$

$$\gamma_{c2} = \sqrt[2/\beta_P^{0.25}]{\frac{1}{\left(\frac{\sigma_x S}{\sigma_{cx}}\right)^{2/\beta_P^{0.25}} + \left(\frac{|\tau|S}{\tau_c}\right)^{2/\beta_P^{0.25}}}}, \quad \sigma_x \geqslant 0$$

$$\gamma_{c3} = \sqrt[2/\beta_P^{0.25}]{\frac{1}{\left(\frac{\sigma_y S}{\sigma_{cy}}\right)^{2/\beta_P^{0.25}} + \left(\frac{|\tau| S}{\tau_c}\right)^{2/\beta_P^{0.25}}}}, \quad \sigma_y \geqslant 0$$

$$\gamma_{c4} = \frac{\tau_c}{|\tau| S}$$

继而得到：

$$\gamma = \min(\gamma_{c1}, \gamma_{c2}, \gamma_{c3}, \gamma_{c4})$$

其中，B 与 e_0 定义见表 3.1.22。

表 3.1.22　系数 B 与 e_0 定义

施加的应力	B	e_0
$\sigma_x \geqslant 0$ 且 $\sigma_y \geqslant 0$	$0.7-0.3\beta_P/\alpha^2$	$2/\beta_P^{0.25}$
$\sigma_x < 0$ 或 $\sigma_y < 0$	1.0	2.0

在定义弹性屈曲参考应力 σ_E 时，令 v=0.3，得系数为 0.903，有

$$\sigma_E = \frac{\pi^2 E}{12(1-v^2)}\left(\frac{t_p}{b}\right)^2$$

2）规定了修正因子 Flog 和 Ftran。

3）对不同工况下的平面板格的屈曲因子和折减因子进行了修改（工况 1、工况 5 到 19），具体举例见图 3.1.2 和表 3.1.23（详情可见《协调共同规范油船部分与油船共同规范对比研究》）。

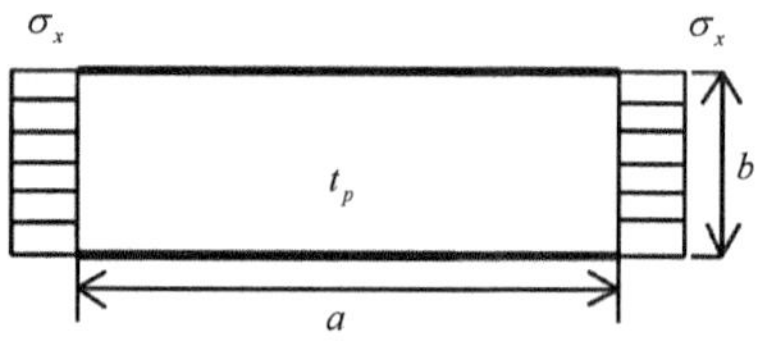

图 3.1.2　工况 9

表 3.1.23　平面板格的屈曲因子和折减因子-工况 9

应力比 ψ	屈曲因子 K	折减因子 C
—	$K_y = 6.97$	$C_x = 1, \lambda \leqslant 0.83$ $C_x = 1.13\left(\frac{1}{\lambda}-\frac{0.22}{\lambda^2}\right), \lambda > 0.83$

4）加入曲面板格屈曲计算公式。

5）计算加强筋屈曲校核。

在计算加强筋屈曲校核时，规定了扁钢的有效腹板厚度计算公式，并且在计算加强筋的屈曲极限应力时，考虑了轴向力、侧向力以及扭转力。在计算有效带板时，区分了轴向力分别为正、负时的取值，增加了一端简支、另一端固定的情况。

6）对主要支撑构件进行屈曲计算时，增加了建模与没有建模的区别。

7）在计算弹性柱屈曲应力与弹性扭转屈曲应力时，计算出来的值为 0.000 98，且对横撑材如何确定长度进行了明确规定：

①对于中货油仓的横撑材料，为连接横撑材水平桁的右舷和左舷纵舱壁的骨翼板面板间距离；

②对于边舱的横撑材，为连接横撑材水平桁的纵舱壁的纵骨翼板面板至内壳板之间的距离。

3.2 散货船

3.2.1 国内与国际标准对比

3.2.1.1 国内标准等同采用国际的标准（国内、国际标准号）

标准：《船舶与海上技术 保护涂层和检查方法 第 2 部分：散货船和油船的空舱》（GB/T 34430.2—2017、ISO 16145-2：2012）（该部分内容同油船）。

1）散货船与油船空舱的表面处理，见表 3.2.1。

表 3.2.1 表面处理等级和其他标准的比较

GB/T 8923.1—2011	SIS 055900	SSPC-Vis 1/Vis 3	NACE
Sa 2	Sa 2	SSPC-SP 6	NACE NO.3
Sa $2_{1/2}$	Sa $2_{1/2}$	SSPC-SP 10	NACE NO.2
St 2	St 2	SSPC-SP 2	—
St 3	St 3	SSPC-SP 3	—

2）散货船与油船空舱二次表面处理的参考标准，见表 3.2.2。

表 3.2.2 ISO 国际标准和 JSRA/JSTRA 标准的比较

处理方法	ISO 8501-1：2007（GB/T 8923.1—2011）	JSRA-SPSS	JSRA SPSS for PSPC
喷射清理	B Sa 1，C Sa 1	（IH，IA，IF，ID，IR）Ss	—
	B Sa 2	（IH，IA，IF，ID，IR）Sd 1	—
	B Sa $2_{1/2}$	（IH，IA，IF，ID，IR）Sd 2	建议 Sa $2_{1/2}$
	B Sa 3	（IH，IA，IF，ID，IR）Sd 3	—

续表

处理方法	ISO 8501-1:2007(GB/T 8923.1—2011)	JSRA-SPSS	JSRA SPSS for PSPC
手工或动力工具清理	—	(IH,IA,IF,ID,IR)Pt 1	—
	B St 2,C St 2	(IH,IA,IF,ID,IR)Pt 2	—
	B St 3,C St 3	(IH,IA,IF,ID,IR)Pt 3	建议 St 3

3.2.1.2 地方标准

标准:《闽江自卸式散货船标准船型主尺度系列》(DB35/T 857—2008)。

本标准规定了闽江自卸式散货船标准船型主尺度系列的术语、定义、符号、要求和闽江自卸式散货船标准船型主尺度系列。本标准适用于航经闽江的自卸式散货船。

3.2.2 各船级社规范对比

由于 IACS 于 2015 年实施了《散货船、油船协调共同规范》,且替代了《双壳油船共同规范(CSR-OT)》(2012 年 7 月版)与《散货船共同结构规范(CSR-BC)》(2012 年 7 月版),因此下面主要围绕上述三种规范来进行对比分析。

3.2.2.1 载荷

(1)船体梁静水弯矩

HCSR 规定各装载工况的弯矩曲线的包络值和规范规定的最小值的较大者,与 CSR-OT 相同。而 CSR-BC 则是根据船体梁的弯曲能力扣除波浪弯矩后,反推给出船体梁的许用静水弯矩,该值通常远远大于 HCSR 规定的要求值。

(2)船体梁静水剪力

1)在描述性要求计算中,CSR-BC 需要对船体梁静水剪力进行修正,再代入计算;而 HCSR 则直接采用给定的值。

2)在有限元校核中,CSR-BC 的船体梁静水剪力可直接用于有限元校核;而 HCSR 则需先根据公式反推出修正前的剪力,再代入计算。

(3)船体梁水平波浪弯矩、垂向波浪剪力

HCSR 降低了船体梁水平波浪弯矩和垂向波浪剪力。例如,以某型 VLCC 为例,HCSR 与 CSR-BC 和 CSR-OT 的船体梁水平波浪弯矩和垂向波浪剪力对比如图 3.2.1 和图 3.2.2 所示(CSR-BC 与 CSR-OT 值相同,曲线重叠)。

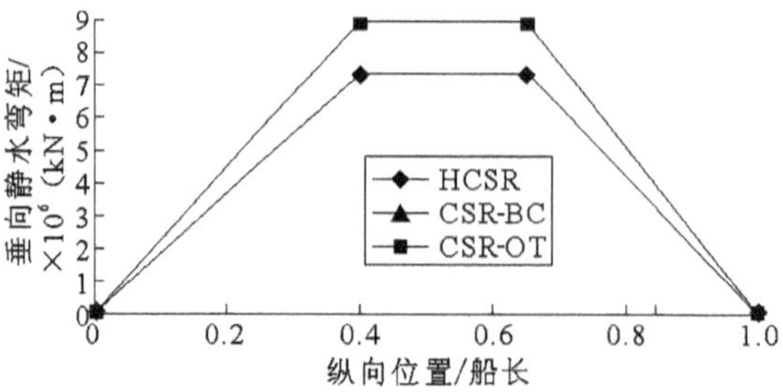

图 3.2.1 船体梁水平波浪弯矩对比

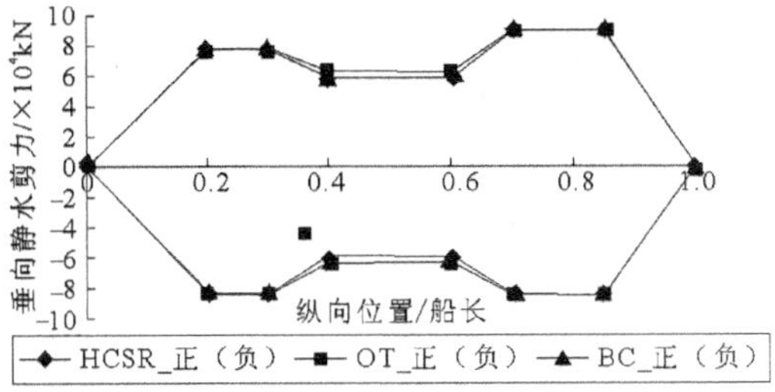

图 3.2.2　船体梁垂向波浪剪力对比

（4）等效设计波

1）HCSR 对等效设计波的参数、运动加速度、动载荷组合系数以及动压力计算都做了大范围调整。以航速和考虑的浪向为例，对比见表 3.2.3。

表 3.2.3　航速和浪向对比

规范	航速/kn	浪向
HCSR	5	迎浪、随浪、横浪、斜浪
CSR-BC	0	迎浪、随浪、横浪
CSR-OT	3/4 最大营运航速	迎浪、随浪、横浪、斜浪

2）以横浪工况的甲板压力分布为例，HCSR 在横浪工况下的甲板压力大于 CSR-BC 和 CSR-OT，对比见表 3.2.4。

表 3.2.4　横浪工况下甲板压力对比

规范	图示	说明
HCSR	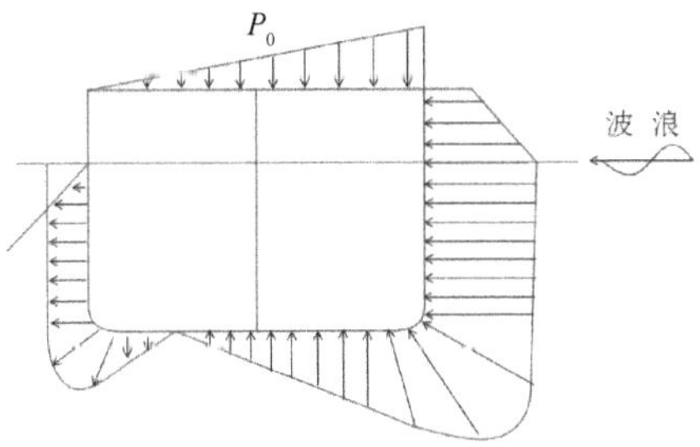	一侧取 0，另一侧取 P_D，中间线性插值，P_D 等于对应舷顶处的压力
CSR-BC	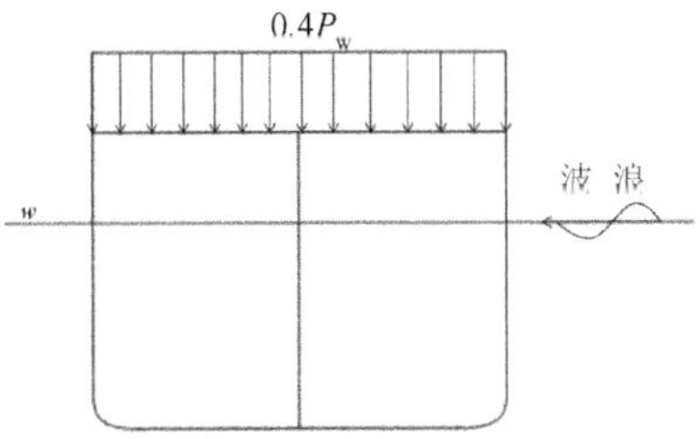	甲板上任意位置处的压力均为 $0.4P_w$、P_w 为左右舷顶处压力的大值

续表

规范	图示	说明
CSR-OT	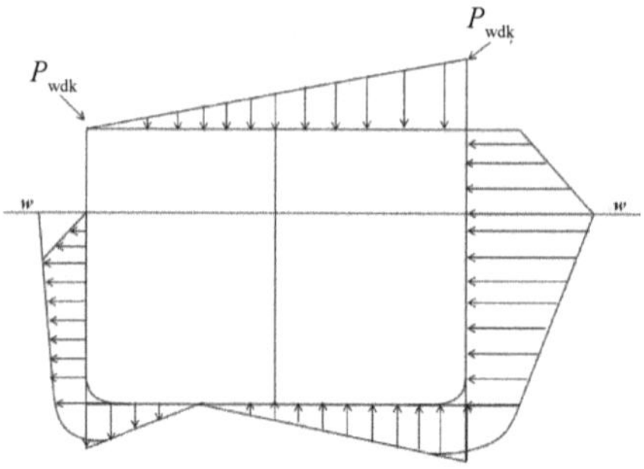	甲板压力分布与 HCSR 相同，但压力的最大值 P 小于相应舷顶处压力 P_{wlk}

3.2.2.2 描述性要求

（1）船体梁强度

HCSR 船体梁弯曲强度校核采用了 CSR-BC 的校核方式，剪切强度校核采用了 CSR-OT 的校核方式。HCSR 增加了残存强度的要求，需要校核碰撞和搁浅破损状态下的船体梁极限强度要求。对于完整状态下船体梁极限强度校核，HCSR 引入了双层底弯曲影响系数 γ_{DB}，用于考虑双层底弯曲对船体梁极限弯曲能力的折减。对 BC-A 型散货船的空舱，船体梁极限能力将折减 20%以上，可能导致部分散货船不满足极限强度要求。

（2）船体局部尺寸

1）最小净厚度（船底板），见表 3.2.5。

表 3.2.5　最小净厚度对比

规范	最小净厚度
HCSR	$5.5+0.03L_2$
CSR-BC	$5.5+0.03L$
CSR-OT	$4.5+0.03L_2$

注：L——船长。

L_2——船体板的长度方向尺寸。

2）板厚要求。

HCSR 增加了冗余度系数 χ，可使散货船内底和底边舱斜板的板厚要求提高 13%。

3）晃荡要求，见表 3.2.6。

表 3.2.6　晃荡要求对比

规范	校核舱室
HCSR	艏尖舱、艉尖舱的压载舱；晃荡长度大于 0.03L 和/或晃荡宽度大于 0.32B 的液舱、压载货舱
CSR-BC	不需进行晃荡校核

4)船底砰击区域,见表 3.2.7。

表 3.2.7 船底砰击区域对比

规范	校核舱室	变化内容
HCSR	艏尖舱、艉尖舱的压载舱:晃荡长度大于 0.03L 和/或晃荡宽度大于 0.32B 的液舱、压载货舱	艏柱后 0.3L 处之前,基线以上 500 mm
CSR-BC	不需进行晃荡校核	艏柱后 0.2 $v\sqrt{L}$ 处之前,基线以上 min(0.05 T_a , 0.3 m)

(3)散货船特殊要求

1)舷侧肋骨上下连接支撑强度。CSR-BC 取支撑舷侧肋骨上下端的纵骨的弹性剖面模数,HCSR 使用相关纵骨的塑性剖面模数,要求降低。

2)散货船抓斗要求。

HCSR 提高了最小抓斗质量的规定,同时修改了抓斗要求的公式。

①按照最小抓斗质量要求确定板厚尺寸时,对于船长大于 200 m 的散货船, HCSR 要求的板厚有所增加,见表 3.2.8。

表 3.2.8 抓斗要求对比(按最小抓斗质量)

HCSR/CSR	船长 L/m		
	$L \geqslant 250$	$200 \leqslant L < 250$	$L < 200$
最小抓斗质量(t)	35/20	30/20	20/20
内底板厚比值	1.15	1.11	1.0
货舱周界板厚比值	1.15	1.11	1.0

②当设计的抓斗质量大于规范要求的最小抓斗质量时, HCSR 要求的板厚会有所降低,见表 3.2.9。

表 3.2.9 抓斗要求对比(按相同抓斗质量)

HCSR/CSR	抓斗质量/t			
	20	25	30	35
内底板	1.00	0.99	0.97	0.95
货舱周界板	1.00	0.98	0.95	0.93

3.2.2.3 直接强度

(1)舱段评估范围

HCSR 要求对包括最艏艉货舱(指位于船舶最前部和最后部的货舱)在内的所有货舱区域进行三舱段模型直接计算强度校核。CSR 则是将中部货舱区域的评估结果延伸至其他货舱区域。

（2）载荷工况与装载模式

1）载荷工况。

HCSR 对载荷工况进行了大范围的调整，并且增加了艏部和艉部货舱的装载工况，总校核工况数量大幅增加。载荷工况对比见表 3.2.10。

表 3.2.10　载荷工况对比

规范	载荷工况
HCSR	22 个： HSM-1、HSM-2、HSA-1、HSA-2、FSM-1、FSM-2、BSR-1P、BSR-2P、BSR-1S、BSR-2S、BSP-1P、BSP-2P、BSP-1S、BSP-2S、OST-1P、OST-2P、OST-1S、OST-2S、OSA-1P、OSA-2P、OSA-1S、OSA-2S
CSR-BC	8 个： H1、H2、F1、F2、R1、R2、P1、P2
CSR-OT	8 个 1、2、3、4、5a、5b、6a、6b （1~4 为迎浪，5a、5b 为横浪，6a、6b 为斜浪）

2）装载模式。

对于船中货舱，HCSR 的装载模式与 CSR 基本相同，仅 BC-A 型散货船增加了两种装载模式，见表 3.2.11。

表 3.2.11　HCSR 新增装载模式

装载模式	
11	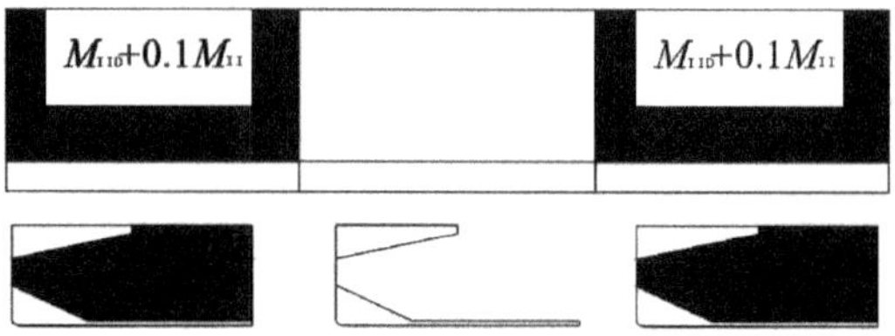
18	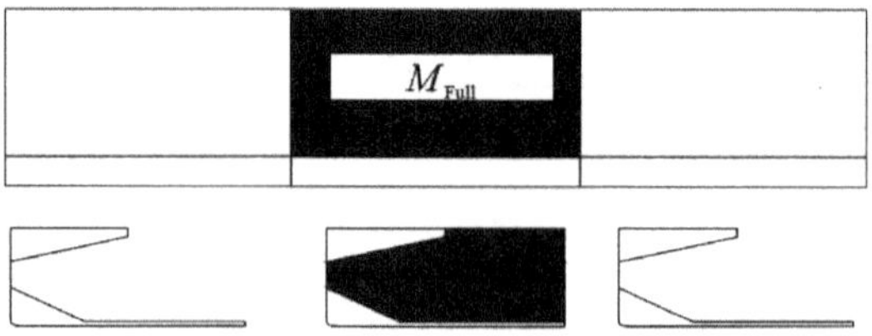

（3）舱段评估边界条件

HCSR 增加了计入船体梁转矩的作用，不再保留平断面假设，采用端面约束梁模拟船体结构对端部边界的翘曲约束。

（4）船体梁载荷调整

1）新增船中以外货舱区域三舱段模型的弯矩调整方法。

2）新增船体梁扭矩调整方法。

3）剪力调整方法：主要采用 CSR-BC 的通过端部施加同向弯矩调整剪力的方法，同时结合了 CSR-OT 采用强框架施加集中力的方法。

①方法 1：模型两端施加同向弯矩，使中间货舱一个舱壁处的剪力达到目标值。

②方法 2：对于使用方法 1 调整后，中间舱另一舱壁处剪力超过目标值的情况，采用模型两端施加同向弯矩，同时在各挡强框架处施加剪力的方法。

（5）模型

HCSR 统一了细化网格尺寸和应力计算所用的腐蚀折减的规定，见表 3.2.12。

表 3.2.12　有限元模型对比

规范	细化网格单元尺寸/mm	腐蚀折减
HCSR	50 × 50 或更小	$0.5t_c$
CSR-BC	1/4 肋距	$0.5t_c$
CSR-OT	50 × 50	$0.5t_c$ /$0.25t_c$

注：t_c——总腐蚀增量。

3.2.2.4　屈曲评估

（1）屈曲评估方法

屈曲评估方法对比，见表 3.2.13。

表 3.2.13　屈曲评估方法对比

规范	描述性屈曲评估方法	有限元屈曲评估方法	边界条件
HCSR	闭合公式	闭合公式	方法 A、方法 B
CSR-BC	闭合公式	闭合公式	方法 A
CSR-OT	闭合公式	高级屈曲（PULS）方法	方法 A、方法 B

表 3.2.13 中，关于边界条件的两种方法的区别：方法 A，单元边界强制保持直边；方法 B，单元边界不强制保持直边。通常方法 B 的要求高于方法 A。

（2）描述性屈曲要求

1）HCSR 增加了加筋板格的整体屈曲校核，而 CSR-BC 和 CSR-OT 均仅有校核板、加强筋的屈曲。

2）HCSR 采用了 CSR-BC 的载荷及应力组合方式，与 CSR-OT 差异较大。

3）HCSR 统一了板和加强筋的屈曲强度校核公式，与 CSR 差异较大，导致屈曲评估结果的明显变化。板的屈曲校核公式对比，见表 3.2.14。

表 3.2.14　屈曲校核公式对比

规范	公式
HCSR	$\frac{\delta_x S\gamma_{c1}}{\sigma_{cx3}}=1,\ \sigma_x\geqslant 0$ $\frac{\delta_y S\gamma_{c2}}{\sigma_{cx3}}=1,\ \sigma_y\geqslant 0$ $\frac{\lvert\tau\rvert S\gamma_{c3}}{\tau_c}=1$
CSR-BC	$\left(\frac{\lvert\sigma_x\rvert S}{K_x R_{eH}}\right)^{e_1}+\left(\frac{\lvert\tau\rvert S\sqrt{3}}{K_\tau R_{eH}}\right)^{e_3}\leqslant 1.0$
CSR-OT	$\eta=\frac{\sigma_x}{\sigma_{xcr}},\ \eta=\frac{\sigma_y}{\sigma_{ycr}},\ \eta=\frac{\tau}{\tau_{cr}}$

注:x 轴——平行于矩形屈曲板格长边方向的局部坐标轴;
y 轴——垂直于矩形屈曲板格长边方向的局部坐标轴;
δ_x——施加在板格边缘上沿 x 轴方向的应力,N/mm²;
δ_y——施加在板格边缘上沿 y 轴方向的应力,N/mm²;
$\gamma_{c1},\gamma_{c2},\gamma_{c3}$ 分别表示正向拉压应力下、抗压应力下和剪切应力下的荷载和强度的安全系数;
$\sigma_{cx3},\sigma_{xcr},\sigma_{ycr}$ 为结构屈曲的临界应力, N/mm²;
τ——施加的剪应力,N/mm²;
τ_c——最大剪切应力,N/mm²;
τ_{cr}——临界剪切应力,N/mm²;
K_x,K_τ——折减系数;
S——截面面积,mm²;
R_{eH}——最小屈服强度,N/mm²;
e1、e3——材料的应力指数;
η——不同应力值与其对应的临界屈曲应力的比值。

(3)加强筋屈曲的轴向应力

加强筋屈曲的轴向应力,见表 3.2.15。

表 3.2.15　加强筋屈曲的轴向应力

HCSR	CSR-BC	CSR-OT
$\sigma_a=\sigma_x\frac{st_P+A_s}{b_{eff1}t_P+A_s}$	船体梁弯曲正应力 σ_n	轴向压应力 σ_x

注:σ_a——轴向压应力,N/mm²;
σ_x——带板中沿着加强筋轴向方向的应力,N/mm²;
s——轴向应力区域的宽度,mm;
t_P——加强筋的周向钢筋间距,mm;
A_s——不包括带板的加强筋净横截面积,mm²;
b_{eff1}——加强筋的有效带板宽度,mm。

(4)直接计算屈曲要求

1)HCSR 统一采用公式法进行校核,删除了油船的高级屈曲分析方法。

2）HCSR 重新修改了屈曲校核的公式，与原 CSR 相比变化较大。

3）HCSR 在校核构件、载荷、参考应力及非矩形板格等效方法等方面进行了调整，见表 3.2.16。

表 3.2.16　直接计算屈曲要求对比

对比项	规范		
	HCSR	CSR-BC	CSR-OT
板	分为加筋板（SP）和非加筋板（UP）	非加筋板（UP）	分为加筋板（SP）和非加筋板（UP）
加强筋	包含在加筋板的屈曲校核中	×	包含在加筋板的屈曲校核中
非矩形板格等有效方法	不规则形状的等效方法同 CSR-OT，新增三角形板格等效方法	四边形、梯形、直角三角形、其他三角形等等效方法	不规则形状等效方法
考虑侧向压力	√	×	√
参考应力	应力法	应力法、位移法	应力法
泊松修正	板的应力不修正，加强筋的应力修正	板的应力修正	板和加强筋的应力均不修正

4）HCSR 对槽型舱壁的屈曲、单舷侧散货船舷侧外板的屈曲以及开孔的主要支撑构件的腹板屈曲的评估方法做了修改和完善。例如，对垂直槽型舱壁的屈曲模式，HCSR 与 CSR 的对比见表 3.2.17。

表 3.2.17　槽型舱壁屈曲模式对比

HCSR	CSR-BC	CSR-OT
槽条柱屈曲、翼板屈曲、腹板屈曲	进水条件下垂直槽型横舱壁腹板的剪切屈曲	翼板的局部屈曲和槽条的柱屈曲

3.2.2.5　疲劳强度校核

（1）疲劳载荷

HCSR 修改了疲劳载荷的概率水平和韦伯形状参数，见表 3.2.18。

表 3.2.18　疲劳载荷对比

规范	概率水平	形状参数
HCSR	10^{-2}	1
CSR-BC	10^{-4}	1
CSR-OT	10^{-4}	$\xi = f_{weibull}\left(1.1-0.35\dfrac{L-100}{300}\right)$

（2）*S-N* 曲线

HCSR 在计算疲劳累计损伤时，引入了空气中（有涂层保护）和腐蚀环境中（无涂层保护)两种情况,并分别选择 *S-N* 曲线。而 CSR-BC 和 CSR-OT 均不考虑腐蚀环境下的情况。通常情况下,考虑腐蚀环境会使计算得到的疲劳寿命大幅降低。

(3)应力集中系数

应力集中系数对比,见表 3.2.19。

表 3.2.19 应力集中系数对比

规范		应力集中系数	
		轴向载荷	侧向压力
HCSR		1.52	1.67
CSR-BC	$d_w \leqslant d \leqslant 1.5d_w$	1.05	1.15
	$1.5d_w \leqslant d$	1.05	1.10

注:d——距离应力集中区域最近的钢筋的中心到应力集中区域边缘的距离;

d_w——钢筋的直径。

(4)影响因素

1)HCSR 根据节点形式确定厚度影响系数的指数 n,其取值为 0~0.25,而 CSR-BC 和 CSR-OT 则固定为 0.25。对于十字接头(如底边舱下折角)和 T 形接头等,HCSR 与 CSR 的板厚影响系数相同;其他情况下,HCSR 的系数有所降低,这将导致疲劳寿命较 CSR 有所提高。

2)HCSR 引入了母材的表面处理系数 K_{sf},用以反映母材表面处理对疲劳应力范围的影响。对于轧制和挤压成型的板和型材以及经过倒角或倒圆的切割边,该系数将提高疲劳寿命;其他情况下,将导致疲劳寿命较 CSR 有所降低。

(5)应力处理

1)对于有限元疲劳校核,HCSR 采用热点应力,与 CSR-OT 相同,而 CSR-BC 采用切口应力。两种应力与名义应力的对比如图 3.2.3 所示。通常来讲,切口应力大于热点应力,因此该变化对改善 BC 的疲劳寿命是有利的。

2)HCSR 的平均应力修正方法和热点应力的插值方法都做了调整,与 CSR-BC 和 CSR-OT 的差异较大,这会对疲劳寿命有较大的影响。

3)对于母材自由边的边缘应力,HCSR 的方法是在自由边附加梁单元,以其轴向应力作为边缘应力;而 CSR-BC 采用母材的板单元应力外插得到边缘应力。HCSR 的方法更接近真实应力。

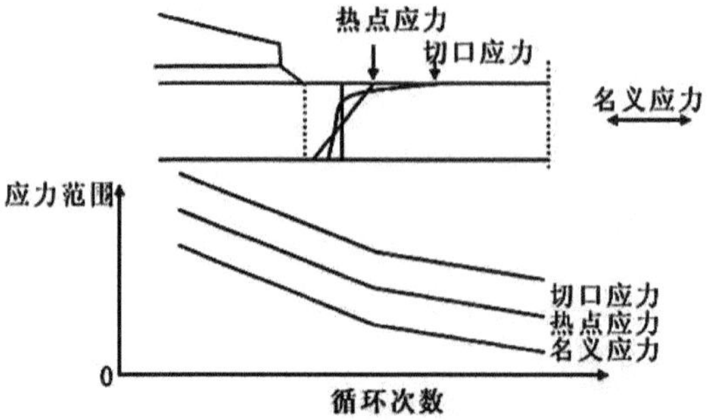

图 3.2.3 名义应力、热点应力、切口应力对比

3.3 集装箱船

3.3.1 国内与国际标准对比

标准一:《进出境集装箱船舶理箱业务规程》(JT/T 1187—2018)。

标准二:《进出境集装箱船舶理箱单证》(JT/T 1188—2018)。

标准三:《集装箱船导轨架安装工艺》(CB/T 4126—2011)。

标准四:《集装箱船舱口盖、绑扎桥和舷边支柱一体化安装工艺》(CB/T 4127—2011)。

3.3.2 各船级社规范对比

下面对 DNV GL 与 GL 规范进行对比。

3.3.2.1 DNV GL 与 GL 规范关于总纵强度的规范内容对比

关于集装箱船的总纵强度, DNV GL 规范在第 3 部分(Pt3)和第 5 部分(Pt5)有相关要求,其中 Pt5 主要关注集装箱船的垂向总纵强度,其内容与 UR S11 A 基本一致;而 Pt3 主要侧重于大开口船的弯扭组合总纵强度,为 DNV GL 自身集装箱船的设计要求。与 GL 规范相比,DNV GL 规范主要有以下 4 点变化。

(1)波浪载荷的变化

DNV GL 规范已经采用 UR S11 A 规定的垂向波浪弯矩和波浪剪力公式,新的公式参考了集装箱船的船型特点,考虑了波浪载荷和集装箱船船体参数的线性与非线性关系。新的公式可参见 DNV GL 规范的相关条款(Pt.5 Ch.2 2.2.3),因篇幅限制此处不再具体罗列。

(2)腐蚀增量与净尺寸

DNV GL 规范中第 5 部分(Pt.5 Ch2.4.2)与第 3 部分(Pt.3 Ch.3.3.1)对于部分结构腐蚀余量的取值存在差异,见表 3.3.1。

表 3.3.1 DNV GL 规范构件单边腐蚀增量取值(单位:mm)

<table>
<tr><td colspan="2">舱室结构类型</td><td>Pt5</td><td>Pt3</td></tr>
<tr><td colspan="2">暴露于海水</td><td>0.5</td><td>1.0</td></tr>
<tr><td colspan="2">暴露于大气</td><td>0.5</td><td>1.0</td></tr>
<tr><td colspan="2">压载水舱</td><td colspan="2">1.0</td></tr>
<tr><td rowspan="2">空舱</td><td>舱的甲板和舱底板的上表面</td><td>0.5</td><td rowspan="2">0.5</td></tr>
<tr><td>其他区域</td><td>0</td></tr>
<tr><td colspan="2">淡水舱、燃油舱和滑油舱</td><td colspan="2">0.5</td></tr>
<tr><td rowspan="2">集装箱舱</td><td>距舱底 1.5 m 以下</td><td>1.0</td><td rowspan="2">1.0</td></tr>
<tr><td>其他区域</td><td>0.5</td></tr>
</table>

（3）屈服强度校核

GL 规范中，船体梁总纵强度主要校核船体梁的剖面模数、正应力 σ_x、剪应力 τ 和合成应力 σ_v。其中，船中部 0.4L（L 为规范船长）范围内正应力、剪应力和合成应力的许用应力 $\sigma_{x\text{-perm}}$、τ_{perm}、$\sigma_{\text{v-perm}}$ 分别为 175/k、110/k 和 190/k（其中 k 为材料系数）。

而 DNV GL 规范中，Pt5 主要校核正应力和剪应力，船中部 0.4L 范围内正应力和剪应力的许用应力 $\sigma_{x\text{-perm}}$ 和 τ_{perm} 分别为 190/k 和 120/k；Pt3 主要校核正应力、剪应力和合成应力，在整个船长范围内许用应力 $\sigma_{x\text{-perm}}$、τ_{perm} 和 $\sigma_{\text{v-perm}}$ 分别为 205/k、120/k 和 220/k。DNV GL 规范由于采用了净尺寸校核船体梁强度，相应的许用应力衡准值有所提高。

（4）屈曲强度校核

DNV GL 规范中，屈曲强度校核主要是基于净尺寸，首先根据各工况下总纵应力计算板格临界屈曲应力，然后基于板格类型和临界屈曲应力计算板格的屈曲利用因子，最终校核板格在船体梁剪切应力和船体梁纵向压缩应力联合作用下的屈曲利用因子是否满足要求。而 GL 规范基于总尺度计算船体梁应力，将应力直接代入屈曲方程计算板格在船体梁纵向应力和剪切应力联合作用下的屈曲能力是否满足要求。整体来说，DNV GL 规范对于屈曲强度的要求较 GL 规范有所提高。

3.3.2.2　DNV GL 与 GL 规范对舱段有限元规范内容对比

（1）载荷工况

DNV GL 规范要求舱段有限元的模型范围包括船中区域一个完整的货舱向两端延伸各一个货舱，而 GL 规范要求舱段有限元的模型包含 1/2 货舱+1 个货舱+1/2 货舱的船长范围。相比而言，DNV GL 规范的模型范围有所增加。

（2）装载工况

DNV GL 规范考虑了 UR S34 的要求，共有 7 个装载工况，而 GL 规范为 6 个装载工况（见表 3.3.2），每个工况吃水和集装箱重量分布有所差异。DNV GL 规范中增加了单箱位空载工况，而 GL 规范中虽然没有明确列出单箱位空载工况，但是规定若技术规格书有要求，可将 LC3 和 LC4 替换成单箱位空载工况。

表 3.3.2　DNV GL 和 GL 规范关于舱段有限元装载工况的对比

工况	规范	序号	工况组成	集装箱重量	吃水
1	GL	LC1	40 ft 均箱	甲板：20 t/FEU；舱内：20 t/FEU	结构吃水
	DNV GL	LC1	40 ft 重箱	甲板：最大 40ft 负堆重；舱内：30.5 t/FEU，不超最大堆重	
2	GL	LC3	40 ft 轻箱	甲板：16 t/FEU；舱内：16 t/FEU	结构吃水
	DNV GL	LC2	40 ft 轻箱	甲板：90%最大 40 ft 堆重，不超 17 t/FEU； 舱内：55%最大 40 ft 堆重，不超 16.5 t/FEU	
3	GL	LC4	20 ft 轻箱	甲板：16 t/FEU；舱内：24 t/TEU	结构吃水
	DNV GL	LC3a LC3b	单箱位空载	甲板，最大 40 ft 堆重； 舱内：30.5 t/FEU，不超过最大堆重	

续表

工况	规范	序号	工况组成	集装箱重量	吃水
4	GL	LC2	20 ft 重箱	甲板：30 t/FEU；舱内：24 t/TEU	67%结构吃水
	DNV GL	LC4	20 ft 重箱	甲板：最大 20 ft 堆重或泥装堆重；舱内：24 t/TEU，不超最大堆重	90%结构吃水
5	GL	—	—	—	—
	DNV GL	LC5	甲板重载 舱内轻载	甲板：最大 20 ft 堆重或泥装堆重；舱内：16 t/FEU	90%结构吃水
6	GL	LC5	纵摇工况	甲板：100 t/stack（20ft）；舱内：30 t/FEU	结构吃水
	DNV GL	LC6	纵摇工况	甲板：最大 20 ft 堆重或混装堆卜；舱内：30.5 t/FEU，不超过最大堆重	
7	GL	LC6	破舱工况	甲板：28 t/FEU；舱内：28 t/FEU（破舱相邻舱）	破舱吃水+1 m
	DNV GL	LC7	破舱工况	甲板，最大 40 ft 堆重；舱内：20 t/TEU（破舱相邻货舱）	破舱吃水

注：1 ft=0.304 8 m。

3.3.2.3 船艏砰击载荷比较

集装箱船压载航行时，艏部吃水较低，在恶劣的海况中航行时，艏部会因为剧烈的运动而产生瞬时砰击载荷，这将对船底结构造成很大影响。因此，规范中对于艏部的外板结构通常规定了砰击载荷，船体结构需要根据对应的砰击载荷进行相应的结构加强。在 DNV GL 规范中，对于距离艏垂线 30%船长范围，高度坐标不超过 5%压载吃水（不大于 500 mm）范围内的船体结构，需要针对砰击载荷 P_{sL} 进行结构加强。与 GL 规范相比，DNV GL 规范中的砰击载荷相较于 GL 砰击载荷降低约 35%，从而对于降低艏部平底区域的外底板板厚具有一定优势。

3.3.2.4 集装箱船钢材强度

1）大型集装箱船钢材强度（NK）见表 3.3.3，集装箱船强度规则（ABS）见表 3.3.4。

表 3.3.3 大型集装箱船钢材强度（NK）

钢材类型	规则规定的标准最小值
软钢	235 N/mm^2
HT32	315 N/mm^2
HT36	355 N/mm^2
HT40	390 N/mm^2
HT47	460 N/mm^2

表 3.3.4　集装箱船强度规则（NK）

强度类型	适用规则
垂直强度	钢船规则 C 第 15 章
水平强度	钢船规则检验程序 C1.1.22
地方强度	钢船规则 C 第 13、14 和 32 章

（2）材料因素和强度（ABS）见表 3.3.5。

表 3.3.5　材料因素和强度（ABS）

钢级	材料系数 Q	强度折减系数 S_m
普通强度钢	1.00	1.00
H32	0.78	0.95
H36	0.72	0.908
H40	0.68	0.875
H47	0.62	0.824

3.3.2.5　载荷计算

（1）CCS

1）WSD 法。

对于条件 A　　$W_{stat} \leqslant \eta_1 R$

对于条件 B　　$W_{stat} + W_{dyn} \leqslant \eta_2 R$

式中：W_{stat}——同时出现的静态载荷（或以应力表示的载荷效应）；

W_{dyn}——同时出现的动态载荷，动态载荷通常是局部和整体载荷成分的组合；

R——特征结构能力（例如最小屈服强度或屈曲能力）；

η_i——许用利用因子（承载能力因子），计及载荷、结构能力和失效后果的不确定性。

2）PSF 法。

对于条件 A　　$\gamma_{stat-1} W_{stat} + \gamma_{dyn-1} W_{dyn} \leqslant \dfrac{R}{\gamma_R}$

对于条件 B　　$\gamma_{stat-2} W_{stat} + \gamma_{dyn-2} W_{dyn} \leqslant \dfrac{R}{\gamma_R}$

式中：γ_{stat-i}——考虑与静态载荷相关不确定性的分项安全因子；

γ_{dyn-i}——考虑与动态载荷相关不确定性的分项安全因子；

γ_R——考虑与结构能力相关不确定性的分项安全因子。

（2）DNV GL

DNV GL 规范已经采用 UR S11 A 规定的垂向波浪弯矩和波浪剪力公式，新的公式参考了集装箱船的船型特点，考虑了波浪载荷和集装箱船船体参数的线性与非线性关系。新的公式可参见 DNV GL 规范的相关条款(Pt.5 Ch.2 2.2.3)。

3.4 邮轮、游艇与客滚船

3.4.1 国内与国际标准对比

3.4.1.1 邮轮

(1)行业标准

1)《邮轮港服务规范》(JT/T 1294—2019)。

2)《邮轮码头登船桥》(JT/T 805—2011)。

3)《国际邮轮口岸旅游服务规范》(LB/T 017—2011)。

(2)地方标准

1)《邮轮旅游服务规范》(DB46/T 493—2019)。

2)《邮轮旅游服务规范 第 1 部分:旅行社》(DB31/T 1033.1—2016)。

3.4.1.2 游艇

(1)国内标准等同采用国际的标准(国内、国际标准号)

1)《小艇 机动游艇空气噪声 第 1 部分:通过测量程序》(GB/T 19322.1—2021、ISO 14509-1:2008)。

2)《大型游艇 风雨密门 强度和风雨密要求》(GB/T 37438—2019)。

3)《船舶和海上技术 大型游艇 甲板起重机和登船梯强度要求》(GB/T 35354—2017、ISO 11209:2012)。

4)《大型游艇 甲板机械 锚泊设备》(GB/T 35353—2017、ISO 16556:2014)。

5)《小艇 机动游艇空气噪声 第 2 部分:用标准艇进行噪声评估》(GB/T 19322.2—2017、ISO 14509-2:2006)。

6)《小艇 机动游艇空气噪声 第 3 部分:用计算和测量程序进行噪声评估》(GB/T 19322.3—2017、ISO 14509-3:2009)。

7)《船舶与海上技术 大型游艇 FRP 艇结构防火》(GB/T 33486—2017、ISO 14886:2014)。

8)《大型游艇 主辅柴油机 安全要求》(GB/T 33485—2017、ISO 14885:2014)。

9)《大型游艇 可视窗强度、水密和风雨密 第 1 部分:独立可视窗的设计准则、材料、框架和试验》(GB/T 33196.1—2016、ISO 11336-1:2012)。

10)《船舶和海上技术 大型游艇 涂层外观的测量和评估》(GB/T 31885—2015、ISO 11347:2012)。

(2)国家标准

1)《游艇管理服务规范》(GB/T 35558—2017)。

2)《多体游艇结构尺寸规定 第 1 部分:复合材料》(GB/T 40528.1—2021)。

3)《大型游艇系泊、航行试验规程》(GB/T 38312—2019)。

4)《大型游艇 风雨密门 强度和风雨密要求》(GB/T 37438—2019)。

（3）行业标准

1）《游艇用聚氯乙烯人造革》（QB/T 5074—2017）。

2）《游艇滑轨 互换性尺寸》（CB/T 3876—1999）。

（4）地方标准

1）《游艇码头浮桥结构制作安装与检验标准》（DB44/T 1592—2015）。

2）《福建省游艇码头工程质量检验标准》（DB35/T 1318—2013）。

3.4.1.3 客滚船

地方标准：

1）《客滚船信息电子单证报文标准 第1部分：班期信息》（DB21/T 3233.1—2020）；

2）《客滚船信息电子单证报文标准 第2部分：票务动态信息》（DB21/T 3233.2—2020）。

3.4.2 各船级社规范对比

1）ABS客滚船限制应力标准，见表3.4.1。

表3.4.1 限制应力标准

限制应力标准	kN/cm²（tf/cm², Ltf/in²）
A）全局模型	
纵向成员	
冯·米塞斯强调	≤22.3/Q（2.274/Q, 14, 44/Q）
平面内组合应力（船体梁+梁弯曲）	≤19.0/Q（1.937/Q, 12.30/Q）
主船体梁面内应力	≤17.5/Q（1.784/Q, 11.33/Q）
面内剪应力	≤11.0/Q（1.121/Q, 7.12/Q）
支柱（张力）	≤11.0/Q（1.121/Q, 7.12/Q）
横向成员	
冯·米塞斯强调	≤18.0/Q（1.835/Q, 12.65/Q）
面内弯曲应力	≤16.0/Q（2.631/Q, 10.36/Q）
面内剪应力	≤9.0/Q（0.918/Q, 5.83/Q）
B）二维细网格模型	
中板场或开口之间的平均Von-Mises应力	≤22.3/Q（2.274/Q, 14.44/Q）
直接（正常）应力	≤19.0/Q（1.937/Q, 12.30/Q）
面内剪电力	≤11.0/Q（1.121/Q, 7.12/Q）
直接切向峰值应力	≤1.5
C）三维精细网格模型	
纵向成员（包括全球主要应力）	
冯·米塞斯强调	≤22.3/Q（2.274/Q, 14.44/Q）
面内弯曲应力	≤19.0/Q（1.937/Q, 12.30/Q）

续表

限制应力标准	kN/lcm2（tf/cm², Ltf/in²）
面内剪应力	≤11.0/Q（1.121/Q,7.12/Q）
直接切向峰值应力	≤1.5

注：Q 为材料转换系数；1.0 用于普通强度钢，0.78 用于 H32 强度钢，0.72 用于 H36 强度钢，0.68 对于 H40 强度钢；f_y 为材料的最小指定屈服点 kN/lcm²（tf/cm², Ltf/in²）

2）ABS 客滚船最小甲板装载，见表 3.4.2。

表 3.4.2　最小甲板装载

甲板	最小甲板载荷		
	m² lbf/ft²	kN/m²	kgf/r
仅用于乘客住宿的双层单板	3.52	360	74
公共空间中的双层甲板	6.464	659	135
行李空间中的双层甲板	3.53 h_{tw}	360 h_{tw}	22.5 h_{tw}
商店和冷藏空间的甲板	14.364	1 465	300
机械处所和车间的甲板	18.434	1 880	385
住宿方式的强度和下层甲板	5.745	586	120

注：h_{tw} 是补间甲板高度，以 m（ft）为单位。

3.5　海上 LNG 装备

3.5.1　国内与国际标准对比

3.5.1.1　船用 LNG 领域国际标准现状

主要对国际标准化组织船舶与海洋技术委员会（ISO/TC8）的有关国际标准进行梳理。ISO/TC8 成立于 1945 年，负责船舶建造和营运过程中设计、建造、结构、舾装、设备、方法、技术以及海洋环境保护相关的国际标准制定和修订工作。截至 2019 年 6 月，与船用 LNG 有关的国际标准见表 3.5.1。

表 3.5.1　ISO/TC8 船用 LNG 领域国际标准

标准编号	标准名称
ISO/CD 22548	《船舶与海洋技术-船用液化天然气燃料气供应系统（FGSS）性能试验规程》
ISO/CD 22547	《船舶与海洋技术-液化天然气燃料气供应系统（FGSS）高压泵性能试验规程》
ISO/AWI 23448	《船舶与海洋技术-LNG 燃料流量计-要求》
ISO/DIS 23430	《船舶与海洋技术-船用液化天然气储罐用高锰奥氏体薄带技术条件》
ISO 21635:2018	《船舶与海洋技术-船用液化天然气储罐用高锰奥氏体钢技术条件》

续表

标准编号	标准名称
ISO 19636:2019	《船舶与海洋技术-液化天然气运输船纵倾和倾斜度测定用测斜仪的一般要求》
ISO 18154:2017	《船舶与海洋技术-液化天然气船液货舱安全阀设计和试验要求》
ISO 21593	《船舶与海洋技术-液化天然气燃料干式接头技术要求》

3.5.1.2 船舶液化天然气加注、卸载有关国际标准

（1）ISO/AWI 23448《LNG燃料流量计要求》

根据IMO对于数据采集系统的要求，需要对船舶温室气体排放量进行统计，该标准旨在明确LNG燃料流量计的检测环境与检测要求，用于测量船舶所接收的LNG量，该标准目前正处于立项阶段。

（2）ISO 19636:201《液化天然气运输船纵倾和倾斜度测定用测斜仪的一般要求》

该标准用于液化天然气燃料输送过程中船舶测斜，以保证测量的精度要求。目前，该标准已正式发布。

（3）ISO 21593《液化天然气燃料干式接头技术要求》

LNG加注干式接头主要用于船舶LNG燃料加注或传输管路，以在最小的泄漏量下实现快速连接和脱离功能。接头配合连接的两端都带有自密封阀板，脱离后可实现快速关闭，有效地防止LNG燃料的泄漏，避免发生意外或者对环境造成污染。目前，该标准已正式发布。

3.5.1.3 船舶液化天然气储存有关国际标准

（1）ISO 18154:2017《液化天然气船液货舱安全阀设计和试验要求》

该标准对于安全阀设计、测试和检查提出要求，这些安全阀用于LNG运输船液货舱，以保持油箱内压力低于允许的最大工作压力。目前，该标准已正式发布。

（2）ISO/DIS 23430《船用液化天然气储罐用高锰奥氏体薄带技术条件》

该标准对于厚度小于6 mm的船用液化天然气储罐的钢板提出了要求。目前，该标准处于研制状态。

（3）ISO 21635:2018《船用液化天然气储罐用高锰奥氏体钢技术条件》

该标准对于厚度大于或等于6 mm的船用液化天然气储罐的钢板提出了要求。目前，该标准处于研制状态。

3.5.1.4 船舶液化天然气动力有关国际标准

（1）ISO/CD 22548《船用液化天然气燃料气供应系统（FGSS）性能试验规程》

该标准规定了燃料气供应系统的压力、流量、温度和系统稳定性等特性的试验方法。目前，该标准处于研制状态。

（2）ISO/CD 22547《液化天然气燃料气供应系统（FGSS）高压泵性能试验规程》

该标准对在船舶燃料气供应系统中用电动机驱动的、用于输送液化天然气的辅助装置的泵进行了规定，提出了泵和相关装置的标准试验程序。目前，该标准处于研制状态。

3.5.1.5 FLNG 标准体系的划分和标准选用原则

FLNG 标准体系按适用范围可分为国际法律法规、国际标准、国家法律法规、国家标准、行业标准和企业标准等；按适用效力可分为法律法规、强制性标准规范、推荐性规范和设计指南等。设计遵守的优先次序是法律法规>强制性标准规范>推荐性规范>设计指南。

FLNG 所采用的法律法规、标准和规范选用原则如下：

1)所选用标准的适用范围应在设计范围之内；

2)优先采用针对 LNG 行业和浮式装置建立的国家法律法规、国家强制性规范和标准、专用国家标准、行业标准；

3)无 LNG 和浮式装置国标、行标，而有 LNG 和浮式装置相关的国际标准(ISO)的，优先采用 LNG 和浮式装置国际标准；

4)无 LNG 和浮式装置国际标准的，可采用企业标准、推荐性规范和设计指南等；

5)LNG 相关标准优先采用顺序为液化天然气标准、石油天然气标准、石油化工标准、一般通用标准。

3.5.1.6 国际 FLNG 标准

(1)国际 FLNG 标准现状

"运动状态"是 FLNG 与陆上 LNG 生产设施最大的区别。陆上有关 LNG 的设计标准不能完全适用于 FLNG，进一步研究与 FLNG 相关的标准势在必行。

浮式装置是指浮于水面且系泊于海上的用于油气处理、储存及装卸的海上设施。FLNG 作为浮式装置一个新分支，目前国际上尚无针对 FLNG 的标准规范，但与其相关的标准已比较成熟，主要来自国际海事组织、国际船级社协会和各标准化组织制定的标准。

(2)国际 FLNG 相关法规

国际海事组织(IMO)决定着船舶的法定标准，是船舶工业最重要的强制性标准。IMO 制定的公约(规则)是国际技术法规，必须由各个缔约国通过履约和立法过程强制执行。《国际海上人命安全公约》(SOLAS)和《国际防止船舶造成污染公约》(MARPOL)堪称"船舶工业最重要的强制性标准"，因此 FLNG 都必须严格遵守，见表 3.5.2。

表 3.5.2 FLNG 应遵守的法规

序号	标准名称	备注
1	SOLAS《国际海上人命安全公约》及有关决议 A716、A719、A753 及 A868	IMO 2009 年修订
2	MARPOL《国际防止船舶造成污染公约》	2008 年修订
3	FSS《国际消防安全系统规则》	
4	IGC《散装运输液化气船舶结构与设备规则》	
5	GC《现有散装运输液化气体船舶规则》	
6	《LNG 系泊设备导则》《LNG 船安装液货过滤器的建议》	石油公司国际海事论坛(OCIMF)

(3)国际 FLNG 相关标准

FLNG 方面的其他标准来自各国标准和世界标准化机构组织制定的相关标准，主要包括各国国家标准、行业标准及造船企业标准等。

（4）各国国家标准及法律法规

国际 LNG 方面的标准主要来自欧、美、日等国家和地区。欧洲与 LNG 相关的英国 BS 标准共 16 项，其中被欧盟（EN）采用的 BS 标准有 13 项，法国标准有 14 项，内容涉及 LNG 的一般特性、设备及安装、低温管道、法兰、船岸交接、装卸臂试验和设计、防火等方面的标准，此类标准中较为常用的是 EN1160《液化天然气的一般特性》和 EN1474《液化天然气设备安装、装卸臂试验和设计》（已被我国国家标准等同采标），以及 EN1473《液化天然气的安装和设备陆上装置的设计》和 EN1532《液化天然气设备与安装船岸界面》（已被我国国家标准修改采标）。

美国有关 LNG 的法律法规和系列标准涉及 LNG 的生产、储运、安全防火等多个方面。美国有关 LNG 项目设计、施工和安全方面的法律有 1 部（即美国法典第 49 主题，简称 49UCS），联邦法规（Code of Federal Regulations，简称 CFR）有 3 部（编号分别为 49CFR193、33CFR127 和 33CFR165），国家标准有 6 项（ANSI/API 2530 第 1~3 部分，ASTMD4784，NFPA57 和 NFPA59 A，其中 1~4 项标准涉及 LNG 计量，5~6 项标准涉及 LNG 安全，且 NFPA59 A 是世界各国 LNG 项目最常采用的 LNG 安全标准之一，FLNG 可参考执行）。

日本在 LNG 方面的标准和法规共 10 项，大多集中在 LNG 接收站和港口航运等方面，在 LNG 生产设施方面的标准相对较少。

（5）国际标准化组织标准

国际标准化组织（ISO）为协调各国的 LNG 标准化工作，于 2006 年成立了标准化工作组（WG10），收集到世界各国 LNG 标准 50 多部。ISO 对天然气工业各标准进行研究后，对 FLNG 装置有参考价值的国际标准进行汇总，涉及关键设备的应用及采购、海上管道系统设计和安装、海上装置风险评定等内容，共 12 项，见表 3.5.3。表 3.5.3 未列入已被我国国家标准等同或修改采标天然气的分析和计量方面的 ISO 标准。

表 3.5.3　LNG 国际专用标准（ISO）

序号	标准号	中文名称	英文名称
1	ENISO 10437-2003	《汽轮机-特殊用途设备》	Steam turbines-special-purpose applications
2	ENISO 10439-2002	《离心压缩机》	Centrifugal compressors
3	ENISO 13631-2002	《整装往复式气体压缩机》	Packaged reciprocating gas compressors
4	ENISO 15547-2001	《板式热交换器》	Plate heat exchangers
5	ENISO 3977-5-2003	《燃气轮机采购第 5 部分》	Gas turbines-Procurement-Part5
6	ENISO 13703-2000	《海上开采平台上管道系统的设计和安装》	Design and installation of piping systems on offshore production platforms
7	ENISO 15138-2000	《海上开采装置供暖通风和空气调节》	Offshore production installations-Heating, ventilation and air-conditioning

续表

序号	标准号	中文名称	英文名称
8	ENISO 17776-2002	《海上生产装置危险识别和风险评定用工具和技术的指南》	Offshore production installations-Guide lines on tools and techniques for hazard identification and risk assessment
9	ENISO 19900-2002	《海上结构的一般要求》	General requirements for offshore structures
10	prEN14161-2003	《管道运输系统》	Pipeline transportation systems
11	ISO 28460:2010	《液化天然气的设备及安装—船岸接口以及港口运转》	Installation and equipment for liquefied natural-gas-ship-to-shore interface and port operations
12	ISO 23251:2006	《减压和泄压系统》	Pressure-relieving and depressing systems

除国际标准化组织标准外，国际电工协会（IEC）、美国材料与试验协会（ASTM）、美国石油学会（API）等相关标准也有一定借鉴价值。

3.5.1.7 国内 FLNG 相关标准

目前，国内发布和前期研究的 LNG 国家和行业标准共 33 项，分为通用标准、分析计量标准（等同采标 ISO）、生产储运标准、安全标准和节能标准等。此类标准均是在借鉴国际和国外标准的基础上修订或者等同采用的，尚不能满足 LNG 行业的需要。FLNG 可参照的国家标准汇总见表 3.5.4。

表 3.5.4 FLNG 可参照的国家标准

类别	标准名称	标准编号/宜定级别	被采标标准编号	采标程度	适用性
通用	《液化天然气的一般特性》	GB/T 19204—2003	EN 1160	IDT	适用
	《冷冻轻烃流体液化天然气的取样 连续法》	GB/T 20603—2006	ISO 8943	IDT	适用
生产储运	《液化天然气生产、储运和装运》	GB/T 20368—200	NFPA59 A	IDT	参考
	《液化天然气设备与安装陆上装置设计》	GB/T 22724—2008	EN 1473	MOD	参考
	《液化天然气设备与安装船岸界面》	GB/T 24963—2010	EN 1532	MOD	适用
	《液化天然气设备安装、装卸臂设计与实验》	GB/T 22724—2022	BSEN 1474	IDT	适用

FLNG 与传统 LNG 行业的主要区别体现在“浮式装置”。在浮式装置领域，中海油一直走在行业前沿，其制定的行业标准系统、全面，涉及工艺、安全、消防等多个方面，其中适用 FLNG 装置的标准见表 3.5.5。在企业标准方面，中海油走在国内 LNG 行业的前沿，编制了 27 项企业标准，以指导 LNG 项目的各阶段工作，包括前期研究阶段、预可研和可研阶段、设计阶段、建设阶段、验收阶段和试生产运行阶段等。

表 3.5.5　中海油制定的浮式装置的企业标准

标准号	标准名称
SY/T 10037—2010	《海底管线系统规范》(等同采用 DNV，Rules for Submarine Pipeline System)
SY/T 4805—1992	《海上结构物上部生产设施的推荐做法》(等同采用 APIRP2G)
SY/T 10033—2000	《海上生产平台基本上部设施安全系统的分析、设计、安装和测试的推荐做法》(等同采用 APIRP14 C)
SY/T 10042—2002	《海上生产平台管道系统设计和安装的推荐做法》(等同采用 APIRP14E)
SY/T 10043—2002	《泄压和减压系统指南》(APIRP521)
SY/T 10034—2000	《敞开式海上生产平台防火与消防的推荐做法》(等同采用 APIRP14G)
SY/T 10041—2001	《石油设施电气设备安装一级一类和二类区域划分的推荐做法》(APIRP500)
SY/T 10003—1996	《海上平台起重机规范》(等同采用 APISPEC2 C)
SY/T 10006—2000	《海上井口地面安全阀和水下安全阀规范》(等同采用 APISPEC14D)
SY/T 10008—2000	《海上固定式钢质石油生产平台的腐蚀控制》(等同采用 NACERP-01-76)
SY/T 10036—2001	《海洋石油工程设计文件编制规程》
SY/T 10028—2002	《海洋石油工程制图标准》
	《海洋工程设计指南》
	《浮式生产储油装置(FPSO)安全规则》

3.5.2　各船级社规范对比

(1)欧美标准

欧美各国船级社是各国参与国际公约、规范和标准制定的重要技术支持机构，是船舶技术、信息、规范的集大成者。欧美的船舶工业至今仍然占据着高端技术船舶和部分液化天然气船舶建造市场；另一方面，多年来沉淀下来的工艺、技术、标准优势，使欧美成为名符其实的全球船舶工业的技术中心、信息中心、规则制定中心。

欧洲船级社以挪威船级社(DNV)为代表，DNV 以船舶和海工技术见长，其标准规范分为 3 类：海上服务规范(OSS)、操作系统的海上标准规范(OS)及推荐做法(RP)。OSS 共 18 项，OS 共 35 项，RP 共 56 项。针对 FLNG 的特殊性，对 DNV 系列标准进行分析汇总，见表 3.5.6。

表 3.5.6　DNV 规范列表

序号	标准编号	英文标准名称	中文名称
1	OSS-102	Rules for Classification of Floating Production, Storage and Loading Units	《浮式生产、储存和装载单元的入级规范》
2	OSS-103	Rules for Classification of LNG/LPG Floating Production and Storage Units or Installations	《浮式液化天然气/液化石油气的生产和存储装置的安装入级规范》
3	OSS-307	Verification of Process Facilities	《工艺设施的核查》

续表

序号	标准编号	英文标准名称	中文名称
4	OSS-308	Verification of Lifting Appliances for the Oiland Gas Industry	《石油和天然气工业起重设备的验证》
5	OSS-309	Verification, Certification and Classification of Gas Export and Receiving Terminals	《天然气出口和接收终端的认证与入级规范》
6	OS-A101	Safety Principles and Arrangements	《安全和布置的原则》
7	OS-E201	Oiland Gas Processing Systems	《石油和天然气处理系统》
8	RP-B101	Corrosion Protection of Floating Production and Storage Units	《浮式生产和存储装置的腐蚀与防护》
9	RP-F101	Corroded Pipelines	《腐蚀管道》
10	RP-J202	Design and Operation of CO_2 Pipelines	《CO_2 管道的设计和操作》
11	RP-O501	Erosive Wearin Piping Systems	《管道系统中的冲蚀磨损》

美国船级社（ABS）为世界船级社“三巨头”之一，其在船舶机构材料、船用设备（锅炉、压力容器、电站动力设施）、船体构造与设备布置、管道材料与焊接等方面具备成熟的船舶和海洋工程设施规范，具体可参见美国《钢制船舶建造和入级规范》第 1~7 分册。

（2）国内 FLNG 标准现状

我国的 LNG 行业发展较晚，标准体系不够健全，发布的国家和行业标准较少，基本处于国际和国内标准并用时期。FLNG 是国际天然气行业中的前沿产业，是浮式装置的一个新分支，尚未实现工业化，国内尚无 FLNG 的法律法规、国家标准和行业标准。

3.6 海洋油气装备

3.6.1 国内与国际标准对比

我国 1983 年颁发了《中华人民共和国海洋石油勘探开发环境保护管理条例》，该条例规定了固定式和移动式平台的防污设备要求及污水废弃物的排放管理要求；1985 年颁发了 GB 3550—1983《石油开发工业水污染物排放标准》、GB 4914—1985《海洋石油开发工业含油污水排放标准》（2008 年被 GB 4914—2008 代替），标准规定了海区分级、生活水和生产水污染物的排放浓度限值、钻井液和钻屑中污染物排放限值等技术要求（见表 3.6.1、表 3.6.4）；2001 年颁布了 GB 18486—2001《污水海洋处置工程污染控制标准》，规定了污水海洋处置工程主要水污染物排放浓度限值、初始稀释度、混合区范围及其他一般规定；2009 年颁布了 GB 18420—2009《海洋石油勘探开发污染物生物毒性 第 1 部分：分级》，规定了海洋石油勘探开发作业中使用或生成后并排入海洋中的部分污染物在不同海区的生物毒性检验的频率和容许值（见表 3.6.6），并对样品的检验方法、结果判定等提出了要求。

《中华人民共和国海洋石油勘探开发环境保护管理条例》规定，残油、废油、油基泥浆、含油垃圾和其他有毒残液渣必须回收，不得排放或弃置入海。

GB 16297—1996《大气污染物综合排放标准》规定，在我国现有的国家大气污染物排放标准体系中，按照综合性排放标准与行业性排放标准不交叉执行的原则，除特定行业执行相关国家污染物排放标准外，其他大气污染物排放均执行本标准。

3.6.1.1 国内与国际海区分级、生活水和生产水污染物的排放浓度限值对比（见表 3.6.1 至表 3.6.3）

表 3.6.1 国内标准规定生产水排放浓度限值

项目	等级	浓度限值（mg/L）			
石油类	一级	一次容许值	≤30	月平均值	≤20
	二级		≤45		≤30
	三级		≤65		≤45

表 3.6.2 国外不同国家或机构海洋石油勘探开发生活污水排放标准

国家/机构	排放标准
IMO	排放水质指标 GOD≤125 mg/L，BOD≤25 mg/L
赫尔辛基公约	处理过的污水<4 海里禁止排放，未处理污水 >12 海里允许排放
科威特公约	处理过的污水<4 海里禁止排放，未处理污水 >12 海里允许排放
美国	墨西哥湾沿岸水域污水排放 COD 限值：德克萨斯 200 mg/L，路易斯安那 125 mg/L，密西西比 250 mg/L
日本	污水排放标准要求 BOD 和 COD 值均为 160 mg/L，单日平均值为 120 mg/L

对于海上石油勘探开发中生活水的排放，除英国对新平台和旧平台生活水排放有相应的标准外，其他国家对于海上石油勘探开发过程中的生活水排放无量化的标准。海上生活污水的排放，针对的是船舶运营过程中的生活污水。

表 3.6.3 国外不同国家或机构海洋石油勘探开发生产水排放标准

国家/机构	排放标准
OSPAR	成员国驱替水排放标准不大于 40 mg/L（包括化学品和油）；2001 年在 OSPAR recommendation 2001/1 中规定，生产水和驱替水的含油量低于 30 mg/L 时可以直接排海
赫尔辛基公约	15 mg/L（如果 15 mg/L 不能满足，则为 40 mg/L）
巴塞尔公约	平均 40 mg/L（最大<100 mg/L，机械排水限值 15 mg/L）
科威特公约	平均 40 mg/L（最大<100 mg/L，机械排水限值 15 mg/L）
美国	对生产污水的排海要求：污水中月均油脂含量不大于 29 mg/L，单日油脂含量最高不超过 42 mg/L；近岸钻井平台钻井生产废水 1 d 最大排放限值为 72 mg/L，连续 30 d 平均限值为 48 mg/L
英国	根据 OPPC 法规，生产水中分散油含量不超过 30 mg/L 可以排海，驱替水中分散油月均含量不超过 40 mg/L，单次最大浓度不超过 100 mg/L，月均油含量超过 40 mg/L 需向能源和气候变化部报告
挪威	生产水排放标准为含油量小于 30 mg/L 加权平均数
荷兰	驱替水排放标准不大于 40 mg/L（包括化学品和油），生产水排放标准为含油量小于 30 mg/L
澳大利亚	生产水排放标准为含油量小于 30 mg/L

国家/机构	排放标准
加拿大	生产水排放标准为 30 d 平均含油量不超过 30 mg/L，单日含油量不超过 44 mg/L（一天至少测量两次，取多次测量算术平均值）

国内一级海域生产水排放浓度限值，月平均值要低于其他国家标准（20 mg/L），OSPAR2001/1 中规定，生产水和驱替水的含油量低于 30 mg/L 时可以直接排海。赫尔辛基公约、巴塞尔公约及科威特公约生产水排放标准为含油量平均 40 mg/L，最大<100 mg/L。美国近岸钻井平台钻井生产废水 1 d 最大排放限值为 72 mg/L，连续 30 d 平均限值为 48 mg/L。英国、挪威、澳大利亚等国家参照 OPPC 法规排放生产水标准为分散油含量不超过 30 mg/L。加拿大生产水排放标准为 30 d 平均含油量不超过 30 mg/L，单日含油量不超过 44 mg/L。

3.6.1.2　国内与国际钻井液和钻屑排放浓度限值对比（见表 3.6.4、表 3.6.5）

表 3.6.4　国内钻井液和钻屑排放浓度限值

排放污染物类型	污染参数	等级	排放要求/限值
水基钻井液和钻屑	含油量	一级	除渤海不得排放钻井油层钻屑和钻井油层钻井液外，其他一级海域要求含油量≤1%
		二级	≤3%
		三级	≤8%
	Hg（重晶石中最大值）	一级、二级和三级	≤1 mg/L
	Cd（重晶石中最大值）	一级、二级和三级	≤3 mg/L
非水基钻井液和钻屑	含油量	一级	除渤海不得排放非水基钻井液和钻屑外，其他一级海域要求含油量≤1%
		二级	≤3%
		三级	≤8%
	Hg（重晶石中最大值）	一级、二级和三级	≤1 mg/L
	Cd（重晶石中最大值）	一级、二级和三级	≤3 mg/L

表 3.6.5　国外不同国家或机构对钻井液和钻屑排放的要求

国家/机构	水基钻井液及钻屑	油基钻井液及钻屑	合成钻井液及钻屑
加拿大	未有排放要求，鼓励减少钻井液的排放	需特别的批准，使用矿物油基钻井液（PAH < 10 mg/kg）可以被批准	技术和经济不可行的情况下可以排放

续表

国家/机构	水基钻井液及钻屑	油基钻井液及钻屑	合成钻井流及钻屑
挪威、英国	在批准使用钻井液情况下可排放，需对排放点进行监测，在批准使用时根据《奥斯陆 - 巴黎公约协议》进行毒性测试	含油量小于 1% 的钻屑可以排放	《奥斯陆-巴黎公约协议》规定在特定的情况下，钻屑可以排放，需对排放的钻屑每年进行化学特性的监测，每三年进行生物性质的监测
美国	需离海岸 3 mile 外，LC50 >30 000 mg/kg 重晶石中汞/镉 <1/3 mg/kg，不能含有柴油，排放速率小于 1 000 bbl/hr	禁止排放	在墨西哥湾西部地区：排放点离海岸距离大于 3 mile；9.4% 的酯含量；重晶石中汞/镉限制在 1~3 mg/kg，生物降解性和毒性小于设定标准，不能含有柴油等。在墨西哥湾东部允许排放。加利福尼亚、阿拉斯加禁止排放
OSPAR	向海洋排放钻屑中的残留矿物油的含量要低于 1%		
赫尔辛基公约	禁止向敏感区域排放，其他区域规定排放量		
巴塞尔公约	特别保护区限值为 100 g/kg		
科威特公约	石油污染最小化要求		

我国对水基钻井液和钻屑、非水基钻井液和钻屑的排放标准为渤海禁止排放，其他一级海域含油量≤1%，二级海域含油量≤3%，三级海域含油量≤8%；一、二、三级海域 Hg≤1 mg/kg，Cd≤3 mg/kg。其他国家对水基钻井液及钻屑、油基钻井液及钻屑、合成钻井液及钻屑的排放标准做了详细的规定，如美国对水基钻井液及钻屑的排放规定为需离海岸 3 mile 外，LC50>30 000 mg/kg，重晶石中汞/镉<1/3 mg/kg，不能含有柴油，排放速率小于 1 000 bbl/hr；对油基钻井液及钻屑禁止排放；合成钻井液及钻屑在墨西哥湾西部地区排放点离海岸距离大于 3 mile，9.4%的酯含量，重晶石中汞/镉限制在 1~3 mg/kg，生物降解性和毒性小于设定标准，不能含有柴油等；在墨西哥湾东部允许排放，加利福尼亚、阿拉斯加禁止排放。与国外其他标准相比，我国海洋石油勘探开发废弃物排放标准相对宽松，细致程度较低，处理处置技术无指导性文件。

3.6.1.3 国家标准与行业标准

（1）国家标准

生物毒性容许值见表 3.6.6。

表 3.6.6 生物毒性容许值

项目	海区等级	生物毒性容许值/（mg/L）
基液	一级	15 000
	二级	10 000
水基钻井液	一级	30 000
	二级	20 000

续表

项目	海区等级	生物毒性容许值/(mg/L)
非水基钻井液	一级	15 000
	二级	10 000
生产水	一级	100 000
	二级	50 000

(2)行业标准

安全生产行业标准 AQ 2044—2012《石油行业安全生产标准化海上油气生产实施规范》由国家安全生产监督管理总局提出，规定了在中华人民共和国的内水、领海、毗邻区、专属经济区、大陆架以及中华人民共和国管辖的其他海域内从事海洋石油天然气开采活动的海上油气生产单位创建安全生产标准化的具体要求。

HY 044—1997《海洋石油勘探开发常用消油剂性能指标及检验方法》由国家海洋局提出，规定了常用消油剂的性能指标和乳化率(30 s 和 10 min)、生物毒性、生物降解度、运动黏度和燃点的检验方法及综合评价原则，见表 3.6.7。

表 3.6.7 常用消油剂的性能指标

项目	指标
燃点/℃	>70
黏点(30 ℃)	<0. 50 cm^2/s
乳化率	30 s 时，>60% 600 s 时，>20%
生物毒性	24 h LC50> 3 000 mg/L
生物降解度	BOD/COD >30%

3.6.1.4 国内与国际废气排放标准对比

国外不同国家海洋石油勘探开发废气排放标准见表 3.6.8。

表 3.6.8 国外不同国家海洋石油勘探开发废气排放标准

国家	排放标准
英国	根据《2013 海洋燃烧装置污染防治与控制法规》要求，所有功率大于 50 MW(th)的设备要控制 NO_x、SO_x、CO 和 UHC(未燃碳氢化合物)符合监测要求的总量； 根据《2013 温室气体排放权交易机制法规》，所有功率大于 20 MW(th)的设备要求海洋行业排放的 CO_2 将受控，交易机制以 CO_2 分配和监测以及排放报告为基础
美国	美国的大气污染物排放标准将常规污染物与有害污染物分开。常规污染物主要包括颗粒物、一氧化碳、臭氧、二氧化硫、氮氧化物以及城市废物焚烧炉排放的金属物、有机物、酸性气体(SO_2、HCl 等)，常规污染物的控制标准分为新污染源实施标准和现源排放标准

续表

国家	排放标准
挪威	在挪威大陆架内向空气中排放的污染物属于《污染控制法案》(仅使用挪威语)范围。对于近海生产能源的厂房(总共供应的标称热产量超过 50 MW 的、现有的和新的厂房),有关综合预防和限制污染(IPPC 指令)的欧盟委员会指令《96/61/EEC》也适用
加拿大	生产装置的操作人员,应提供每年从海上设备释放出来的温室气体的估计数量,并提供如何控制和减少这些排放物的计划;每个钻探或生产装置的操作者应计算装置上的温室气体从安装设备上每一年的基础排放量,并将结果在次年的 3 月 31 日前提供给行政部门

目前,国内对海上油气田废气排放还没有明确的标准和要求,但近期《海洋环境法》和《海洋石油勘探开发环境保护管理条例》的修订将会对海洋石油开发的废气排放提出监管要求。油田的陆上终端则要根据环保部相关要求,给出总量排放控制指标。

3.6.1.5 国内与国际消油剂的使用对比

(1)使用标准

国外不同国家消油剂使用标准对比见表 3.6.9。

表 3.6.9 国外不同国家消油剂使用标准对比

国家	使用标准
美国	消油剂喷洒 24 h 后,在 3 ft 深处海水中的消油剂浓度不应超过 5 mg/L,即每英亩的喷洒量不应超过 5 gal;消油剂的日累计使用量不得超过每英亩 540 gal
挪威	在下列情况下通常不得使用消油剂:油膜厚度知过 0.5 cm;油膜为轻质原油和柴油等液态时;油膜为重油,且处在低温环境下;油膜已经稳定地乳化;开阔海面上发生的少量溢油;溢油海面结冰时

(2)性能要求

日本消油剂性能标准见表 3.6.10,英国消油剂性能标准见表 3.6.11。

表 3.6.10 日本消油剂性能标准

项目		指标
引火点		30 ℃以上
黏度(30 ℃)		$0.5\ m^2/s$ 以下
乳化率	30 s	60 以上
	10 min	20 以上
生物降解度		90%以上
生物毒性	鱼毒性	3 000 以上
	藻类	在 100 mg/L 试液中培养一周未死亡

表 3.6.11 英国消油剂性能标准

项目	1 型（普通）[1]	2 型（浓缩）[2]	3 型（直用）[3]
外观	溶液均匀不分层	溶液均匀不分层	肉眼均匀不分层
动力黏度*/（mPa·s）	<50	<250	<250
闪点*/℃	>60	>60	>60
浑浊点*/℃	>10	-10	-10
2 000 mPa·s 燃油（10 ℃）乳化率/%	>30	>30	>60
500 mPa·s 燃油（10 ℃）乳化率/%	—	—	>45
储存试验*	通过	通过	通过
水溶性	—	通过	—

注：1）指的是一般消油剂；
2）指的是浓缩型消油剂；
3）指的是直接使用型消油剂；
*表示不同的测试项目或试验。

美国对消油剂的使用有严格的要求，消油剂喷洒 24 h 后，在 3 ft 深处海水中的消油剂浓度不应超过 5 mg/L，即每英亩的喷洒量不应超过 5 gal；消油剂的日累计使用量不得超过每英亩 540 gal。

而国内对消油剂的排放没有明确的限制，《中华人民共和国海洋石油勘探开发环境保护管理条例》规定，在发生油污染事故时，应采取回收措施，对少量确实无法回收的油，准许使用少量的化学消油剂。与国外消油剂排放标准对比，国内排放标准相对较为宽松，无明确的限值。

3.6.1.6 国内标准

（1）管道设计（选线原则）

1）总体要求。

《干线管道设计规范》规定：管道选线时，必须考虑未来 20 年城市和其他居民点、工业和农业企业、铁路和公路、其他工程项目和设计的远景发展规划；必须考虑管道的施工条件和运行期间的维护条件，包括现有的、在建的、设计中和改造中的建筑物和构筑物，沼泽化土地的改良，沙漠和草原地区的灌溉，水利工程的利用等；必须对干线管道施工和运行过程中自然条件的变化做出预测。

GB 50251—2015 规定：线路走向根据地形，工程地质，沿线主要进气点、供气点的地理位置，交通运输及动力等条件，经多方案对比后确定。GB 50253—2014 规定：根据工程建设的目的和市场需要，结合沿线城市、工矿企业、水利等建设现状和规划，以及途经地区的地形、地貌、地质、水文等自然条件，在运营安全和施工便利的前提下，通过综合分析和技术经济比较后确定线路总走向。

2）修路。

《干线管道设计规范》规定：通往管道的道路，应尽量利用现有的公用道路。只有在沿现有公用道路不能越过障碍的情况下，经充分论证后，方可考虑修筑新道路及其设施。

GB 50251—2015 和 GB 50253—2014 标准中均无相关规定。

3）滑坡地段的处理。

《干线管道设计规范》规定：在滑坡地段，管道应敷设在滑动面以下或架空敷设在支架上；支架埋深低于滑动面，以免其产生位移。管道通过泥石流地段，线路选择应在泥石流动力冲击区以外。

GB 50251—2015 规定：对于规模不大的滑坡经处理后，能够保证滑坡体稳定的地段，管道可选择在适当部位以跨越或浅埋方式通过；管道宜避开泥石流地段，若不能避开，应根据实际地形和地质条件选择合理的通过方式。GB 50253—2014 规定：输油管道应避开滑坡、泥石流等不良工程地质区，当受条件限制必须通过时，应采取防护措施并选择合适的位置，缩短通过距离；地上管道沿山坡敷设时，应采取防止管道下滑的措施。

俄罗斯标准与国内标准对于滑坡地段管道的敷设理念截然不同，前者要求深埋且低于滑动面，后者要求在适当部位跨越或浅埋通过。相对而言，前者施工量和施工难度较大，但后期维护难度较小。

4）排油沟。

《干线管道设计规范》规定：当输油管道的敷设标高高于附近的居民点和工业企业，且与居民点和工业企业的距离小于 500 m（管道直径不大于 700 mm）和 1 000 m（管道直径大于 700 mm）时，应在管道较低侧建造排油沟，用以在事故情况下排放溢出油品；排油沟下游出口设在对居民点安全不构成威胁的地方；山坡上的截油沟和排油沟随地形开挖；挖出的土成棱柱形堆放在沟的较低一侧，作为防止管道渗漏的辅助性保护措施。

GB 50251—2015 和 GB 50253—2014 中无排油沟的相关规定。

（2）管道敷设

1）管道埋深。

《干线管道设计规范》规定：当管道埋地敷设时，地表至管道顶部的最小埋深有不同的要求，管道直径小于 1 000 mm 时为 0.8 m；管道直径不小于 1 000 mm 时为 1.0 m；在需要排水的沼泽或泥炭土中为 1.1 m；在新月形沙丘地带，从沙丘间底部标高算起为 1.0 m；在无运输车辆通过的多石土和沼泽地为 0.6 m；在可耕地和灌溉地为 1.0 m；管道与灌溉渠和排水渠（土壤改良渠）交叉时为 1.1 m。另外，尚需根据工艺设计规范，考虑最佳输送工况和所输介质的特性。

GB 50251—2015 规定：埋地管道覆土层最小厚度为 0.5~0.8 m，在覆土层厚度不能满足要求或外载荷过大、外部作业可能危及管道的地段，应采取针对性的保护措施。GB 50253—2014 规定管道的埋深，应根据管道所经地段的农田耕作深度、冻土深度、地形和地质条件、地下水深度、地面车辆施加载荷以及管道稳定性要求等因素进行综合分析后确定，管顶的覆土层厚度一般不小于 0.8 m。

2）构筑施工带。

《干线管道设计规范》规定：设计敷设于山坡上的管道，当山坡横向坡度为 8°~11° 时，必须削土和填土，以构筑施工带（作业平台）；当山坡横向坡度为 12°~18° 时，必须考虑平台土的物性，防止土壤沿山坡滑动；当山坡横向坡度为 18°~35° 时，只能靠削土来构筑平台；

当山坡横向坡度超过 35° 时，应构筑挡土墙。

GB 50251—2015 和 GB 50253—2014 中无相关规定。

3）泥石流地段。

《干线管道设计规范》规定：当管道埋地通过泥石流或冲积堆时，在 20 年一遇的水位条件下，管道的埋深低于河床可能的冲刷面 0.5 m（从管顶算起）。管道通过泥石流时敷设方式和保护方案的选择，需要保证管道的可靠性和技术经济核算的合理性。在上述地区敷设管道时，可采取一定的保护措施，如放缓坡度、构筑防水设施、排放地下水、构筑挡土墙和扶垛。

GB 50251—2015 规定：管道宜避开泥石流地段，若无法避开，应根据实际地形和地质条件选择合理通过方式。

4）冻土区。

《干线管道设计规范》规定：根据超前的工程冻土学调查资料，管道线路应选择在冻土和工程地质方面最为有利的地段，并基于冻土工程地质图、比例不大于 1 : 100 000 的地区开发优势评估地形区划详图、植被恢复预测简图、土壤解冻相对沉陷图、开发比价提高系数图表选择管道线路和站场。

GB 50251—2015 和 GB 50253—2014 中无相关规定。

（3）管道穿越

1）所需设计资料。

《干线管道设计规范》规定：管道水下穿越工程应依据水文勘察资料、工程地质勘察资料以及地形勘察资料进行设计，同时尚需考虑施工地区的早期建成水下穿越工程的操作条件，影响穿越处水域状况的现有水工构筑物和设计中水工构筑物的操作条件，该地区疏浚治理工程的远景规划以及保护渔业资源的要求等条件。

GB 50251—2015 规定：在水域穿越工程设计中，应通过水文部门或调研获得必要的水文资料。其上游建有对工程有影响的水库时，应取得通过水库防洪调度后的设防洪水和水库下游对工程所在位置的冲刷资料。

2）管道穿越水域。

《干线管道设计规范》规定：水下穿越管段应敷设于河床中，确定埋深时需考虑河床可能的变形和今后的疏浚作业条件。设计水下穿越管段时，经压载加重后的管道，其顶部的设计标高应比基于工程勘察确定的河床顶预测最大冲刷剖面低 0.5 m，同时需考虑穿越工程完工 25 年内河床可能的变化，但距水底自然标高不小于 1 m。若水底为坚硬岩层，管道埋深即从经压载加重的管道顶部至水底的距离不小于 0.5 m。当缺乏相应的挖沟装备而又不能移动穿越基准线时，应通过设计论证，并征得有关水域管理部门的同意，减小管道埋深或将管道直接沿水底敷设，同时应采取附加措施，保证水下管道的运行安全。

GB 50251—2015 和 GB 50253—2014 中无相关规定。

3）土堤尺寸。

《干线管道设计规范》规定：当管径大于 700 mm，且该管段的计算温差为正温差时，敷设管道的土堤尺寸应通过计算确定，且需考虑管道的内压和运行过程中管材温度变化引起的纵向挤压力的影响。土堤最小尺寸的取值依据：管道上方的土层厚度不小于 0.8 m，并考虑土壤的下沉压实；土堤上部宽度等于管径的 1.5 倍，但不小于 1.5 m；土堤的边坡坡度取决于土壤物性，但不小于 1∶1.25。

输气管道采用土堤埋设时，GB 50251—2015 规定，管道的覆土厚度不小于 0.6 m，土堤顶部宽度大于管径 2 倍且不得小于 0.5 m；GB 50253—2014 规定，输油管道的径向覆土厚度不小于 1.0 m，土堤顶宽不小于 1.0 m。

（4）管道的架空敷设

1）补偿纵向位移。

《干线管道设计规范》规定：管道及其某些管段架空敷设时，应采取补偿纵向位移的设计方案，且无论采取何种补偿方法，均需使用清管器和隔离塞，以便能够顺利通过的弯管。直线梁式跨越管段，允许不对管道的纵向位移进行补偿。

GB 50253—2014 规定：地上敷设的输油管道，应采取补偿管道纵向变形的措施。

2）管道的出土部位。

《干线管道设计规范》规定：在设计跨越管段时，必须考虑管道出土部位的纵向位移。为了减少位移量，允许设置地下补偿装置或弯管，以承受埋地管道与架空管段毗邻处的纵向位移。在梁式架空系统中，允许在管道的出土部位不设支架。管道从黏结性较弱的土中出土时，需要采取人工固土、铺砌钢筋混凝土板等措施，以使管道处于设计状态。

GB 50251—2015 规定：输气管道出土端和弯头两侧在回填时需分层夯实。

3）跨越高度。

《干线管道设计规范》规定：管道跨越冲沟和山谷时，管底或跨空结构至 20 年一遇水位的高度不小于 0.5 m；跨越可能有浮冰的不通航、不漂运木材的河流和大冲沟时，管底或跨空结构至百年一遇水位和最高浮冰面的高度不小于 0.2 m；倘若河流上有木材和树根堵塞，应视具体情况提高管底和跨空结构的高度，但距百年一遇的最高水位的高度不应小于 1 m；跨越通航和漂运木材的河流时，跨越高度不小于通航河流桥下净空设计标准和桥梁布置基本要求所规定的值。

GB 50251—2015 和 GB 50253—2015 中无相关规定。

3.6.2 各船级社规范对比

侧重 API 与 NORSOK 海洋工程装备标准差异的对比，具体内容如下。

3.6.2.1 海洋油气资源开发装备相关 API 标准分析

API 标准目前共有 928 项（2015 年版 API 标准目录），主要由勘探与生产、石油计量、市场销售、管道输送、冶炼、安全与防火以及健康与环境等七大部分构成，分类见表 3.6.12。其中适用于自升式平台、半潜式平台、FPSO 和钻井船等四类典型海洋油气资源开发装备的标准有 170 项，主要涵盖海上结构物设计、管线管材、生产设备、平台与防污染、水下生产系统、管道输送、安全与防火、冶炼等相关要求。

表 3.6.12 API 标准分类

序号	分类	标准数目
1	勘探与生产	306
2	石油计量	147
3	市场销售	43
4	管道输送	31
5	冶炼	137
6	安全与防火	46
7	健康与环境	218
合计		928

3.6.2.2 海洋油气资源开发装备相关 NORSOK 标准分析

挪威石油标准化组织(NORSOK)成立于 1993 年,并于 2000 年制定完成了第一批 NORSOK 标准。NORSOK 标准几乎涵盖了海洋工程领域的所有方面,现行有效的 NORSOK 标准共有 75 项,按照由 A 到 Z 的编号进行分类,具体编号见表 3.6.13。

表 3.6.13 NORSOK 标准分类

序号	编号	英文名称	中文名称	标准数量
1	C	Architect	海上结构物	3
2	D	Drilling	钻井	4
3	E	Electrical	电气系统	1
4	G	Geotechnology	地下资源开发工程学	0
5	H	Heating, ventilation and air conditioning	暖通和空气调节	1
6	I	Instrumentation	仪器	2
		Metering	仪表	1
		System Control Diagram	系统控制表	1
7	J	Marine Operation	海上作业	0
8	L	Piping Layout	管道布置	5
9	M	Material	材料	15
10	N	Structural	结构	6
11	O	Operation	操作	0
12	P	Process	工艺	1
13	R	Lifting Equipment	提升设备	3
		Mechanical	机械设备	2
14	S	Safety	安全	7
15	T	Telecommunication	通信	3

续表

序号	编号	英文名称	中文名称	标准数量
16	U	Subsea	海底	2
		Underwater Operation	水下作业	4
17	WF	Well fluids	钻井液	0
18	Y	Pipelines	管线	1
19	Z	Installation	安装	0
		MC and Preservation	储存	2
		Reliability engineering and technology	可靠性工程技术	1
		Risk analyses	风险分析	1
		Stand. Cost Coding	编码	1
		Technical Information	技术信息	7
		Temporary Equipment	临时设备	1
合计				75

其中适用于自升式平台、半潜式平台、FPSO 和钻井船等四类典型海洋油气资源开发装备的标准共有 56 项，主要涵盖了海上结构物生活区、上层建造、仪器仪表、材料选取、结构钢制造、阴极保护、管路的焊接及检测、机械设备、提升设备等相关要求，具体标准见表 3.6.14。

表 3.6.14　NORSOK 海洋油气资源开发装备相关标准

序号	编号	中文名称
1	NORSOK C-001:2006	生活区域设计要求
2	NORSOK C-002:2006	建筑构件和设备
3	NORSOK C-0040:2013	海洋平台用直升机甲板
4	NORSOK D-SR-007	钻井系统
5	NORSOK D-001:2012	钻井设施
6	NORSOK D-002	修井设备系统要求
7	NORSOK D-007	测井系统
8	NORSOK D-010	钻井和油井操作时油井的完整性
9	NORSOK E-001	电气系统
10	NORSOK G-001	海洋地质调查
11	NORSOK H-001	暖通空调
12	NORSOK H-003:2010	供暖、通风、空调（HVAC）和卫生系统
13	NORSOK I-001	现场仪表
14	NORSOK I-002	安全与自动化系统
15	NORSOK I-005:2013	系统控制图
16	NORSOK L-001	管路和阀门

续表

序号	编号	中文名称
17	NORSOK L-002:2009	管路的系统设计、布置和结构分析
18	NORSOK L-004:2010	管子制作、安装、冲洗及试验
19	NORSOK L-005	法兰连接
20	NORSOK L-CR-003:1996	管道细节
21	NORSOK M-001:2004	材料的选择
22	NORSOK M-101:2011	钢结构制造
23	NORSOK M-120:2008	结构钢材料数据表
24	NORSOK M-121:1997	铝制结构钢
25	NORSOK M-122:2012	铸造结构钢
26	NORSOK M-123:2012	锻造结构钢
27	NORSOK M-501:2012	表面处理和防护涂料
28	NORSOK M-503:2007	阴极保护
29	NORSOK M-601:2008	管子的焊接和检验
30	NORSOK M-622:2005	GRP 管子系统的制造和安装
31	NORSOK M-630:2010	管系的材料数据表和元件数据表
32	NORSOK N-001:2012	海上平台结构完整性
33	NORSOK N-002	海洋气象数据的收集
34	NORSOK N-003	操作和操作效应
35	NORSOK N-004:2013	钢结构物的设计
36	NORSOK P-001	工艺流程设计
37	NORSOK P-100	过程系统
38	NORSOK R-001	机械设备
39	NORSOK R-002:2012	升降设备
40	NORSOK R-003:2004	提升设备的安全使用
41	NORSOK R-004:2006	管子和设备绝缘
42	NORSOK R-100	机械设备的选择
43	NORSOK S-001:2008	技术安全
44	NORSOK S-002:2004	工作环境(设计委要求的满足)
45	NORSOK S-003:2005	环境保护
46	NORSOK S-005:1999	机械设备工作环境和文件记录
47	NORSOK S-011:1999	安全设备数据表
48	NORSOK S-012:2002	健康、安全与环境问题
49	NORSOK T-001:2010	通信系统
50	NORSOK T-003:2010	钻井平台通信和 IT 系统
51	NORSOK T-100:2010	通信子系统

续表

序号	编号	中文名称
52	NORSOK Z-007:1999	机械完工和调试
53	NORSOK Z-013	风险和应急反应分析
54	NORSOK Z-015	临时设备
55	NORSOK Z-CR-010	电气、仪表及通信系统的安装
56	NORSOK Z-DP-002	编码系统

3.7 海上风电装备

3.7.1 国内与国际标准对比

3.7.1.1 防腐涂料性能

（1）国际防腐评价依据

1）ISO 12944-6《色漆与清漆——钢结构的防护涂料系统的腐蚀保护》（1998）是通用的防腐评价标准，特别是在大气腐蚀环境下的防腐蚀涂料系统的重要标准。

2）NORSOK M-501《表面处理和防护涂料》，主要用于海上平台防腐评价，是基体盐分等接受标准和高温抗老化、阴极剥离试验等补充要求的指导准则。

3）ISO 20340《色漆和清漆——近海工程及相关结构防护涂料系统的性能要求》是 ISO 12944 针对海上钢结构防腐蚀涂料的补充性重要参考标准。其中列出的三项性能测试如下：① ISO 11507《紫外线/冷凝循环条件下的防老化测试》，ISO 9227 标准中的盐雾试验，以及暴露在-20 ℃的低温性能；②阴极剥离性是根据 ISO 15711 中的方法 A 来规定；③根据 ISO 2812-2 中所述的海水浸没试验。

（2）国内防腐评价依据

GB 18451.1—2001《风力发电机组安全要求》。

GB/T 20319—2006《风力发电机组验收规范》。

GB/T 19072—2010《风力发电机组塔架》。

GB/T 25383—2010《风力发电机组风轮叶片》。

NB/T 31006—2011《海上风电场钢结构防腐蚀技术标准》。

JB/T 10194—2000《风力发电机组风轮叶片》。

3.7.1.2 风力涡轮机设计

（1）国际标准

风力涡轮发电机通常由塔筒、机舱、叶片等部件构成，如图 3.7.1 所示。本文件中不包含上述各个部件安装设置的详细说明。所有特殊物品（机舱、叶片、轮毂）都宜经过设计和认证，以适合运输和在所需位置的安装。按国标第 19 章要求，所有起吊点宜包括不小于 30% 的附加安全系数，应用于设计载荷时该系数为 33.3%。由于对碰撞载荷的敏感性相对较高，甲板布局时，吊装物与运输和安装船舶上的结构之间应有足够的间距。

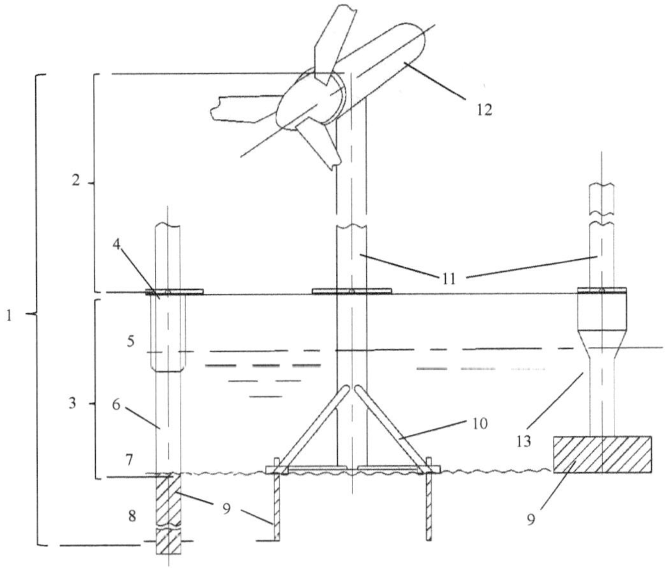

图 3.7.1　海上风力涡轮机组成部分

1—支撑结构；2—塔；3—子结构；4—带平台的过渡件；5—水位；6—柱；
7—海床；8—海床；9—基础；10—支架/三脚架；11—塔；12—船舱组件；13—GBS

（2）NK 规定

风力发电机支撑结构：材料认证概述	
认证假定风力涡轮机支撑结构的材料不属于以下任何一种：	
■ 建筑标准法第 37 条“指定建筑材料”	
■ 由国土、基础设施、交通和旅游材料部批准的材料	
■ 在风力发电设施技术标准符合性方面的性能评估方面获得批准的材料	
<审查范围>	
✓ 塔法兰	✓ 锚定螺栓
✓ 法兰连接螺栓和螺母平垫圈组	✓ 钢板
<评审标准>	
✓ 国土交通部部长认证过程中使用的审查标准比照适用（在技术审查过程中，可能会增加对风力发电设施很重要的疲劳强度评估）	
<检查细节>	
✓ 技术评审（统计评估）	
➢ 化学性能值稳定性（现有元素的成分比，特别是可焊性、裂纹敏感性等）	
➢ 物理性能值稳定性（尺寸、硬度、强度、公差、方差、松弛、抗延迟断裂等）	
✓ 质量控制体系评审	
➢ 质量管理体系相当于 ISO 9001	
➢ 有适当的分包管理制度并运作良好	
➢ 公司内部建立了接收制度和各阶段的检验制度，检验设备管理得当	

3.7.1.3 平台安装

（1）国际标准化组织

在不能直接与陆地电网连接或直接连接不经济的情况下，海上风电场通常会设置海上升压站，以上部模块的形式安装在导管架基础上。为提高设施运行期间的可达性，一些海上风电场会设置海上起居平台，海上起居平台通常以上部模块的形式安装在导管架基础上。

海上升压站或起居平台的安装包括下部结构的安装（例如导管架基础）和上部模块的安装。根据上部模块的重量，安装方式既可以是吊装式，也可以是浮托式。

在吊装作业时，导管架基础和上部结构通常由载货驳船拖带，载货驳船通常系泊在已经锚泊或处于动力定位模式的安装船上。桩腿、导管架和上部模块的吊装程序应根据具体的系泊布置进行设计。

吊装工具或辅助工具（眼板、钩耳等）以及上部模块和导管架宜由认证组织进行认证。

（2）国标对于张力腿平台的规定

张力腿平台的设计和建造应遵循本规范、CCS《张力腿平台入级指南》以及美国石油学会《张力腿平台规划、设计和建造的推荐做法》（API RP 2T）以及其他等同采用的石油行业规范的适用要求。但可以根据张力腿平台的特点进行相应的调整，以反映张力腿平台的不同性能和结构特点；张力腿平台应满足国际海事组织发布的《载重线公约》《避碰规则》《海上人命安全公约》及其修正案、《防污公约》及其修正案等的适用要求；张力腿平台应满足该平台拟作业海域的船旗国/沿岸国的有关要求；当本规范要求与船旗国/沿岸国的要求不一致时，以船旗国/沿岸国的要求为准；张力腿平台结构防腐系统的设计应按照国际公认的标准进行并得到认可。

（3）国标对于半潜式平台的规定

柱稳式平台的设计和建造应遵循本规范、CCS《海上移动平台入级规范》中柱稳式平台的适用要求以及美国石油学会《浮式生产系统规划、设计与建造的推荐做法》（APIRP 2FPS）、《浮式结构物定位系统设计与分析的推荐做法》（APIRP 2SK）、国际标准化组织中石油及天然气工业部分的《浮动式海洋平台 第1部分：单体船、半潜式平台和深吃水单立柱式平台》（ISO 19904-1）和其他等同采用的石油行业规范的相关要求。但可以根据柱稳式平台的特点进行相应的调整，以反映柱稳式平台的不同特点；柱稳式平台应满足国际海事组织发布的《载重线公约》《避碰规则》《海上人命安全公约》《防污公约》等的适用要求；柱稳式平台应满足该装置船旗国和拟作业海域沿岸国的有关要求；当本规范要求与船旗国/沿岸国的要求不一致时，以船旗国/沿岸国的要求为准；柱稳式平台结构防腐系统的设计应按照国际公认的标准进行并得到认可。

（4）国标对于深吃水单立柱式平台的规定

深吃水单立柱式平台（SPAR平台）是一种由浮体和上部甲板组成的深吃水平台，上部甲板位于浮体的上部。浮体分为上部浮体、中间部分浮体和下部浮体。上部甲板是空间桁架式甲板，上面布置生产设备、钻/修井装置、居住区和海上支持系统，并承受这些设备的载荷（包括操作载荷）；浮体的设计应符合CCS《海上移动平台入级规范》和国际标准化组织中石油及天然气工业部分的《浮动式海洋平台 第I部分：单体船、半潜式平台和深吃水单立柱式平台》（ISO 19904-1）的适用要求。上部甲板的设计和建造应符合美国石油学会《海上固定平台规划、设计和建造的推荐做法 工作应力设计法》(API RP 2 A-WSD)或其他等同采用的石油行业规范的适用要求。由于深吃水单立柱式平台具有长期在同一特定地点作业的特点,在结构的性能和要求上与移动平台有所不同,所以应对 CCS《海上移动平台入级规范》的要求进行调整,以适应深吃水单立柱式平台的特点;深吃水单立柱式平台应满足国际海事组织发布的《载重线公约》《避碰规则》《海上人命安全公约》《防污公约》等的适用要求;深吃水单立柱式平台应满足该平台船旗国和拟作业海域沿岸国的有关要求;当本规范要求与船旗国/沿岸国的要求不一致时,以船旗国/沿岸国的要求为准;深吃水单立柱式平台结构防腐系统的设计应按照国际公认的标准进行并得到认可。

3.7.1.4　认证与测试

(1)认证文件对标

通过对标 ISO 和 DNV 等其他国家海上风电场的导航和航空辅助设备的认证,发现国外更加侧重 IT 的编码与管理,而国内更加注重 IT 系统化的管理与安全,见表 3.7.1 至表 3.7.3。

表 3.7.1　ISO 与 DNV 对标参考文件

参考文件	文件标题
ISO 9000	质量管理体系—基础知识和词汇
ISO 9001	质量管理体系-要求
ISO/IEC 13273-1	能源效率和可再生能源-国际通用术语—第一部分:能源效率
ISO/IEC 13273-2	能源效率和可再生能源-国际通用术语—第二部分:可再生能源
ISO/IEC 17000	合格评定词汇和一般原则
ISO/IEC 17020	执行检验的各类机构的合格评定要求
ISO/IEC 17025	校准和检测实验室能力的一般要求
ISO/IEC 17065	认证产品、过程和服务的机构的合格评定要求

表 3.7.2　ISO 与 DNV 等其他国家海上风电场的导航和航空辅助设备的认证对标参考文件

范围	标题
日间标记	CIE 039.2-1983《视觉信号表面颜色的规范》
日间标记	IALA 建议案 E- 108《关于用作助航设备视觉信号的表面颜色》
日间标记	关于人造近海构筑物标志的 IALA 建议 0-139
日间标记	GL-IV-7-3:认证和建造规则,德国劳埃德工业服务公司,第 7 部分:海上变电站,3. 一般安全
晚间标记	关于船用信号灯的 IALA 建议 E-200-0
晚间标记	关于人造近海构筑物标志的 IALA 建议 0-139
航行	国际民用航空组织(ICAO)发布的《国际民用航空公约》附件 14,用于标记风力涡轮机的航空安全
航行	IALA 建议案 E-200《船用信号灯,第 3 部分:测量》
AIS	关于在海上助航服务中使用自动识别系统(AIS)的建议 A-126

续表

范围	标题
AIS	海上导航和无线电通信设备和系统-自动识别系统(AIS)第2部分:AIS自动识别站操作和性能要求、试验方法和要求的试验结果
AIS	海上导航无线电通信设备和系统的IEC 61162系列标准数字接口
AIS	国际电信联盟(ITU)建议M.585海上移动业务中身份的分配和使用
雷达	关于在海上助航服务中使用AIS系统的建议A-126
雷达	GL-IV-7-3:认证和建造规则,德国劳埃德工业服务公司,第7部分:海上变电站,3.一般安全
可用性	IALA指南第1035号:助航设备的可用性和可靠性
可用性	IALA关于短程导航设备的分类和可用性目标的建议0-130
可用性	IEC 61078:2016,可靠性框图
信息技术安全体系	ISO/IEC 27001:信息技术安全技术—信息安全管理系统-要求
信息技术安全体系	ISO/IEC 27002:信息技术安全技术—信息安全管理的实践规范
国际标准:德国	
范围	标题
所有组件	确保可比实施离岸设施周围基于运输技术的实施框架,框架—这里是标识、董事会航道和西北航道
信息安全	BSI标准100-1:信息安全管理体系(ISMS)
信息安全	BSI标准100-2:IT-Grundschutz-Methodology
信息安全	BSI标准100-3:基于IT-Grundschutz的风险分析
信息安全	IT-Grundschutz-catalogues,BSI
日间标记	主航道和西航道(西北部)
日间标记	DIN 5033-7比色法第7部分,物体颜色的测量条件(Messbedingungen f<e:1>科尔珀法本)
日间标记	DIN 5036-1材料的辐射和光度特性(定义特征材料的放射物理学用法概念、指标)
日间标记	德国联邦航海和安全局(AWZ)基地防腐蚀指南(AWZ)水文(BSH)vom 09.08.201 3
日间标记	EN ISO 16474-1:2013油漆和清漆,实验室光源暴露方法,第1部分:一般指南(Geraten -泰尔1:阿尔格明.恩福德伦)
范围	标题
航运	航运障碍的一般管理条例,联邦交通和数字基础设施部
国家法规:北美	
范围	标题
航运照明	美国交通部,联邦航空管理局(FAA),AC号:70/7460-1 L,障碍物标记和照明
航运照明	加拿大航空法规(CAR)2016-1,标准621 -障碍物标记和照明
可用性	MIL-STD 785B,军事标准:系统和设备开发和生产的可靠性计划,美国国防部
国家法规:英国	

续表

范围	标题
日间标记	海上可再生能源装置：在英国海上可再生能源装置附近作业的海员指南，海事和海岸警卫队，海事指南 MGN 372（M+F）
导航标记	航海安全：海上可再生能源装置（OREIs）—英国航海实践、安全和应急响应指南，海事和海岸警卫队，海事指南说明 MGN 543（M+F）

表 3.7.3　符合 IEC 61400-22 的 DNV 项目认证方案

IEC 61400-22 的组件	DNV-GL-SE-0073 的阶段	风电厂项目资质			可交付的成果
		风力涡轮机	变电站	电力电流	
场地条件评估	Ⅰ	设计基础	设计基础	设计基础	评估报告和符合性声明
设计基础评价					
综合负荷分析	Ⅱ	设计	设计	设计	
设计评估					
生产监管	Ⅲ	制造	制造	制造	
运输、安装、监管	Ⅳ	运输、安装	运输、安装	运输、安装	
调试监控		试运转	试运转	试运转	
项目特征管理（非强制）					
最终评估		最终评估报告	最终评估报告	最终评估报告	最终评估报告
项目资质		风力涡轮机项目资质	变电站项目资质	电力电缆项目资质	风电厂项目资质：风力涡轮机、变电站、电力电缆
操作和维修监管（非强制）	Ⅵ（非强制）	运行中 C（非强制）	运行中 C（非强制）	运行中 C（非强制）	评估报告和符合性声明

注：除非强制标准外，均为强制标准。

（2）认证测试项目文件对标

风电机组型式认证测试项目国内外相关标准见表 3.7.4。

表 3.7.4　风电机组型式认证测试项目国内外相关标准

检测项目		国内执行标准	参考国际 IEC 规范
型式测试	功率特性测量	GB/T 18451.2—2021	IEC 61400-12-1
	载荷测试	GB/T 25426—2020	IEC TS 61400-13
	叶片测试	GB/T 25384—2018	IEC TS 61400-23
型式特性测量	噪声测量	GB/T 22516—2015	IEC 61400-11

评估风电场施工现场的环境条件，并验证风轮机和支撑结构的强度和安全性是否符合基于环境条件的设计。（该认证是日本独有的，旨在根据《电力商业法》在施工计划通知审查中使用。）

原则上，风电场认证适用于日本的风电场，其输出功率为 500 kW 或以上，由一个或多个风力涡轮机（RNA）及其支撑结构（塔架和基础）组成，并受《电力商业法》的约束。风电场认证的目的是评估经型式认证的风力涡轮机及其支撑结构（塔架和基础）的设计是否符合外部条件和《电力商业法》的要求。

3.7.2 各船级社规范对比

3.7.2.1 风电塔设计

（1）荷载计算方法分析

为了分析不同规范对海上风电塔设计的影响，对中国规范、日本规范、IEC 规范、DNV 规范四种风电塔典型设计规范标准进行对比。基于四种规范在不同高度的风速、湍流强度、叶片风荷载、机舱风荷载、塔筒风荷载确定方法的区别，针对风荷载的计算方法的影响因素进行对比分析，为风电塔设计提供参考。

在确定不同高度的风速时，中国规范和 IEC 规范主要考虑正常风况和极端风况，计算公式一致，日本规范则对轮毂高度风速进行单独计算，DNV 规范则是把海平面以上 h 处 10 min 平均风速 U 转换成海平面任意高度 z 处平均风速 U，四种规范下不同高度风速确定方法见表 3.7.5。

表 3.7.5 不同高度风速确定方法

规范	中国	日本	IEC	DNV
不同高度风速的确定	$V(z)=V(z_{\text{hub}})(\frac{z}{z_{\text{hub}}})^{\alpha}$ 正常风况	$U(z)=\begin{cases}U_h\left(\frac{z}{H_h}\right)^{\alpha} & z<z_{\text{b}}\\ U_h\left(\frac{z_{\text{b}}}{H_h}\right)^{\alpha} & z>z_{\text{b}}\end{cases}$ （任意高度）	同中国	$U(T,z)=U_0(1+C\ln\frac{z}{h})\cdot\left\{1-0.4I_u(z)\ln\frac{T}{T_0}\right\}$
	$V_{\text{e50}}(z)=1.4V_{\text{ref}}(\frac{z}{z_{\text{hub}}})^{0.11}$ $V_{\text{e1}}(z)=0.75zV_{\text{e50}}(z)$ （极端风况）	$U_h(\theta)=E_{\text{tv}}\Pi(\theta)E_{\text{pv}}(P(\theta))V_0$ （轮毂高度）		$C=5.73\times10^{-2}\sqrt{1+0.15U_0}$

注：$V(z)$为高度 z 处的平均风速；z 为距离静止水平面的高度；z_{hub} 为位于静水平面以上用以拟合公式的参考高度；V_{e1}、V_{e50} 为一年一遇和 50 年一遇的极端风速；指数 α 根据场地类别取值；$U(z)$为高度 z 处的风速；U_h 为轮毂高度 h 处的风速；H_h 为塔筒高度；V_0 为实际测量的基本设计风速；z_{b} 为等风速高度；$E_{\text{tv}}(\theta)$为翼弦线和风向的夹角为 θ 时对应的地形平均风速的补偿关系数；$E_{\text{pv}}(\theta)$为平均风速的高度修正系数；$U(T,z)$为任意高度处的 10 min 平均风速；U_0 为平面以上 h 处 10 min 平均风速；C 为形状系数；I 为湍流强度；T 为结构自振周期；T_0 为临界风共振时基本自振周期，参照相应规范。

在湍流强度的规定上，中国规范根据湍流特性取湍流强度为一定值；IEC 规范没有相关的计算方法（参考日本规范）；日本规范则对轮毂高度和塔筒采用不同的方法进行计算，对塔筒也分两端进行计算；DNV 规范对整个上部结构采用统一的计算公式，见表 3.7.6。

表 3.7.6　湍流强度参数

规范	中国	日本	IEC	DNV
湍流强度	定值	$I_n(z)=\begin{cases} I_{hl}(\frac{z}{H_h})^{-\alpha-0.05} & z<z_b \\ I_{hl}(\frac{z_b}{H_h})^{-\alpha-0.05} & z>z_b \end{cases}$ $I_{ni}(\theta)=E_{ti}(\theta)I_p p(\theta)$	参考日本	$I_u^{(z)}=0.06(1+0.043U_0)(\frac{z}{h})^{-0.22}$

注：$E_{ti}(\theta)$为湍流强度修正系数；$P(\theta)$为翼弦线和风向的夹角为θ的单位面积轴向风压。

在叶片风荷载的规定上，中国规范先计算出叶片扫掠面 S 上单位面积的轴向压力 P，然后使用推力系数、空气密度等参数计算出叶片风荷载；IEC 规范没有相关的计算方法（参考日本规范）；日本规范采用积分的形式对叶片分段计算；DNV 规范则对风电塔整个上部结构（叶片、机舱、轮毂）采用同一种计算方法，四种规范下叶片风荷载的计算方法见表 3.7.7。

表 3.7.7　叶片风荷载参数

规范	中国	日本	IEC	DNV
叶片风荷载	$P=\frac{\rho C_\tau V^2}{2}$ $S=\frac{\pi}{4}D^2$ $F_{aa}=(C_\tau\frac{1}{2}\rho)A_b V_n^2 N$	$F_{\Pi}(\varphi)=q_m\int_0^R C_{bi}(r,\varphi,\psi+2\Pi j/3)c(r)\mathrm{d}r$ $F_{rij}=q_m\sum_{k=1}^{m}C_{bi}(r_k)c(r_k)\Delta r$	参考日本	$q=\frac{1}{2}\rho U^2(T,z)$ $F_w=CqS\sin\alpha$

注：P 为单位面积的轴向压力；S 为扫掠面积；C_τ 为推力系数；V 为距离风轮前方 5 或 6 倍直径处的风速；ρ为空气密度；A_b 为叶片的投影面积；V_n 为暴风工况对应的最大风速；N 为叶片的数量；F_{ri} 为三个叶片上的风荷载组合值；F_{rij} 为每个叶片暴风工况时所受风荷载的力；$C_{bi}(r_k)$为叶片每段的平均风力系数；$c(r_k)$为叶片每段弦长；Δr 为叶片弦长方向的每段长度；α 为风速方向和结构形心轴的夹角；q 为基本风压；C 为形状系数；F_w 为作用在塔架顶部的集中风荷载，参照相应规范。

在机舱风荷载和塔筒风荷载的规定上，中国规范对于机舱和塔筒风荷载的计算主要是在考虑高度变化系数、体型系数和风振系数的基础上确定基本风压；IEC 规范没有相关的计算方法（参考日本规范）；日本规范在考虑阵风系数和湍流强度等参数的基础上确定基本风压，进而计算风压力，计算公式见表 3.7.8。

表 3.7.8　机舱风荷载和塔筒风荷载参数

规范	中国	日本	IEC	DNV
机舱风荷载和塔筒风荷载	$W_{sk}=\frac{1}{2}\rho v_{\text{wind}}^2 Ac_W$ 机舱荷载 $W_k=\beta_z\mu_s\mu_z\omega_0$ 塔筒荷载	$q_m=\frac{1}{2}\rho U_h^2 K_1(H_h)G_i(\phi,\Psi)$ $K_1(H_h)=1+I^2_{hi}$	参考日本	$q=\frac{1}{2}\rho U_{T,z}^2$ $F_W=C_qS\sin\alpha$

注：W_{sk} 为机舱风荷载标准值；c_W 反映了每个表面受垂直气流作用的情况；W_k 指作用在塔架结构 z 高度处风荷载标准值；w_0 为基本风压；μ_z 为 z 高度处的风压高度变化系数；μ_s 为风荷载体型系数；β_z 为 z 高度处的风振系数；q_m 为暴风工况时塔筒的风压；G_i 为风荷载影响系数；I_{hi} 为轮毂高度上的风速方向上的湍流强度；α 为风速方向和结构形心轴的夹角，参照相应规范。

（2）地震荷载计算方法分析

对于地震荷载的计算，四种规范均采用拟静力法进行计算。中国规范采用振型分解反应谱法，将风电塔分为 3 段，通过集中质量法将其分布质量转换为集中质量，将风力发电机体系由无限自由度简化成有限自由度，从而简化计算风力发电塔自振频率；IEC 规范在地震荷载方面没有相关的计算方法（参考 ISO 3010：2001），考虑结构可靠性相关的荷载系数和不同结构的结构系数，按正常使用极限状态和承载能力极限状态进行计算；日本规范综合考虑地形、恒荷载、累积荷载、积雪荷载、地基液化、地基变形、地基变形对桩的影响，对风力发电机停机和正常发电两种情况受到的地震荷载进行计算；DNV 规范在地震荷载方面也没有相关的计算方法（参考日本规范）。因此，在计算风电塔的地震响应时，根据计算需要，采取相应的计算方法，见表 3.7.9。

表 3.7.9　地震荷载设计

规范	中国	日本	IEC	DNV
地震荷载	$F_{ji} = a_i\gamma_j\mu_{ji}G_i$ $\gamma_i = \dfrac{\sum_{i=1}^{n}\mu_{ji}G_i}{\sum_{i=1}^{n}\mu_{ji}^{2}G_i}$ $F_{Ev} = a_{v,\max}G_{eq}$ $F_{vi} = \dfrac{G_ih_i}{\sum G_jh_j}F_{Ev}$	$Q_{si} = k_0ZC_bQ_{qi}W$ $M_{si} = k_0ZC_bA_{mi}Wh_g$ （停止发电时） $Q_{pi} =$ $\sqrt{(\lvert\gamma Q_{si}\cos\theta + Q_{wi}\rvert)^2 + (Q_{si}\sin\theta)^2}$ $M_{pi} =$ $\sqrt{(\lvert\gamma M_{si}\cos\theta + M_{wi}\rvert)^2 + (M_{si}\sin\theta)^2}$ （发电时）	$V_{E,i,i} = \gamma_{E,u}K_ZK_{E,u}K_DK_{V,i}\sum_{j=1}^{n}F_{G,j}$ （承载能力极限状态） $V_{E,s,i} = \gamma_{E,s}K_ZK_{E,s}K_DK_RK_{V,i}\sum_{j=1}^{n}F_{G,j}$ （正常使用状态）	参考日本

注：F_{ji} 为水平地震作用标准值；a_i 为水平地震影响系数；u_{ji} 为水平相对位移；γ_i 为振型参与系数；G_i，G_j 分别为质点 i，j 的重力荷载代表值；F_{EV} 为结构总竖向地震作用标准值；$\alpha_{v\max}$ 为竖向地震影响系数的最大值；G_{eq} 为结构等效总重力载荷；F_{vi} 为质点 i 的竖向地震作用标准值；h_i，h_j 分别为质点 i，j 的震源深度；Q_{pi}，Q_{si} 分别为风电机发电时和停电时作用在第 i 层上的剪力；C_b 为底部剪力系数；A_{qi} 为剪力的垂直分布系数；W 为风电机的总重量；k_0 为设计水平地震动；Z 为地震区域系数；A_{mi} 为弯矩垂直分布系数；h_g 为塔体实际重心高度；M_{pi}，M_{si} 分别为风电机发电和不发电时作用在第 i 层上的弯矩；γ 为空气阻尼修正系数；θ 为地震动方向与风向的夹角；n 为基础上方简化自由度个数，参照相应规范。

（3）波浪荷载计算方法分析

四种规范均采用莫里森公式：

$$F=F_D+F_M=\frac{1}{2}C_d\rho A\mid U\mid+C_m\rho V\dot{U}$$

但中国规范考虑了风电塔位于深水时海流的作用：

$$F_D = \frac{1}{2}C_d\rho AU_C^{\ 2}$$

而 IEC 规范同时考虑了拍击和冲击荷载的影响：

$$F = \frac{1}{2}C_s\rho A_PU_P^{\ 2}$$

式中：F 为塔壁单位长度上的力；F_D 为波浪力的拖力分量；F_M 为波浪力的惯性分量；A 为单位长度构件垂直于海流方向的投影面积；ρ 为海水密度；C_d 为阻力系数；C_m 为惯性力系数；

当海流和波浪联合对支撑结构作用时，U 为水质点的波浪速度矢量与海流速度矢量和在垂直于构件方向上的分矢量，$|U|$为其绝对值；$\dot{U}$ 为水质点相对于构件的垂直于构件轴线的加速度分量；U_e 为设计海流速度；U_C 为卷波波高处水质点的速度；A_p 为暴露于砰击力范围中的结构面积；C_s 为砰击系数。

（4）不同荷载组合风电场受力对比分析

选取风电场区年平均风速、极端（生存）风速及相应风速下波浪荷载对风电机塔架结构的受力情况进行分析，风波计算要素见表 3.7.10。图 3.7.2 所示为采用四种风电塔典型设计规范计算的年平均风速、极端风速及其波浪荷载作用下风电机塔架结构剪力和弯矩沿塔架高度的变化曲线。表 3.7.11 为四种典型风电塔设计规范计算结果对比分析。

表 3.7.10　风波计算要素

工况	风速（m/s）	计算潮位（m）	平均波高（m）
年平均风速	7.25	8	1.84
极端风速	52.5	8	2.40

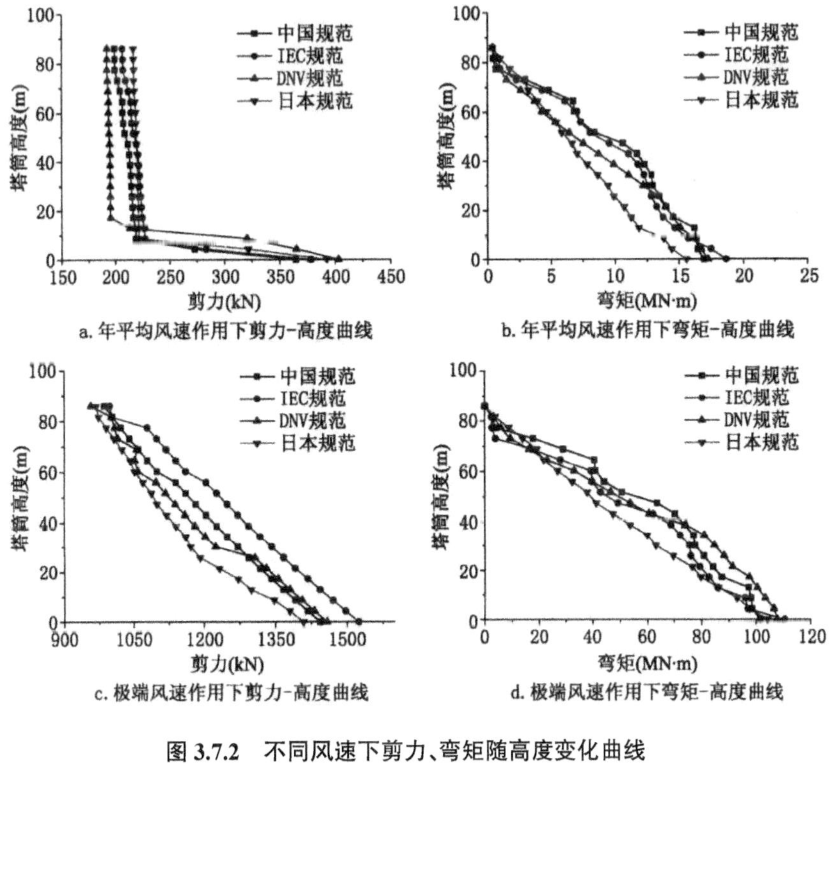

图 3.7.2　不同风速下剪力、弯矩随高度变化曲线

表 3.7.11 四种典型风电塔设计规范计算结果对比分析

工况	中国		IEC		DNV		日本	
	最大剪力（kN）	最大弯矩（MN·m）	最大剪力（kN）	最大弯矩（MN·m）	最大剪力（kN）	最大弯矩（MN·m）	最大剪力（kN）	最大弯矩（MN·m）
年平均风速+波浪	364.52	16.94	402.97	18.63	378.38	17.26	364.52	15.59
极端风速+波浪	1 443.53	101.65	1 524.37	110.69	1 457.97	108.03	1 408.56	104.50

（5）不同国家设计荷载工况比较

DNV 规范引入了 IEC 614004 规范的八大类风荷载设计工况中的六类——发电、带故障发电、启动、正常停机、紧急停机、驻车，但没有给出相应的海洋环境荷载。

GL 规范第一次将八大类风荷载设计工况与相应的海洋环境荷载组合，给出了海上风电机组基础结构设计的八大类设计荷载工况——发电、带故障发电、启动、正常停机、紧急停机、驻车、驻车及故障状态、运输安装及保养维修。考虑到基础结构的特点，GL 规范对每一类设计荷载工况又做了进一步的拆分，并剔除了与基础结构设计无关的工况，形成了 8 大类 44 个设计工况。

ABS 规范、IEC 规范和 CCS 规范保留了运输安装及保养维修中的制造商规定的设计荷载工况，而 DNV 规范剔除了该设计荷载工况，同时将极端风模型（EWM）的两个设计工况（湍流风模型和稳态风模型）合并为一个设计工况（湍流风模型）。但是在带故障发电中，DNV 将正常海况或正常波高工况拆分为极端运行阵风和正常湍流模型两个工况，见表 3.7.12（其中仅列出了不同规范有区别的设计荷载工况）。

表 3.7.12 各国规范的设计荷载工况比较

DLC	规范	风	浪	风浪方向	流	分项类型	分项系数
1.1	IEC	NTM，$V_{in} \leqslant V_{hub} \leqslant V_{out}$	NSS，$H=E[H\|V_{hub}]$	COD、UNI	NCM	U	1.25
	DNV	NTM，$V_{in} \leqslant V_{hub} \leqslant V_{out}$	NSS，$H=E[H\|V_{hub}]$	COD、UNI	风生流	U	
	CCS	NTM，$V_{in} \leqslant V_{hub} \leqslant V_{out}$	NSS，$H=E[H\|V_{hub}]$	同向、单向	NCM	U	N
	GL	NTM，$V_{in} \leqslant V_{hub} \leqslant V_{out}$	疲劳散斑图给出 $H(V)$或加速度的不规则海况			U	N

续表

DLC	规范	风	浪	风浪方向	流	分项类型	分项系数
1.6a	ABS	NTM,NWP, $V_{in} \leqslant V_{hub} \leqslant V_{out}$	SSS, $H=H_{SSS,(50\text{-}yr)}$	COD、UNI	NCM	U	N
	IEC	NTM, $V_{in} \leqslant V_{hub} \leqslant V_{out}$	SSS, $H=H_{s,sss}$	COD、UNI	NCM	U	N
	DNV	NTM, $V_{in} \leqslant V_{hub} \leqslant V_{out}$	SSS, $H=H_{S(50\text{-}yr)}$	COD、UNI	风生流	U	
	CCS	NTM, $V_{in} \leqslant V_{hub} \leqslant V_{out}$	SSS, $H=H_{SSS}$	同向、单向	NCM	U	N
1.7	GL	EWS, $V_{in} \leqslant V_{hub} \leqslant V_{out}$	$H=H(V)$			U	E
1.8	GL	EDC_{50}, $V_{in} \leqslant V_{hub} \leqslant V_{out}$	$H=H(V)$			U	E
1.9	GL	ECG, $V_{in} \leqslant V_{hub} \leqslant V_{out}$	$H=H(V)$			U	E
1.10	GL	NWP, $V_{in} \leqslant V_{hub} \leqslant V_{out}$	$H=H(V)$			F/U	*/E
1.11	GL	温度影响				U	E
1.12	GL	地震				U	A
1.13	GL	NWP, $V_{hub}=V_{in}$ 或 V_{out}	$H=H(V)$			F	*
1.14	GL	NWP, $V_{hub}=V_{in}$ 或 V_{out}				F/U	*/E
1.15	GL	NWP, $V_{hub}=V_{in}$ 或 V_{out}	$H=H_{max}(V)$ 或 $H_{maxl}(V)$			U	N
	ABS	EOG, $V_{hub}=V_r \pm$ 2 m/s 和 V_{out}	NSS 或 NWH, $H=E[H\|V_{hub}]$	COD、UNI	NCM	U	A
2.3	IEC	EOG, $V_{hub}=V_r \pm$ 2 m/s 和 V_{out}	NSS 或 NWH, $H=E[H\|V_{hub}]$	COD、UNI	NCM	U	A
		EOG, $V_{hub}=V_r \pm$ 2 m/s 和 V_{out}	NSS 或 NWH, $H=E[H\|V_{hub}]$		风生流	U/A	
	DNV	NTM, $V_{in} \leqslant V_{hub} \leqslant V_{out}$	NSS 或 NWH, $H=E[H\|V_{hub}]$	COD、UNI	风生流	U	A
	CCS	EOG, $V_{hub}=V_r \pm$ 2 m/s 和 V_{out}	NSS 或 NWH, $H=E[H\|V_{hub}]$	同向、单向	风生流	U	E
6.5	GL	EDC50 $V_{hub}=V_{ref}$	$H=H_{redl}$		NCM	U	E
6.6	GL	温度影响				U	E
6.7	GL	EWM, $V_{hub}=V_{ref}$				U	A
	ABS	RWM, $V_{hub}=V_{ref,1\text{-}yr}$	EWH, $H=H_{1\text{-}yr}$	MIS,MUL	1 年一遇流速	U	A

续表

DLC	规范	风	浪	风浪方向	流	分项类型	分项系数
7.1c	IEC	RWM, $V_{hub}=V_{ref,1\text{-}yr}$	EWH, $H=H_{1\text{-}yr}$	MIS,MUL	NCM	U	A
	DNV	RWM, $V_{hub}=0.88V_{50\text{-}yr}$	EWH, $H=H_{1\text{-}yr}$	MIS,MUL1 年一遇流速		U/A	
	CCS	RWM, $V_{hub}=V_{ref,1\text{-}yr}$	EWH, $H=H_{1\text{-}yr}$	偏向、多向	NCM	U	A
	ABS	制造商或业主制定				U	T
8.1	IEC	制造商或业主制定				U	T
	CCS	制造商或业主制定				U	T
	GL	EOG, $V_{hub}=V_r$	$H=H_{sT}$			U	T
	ABS	EXM, $V_{hub}=k_1V_{1\text{-}yr}$	ESS, $H_s=k_2H_{s,1\text{-}yr}$	COD、UNI	1 年一遇流速	U	A
8.2a	IEC	EWM, $V_{hub}=k_1V_1$	ESS, $H=k_2H_{sr1}$	COD、UNI	NCM	U	A
	DNV	EWM, $V_{hub}=1.4V_{1\text{-}yr}$	RWH, $H=\varphi H_{1\text{-}yr}$	COD、UNI	1 年一遇流速	U/A	
	CCS	EWM, $V_{hub}=k_1V_1$	ESS, $H_s=k_2H_{s1}$	COD、UNI	NCM	U	A
	ABS	RWM, $V_{hub}=V_{min,1\text{-}yr}$	EWH, $H=H_{1\text{-}yr}$	COD、UNI	1 年一遇流速	U	A
8.2c	IEC	RWM, $V_{hub}=V_{red1}$	EWH, $H=H_1$	COD、UNI	NCM	U	A
	CCS	RWM, $V_{hub}=V_{red1}$	EWH, $H=H_1$	COD、UNI	NCM	U	A
	ABS	NTM, $V_{hub}<V_{1\text{-}yr}$	H_s, T_p 和 V_{hub} 的 NSS 联合概率分布	COD、UNI	NCM	F	*
8.3	IEC	NTM, $V_{hub}<0.7V_1$	H_s, T_p 和 V_{hub} 的 NSS 联合概率分布	COD、MUL		F	*
	DNV	NTM, $V_{hub}<0.7V_{50\text{-}yr}$	H_s, T_p 和 V_{hub} 的 NSS 联合概率分布	COD、MUL		F	
	CCS	NTM, $V_{hub}<0.7V_1$	NSS, H_s, T_p 和 V_{hub} 的联合概率分布	COD、MUL	无海流	F	*
	GL	涡激横向振动				F	*
8.4	GL	NTM, $V_{hub}<0.7V_{ref}$	波高为 $H(V)$的不规则海况 $H=H_{sT}$			F/U	*/A
8.5	GL	NWM, $V_{hub}<V_r$				U	A

(6)荷载抗力系数

DNV 规范建议：对于荷载类型 G 和 Q，极端极限状态设计时，一般取 b 和 c 两组的荷载系数 φ =1.0。如果 G 和 Q 类荷载对结构受力有利（荷载增大导致荷载效应减小），若没有特别说明，则可取 φ =0.9，但地基设计时仍取 φ =1.0。DNV 规范推荐的极端极限状态荷载系数 y_{r} 见表 3.7.13。

表 3.7.13　DNV 规范推荐的极端极限状态荷载系数 y_{r}

荷载系数分组	极限状态	荷载类型			
		G	*Q*	*E*	*D*
a	ULS	1.25	1.25	1.0	1.0
b	ULS	φ	φ	1.35	1.0
c	异常风荷载	φ	φ	1.1	1.0

注：*G* 表示永久荷载，*Q* 表示可变功能荷载，*E* 表示环境荷载，*D* 表示变形荷载。其中，a 组荷载系数适用于次要构件，即单个构件失效不会导致结构丧失承载能力；b 组荷载系数则适用于主要构件，即单个构件的失效将使结构整体丧失承载能力。c 组荷载…

表 3.7.14 列出了 GL 规范推荐的极限强度分析荷载系数 y_{F}。对比可知，DNV 规范推荐的有利荷载分项系数偏于保守，仅限于永久荷载 *G* 和可变功能荷载 *Q*，而 GL 规范则对所有荷载类型均取荷载分项系数为 0.9。但 GL 规范的永久荷载（重力）和可变功能荷载（作业）的分项系数却远远大于 DNV 规范的推荐值，GL 规范建议作业荷载的分项系数取 y_F=1.35，而 DNV 规范的相应值（*Q*）仅为 1.0；GL 规范建议重力荷载的分项系数取 y_F=1.1，且非称重的重力值增大至 1.35，而 DNV 规范的永久荷载分析系数仅为 1.0。GL 规范推荐的变形分析荷载系数与 DNV 规范相同，所有工况均取 y_{r} =1.0。

表 3.7.14　GL 规范推荐的极端强度分析的荷载系数 y_{F}

荷载类型	不利荷载				有利荷载分项系数
	N	E	A	T	
环境	1.2	1.35	1.1	1.5	0.9
作业	1.2	1.35	1.1	1.5	0.9
重力	1.1/1.35*	1.1/1.35*	1.1	1.25	0.9
其他惯性力	1.2	1.25	1.1	1.3	0.9
温度影响	—	1.25	—	—	0.9

对于疲劳极限状态、服役极限状态和偶然极限状态，DNV 规范和 GL 规范推荐的所有荷载类型的分项系数均取 y_{F}=1.0。同时，GL 规范建议，如果荷载是通过测试确定的，或通过测试验证的计算值，且具有较高的置信度水平，则经与 GL 风电部协商可取较小的荷载分项系数。

表 3.7.15 列出了 IEC 规范推荐的荷载分项系数，ABS 规范和 CCS 规范采用了该标准，但规定有利荷载的分项系数 0.9 仅适用于恒荷载 *G*、活荷载 *Q* 和变形荷载 *D*。DNV 规范的

有利荷载也适用于变形荷载，GL 规范和 IEC 规范则适用于所有荷载。对于设计荷载工况 DLC1.1，如果荷载是根据切入和切出风速之间的风速通过统计外推确定的，则 IEC 规范建议正常设计状态（N）的荷载分项系数可取 1.25。

表 3.7.15 IEC 规范推荐的极端强度分析的载荷系数

不利荷载			有利荷载分项系数
N	A	T	
1.35*	1.1	1.5	0.9

由此可见，我国海上风电机组基础结构的设计标准不应采用海洋石油平台的设计标准，应结合我国的具体情况，参考相关的国内外标准进行合理的设计，在兼顾经济性和安全性的基础上，实现海上风电机组基础结构的低成本设计。

3.7.2.2 基础结构设计理念

（1）安全等级

1）DNV 规范将海上风电机组基础结构划分为三个安全级别：①低安全级别—低安全级别的属性保持不变，而将原一般安全级别进一步细分为中安全级别和高安全级别；②中安全级别——结构失效后存在一定的人员伤害、污染或社会不利影响的风险，或可能造成较大的经济损失；③高安全级别——结构失效后存在较大的人员伤亡、严重污染或社会不利影响的风险，或造成很大的经济损失。

2）GL 规范将海上风电机组基础结构划分为两个安全级别：①一般安全级别——结构失效将导致人员伤害或经济、环境以及社会的不良后果；②特殊安全级别——安全要求由地方法规确定或由设计方与业主协商确定。

3）IEC 规范“Wind turbines-Part 3：design requirements for offshore wind turbines”和 CCS 规范《海上风力发电机组认证规范》采用了上述两个安全等级的划分方法。

4）ABS 规范“Bottom-founded offshore wind turbine installations”（以下简称“ABS 规范”）则仅采用了一个安全级别：一般安全级别。

5）API 规范“Recommended practice for planning，designing and constructing fixed offshore platform-working，stress design”（API RP 2 A）和 ISO 标准“Petroleum and natural gas industries—fixed steel offshore structures（ISO 19902）”考虑生命安全和失效后果两个因素将海洋石油平台分为三个等级：

L1——有人值守平台，但人员不撤离，或严重失效后果；

L2——有人值守平台，但人员撤离，或中度失效后果；

L3——无人值守平台，且轻微失效后果。

其中，非撤离有人值守平台是指一直有人值守，且环境条件达到人员撤离前无法撤离或计划不撤离的平台；可撤离有人值守平台是指通常有人值守，但环境条件达到人员撤离前计划撤离，并有足够的时间安全地撤离所有人员的平台；无人值守平台是指通常无人值守的平台，或除上述两类平台以外的平台，包括紧急避险平台或偶尔有人值守的平台，但不包括建有永久生活设施的平台，此类平台应归类于非撤离有人值守平台或可撤离有人值守平台。

严重失效后果是指主要的平台和/或那些失效后可能漏油的平台，还包括没有计划关停油或酸气生产的平台，或发生设计关停事件无法关停的平台（如地震高发区）。此外，用于穿梭油轮的原油输送管线或储罐平台也属于该安全级别；中度失效后果是指那些发生设计关停事件时关停的平台；轻微失效后果是指那些发生设计关停事件时关停的小平台。

6）DNV 规范建议海上风电机组基础结构一般可按中安全级别设计（年失效概率为 10^{-4}）。但是，考虑到经济利益和生命安全，也可按其他安全级别设计。如果出于保护投资人利益的考虑，则应按高安全级别设计（年失效概率为 10^{-5}）。

（2）极限状态

DNV 规范和 GL 规范等欧洲规范，根据荷载的性质及其效应将设计条件划分为不同的极限状态——服役极限状态（SLS）、极端极限状态（UIS）、偶然极限状态（ALS）和疲劳极限状态（FLS），而 ISO 标准和 ABS 等美国规范仅根据荷载的性质将设计条件划分为正常设计条件（N）、异常设计条件（A）和临时（运输和安装）设计条件（T）。两种划分方法没有完全的等同关系，荷载工况互有交叉。如偶然极限状态的荷载工况既有异常设计条件也有临时（运输和安装）设计条件的荷载，而正常设计条件的荷载工况包括服役极限状态和疲劳极限状态。

1）极端极限状态是指结构达到了最大承载能力，如：①结构丧失抗力（过度屈服和屈曲）；②构件脆性断裂；③结构整体或部分丧失了刚体静平衡，如倾覆；④由于极限强度（反复荷载作用下极限强度降低）或极限变形造成结构的关键构件失效；⑤结构变成了机构（压溃或过度变形）。

2）疲劳极限状态是指循环荷载引起的失效，如反复荷载引起的累积损伤。

3）偶然极限状态是指偶然荷载作用下的最大承载能力或事故后的损伤结构完整性，如：①偶然荷载引起的损伤；②损伤结构的极限抗力；③局部损伤导致结构丧失完整性。

4）服役极限状态是指正常使用的许用标准，如：①可能改变作用力效应的变形；②可能改变支撑的刚性物体和基础结构之间荷载分布的变形；③过度振动产生不适或影响非结构构件；④超过设备限制的运动；⑤基础不均匀沉降引起超过容许的风机倾斜；⑥温度引起的变形。

（3）浮力式海上风电场涡轮机的设计寿命

1）浮力式海上风力涡轮机的设计寿命不低于 20 年。应业主要求，ABS 可接受较短的浮式海上风力涡轮机设计寿命，以证明新设计概念的可行性或进行试运行。超过设计寿命的分类持续性取决于以下要求和附加工程分析中规定的调查要求：

a）设计可行性证明：在设计寿命内的试运行期间，需要进行充分的监测和数据分析，以证明新设计概念的可行性。

b）额外工程分析：超过设计寿命的分类持续性需要进行附加的工程分析，包括但不限于结构强度、材料耐久性、系统可靠性等方面的评估。这些分析必须符合 ABS 或其他相关规范和标准的要求。

c）调查要求：ABS 可能会要求进行详细的调查，包括现场检查、结构评估、材料测试等，以验证超过设计寿命后的可靠性和安全性。

需要注意的是，具体的要求和调查程序可能因不同的设计概念、业主要求以及适用的规范和标准而有所差异。因此，在实际操作中，建议与 ABS 或其他相关机构进行详细的沟通和协商，以确保符合要求并获得适当的许可和认可。

表 3.7.16 典型浮力式海上风电结构的代表性生命周期

动力	自然周期（s）		
	翼梁类型	半潜式	TLP-类型
浪涌	>40	>40	>40
摇摆	>40	>40	>40
起伏	20~50	17~40	<5
翻转	25~60	25~50	< 5
投掷	25~60	25~50	<5
偏航	>3	>3	>3

2）CCS 规定：本规范适用于入级的海上浮式装置和新建的浮式装置。对于规范生效前的浮式装置，除已经指明外，应继续符合其原先适用规范要求。对于重大改建浮式装置，改建部分及其相关部分应适用现行规范。本规范第 I 篇也适用于现有浮式装置。浮式装置的材料与焊接，应符合 CCS《材料与焊接规范》的要求。对于具有主推进装置的浮式装置，其与主推进系统及操舵系统相关的结构、机械及电气与自动化的要求应满足 CCS《钢质海船入级规范》相适用部分的要求。对于浮式装置上起重设备的入级应满足 CCS《船舶与海上设施起重设备规范》的相应要求。对拟改造为浮式装置的现有船舶或钻井平台应参照本规范的规定进行建造并达到 CCS 满意。

（4）电缆和电线规范要求

1）CCS 规定：电缆和电线应符合标准 GB/T 5023—2008；GB/T 12706—2008、GB/T 3956—2008 或其他适用的标准。其他材料和结构的电缆和电线，如符合相关的标准并验证其适用性，亦可使用。电缆的电气性能、可燃性、机械性能应与应用环境相匹配，并应按照其规定的方式进行安装。在啮齿动物或其他动物有可能损伤电缆的地方，应使用铠装电缆或护管。电缆和电线的额定电压应不低于相关电路的额定工作电压；对于电压有变化的电路，则应不低于运行中出现的最大电压。不管对机动性的要求如何，一般建议使用含有多股导线的电缆和电线。电缆和电线的载流容量由以下两个因素确定：①正常条件下，通过最大可能的稳态电流时的最高温度；②短路条件下，允许的短时极限温度。导线截面面积应满足在最大稳态电流或其等效值情况下，导线温度不超过 GB/T 5226.1—2019 或其他等效标准的规定值。

2）ABS 规定：用于输出发电的电力电缆系统可以有一个长的悬挂段，从船体上的连接点延伸到海底。电力电缆与浮式下部结构和系泊系统在多个方面相互作用。缆绳上的波浪和海流作用可能会增加系泊系统抵抗的环境作用，而缆绳系统刚度为系泊提供了帮助。此外，缆绳系统的阻尼降低了低频运动，进而降低了系泊张力。这些影响的最终结果取决于许多因素，如电缆类型和水深。系泊设计应考虑电缆荷载、刚度和阻尼，除非可以证明在总体性能分析中忽略电缆会导致更保守的系泊设计。

3.8 船舶动力装备

3.8.1 国内与国际标准对比

(1)国际海事组织对排放污染物的限制

IMO 对 NO_x 排放量的限值:

1)当柴油机转速小于 130 r/min 时,NO_x 排放量不大于 17.0 g/(kW·h)。

2)当柴油机转速大于或等于 130 r/min,但小于 2 000 r/min 时,NO_x 排放量不大于 $45.0\times n^{-0.2}$ g/(kW·h)。

3)当柴油机转速大于或等于 2 000 r/min 时,NO_x 排放量不大于 9.8 g/(kW·h)。

根据上述规则,各种转速船用柴油机的 NO_x 排放量限值如图 3.8.1 所示。

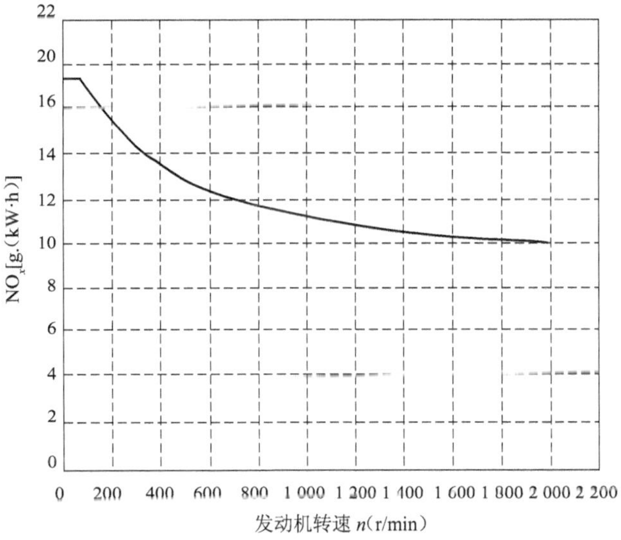

图 3.8.1 各种转速船用柴油机 NO_x 最大允许排放量限制示意图

(2)欧盟对内河船用柴油机污染物的限制

欧盟国家在欧Ⅰ/Ⅱ排放标准中对船用柴油机没有要求,但在 2004 年 12 月制定的非道路车辆柴油机的欧Ⅲ/Ⅳ排放法规中规定了内河船用柴油机的排放标准。该标准与美国船用柴油机排放标准一样,将船用柴油机分为 3 类,表 3.8.1 列出了欧Ⅲ的内河船用柴油机排放标准。

表 3.8.1 欧盟的内河船用柴油机欧Ⅲ排放标准

类别	每缸排量 V_s/L	CO/[g/(kW·h)]	NO_x+THC/[g/(kW·h)]	PM/[g/(kW·h)]
V.1.1	V_s≤0.9 及功率>37 kW	5.0	7.5	0.4

续表

类别	每缸排量 V_s/L	CO/[g/(kW·h)]	NO_x+THC/[g/(kW·h)]	PM/[g/(kW·h)]
V.1.2	0.9<V_s≤1.2	5.0	7.2	0.3
V.1.3	1.2<V_s≤2.5	5.0	7.2	0.2
V.1.4	2.5<V_s≤5.0	5.0	7.2	0.2
V.2.1	5.0<V_s≤15	5.0	7.8	0.27
V.2.2	15<V_s≤20 功率≤3 300 kW	5.0	8.7	0.5
V.2.3	15<V_s≤20 功率>3 300 kW	5.0	9.8	0.5
V.2.4	20<V_s≤25	5.0	9.8	0.5
V.2.5	25<V_s≤30	5.0	11.0	0.5
V.3	V_s≥30	IMO 标准		

（3）美国内河船舶对排放污染物的限制

美国船舶柴油机排放控制标准纳入《美国联邦法规》（CFR）中，主要由美国环保署（EPA）制定，属于具有普适性的国家法律组成部分之一。EPA 根据用途、额定功率、单缸排量等将船舶柴油机分成小型、C1 商用、C1 娱乐和 C2、C3 共 5 类，每一类都对应有不同的排放标准。

1）小型船舶发动机（37 kW 以下）

CFR 第 40 篇第 89 部分“新造及在用非道路压燃式发动机排放控制”规定了非道路压燃式发动机的空气污染物排放标准，额定功率小于 37 kW 的船舶柴油机需满足其中 Tier 1 和 Tier 2 两个阶段的要求。

2）C1 商用、C1 娱乐、C2 和 C3（37 kW 以上）

CFR 第 40 篇第 94 部分“船用压燃式发动机排放控制”专门针对 37 kW 以上船舶柴油机提出了排放控制要求，也分为 Tier 1 和 Tier 2 两个阶段。对于 C1 和 C2，如果是天然气发动机，则用 NMHC+NO_x 代替 THC+NO_x，排放限值不变。

CFR 第 40 篇第 1042 部分“新造及在用船舶压燃式发动机及船舶排放控制”进一步针对 37 kW 以上船舶柴油机提出了 Tier 3 和 Tier 4 阶段限值。Tier3 限值适用 370 kW 以下的 C1 和 C2 类发动机，Tier 4 限值适用于 600 kW 以上 C1 商用和 C2 类发动机。

（4）我国内河船舶对排放污染物的限制

我国内河船舶排放标准主要包括《内河船舶法定检验技术规则》、GB 20891—2014《非道路移动机械用柴油机排气污染物排放限值及测量方法》和 GB 15097—2016《船舶发动机排气污染物排放限值及测量方法》等。

1）《内河船舶法定检验技术规则》。

中华人民共和国海事局《内河船舶法定检验技术规则》（2011 版）生效，正式在全国内河实施船舶发动机 NO_x 排放控制，限值与 IMO Tier 1 相同，适用于 130 kW 以上柴油机。2015 年 3 月 1 日，《内河船舶法定检验技术规则 2015 修改通报》正式生效，新造船舶柴油机

NO_x 排放需满足 IMO Tier 1 要求，这也是我国 130 kW 以上船舶柴油机现行排放标准。

2）GB 20891—2014《非道路移动机械用柴油机排气污染物排放限值及测量方法》。

我国发布了 GB 20891—2007《非道路移动机械用柴油机排气污染物排放限值及测量方法（中国Ⅰ、Ⅱ阶段）》，第Ⅰ、Ⅱ阶段分别于 2007 年 10 月 1 日和 2009 年 10 月 1 日实施，但仅规定额定净功率不超过 37 kW 的船舶柴油机可参照执行，非强制要求。

我国又发布了 GB 20891—2014《非道路移动机械用柴油机排气污染物排放限值及测量方法（中国Ⅲ、Ⅳ阶段）》，第Ⅲ阶段从 2014 年 10 月 1 日开始实施，第Ⅳ阶段实施时间待定，且明确规定额定净功率不超过 37 kW 的船舶柴油机需强制执行。

3）GB 15097—2016《船舶发动机排气污染物排放限值及测量方法》。

生态环境部和国家质量监督检验检疫总局联合发布了 GB 15097—2016《船舶发动机排气污染物排放限值及测量方法（中国第一、二阶段）》，这是中国首次专门针对船舶发动机排放控制发布强制性国家标准。该标准适用于额定净功率大于 37 kW 的第 1 类船机（额定净功率大于或等于 37 kW 且单缸排量小于 5 L）和第 2 类船机（单缸排量大于或等于 5 L 且小于 30 L），包括柴油机和气体燃料发动机，对气体燃料发动机还专门提出甲烷（CH_4）排放限值。

（5）对比综述

基于上述梳理不难发现，欧盟和美国的内河船舶排放控制标准已经历近 20 年的发展，目前欧盟主要实施 NRMM 标准和 CCNR 规则，NRMM 船机标准历经了 Stage ⅢA 和 Stage V 两个阶段，CCNR 历经了 CCNR1 和 CCNR2 两个阶段；美国主要实施 EPA 标准，目前历经了 Tier 1、Tier 2、Tier3 和 Tier 4 四个阶段。中国内河船舶排放标准只经历了 10 年左右的发展，近年才颁布 CHN Stage Ⅰ和 CHN Stage Ⅰ两个阶段内河船机排放限值。

不同国家和地区内河船舶排放标准控制污染物种类见表 3.8.2，不同国家和地区船舶发动机排放法规比较如图 3.8.2 所示。

表 3.8.2　不同国家和地区内河船舶排放标准控制污染物种类

标准	EU（NRMM）		CCNR	US EPA	CHN
	Stage ⅢA	Stage V			
CO	√	√	√	√	√
HC	√	√	√	√	√
NO_x	√	√	√	√	√
PM	√	√	√	√	√
PN	×	√	×	×	×
CH4	×	√	×	×	√

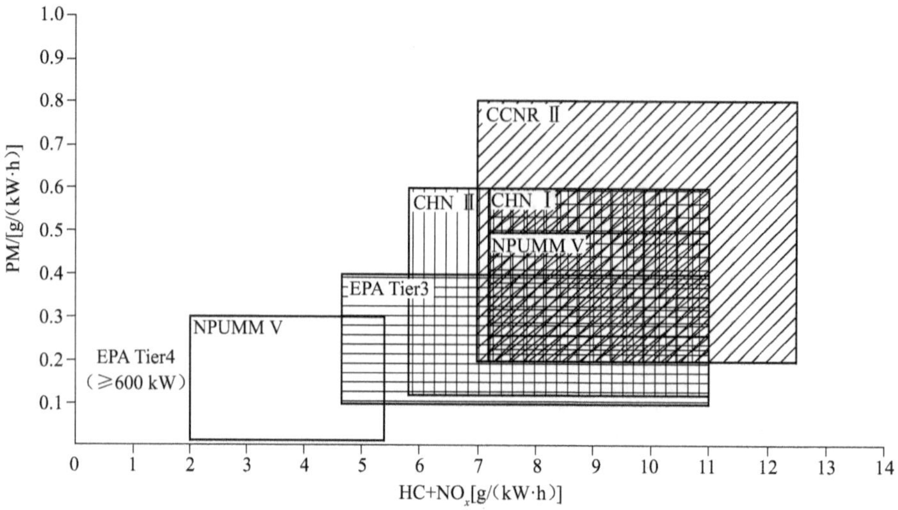

图 3.8.2　不同国家和地区传播发动机排放法规比较

3.8.2　各船级社规范对比

3.8.2.1　锂电池舱布置和电气设备特点

(1)船级符号和附加标志的要求

1)CCS 船级。

① Battery(Power):对于船舶正常运行过程中仅采用锂电池作为推进动力且符合《纯电池动力船舶检验指南》相关要求的船舶,经船东申请,可授予本符号。

② Hybrid:对于装有混合动力系统且符合《混合动力船舶检验指南》相关要求的船舶,可在规定的符号后附加本标志(混合动力电源包含锂电池)。

③ CCS 把纯电池动力船舶和混合动力船舶分开来授予船级符号或附加标志,但是明确了"混合动力船舶亦可参照本指南适用部分",即混合动力船舶不但要符合《混合动力船舶检验指南》要求,还要符合《纯电池动力船舶检验指南》适用部分要求。

2)DNV 船级。

① Battery(Power):所有采用电气储能装置(Electrical Energy Storage, EES),包含锂离子电池和电气化学电容,作为推进动力的船舶,可授予本符号。

② Battery(Safety):所有安装在一个 EES 舱的 EES 总容量大于或等于 20 kW · h 且不取 Battery(Power)符号的船舶。

③ DNV 的 Battery(Power)适用于把 EES 用作推进电源的纯电池动力船舶或混合动力船舶,Battery(Safety)符号适用于不使用 EES 作为推进电源的船舶。

3)CCS 和 DNV 船级对比。

CCS 的 Battery(Power)符号和 Hybrid 附加标志虽然不是强制性的,但所有锂电池需要满足 CCS 相关规范要求;而 DNV 的 Battery(Power)和 Battery(Safety)都是强制性的符号,除 EES 容量为 20 kW · h 以下的非纯电池动力船舶外,其他船舶只要使用 EES 就要根据 EES 的使用目的取 Battery(Power)或 Battery(Safety)符号。

（2）锂电池舱布置对比

1）锂电池室布置和配置要求。

蓄电池室是船舶上安置应急电源或应急电源用蓄电池组的专用舱室，蓄电池组采用透气型铅酸蓄电池或阀控密封型铅酸电池，总容量普遍低于 20 kW · h。蓄电池间的布置和配置分别只需要满足：

① CCS《钢质海船入级规范》第 4 篇 2.11 或《钢质内河船舶建造规范》第 3 篇第 5 章相关要求，要求涉及蓄电池的类型、蓄电池的布置和安装、蓄电池间的布置、通风、危险区域划分等方面；

② DNV-RU-SHIP Part 4 Chapter 8 Section 2 相关要求。

2）锂电池舱布置和配置要求。

锂电池舱是船舶上安置作为主电源或推进电源用锂电池的舱室，锂电池容量一般能达到 MW·h 级别，如需要取船级符号，锂电池舱的布置和配置需要满足：

① CCS《纯电池动力船舶检验指南》或《混合动力船舶检验指南》相关要求，涉及锂电池的安全等级，锂电池的布置和安装，锂电池舱的布置、通风、消防、危险区域划分等方面；

② DNV-RU-SHIP Part 6 Chapter 2 Section 1 相关要求。

船级社对于蓄电池室和锂电池舱的要求均涉及使用电池类型，电池布置和安装，电池室（舱）的布置、通风、危险区域划分等，但是具体有较大差异，如：蓄电池室是使用铅酸蓄电池，而锂电池舱是使用锂电池；蓄电池间属于危险区域，而锂电池舱不属于危险区域，在防爆电气设备的配置上也有区别。不同类型船舶上设置的上述两种电池室（舱）的布置和配置要参照相对应的规范条款。

（3）锂电池安全等级对比

CCS 为了使锂电池能够根据自身特点在船上安全使用，对锂电池进行了安全分级。在热失控情况下释放氧气和有毒可燃气体，燃烧（爆炸）风险较高的锂电池安全等级为 1；在热失控情况下仅释放有毒可燃性气体，燃烧（爆炸）风险较低的锂电池安全等级为 2。安全等级为 1 的锂电池通过严格的防护可船用，安全等级为 2 的锂电池通过采用安全措施可船用。

DNV 没有对船上使用的锂电池进行安全等级划分，但对于所有的 EES 舱柜的布置需要进行船舶安全评估，进行安全评估时会要求提供危险识别、危险评估、危险控制、采取措施等方面的资料。

（4）锂电池舱数量对比

1）纯电池动力船舶。

① CCS 要求，船长大于 15 m 时，推进用锂电池进舱布置时，锂电池舱至少要设置 2 个，每个舱锂电池总容量不能大于 2 000 kW · h。推进用锂电池如不进舱，放在开敞甲板的锂电池箱中，此锂电池箱等同于锂电池舱，也需要至少设置 2 个，每个总容量不能大于 2 000 kW · h，防护等级根据安装位置确定，但至少为 IP22。锂电池舱与相邻处所之间舱壁和甲板应为“A-60”级分隔，但与无失火风险处所相邻时上述分隔可为“A-O”级。

② DNV 要求，当所有主电源仅是 EES 时（即纯电池动力船舶），主电源至少要由安装在 2 个 EES 舱柜的 2 组 EES 系统组成。锂电池舱应由“A-O”级分隔结构包围，在与 A 类机械处所、装置危险品区域相邻时应为“A-60”级分隔。

2)混合动力船舶。

CCS 和 DNV 均对混合动力船舶锂电池舱的数量没有特别要求。单舱锂电池容量限制在 2 000 kW·h 以内是 CCS 的特殊要求,也是综合考虑能量聚集和船舶对于能源的需求后确定的数值。虽然 DNV 没有容量限制,但对于所有的 EES 舱柜的布置需要进行船舶安装安全评估,需要指出的是 CCS 对于纯电池动力船舶也需要进行风险评估,要求和 DNV 类似。

(5)锂电池舱布置位置对比

1)CCS 要求锂电池只有容量大于 20 kW·h 才需要安装在锂电池舱或者开敞甲板上锂电池箱中;容量小于或等于 20 kW·h 时,可不用设置专用的锂电池舱,安装在锂电池箱中,并布置在合适的位置即可。锂电池舱的布置位置必须在船舶防撞舱壁以后的区域,且不应安放于起居或加速其性能恶化的处所内。

2)DNV 对于 EES 容量大于或等于 20 kW·h 或取 Battery(Power)符号的船舶必须配置 EES 舱柜,要求 EES 舱柜必须布置在船舶防撞舱壁以后的区域,且 EES 舱柜边界应该由部分船体结构或者相等结构等级的围壁构成。对于 EES 容量小于 20 kW·h 且不取 Battery(Power)符号船舶, EES 的布置没有特别要求,但是和取 Battery 符号的船舶一样也需要对 EES 参照 DNV-RU-SHIP Part 6 Chapter 2 Section 1.2.5 要求进行船舶安装安全评估,即 EES 舱柜的布置要确保乘客、船员以及船舶的安全。

锂电池容量和布置位置、安装形式的关系见表 3.8.3。

表 3.8.3 锂电池容量和布置位置、安装形式的关系

布置要求	CCS 储存能量			DNV 储存能量	
	>20 kW·h	>2 kW·h 且 ≤20 kW·h	≤2 kW·h	≥20 kW·h 或 Battery (Power)符号	<20 kW·h 且不取 Battery(Power)符号
安装形式	1. 锂电池舱(室); 2. 开敞甲板锂电池箱中	锂电池箱(柜)中	钢制外壳蓄电池包形式,通风良好处	EES 舱柜中	无特别要求
安装位置	1. 防撞舱壁以后的区域; 2. 不应安放于起居或加速其性能恶化的处所内	1. 防撞舱壁以后的区域; 2. 不应安放于起居或加速其性能恶化的处所内; 3. 可置于机舱中	1. 防撞舱壁以后的区域; 2. 不应安放于起居或加速其性能恶化的处所内	1. 防撞舱壁以后的区域; 2.EES 舱柜边界应为部分船体结构或相等的结构等级; 3. 布置位置要进行安全评估	布置位置要进行安全评估

船级社对于大于 20 kW·h 的锂电池,要求安装在锂电池舱中,且布置在防撞舱壁后面是从安全角度考虑的,电池容量是从船舶的重要性和发热失控后的危害程度等多方面综合评估的数值。

以上布置要求只是从锂电池安全性角度出发的基本要求,锂电池舱的布置位置还需要考虑电池质量对船舶结构和稳性的影响。

(6)锂电池舱内布置对比

1)CCS 对锂电池模块的基本配置要求见表 3.8.4,可分为锂电池箱和超级电容箱。

锂电池箱只有满足表 3.8.4 要求才能安装在锂电池舱内。安全等级为 1 的锂电池包必须安装在锂电池箱中,以锂电池箱的形式安装在锂电池舱内,防护等级不小于 IP67。安全等级为 2 的锂电池包,只有锂电池舱水平投影面积不超过 1 m^2 或安装在托架上才能安装在锂电池舱内。

从通风散热和避免碰撞考虑,安装在锂电池舱中的锂电池箱(包)的布置要满足表 3.8.5 的布置要求。

表 3.8.4　锂电池模块基本配置要求

项目	配置要求	
	锂电池箱	超级电容箱
箱外壳厚度和材质	≥1 mm 的钢制材料	≥1 mm 的钢制材料
箱内电池包分隔	水平钢制分隔	水平钢制分隔
最小分隔单元水平投影面积	垂直高度>1 m 时:≤1 m^2 垂直高度≤1 m 时:≤1.5 m^2	≤1.5 m^2

表 3.8.5　锂电池舱中锂电池箱(包)的布置要求

项目	布置要求	
	船长≥20 m	船长<20 m
锂电池(包)距舱壁间距	≥150 mm	≥150 mm
锂电池箱(包)距上方甲板间距	≥500 mm	≥150 mm
锂电池箱(包)距船体外板水平距离	≥500 mm	≥300 mm

2)DNV 对 EES 舱柜的布置没有明确的要求,设计时可以参考 CCS 要求。

(7)危险区域划分和电气设备防爆要求

CCS 和 DVN 对锂电池舱的危险区域划分有不同要求。锂电池舱的危险区域划分和电气设备防爆要求见表 3.8.6。

表 3.8.6　CCS 与 DNV 对锂电池舱的危险区域划分和电气设备防爆要求

船级社	CCS		DNV	
船型	纯电池动力船	混合动力船	纯电池动力船	混合动力船
是否危险区域	否	根据电池释放可燃气体成分,按照 IEC 60079-10-1 划分	否	否

续表

船级社	CCS		DNV	
船型	纯电池动力船	混合动力船	纯电池动力船	混合动力船
危险区域延伸区域	—	根据电池释放可燃气体成分，按照 IEC 60079-10-1 划分	距离进出风口 1.5 m 范围内的露天区域	距离进出风口 1.5 m 范围内的露天区域
电池是否划分安全等级	是	否	否	否
危险区域延伸区域等级	—	根据电池释放可燃气体成分，按照 IEC 60079-10-1 划分	2 区	2 区
电气设备防爆类型	安全等级 1 电池：无火花型应急排风系统； 安全等级 2 电池：无火花型应急排风机	根据电池释放可燃气体成分，按照 IEC 60092-502 确定	无火花型“EX n”	无火花型“EX n”
电气设备防爆类型和温度组别	无特殊要求	根据电池释放可燃气体成分，按照 IEC 60092-502 确定	舱顶部设备最低为 IC 和 T2	舱顶部设备最低为 IC 和 T2
独立的应急排风系统	是	否	否	否
安装独立可燃气体探测装置要求	安全等级 1 电池：LEL（Low Explosion Limit，爆炸下限）>20%时驾驶室报警，并启动应急排风系统； 安全等级 2 电池：LEL>20%时驾驶室报警，并启动应急排风	LEL/LFL（Low Flame Limit，燃烧下限）≥20%时自动报警；LEL/LFL≥40%断开蓄电池回路	检测到气体立刻启动排风系统，LEL≥30%时，驾驶室报警，断开蓄电池回路；如气体可能排放到 EES 舱柜，则 LEL≥60%时断开舱内所有电气回路	检测到气体立刻启动排风系统，LEL≥30%时，驾驶室报警，断开蓄电池回路；如气体可能排放到 EES 舱柜，则 LEL≥60%时断开舱内所有电气回路

由于锂电池仅在热失控情况下释放有毒可燃气体，在正常工作时不释放可燃气体，所以 CCS 对纯电池动力船舶锂电池舱不划分危险区域。但用于纯电池动力船舶的锂电池必须提供风险评估报告，进行安全等级判断，使用不同安全等级锂电池时，根据表 3.8.7 配置相应的消防灭火系统。

表 3.8.7　锂电池舱的消防灭火系统配置要求（CCS）

类型	固定式灭火系统			手提灭火器	
	七氟丙烷	二氧化碳	压力水雾	七氟丙烷	二氧化碳
安全等级为 1 锂电池舱配置要求	可配置，保证锂电池复燃时可再次释放，每次释放容量按照处所 9%设计	不可配置	可配置，出水率按 5 L/（m^2·min）设计，喷嘴距离锂电池顶≥0.5 m	锂电池舱甲板面积≥4 m^2 时，至少配置 4 具，其中有 1 具在处所入口；锂电池舱甲板面积 <4 m^2 时，可用足够数量手提灭火器取代固定式灭火系统	不可配置

续表

类型	固定式灭火系统			手提灭火器	
	七氟丙烷	二氧化碳	压力水雾	七氟丙烷	二氧化碳
安全等级为2锂电池舱配置要求	可配置,容量按照处所9%设计	仅超级电容可配置,容量按照处所40%设计	可配置,出水率按5 L/(m^2·min)设计,喷嘴距离锂电池顶≥0.5 m	锂电池舱甲板面积≥4 m^2时,至少配置4具,其中有1具在处所入口;锂电池舱甲板面积<4 m^2时,可用足够数量手提灭火器取代固定式灭火系统	锂电池舱甲板面积<4 m^2,且使用超级电容时,可用足够数量手提灭火器取代固定式灭火系统

1)CCS对混合动力船舶如果仅使用锂电池作为推进电源,则其锂电池舱可以按照纯电池动力船舶相关要求配置,不需要划分危险区域。

2)DNV对纯电池动力船舶和混合动力船舶锂电池舱危险区域划分要求是相同的,EES舱柜不属于危险区域,但EES舱柜顶部安装的电气设备需要按照危险区域zone 2标准满足相应防爆等级,距离进出风口1.5 m范围内的露天区域划分为zone 2危险区域延伸区域,在这些区域布置电气设备要注意相应的防爆要求。

3)对于锂电池舱在危险区域划分和防爆设备要求,两家船级社区别较大,目前入级CCS的船舶以使用安全等级为2的磷酸铁锂为主,而入级DNV的船舶使用比较多的是安全等级为1的三元锂电池。

(8)传感器配置

CCS和DNV均要求安装传感器,但DNV的要求较高,安装在EES舱柜顶部的传感器均为防爆型。

1)温度传感器。需要在锂电池舱内和蓄电池箱内合适的位置配置独立于电池系统的温度传感器,分别探测蓄电池舱内和蓄电池箱内的温度,并在温度过高时在有人控制处所发出声光报警。

2)可燃气体探测传感器。需要在通风系统的出口处安装独立的可燃气体探测传感器,并在可燃气体含量达到相应值时触发报警并启动驱气风机,排除舱内或蓄电池箱内的可燃气体,保证锂电池舱的安全。

3)火灾探测传感器。需要在锂电池舱内合适位置安装感烟探测传感器,并满足FSS规则相关要求。

(9)消防灭火系统配置

消防灭火系统是对锂电池舱安全保护很重要的系统,CCS和DVN对锂电池舱的消防灭火系统有不同要求,CCS要求见表3.8.7,DNV要求见表3.8.8。

表3.8.8 锂电池舱的消防灭火系统配置要求(DNV)

类型	固定式灭火系统	
	水基	其他气基或二氧化碳
配置要求	能释放淡水30 min;在淡水释放完后可切换到海水,并在驾驶室提供声光报警	选择的气基灭火系统要能对释放的可燃气体起作用;当EES容量≥100 kW·h时,需要配置2套独立充气单元;当使用卤化烃清洁灭火剂时,受气压冲击的门和风闸释放后能自动闭合

1)CCS 把固定式灭火系统分为七氟丙烷、二氧化碳、压力水雾等 3 种类型,手提灭火器分为七氟丙烷、二氧化碳等 2 种类型,并按照锂电池舱的不同安全等级进行不同配置。

2)DNV 把固定式灭火系统分为水基、气基等 2 种类型,并在满足相关 IMO 和 FSS 规则要求基础上按表 3.8.8 的要求配置。

(10)其他电气设备装置

CCS 和 DNV 均要求锂电池舱内不安装与电池系统无关的电气设备,即除照明设备、报警设备、温度探测设备、火灾探测设备、气体探测设备、通风设备、消防设备等必要电气设备外,尽量不安装其他电气设备;如必须安装,DNV 要求配置防爆型设备。

3.8.2.2 环境保护对船用柴油机的要求

(1)美国对船艇发动机污染物的限制

1)ABS 对船用柴油机有害物排放的规定:柴油机按每缸排量分为 3 类,见表 3.8.9。

表 3.8.9 ABS 柴油机分类

类别	每缸排量 V_s/L
1	V_s<5(和功率≥37 kW)
2	5≤V_s<30
3	V_s≥30

2)提出了一个"蓝天系列"(Blue Sky Series)自愿执行的排放标准,执行这个标准表明你的发动机有更好的排放,见表 3.8.10。

表 3.8.10 "蓝天计划"自愿执行的排放标准

每缸排量 V_s/L	NO_x+THC[g/(kW·h)]	PM[g/(kW·h)]
功率≥37 kW 及 V_s<0.9	4.0	0.24
0.9≤V_s<1.2	4.0	0.18
1.2≤V_s<2.5	4.0	0.12
2.5≤V_s<5.0	5.0	0.12
5.0≤V_s<15	5.0	0.16
15≤V_s<20 及功率<3 300 kW	5.2	0.30
15≤V_s<20 及功率≥3 300 kW	5.9	0.30
20≤V_s<25	5.9	0.30
25≤V_s<30	6.6	0.30

3)美国标准中还规定了柴油机排放的有效期限和保证期,保证期是至少要达到的最短期限,要求的有效期限和保证期见表 3.8.11。

表 3.8.11　美国船用柴油机排放的有效期限和保证期

类别	有效期限		保证期	
	小时（h）	年（a）	小时（h）	年（a）
3	10 000	3	10 000	3
2	20 000	10	10 000	5
1	10 000	10	5 000	5

（2）中国船级社对排气污染物的限制

中国船级社指导性文件 GD 027—2000《船用柴油机 NO_x 排放试验及检验指南》，贯彻执行 IMO 的“73/78 国际防止船舶造成污染公约”中的附则 VI《防止船舶造成空气污染规则》第 13 条及其附件《船用柴油机 NO_x，排放控制技术规则》的规定，该文件对排气污染物的限制及试验和检验方法与 IMO 的《船用柴油机 NO_x 排放控制技术规则》相一致。通过 CCS 指定的检测单位的检验并合格后，可发给中国船级社的“柴油机国际防止空气污染证书”和“柴油机国际防止空气污染符合证明”，详见表 3.8.12。

表 3.8.12　柴油机排气污染物排放限值

序号	排放量[g/（kW·h）]			
	CO	HC	NO_x	PT
1	12.3	2.6	15.8	
2	8.4	2.1	10.8	
3	4.9	1.2	9	0.7*

3.8.2.3　储能系统

（1）CCS 储能系统

1）蓄电池/超级电容器的铭牌应标注其化学类型。

2）采用储能系统作为推进动力的混合动力船舶应在船上备有储能系统的紧急操作说明，紧急操作说明应包括发生外部火灾和储能系统内部发生热的故障时的处理程序。

3）采用储能系统作为推进动力的混合动力船舶应在船上备有储能系统的维护（包括检查）和功能测试说明，应载明专业人员（一般是蓄电池制造商或其授权人员）如何对系统和部件进行测试、测试的周期以及其他详细说明，维护/检查后应留有记录，应制定维护周期记录表并保持更新。

4）上述的定期维护和功能测试包括但不限于以下内容：

①测试 SOH；

②对涉及储能系统控制、报警和安全的全部设备和系统进行测试；

③测试的实际结果及验收标准；

④故障识别和修理。

（2）DNV 储能系统

DNV 涵盖锂离子电池系统和电化学电容器系统的设计、安装和认证要求，应用类别符号详见表 3.8.13。

表 3.8.13 应用类别符号

类别	目的	应用
动力	船舶用 EES 动力进行电力推进	1. 全电动船舶，即所有主要动力源均以 EES 为基础； 2. 混合动力船舶，其中一个主要的动力来源是基于 EES； 3. 混合动力船舶操作模式，该船仅靠 EES 动力运行，另一个主要来源即待机电源； 4. 混合动力船舶使用将 EES 系统作为冗余电源主类和/或附加类的功率符号，例如动态定位
安全性	适用于综合 EES 装置在一个 EES 空间中有一个额定容量为 20 kW·h 或以上，没有电池（电源）符号	1. 不使用 EES 动力作为主要动力来源的混合动力船舶； 2. 混合动力船舶仅使用 EES 功率进行调峰和/或负载平衡； 3. 一般船舶仅在系泊时使用 EES 动力

（3）ABS 储能系统

能源转换装置（ETD）和储能系统（ESS）的选择和尺寸应对应，以使 HEP 能够运行并提供所需的功能，且在其整个使用寿命内不会损坏。如果 ESS 的性质通常会因使用或使用年限而表现出容量或性能损失，则应根据预计在其使用寿命结束时 ESS 的容量和性能来选择 ESS 并确定其大小。对于装有锂离子电池、超级电容器或燃料电池动力系统的船舶，应至少满足表 3.8.14 所示的要求。

表 3.8.14 ESS/ETD 要求

	适用的系统	指导参考
ESS	锂离子电池电池管理系统（BMS）	船舶和近海工业中锂离子电池使用指南
	超级电容器-电容器管理系统（CMS）	船舶和近海工业超级电容器使用指南
ETD	燃料电池动力系统	船用和近海应用燃料电池动力系统指南
	太阳能光伏发电系统	参见指南第 5 节
	风力发电系统	参见指南第 6 节

3.8.2.4 混合动力系统

ABS 与其他标准规范参考文件对比。

ABS Rules for Building and Classing Marine Vessels（Marine Vessel Rules）。

ABS Rules for Building and Classing Mobile Offshore Units（MOU Rules）。

ABS Guide for Building and Classing Yachts（Yacht Guide）。

ABS Guide for Fuel Cell Power Systems for Marine and Offshore Applications。

ABS Guide for Direct Current (DC) Power Distribution Systems for Marine and Offshore Applications。

ABS Guide for High Voltage Shore Connection (HVSC Guide)。

ABS Guide for Use of Lithium-ion Batteries in the Marine and Offshore Industries (Lithium-ion Battery Guide)。

ABS Guide for Use of Supercapacitors in the Marine and Offshore Industries (Supercapacitor Guide)。

ABS Guidance Notes on Risk Assessment Applications for the Marine and Offshore Oil and Gas Industries。

ABS Guidance Notes on Failure Mode and Effects Analysis (FMEA) for Classification。

ABS Guide for Dynamic Positioning Systems。

ABS Guide for Comfort on Yachts。

ABS Guide for Nondestructive Inspection。

ABS Guide for Wind Assisted Propulsion System Installation。

ABS Guide for Crew Habitability。

ISO 21984：2018：Ships and marine technology - Guidelines for measurement，evaluation and reporting of vibration with regard to habitability on specific ships。

ISO 23274-1：Hybrid-electric road vehicles - Exhaust emissions and fiuel consumption measurements。

3.8.2.5 蓄电池

(1)DNV 蓄电池要求

1)EES 系统设计。

当所有的主要动力来源只基于 EES 时，主要动力来源应包括至少两个独立的 EES 系统，并位于两个独立的 EES 空间。

2)蓄电池容量。

要求用于供电的电池的尺寸应能满足环境温度为 0 ℃时预期功能所需的时间，除非有加热装置。

(2)CCS 蓄电池要求

1)适用范围。

《船舶应用电池动力规范》(以下简称“本规范”)适用于以蓄电池作为部分或全部动力源的船舶的设计、建造和检验以及蓄电池及其电池管理系统(BMS)的试验和检验。

本规范所指蓄电池包含锂离子蓄电池和能量型超级电容器，所指电池管理系统包含电容管理系统。

除本规范明确要求外，本规范适用于船体材料以钢或铝合金材料建造的船舶。

船长小于 24 m，且载客人数在 12 人以下的增强纤维塑料船适用于本规范。

本规范不适用于高速船。

本规范未涉及部分，应满足 CCS 相应规范的相关要求。

2)一般要求。

蓄电池在船舶上的布置和安装除应满足 CCS《钢质内河船舶建造规范》(2016)第 3 篇 5.1.3.1、5.1.3.8 和 5.1.3.9 的要求或《钢质海船入级规范》第 4 篇 2.11.1.10 至 2.11.1.12 的要求外,尚应满足本节要求。

在布置蓄电池时,应考虑到蓄电池总存储能量(存储能量为蓄电池额定容量与额定电压的乘积):

①总存储能量大于 20 kW·h 的蓄电池,应安装在蓄电池舱(室)内或开敞甲板上的蓄电池箱(柜)中;

②总存储能量小于和等于 20 kW · h 但大于 2 kW · h 的蓄电池,可以安装在蓄电池箱(柜)中,在保证箱(柜)使用环境的情况下,可置于机舱中;

③总存储能量小于和等于 2 kW · h 的蓄电池,可采用钢质外壳蓄电池包的形式,在保证包内使用环境的情况下,安装在通风良好的处所。

蓄电池应位于防撞舱壁以后的区域。

蓄电池不应安放于起居处所内。

蓄电池的布置应便于更换、检查、测试和清洁。船长小于或等于 20 m 的船舶,任意蓄电池最小快速维护可拆卸单元质量应小于或等于 130 kg。

蓄电池不应安装在受过热、过冷、溅水、蒸汽、其他损害其性能或加速其性能恶化影响的处所内,其布置不应因其滥用造成的着火、爆炸,而导致人员遭受危险和设备遭受损坏。

蓄电池布置的相关区域,应张贴安全警示标志和禁止无关人员进入标志。

3.8.2.6 低闪点燃料发动机

(1)DNV 要求

1)适用范围。

LFL 燃料的附加等级标志的范围包括从船舶的 LFL 燃料连接处到消费者的要求。

对油箱的布置和位置以及所有燃料管道和装置的空间都有要求,包括对这些空间入口的要求。

对燃料装置造成的危险区域和空间进行定义,包括对制造、工艺和测试的要求,主要参考 Pt.5 Ch.6 中的细节,加油程序需要批准,但加油过程不属于规则的范围。

2)传输与供应。

①燃油系统应与船上的所有其他管道系统完全分开。

②管道应距离船舷不少于 800 mm。

③应提供一个用氮气清洗和释放燃料仓、供应、返回和排放管道的安排,该系统的安排应使燃料被清洗到一个安全的位置。

(2)NK 要求

1)政府批准的废气净化系统作为《海洋污染防治系统规则》第 1.1.3 部分规定的替代方案——“废气清洁系统”(缩写为“EGCS”)。

2)使用双燃料发动机的船舶——双燃料发动机(缩写为“DFE”)。

3)只使用燃气发电机的船。

4 重点领域国内外知识产权检索与分析

（1）检索方法

在专利数据库的基础上，采取国际专利分类号 IPC、船舶动力检索词作为关键词的两者结合的方式进行专利检索。考虑到数据的科学性、正确性以及船舶产业自身的特点，检索词的筛选借鉴了《中国船舶工业年鉴》中关于船舶动力的专利检索词，确保检出专利的全面性、准确性，以保证分析结果客观、可靠。

（2）分析工具

采用 Excel、SPSS 等软件进行数据归纳、图表绘制和专利分析，主要通过对专利信息中国际专利分类号 IPC、专利整体申请趋势、专利申请人、专利申请地域等专利战略要素进行定性、定量分析与研究。所得结论有利于深入挖掘专利文献中的战略信息，了解和掌握该领域主要发展现状、技术发展趋势和竞争态势，且是对我国船舶动力装置进行专利战略研究、分析、决策的有效途径。

（3）核心专利识别方法

核心专利是指在某个领域具有高度影响力和创新性的且具有重要经济价值的专利。因此，识别核心专利是进行技术演化分析的基础，对于分析目标技术当前发展现状和预测未来发展方向起到重要作用。一般情况下，专利被引频次是识别核心专利的重要指标，若目标专利被引频次越高，表明此专利在该技术领域具有较高的创新性和价值。

依据普莱斯定律，以专利被引频次界定专利是否为核心专利。定义专利被引频次在 $M \sim N_{max}$ 内则为核心专利。

（4）聚类分析法

聚类分析法是依据样品或变量（指标）之间的相似性进行分类的多元统计分析方法。其原则是同一类中的个体有较大的相似性，不同类的个体差异较大。样品聚类就是对事件进行聚尖，即根据反映被观测对象特征的各变量值进行分类。变量聚类则是根据所研究问题，选择部分变量对事物的某一方面进行研究。由于聚类分析的实现有多种方法，本章选择常用的分层聚类法。

层次聚类法是一种被广泛使用的经典聚类方法，凝聚的层次聚类方法如下：

1）将每个对象归为一类，计算临近度矩阵；

2）合并最接近的两个类；

3）更新临近度矩阵，以反映新的类与旧的类之间的临近度；

4）重复 2）与 3），直到最后合并成为一个类为止。

算法中的临近度计算即为类与类之间的亲疏程度，根据计算出的亲疏程度对其进行归类。本章采用欧几里得距离作为临近度的计算方法，将每个聚类成员看作 n 维空间的一个点，在 n 维空间中，点与点的距离越近，其相似程度越高，更有可能聚为一类。下面给出具体欧几里得距离计算公式：

$$d(x,y)=\sqrt{\sum_{k=1}^{n}(x_k-y_k)^2} \tag{4-1}$$

式中：n 是维数；x_k 和 y_k 分别是 x 和 y 的第 k 个属性值。

（5）常见专利布局策略

以专利挖掘为基础，综合多项因素而构建的专利保护网称 x、y、k、n 为专利布局，即专利挖掘与专利策略的结合。常见专利布局策略如下。

1）路障式布局。

将实现某一技术目标必需的一种或几种技术解决方案申请专利，形成无法越过的路障。

①优点：成本较低。

②缺点：一般基于竞争对手的布局失误。

2）地毯式布局。

将实现某一技术目标所有规避设计方案全部申请专利，不给竞争对手任何机会。

①优点：可以有效抵御竞争者侵入自己的技术领地，不给竞争者进行规避设计和寻找替代方案的任何空间。

②缺点：成本高昂。

3）口袋式布局。

对于可能有多个替代方案的技术，针对技术壁垒易突破、生产成本低、销售链更加完备的产品，重点完善其专利布局；对技术壁垒高、生产工艺繁杂、生产成本高、销售链不明朗的相关技术，暂时网开一面，诱敌深入。

①优点：成本适中，可诱使竞争对手为了规避专利侵权，选择难度较大的方向进行研发。

②缺点：前期需要准确把握研发方向，可能有失误。

4）包围式布局。

在核心专利由竞争者掌握时，将围绕该技术主题的许多技术解决方案申请专利，设置若干小专利，将核心专利包围起来，即可形成一个牢固的包围圈。

①优点：可以获得与拥有基础专利或核心专利竞争者进行交叉许可谈判的筹码，在专利许可谈判时占据有利地位。

②缺点：需要基于竞争对手的失误布局。

4.1 油船

4.1.1 数据来源

数据来源：国家知识产权局常规检索（cnipa.gov.cn）和智慧芽平台专利信息数据库。

数据年限：1863—2022 年 8 月，搜索到的国内外专利数据共 3 394 项。

4.1.2 专利分析

4.1.2.1 专利申请趋势

图 4.1.1 所示为 1863—2022 年全球油船专利申请趋势图。由图可知，国外对于油船方面的专利申请出现于 1863 年，并且自 1967 年起国外油船专利申请数量持续在每年 20~30 件；而我国油船专利申请数量自 2004 年开始逐渐增长，2016—2018 年增长更为迅速，甚至一度超越了国外油船专利申请数量。另外，我国油船专利数量占比呈现逐步攀升趋势，进一步说明我国在油船技术方面越来越具创新力与影响力。

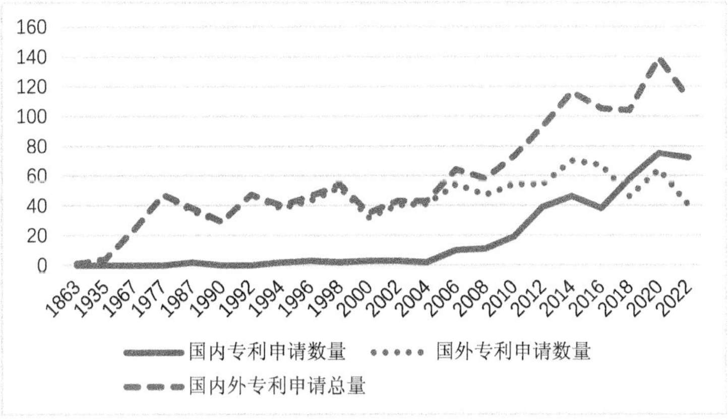

图 4.1.1 1863—2022 年全球油船专利申请趋势

4.1.2.2 专利申请类型

根据搜集到的相关资料可得，我国《专利法》规定的专利有三种，即发明专利、实用新型专利与外观设计专利。发明专利指对产品、方法或者其改进所提出的新的技术方案，即意味着创新。实用新型专利指对产品的形状、构造或者其结合所提出的适用于实用的新的技术方案，其创造性和技术水平较发明专利低，但实用价值大。外观设计专利则指对产品的形状、图案、色彩或者其结合所做出的富有美感并适用于工业应用的新设计。

由图 4.1.2 可以看出，在全球专利申请类型方面，发明专利中授权发明类占比为 41.99%，共计 1 425 件，发明申请类占比为 41.90%，共计 1 422 件，总的发明专利占比为 83.89%，共计 2 847 件；实用新型类占比为 14.53%，共计 493 件；外观设计类占比为 1.56%，共计 53 件。这说明国际上更加注重油船的技术水平与实用性，对于外观性的专利申请相对较少，也从侧面说明油船的相关技术正在逐步完善。

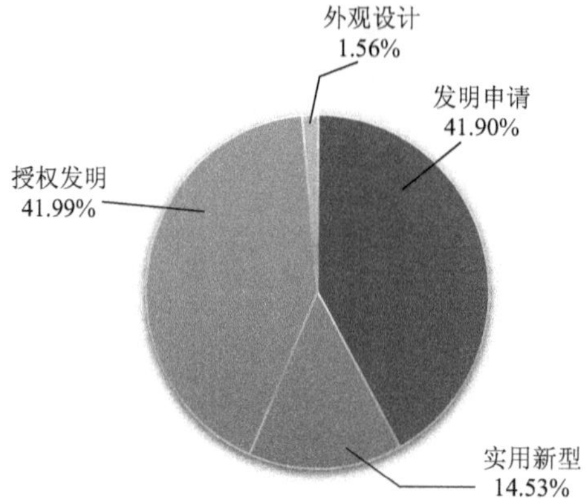

图 4.1.2　全球油船专利申请类型

4.1.2.3　专利申请地域

由表 4.1.1 可知，各国油船专利申请量排名前 10 的国家分别为中国、日本、韩国、美国、德国、英国、法国、俄罗斯、西班牙、澳大利亚。其中，韩国、英国、西班牙授权发明类专利占比较多，而中国、日本、美国、德国、法国、俄罗斯与澳大利亚等国家则侧重于对油船进行发明与创新，并且就油船发明申请的专利数量来看，在针对油船的构件与方法创新方面，中国与日本位居前列。除此之外，我国油船实用新型专利共计 304 件，说明我国对于油船的形状、构造或结合等方面的创新也颇为重视与关注。

表 4.1.1　各国油船专利申请量排名（前 10）

排名	国家	外观设计	授权发明	实用新型	发明申请	专利总数
1	中国	6	174	304	268	752
2	日本	3	89	58	263	413
3	韩国	20	98	44	137	299
4	美国	0	212	0	61	273
5	德国	1	90	36	123	250
6	英国	0	167	0	23	190
7	法国	3	86	0	44	133
8	俄罗斯	3	67	17	30	117
9	西班牙	4	86	14	9	113
10	澳大利亚	1	32	1	50	84

4.1.2.4　主要专利申请人

根据现有数据分析，全球油船主要专利申请人排名前 10 中，日本占据 1/5，且三菱重工业株式会社的专利申请量位列第一位；我国专利申请人占据 2/5，且浙江海洋大学与大连船舶重工集团有限公司分别位列第二与第三位；韩国专利申请人占据 3/10，其中大宇造船海洋株式会社、现代重工业株式会社分别位列第四与第五位；单浮标系泊公司（瑞士）专利受理局为欧洲专利局,位列第七位,具体如图 4.1.3 所示。

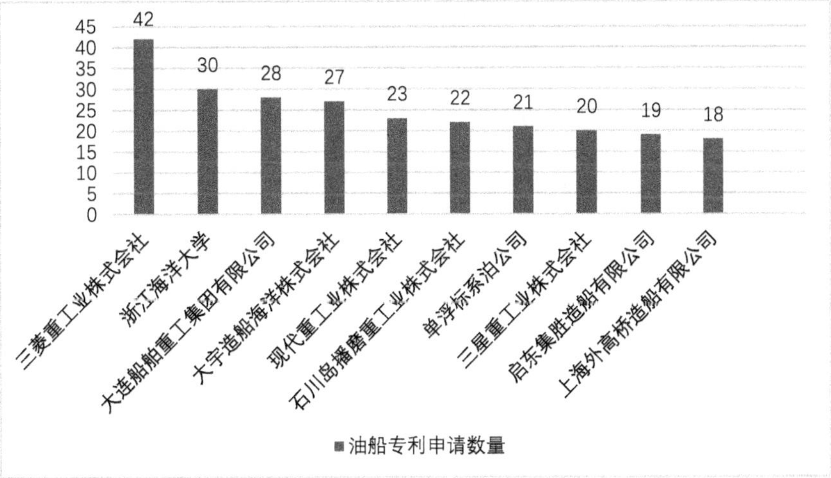

图 4.1.3 全球油船主要专利申请人排名(前 10)

图 4.1.4 所示为我国油船主要专利申请人,其中多为国家高校与船舶公司。由图可见,浙江海洋大学与大连船舶重工集团有限公司是我国油船专利申请的主力军;启东集胜造船有限公司、上海外高桥造船有限公司与浙江海洋学院可作为油船专利申请的第二梯队;广船国际有限公司、中国船舶工业集团公司第七〇八研究所、大连海事大学、武汉船用机械有限责任公司、天津汉海环保设备有限公司则为我国油船专利申请的第三梯队。

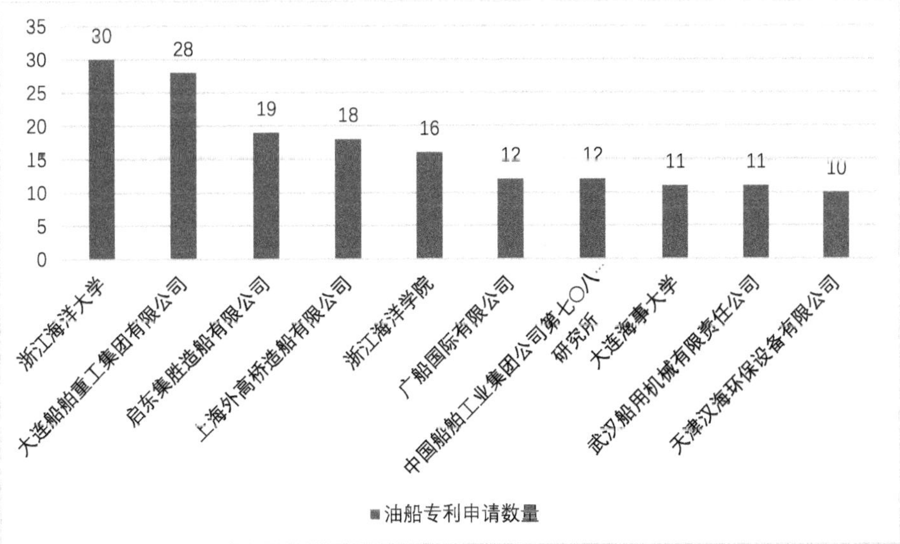

图 4.1.4 我国油船主要专利申请人排名(前 10)

4.1.2.5 专利技术关注重点(http://www.soopat.com/IPC/Code/B63B35-32(2006.01)I)

由表 4.1.2 可知,国际上针对油船技术、水面污染物质的收集、液体货物的运输以及针对油类或类似漂浮物的清洁等船用设备的专利数量均在100件以上，研究较多且趋于成熟；对于水上车间、载荷处理装置、系泊船只、去除水面污染物以及船只的锚定等方面的船用设备专利数量均在30~60，也是国际上针对油船技术的研究重点。

表4.1.2　油船技术领域IPC技术分类(全球前10)

排名	主IPC分类号	专利数	技术含义
1	B63B35/32	148	用于从水面收集污染物质的船用设备
2	B63B25/08	133	针对流体(液货)的船用设备
3	E02B15/04	105	固定建筑物，通过分离或除去油或类似漂浮物来清理或保持露天水面清洁的设备
4	B63B27/24	68	船用设备(管道)
5	B63B35/44	55	浮式建筑物，水上仓库，水上钻井平台或水上车间，例如载有油水分离设备的船舶
6	B63B25/00	55	载荷处理装置，例如堆放、平衡，以其为特征的船只
7	B63B22/02	47	专门适用于系泊船只的船用设备
8	B63B25/16	38	绝热的船用设备
9	E02B15/10	37	固定建筑物，从水面除去污染物的设备
10	B63B21/50	36	专用船只，例如浮动钻井平台或挖泥船或类似船只的锚定装置
11	B63B25/12	36	船舶或其他水上船只，封闭的船用设备

4.1.2.6　核心专利识别

依据普莱斯定律，以专利被引频次界定专利是否为核心专利。定义专利被引频次在M~N_{max}内则为核心专利。其中，$M=0.749\sqrt{N_{max}}$，N_{max}为目标技术领域专利中最高被引频次。经统计，油船领域内单件专利被引频次最高为250次，即$N_{max}=250$，$M=0.749\sqrt{N_{max}}=11.84$次，所以被引频次达到12次的专利方可认定为核心专利。为了保证核心专利的有效性，本章还结合专利的法律状态对专利进行识别，对有关驳回、撤销、放弃、失效等法律状态的专利予以排除，最终统计获得11件有效核心专利，见表4.1.3。

由表4.1.3可知，当前具有法律效用的油船核心专利主要集中在水上车间、医用、牙科用或梳妆用配置品、货物装卸以及船舶推进装置等船用设备；其余专利被引频次均在12~21次，根据普莱斯定律也属于核心专利，主要涉及的技术有货物运输容器、具有专门用途的船舶或浮动结构、风力发动机、运送液货的船用设备、舱壁增强件与液体装卸设备等船用设备。

表4.1.3　核心专利被引频次排序表

排名	公开号	主IPC分类号	IPC分类号含义	被引用专利数
1	US20110107951A1	B63B35/44	浮式建筑物，水上仓库，水上钻井平台或水上车间，例如载有油水分离设备的船用设备	40

续表

排名	公开号	主 IPC 分类号	IPC 分类号含义	被引用专利数
2	US20120171140A1	A61K8/898	医用、牙科用或梳妆用配置品，含有氮，例如氨基二甲聚硅氧烷	36
3	US6688348B2	B63B27/00	船上货物装卸或乘客上下设备的配置	33
4	US20110192339A1	B63B25/16	船舶或其他水上船只，绝热的船用设备	26
5	US20100126401A1	B63H25/42	船舶的推进装置或操作装置，用推进部件操舵或动态锚定	25
6	US20090078185A1	B65D88/78	用于物件或物料储存货运输的容器，用于水中或水下	21
7	KR1020140116981 A	B63B35/00	适用于专门用途的船舶或类似的浮动结构	21
8	US20050161950A1	F03D9/00	特殊用途的风力发动机，风力发动机与受它驱动的装置组合	20
9	US8375876B2	B63B25/08	针对流体（液货）的船用设备	16
10	CN204056198U	B63B3/56	舱壁，舱壁增强件	13
11	US6979147B1	B67D9/00	用于装卸船只时输送液体的设备或装置	12

4.1.2.7 专利综合评价指标体系建立

（1）建立指标体系

主要从重点领域专利高产申请人和 IPC 状况两方面来分析，这两方面的状况可以作为专利发展态势的分析要素。选用一般专利分析中常用到的分析指标作为聚类变量，如专利申请量、专利授权量和专利成长率。

数据预处理是将检索出的专利数据中存在的一些不相关数据删除，起到数据去噪的效果，并对保留下来的数据进行相关指标计算和规范化处理，生成可以被 SPSS 软件处理的样本空间，见表 4.1.4 和表 4.1.5。

表 4.1.4 全球油船专利高产申请人排名（前 10）

聚类编码	申请人	申请数	授权数	均成长率
1	三菱重工业株式会社	42	1	0.00%
2	浙江海洋大学	30	14	12.50%
3	大连船舶重工集团有限公司	28	13	250.00%
4	大宇造船海洋株式会社	27	6	0.00%
5	现代重工业株式会社	23	9	0.00%
6	石川岛播磨重工业株式会社	22	0	0.00%
7	单浮标系泊公司	21	5	0.00%
8	三星重工业株式会社	20	6	0.00%
9	启东集胜造船有限公司	19	18	0.00%
10	上海外高桥造船有限公司	18	6	50.00%

表 4.1.5 全球油船专利技术领域 IPC 排名(前 10)

聚类编码	IPC 大类	申请数	授权数	均成长率
1	B63	1 364	178	72.41%
2	E02	220	19	25.00%
3	B01	117	15	50.00%
4	F16	106	6	33.33%
5	G01	91	14	300.00%
6	B65	84	13	0.00%
7	C10	80	16	100.00%
8	B67	75	8	100.00%
9	F17	71	18	0.00%
10	F02	67	9	0.00%

(2)层次聚类结果分析

1)全球油船专利高产申请人是油船专利技术发展的主要推动力,通过对专利高产申请人进行聚类分析,可以对全球专利高产申请人对于油船的技术研发能力情况进行分析,如图 4.1.5 所示。

2)通过对全球油船专利技术领域 IPC 进行聚类分析,可以分析出当前油船技术研究相对集中的领域,继而了解后续油船技术研发的重点方向。

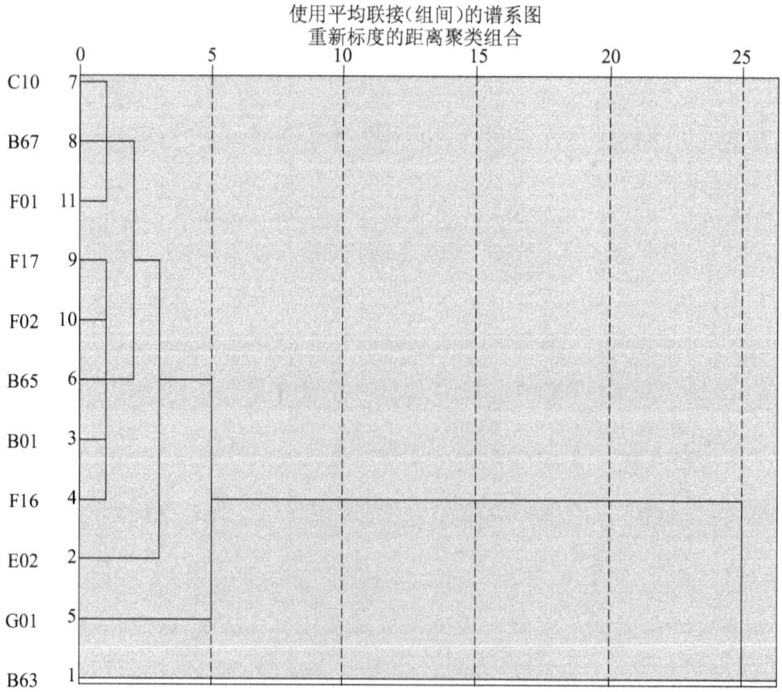

图 4.1.5 全球油船专利技术领域 IPC 聚类分析图

由图 4.1.5 可知，全球油船专利技术领域 IPC 聚类结果主要分为 4 类，主要根据 IPC 大类的均成长率进行聚类分析。

第一类为 C10（石油、煤气及炼焦工业；含一氧化碳的工业气体；燃料；润滑剂；泥煤）、B67（开启或封闭瓶子、罐或类似的容器；液体的储运）。在这一类中，C10 与 B67 的 2022 年均成长率皆为 100%，说明近几年国际上对这两个技术方面仍旧在进行深入研究。

第二类为 F17（气体或液体的储存或分配）、F02（燃烧发动机，热气或燃烧生成物的发动机装置）、B65（输送、包装、储存、搬运薄的或细丝状材料）。在这一类中，IPC 大类对应的均增长率皆为 0%，说明目前国际上针对这几个方面的技术水平较低，创新性较少。

第三类为 B01（一般的物理或化学的方法或装置）、F16（工程元件或部件，为产生和保持机器或设备的有效运行的一般措施，一般绝热）、E02（水利工程，基础，疏浚）、B63（船舶或其他水上船只，与船有关的设备）。在这一类中，各 IPC 对应的均增长率皆不足 100%，反映了当前国际上对于此四类技术水平的研究已经相对成熟，因此国际上对于此方面的研究正在逐渐减少。

第四类为 G01（测量、测试），这类 IPC 对应的均增长率为 300%，反映了这类技术在近几年是国际在油船技术水平上研究的重点，我国也应多加强对于此类技术水平的研究。

4.1.3 专利布局

4.1.3.1 各国专利布局策略分析

由 4.1.2 专利分析部分可知，当前油船技术水平在中国、日本、韩国、美国等国较为先进。通过对上述 4 个国家的有效专利进行分析，并结合表 4.1.3 核心专利以及核心专利对应的专利价值（一般来说，专利技术越复杂，越是前沿尖端，价值越高）进行分析，从而得到上述国家在油船重点技术领域所拥有的核心专利数量，进而分析不同国家所采取的专利布局策略，为我国油船技术布局策略提供理论基础。

表 4.1.6 所示为根据普莱斯定律所筛选出来的中国油船核心技术专利情况。由表可知，我国专利申请量居多，说明我国在油船技术方面正在逐步完善；但我国的核心专利数量较少，如除 B63B（船舶或其他水上船只，船用设备）外，其余专利技术申请方面均未有核心专利，且 B63B 类技术也仅有一项核心专利，说明针对油船技术方面，我国还需加大创新力度。

表 4.1.6 中国油船核心技术主要专利情况（前 10）

IPC 主分类号	数量	核心专利公开号及专利标题	公开年	专利申请人	专利价值
B63B	81	CN204056198U 基于槽型油密舱壁的大型成品油油船	2014	大连船舶重工集团有限公司	$ 3 700

续表

IPC 主分类号	数量	核心专利公开号及专利标题	公开年	专利申请人	专利价值
B01D	12	无			
E02B	11				
C22C	8				
B63J	8				
G01N	7				
B67D	7				
B23K	6				
C10G	6				
B63H	6				

另外，B63 J（船上辅助设备）、G01N（借助于测定材料的化学或物理性质来测试或分析材料）、B23K（钎焊或脱焊；焊接；用钎焊或焊接方法包覆或镀敷；局部加热切割，如火焰切割；用激光束加工）等专利技术，在其他国家专利申请中暂未发现有效专利，因此我国可鼓励主要创新主体针对此类技术加大创新力度，尽可能早且多地研发出相关核心技术。

表 4.1.7 所示为日本油船主要专利技术，可知日本虽然专利申请量在世界上位居第二，但其在申请过程中重量不重质。通过对日本专利进行筛查，发现在上述当前重点研究技术中，并未发现核心专利，且其主要研究技术在其他国家也有较多研究，据此推断日本所采取的专利布局策略为包围式布局，即围绕竞争者的核心专利申请小专利，将核心专利包围起来，形成一个系统化的包围圈，导致竞争者在使用核心专利时存在一定的障碍。

表 4.1.7　日本油船主要专利技术（前 5）

IPC 主分类号	数量	核心专利公开号及标题	公开年	专利申请人	专利价值
B63B	11	无			
C22C	5				
B63H	2				
C10G	2				
E02B	2				

表 4.1.8 所示为韩国油船主要技术专利，可知韩国针对 B63B（船舶或其他水上船只，船用设备）技术申请的专利相对较多，但核心专利仅有 1 个。据分析，针对此项技术，韩国采取的专利布局策略为包围式布局，即围绕竞争者的核心专利申请小专利，将核心专利包围起来，形成一个系统化的包围圈，导致竞争者在使用核心专利时存在一定的障碍。

表 4.1.8　韩国油船主要专利技术(前 9)

IPC 主分类号	数量	核心专利公开号及标题	公开年	专利申请人	专利价值
B63B	35	KR1020140116 981 A 发明名称船舶燃料仓储	2014	三星重工业株式会社	$ 63 000
F17C	3	无			
G06Q	3				
B63H	3				
E02B	3				
F01M	2				
B01D	2				
F04C	2				
C22C	2				

针对 F17C(盛装或贮存压缩的、液化的或固化的气体容器,固定容量的贮气罐,将压缩的、液化的或固化的气体灌入容器内或从容器内排出)、G06Q(专门适用于行政、商业、金融、管理、监督或预测目的的数据处理系统或方法;其他类目不包含的专门适用于行政、商业、金融、管理、监督或预测目的的处理系统或方法)、F01M(一般机器或发动机的润滑,燃机润滑,曲轴箱通风)、F04C(旋转活塞或摆动活塞的液体变容式机械)等相关专利技术在其他三个国家目前尚未有相关的专利申请,以及除此之外表 4.18 中其余专利,韩国虽有相关申请,但申请量相对较少且未有核心专利。同理说明,针对此类技术,韩国掌握的还并不成熟。

表 4.1.9 所示为美国油船主要技术专利,可知美国虽然整体专利申请量相对较少,但其核心专利要多于上述三个国家,特别是 B63B(船舶或其他水上船只,船用设备)技术方面,拥有 4 项核心专利, B63H(船舶的推进装置或操舵装置)技术方面拥有 1 项核心专利。值得一提的是,B65D(用于物件或物料贮存或运输的容器,如袋、桶、运输容器;所用的附件、封口或配件;包装元件;包装件)与 A61K(医用、牙科用或梳妆用的配制品)等技术在上述三个国家中并未涉及的情况下,美国仍旧拥有核心专利,且上述核心专利的专利价值均处于较高水平,而一般情况下,专利价值越高,专利技术越复杂,越是前沿尖端,价值越高。这说明美国在油船技术方面已经逐渐趋于成熟。

表 4.1.9　美国油船主要专利技术(前 10)

IPC 主分类号	数量	核心专利公开号及标题	公开年	专利申请人	专利价值
B63B	15	US20110107951A1 海上浮力钻井、生产、储存和卸货结构	2011	裕廊造船私人有限公司	$ 2 150 000
		US6688348B2 与穿梭加油机直接连接的水下管线终端浮筒	2004	索菲克公司	$ 46 000
		US20110192339A1 现有船舶的船体转换为油船一体化	2011	吉宝海上与海洋技术中心私人有限公司	$ 12 000
		US8375876B2 海洋船舶液体集装箱运输的系统和方法	2013	阿金特海洋管理公司	$1 890 000
B65D	4	US20090078185A1 本发明涉及一种锚定在海床上的海上浮动构筑物	2009	单浮标系泊公司	$ 2 810 000
		US6979147B1 加强浅水液化天然气油轮卸载	2005	单浮标系泊公司(瑞士公司)	$ 910 000
A61K	4	US20120171140A1 极性改性聚合物和烷氧基硅烷的反应产物以及包含该反应产物的组合物	2012	欧莱雅公司	$ 470 000
F17C	4	无			
F01N	3				
C10M	2				
E02B	2				
B64D	2				
B60R	2				
B63H	2	US20100126401A1 自动消冰船	2010	埃克森美孚上游研究公司	$ 12 000
B67D	2	无			

表 4.1.10 列出了各国油船技术专利申请数量。

表 4.1.10　各国油船技术专利申请数量

序号	IPC	中国	日本	韩国	美国	含义
1	B63B	81	11	35	15	船舶或其他水上船只,船用设备
2	B01D	12	1	2	1	一般的物理或化学的分离方法或分离装置
3	E02B	11	2	3	2	水利工程
4	C22C	8	5	2	0	合金
5	B63J	8	1	1	0	船上辅助设备
6	G01N	7	0	0	0	借助于测定材料的化学或物理性质来测试或分析材料

续表

序号	IPC	中国	日本	韩国	美国	含义
7	B67D	7	1	0	2	不包含在其他类目中的液体分配、输送或转送装置
8	B23K	6	0	0	0	钎焊或脱焊；焊接；用钎焊或焊接方法包覆或镀敷；局部加热切割，如火焰切割；用激光束加工
9	C10G	6	2	1	0	烃油裂化，液态烃混合物的制备
10	B63H	6	2	3	2	船舶的推进装置或操舵装置
11	F17C	1	1	3	4	盛装或贮存压缩的、液化的或固化的气体容器；固定容量的贮气罐；将压缩的、液化的或固化的气体灌入容器内，或从容器内排出
12	G06Q	2	0	3	0	专门适用于行政、商业、金融、管理、监督或预测目的的数据处理系统或方法；其他类目不包含的专门适用于行政、商业、金融、管理、监督或预测目的的处理系统或方法
13	F01M	0	0	2	0	一般机器或发动机的润滑，燃机润滑，曲轴箱通风
14	F04C	0	0	2	0	旋转活塞或摆动活塞的液体变容式机械
15	B65D	5	1	4	4	用于物件或物料贮存或运输的容器，如袋、桶、运输容器；所用的附件、封口或配件；包装元件；包装件
16	A61K	0	0	0	4	医用、牙科用或梳妆用的配制品
17	F17C	1	1	3	4	盛装或贮存压缩的、液化的或固化的气体容器；固定容量的贮气罐；将压缩的、液化的或固化的气体灌入容器内，或从容器内排出
18	F01N	2	1	0	3	一般机器或发动机的气流消音器或排气装置；内燃机的气流消音器或排气装置
19	C10M	0	1	0	2	润滑组合物
20	B64D	0	0	1	2	用于与飞机配合或装到飞机上的设备；飞行衣；降落伞；动力装置或推进传动装置的配置或安装
21	B60R	0	0	0	2	不包含在其他类目中的车辆、车辆配件或车辆部件

4.1.3.2 国内油船专利布局策略

根据上述 4.1.3.1 中对比分析可知，当前在专利申请方面，美国虽然专利申请量相对较少，但其拥有的核心专利数量最多，当前我国油船专利技术方面的主要竞争对手为美国。

在专利布局方面，针对 B63B（船舶或其他水上船只，船用设备）技术，美国拥有较多核心专利，而中国、韩国则核心专利较少，日本并无核心专利。因此，针对这种情况，我国可采取包围式布局，即围绕竞争者的核心专利申请小专利，将核心专利包围起来，形成一个系统化的包围圈，导致竞争对手在使用核心专利时存在一定的障碍。

针对 B63H（船舶的推进装置或操舵装置）专利技术，国内虽有涉及，但并未有核心专利；B65D（用于物件或物料贮存或运输的容器，如袋、桶、运输容器；所用的附件、封口或配件；包装元件；包装件）与 A61K（医用、牙科用或梳妆用的配制品）等技术在中国、韩国、日本三个国家中并未涉及的情况下，美国仍旧拥有核心专利，虽然其核心技术相对较少，但目前我国还并未涉及相关技术，无法在短时间内迅速掌握相关核心技术并申请核心专利。因此，上述相关技术采取路障式布局不现实,最合理的布局策略仍旧为包围式布局。

针对 B01D(一般的物理或化学的分离方法或分离装置)、E02B(水利工程)、C22C(合金)、B67D(不包含在其他类目中的液体分配、输送或转送装置)、C10G(烃油裂化,液态烃混合物的制备)等技术方面,我国、日本、韩国、美国等国家均有相关专利技术申请,但均未有核心专利出现。针对这种情况,若我国当前专利技术研究方面资金充裕,可采取地毯式布局,即将实现该技术目标的所有规避设计方案全部申请专利,不给竞争对手任何机会;若我国资金方面并不充裕,可采取路障式布局,即将实现某一技术目标必需的一种或几种技术解决方案申请专利,形成无法越过的路障。

针对 B63J(船上辅助设备)、G01N(借助于测定材料的化学或物理性质来测试或分析材料)、B23K(钎焊或脱焊;焊接;用钎焊或焊接方法包覆或镀敷;局部加热切割,如火焰切割;用激光束加工)等技术,除我国外,其他国家尚未涉及,我国应抓住机会,加大针对此类技术的创新与研发,以便在核心专利申请方面占据优先主导权。对于此类技术,若我国当前专利技术研究方面资金充裕,亦可采取地毯式布局;若我国资金方面并不充裕,可采取路障式布局。

针对 F17C(盛装或贮存压缩的、液化的或固化的气体容器;固定容量的贮气罐;将压缩的、液化的或固化的气体灌入容器内,或从容器内排出)、G06Q(专门适用于行政、商业、金融、管理、监督或预测目的的数据处理系统或方法;其他类目不包含的专门适用于行政、商业、金融、管理、监督或预测目的的处理系统或方法)、F01M(一般机器或发动机的润滑,燃机润滑,曲轴箱通风)、F04C(旋转活塞或摆动活塞的液体变容式机械)、F01N(一般机器或发动机的气流消音器或排气装置;内燃机的气流消音器或排气装置)、C10M(润滑组合物)、B64D(用于与飞机配合或装到飞机上的设备;飞行衣;降落伞;动力装置或推进传动装置的配置或安装)等技术,虽然我国尚未涉及,但其他国家针对此类技术也并未有核心专利的存在,且有效的专利数量相对较少。因此,针对此类技术,若我国仍有余力对其进行研究且当前专利技术研究方面资金充裕,可采取路障式布局,即将实现某一技术目标必需的一种或几种技术解决方案申请专利,形成无法越过的路障;若无余力进行研究,则可采取包围式布局,即围绕竞争者的核心专利申请小专利,将核心专利包围起来,形成一个系统化的包围圈,导致竞争对手在使用核心专利时存在一定的障碍。

综上所述,经过分析,我国在油船技术方面相较于美国仍处于落后阶段,因此我国应加大对相关专利技术的研发投入,注重对相关技术人才的培养,提高创新意识,以便于我国更好地掌握油船相关技术,在国际上拥有更多的话语权。

4.2 散货船

4.2.1 数据来源

数据来源:国家知识产权局常规检索(cnipa.gov.cn)和智慧芽平台专利信息数据库。

数据年限:1874—2022 年,共计 2 752 件。

4.2.2 专利分析

4.2.2.1 专利申请趋势

由图 4.2.1 可知，国际上对于散货船专利的申请始于 1874 年，且 1990 年至今，国外专利的申请数量一直在 25~50 范围内上下浮动；而国内散货船专利申请始于 1990 年，且自 2008 年以来，国内散货船专利申请数量逐年上涨，且涨势迅猛，甚至近几年来远远超过国外散货船专利的申请数量。由此可知，虽然国内有关散货船的技术起步较晚，但我国在散货船方面相关技术的影响力与创新力正在逐年攀升，同时也说明我国在散货船技术方面具有很大的创新潜力，国内相关技术也在逐步趋于成熟。

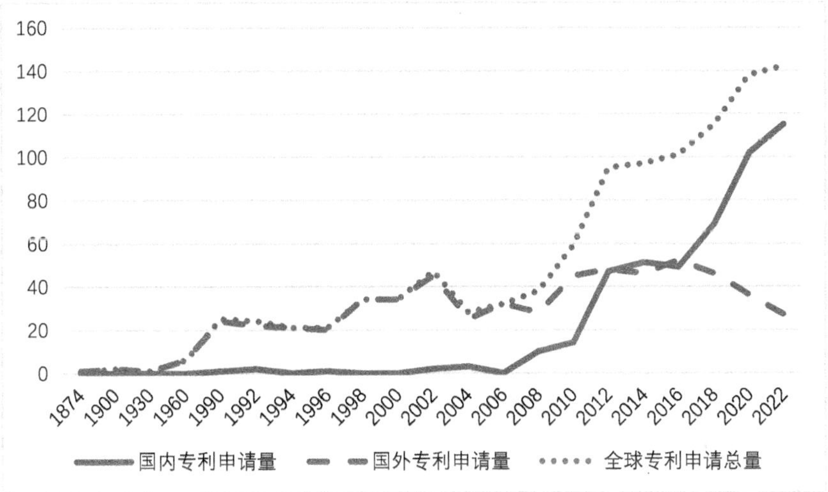

图 4.2.1 国际散货船专利申请趋势

4.2.2.2 专利申请类型

通过对已有数据的分析可知，目前国际上对于散货船的发明专利共计 2 119 件，占比为 78.05%，其中发明申请类共计 1 159 件，占比为 42.69%；授权发明类共计 960 件，占比为 35.36%；实用新型类共计 614 件，占比为 22.63%；外观设计类共计 18 件，占比为 0.66%，如图 4.2.2 所示。由此可知，国际上针对散货船，更加注重对于散货船相关技术的创新以及产品的实用性，对于散货船的外观设计类专利较少，而发明类专利多，也就意味着在散货船方面的创新性正在逐步提高，相关的技术水平也在逐渐成熟与完善。

4.2.2.3 专利申请地域

通过对专利申请地域进行分析，可以用来反映不同国家的技术水平与实力。表 4.2.1 为各国散货船专利申请量排名前 10 的国家，可知在散货船技术水平方面中国、日本、德国、美国、韩国、英国、巴西、澳大利亚、俄罗斯和加拿大等国家在国际上的影响力相对较大，并且这些国家申请的专利大都集中在对散货船的创新与技术水平的提升方面，特别是美国、英国与加拿大，将所有精力集中在创新上，其实用新型专利与外观设计专利的申请数量均为 0，同时也说明了创新在散货船技术水平的提高与完善方面的重要性。

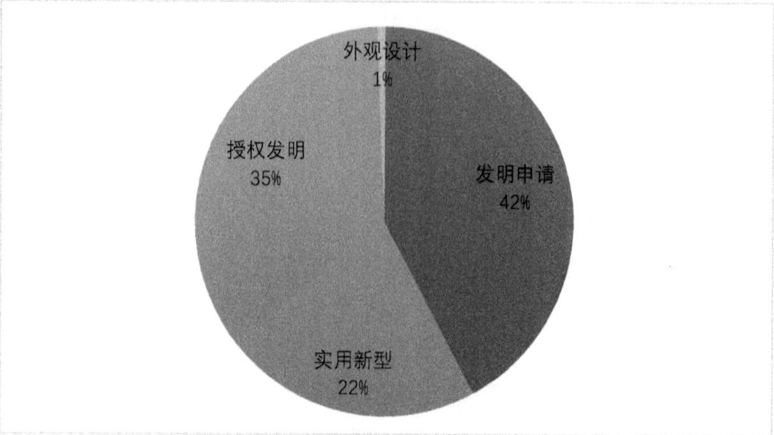

图 4.2.2　国际散货船专利申请类型

表 4.2.1　各国散货船专利申请量(前 10)

排名	国家	发明申请	实用新型	授权发明	外观设计	总数
1	中国	277	437	145	11	870
2	日本	201	45	102	1	349
3	德国	145	17	77	0	239
4	美国	36	0	148	0	184
5	韩国	71	27	46	1	145
6	英国	17	0	90	3	110
7	巴西	49	38	15	0	102
8	澳大利亚	53	5	30	0	88
9	俄罗斯	17	23	34	0	74
10	加拿大	26	0	28	0	54

4.2.2.4　主要专利申请人

(1)全球主要专利申请人

由图 4.2.3 可知,全球散货船主要专利申请人包括株式会社三井三池制作所(日本)、上海外高桥造船有限公司(中国)、现代重工业株式会社(韩国)、三菱重工业株式会社(日本)、日本钢管株式会社(日本)、维京疏浚(挪威)、沪东中华造船(集团)有限公司(中国)、大宇造船海洋株式会社(韩国)、大连船舶重工集团有限公司(中国)、阿尔贡昆航运贸易有限公司(美国)。全球散货船排名前 10 名的专利申请人中大部分为企业,其中中国与日本企业各有 3 家,韩国有 2 家,挪威与美国各 1 家企业,由此可见我国散货船技术在国际上具有较高的影响力。

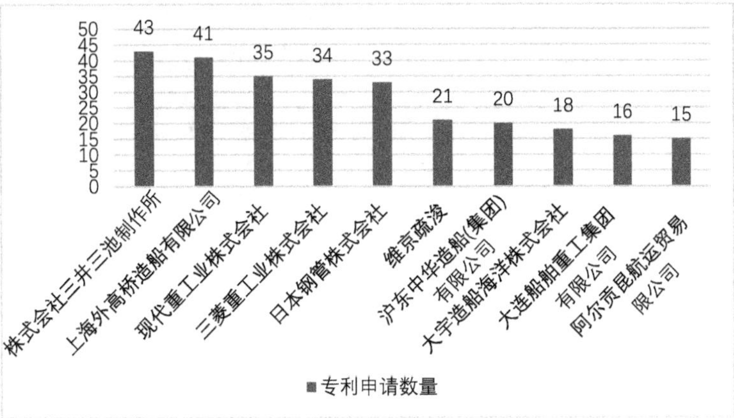

图 4.2.3 国际散货船主要专利申请人

(2)国内主要专利申请人

由图 4.2.4 可知,国内主要专利申请人包括上海外高桥造船有限公司、沪东中华造船(集团)有限公司、大连船舶重工集团有限公司、江苏扬子鑫福造船有限公司、中国船舶工业集团公司第七〇八研究所、江苏新扬子造船有限公司、上海船舶研究设计院(中国船舶工业集团公司第六〇四研究院)、大连海事大学、江苏韩通船舶重工有限公司、武汉理工大学、上海江南长兴造船有限责任公司。

在这些专利申请人中,主要为国内企业与国内高校,并且从专利申请量来看,我国散货船专利申请的主力军为国内企业,特别是上海外高桥造船有限公司、沪东中华造船(集团)有限公司与大连船舶重工集团有限公司,专利申请数量共达 77 件,其余企业与高校则成为我国专利申请的后备力量。

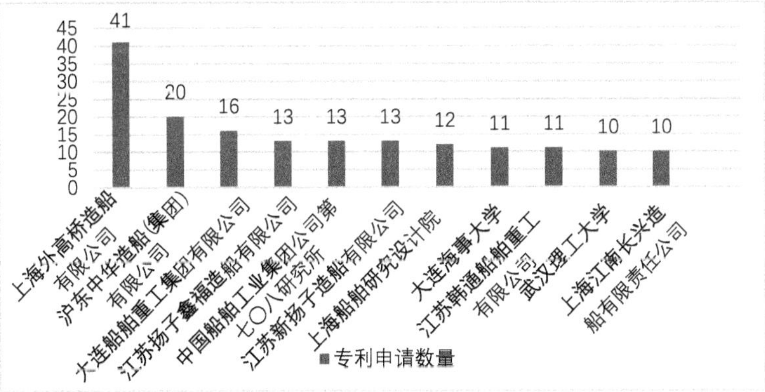

图 4.2.4 国内散货船主要专利申请人

4.2.2.5 专利技术关注重点

表 4.2.2 为散货船技术领域 IPC 技术分类专利数量全球排名前 10。其中,关于船的装载或装卸装置类专利申请量最多,共计 152 件;其次,则是针对固体货物与流体货物、货物输送机相关设备、用于建造水泥船的模壳等船用设备,其专利申请量在 40~63 件;用于液态散

料、散货的船用设备以及贮存场地、其他类不包含的船只部件、零件或附件、舱壁增强件等方面的专利申请数量虽然较少，但相较于其他散货船专利技术来说，仍旧是需要关注的重点。

表 4.2.2　散货船技术领域 IPC 技术分类专利数量（全球前 10）

排名	IPC 主分类号	专利数量	技术含义
1	B65G67/60	152	船的装载或卸载装置
2	B63B25/04	63	针对固体货物的船用设备
3	B63B25/08	45	针对流体货物的船用设备
4	B63B27/22	41	船用设备，输送机的设备，如环形皮带输送机的或螺旋式输送机的设备
5	B63B9/00	40	其他类目不包括的船只设计、建造、保养、改装、重新装配、修理或测定性能的方法（用于建造水泥船的模壳入 E04G）
6	B63B27/25	37	用于流态散料的船用设备
7	B63B25/02	32	用于散货的船用设备
8	B65G63/00	28	在贮存场地、铁路堆场或港口转运或驳运，编组场设备
9	B63B17/00	22	其他类不包含的船只部件、零件或附件
10	B63B3/56	20	船舶或其他水上船只舱壁，舱壁增强件

4.2.2.6　核心专利识别

依据普莱斯定律，以专利被引频次界定专利是否为核心专利。定义专利被引频次在 $M\sim N_{max}$ 内则为核心专利，其中 $M=0.749\sqrt{N_{max}}$，N_{max} 为目标技术领域专利中最高被引频次。经统计，散货船领域内单件专利被引频次最高为 348 次，即 $N_{max}=348$，$M=0.749\sqrt{N_{max}}=13.97$ 次，所以被引频次达到 14 次的专利方可认定为核心专利。为了保证核心专利的有效性，本章还结合专利的法律状态对专利进行识别，对有关驳回、撤销、放弃、失效等法律状态的专利予以排除，最终统计获得 4 件有效核心专利，见表 4.2.3。

表 4.2.3　核心专利被引频次排序表

排名	公开号	主 IPC 分类号	IPC 分类号含义	被引用专利数
1	US20100088142A1	G06Q10/00	专门适用于行政、商业、金融、管理、监督或预测目的的数据处理系统或方法；其他类目不包含的专门适用于行政、商业、金融、管理、监督或预测目的的处理系统或方法	53
2	US8746403B1	E06C5/00	固定建筑物：以安装在底架或车辆上为特征的梯子；固定在车辆上的梯子	31
3	US8170272B1	G06K9/00	用于阅读或识别印刷或书写字符或者用于识别图形，例如指纹的方法或装置	24
4	JP2009105363A	H05K13/02	电器元件组件的制造，元件的供给	17

由表 4.2.3 可知，根据普莱斯定律，筛选出散货船的核心专利共计 4 件，主要涉及的技术有专门适用于行政、商业、金融、管理、监督或预测目的的数据处理系统或方法、固定在船上的梯子、用于阅读或识别印刷或书写字符或者用于识别图形以及元件的供给等方面，其中前三项专利被引用数量相对较多，在 24~53 次。

4.2.2.7 专利综合评价指标体系建立

主要从重点领域专利高产申请人和 IPC 状况这两方面来分析，这两方面的状况可以作为专利发展态势的分析要素。选用一般专利分析中常用到的分析指标作为聚类变量，如专利申请量、专利授权量和专利成长率。

数据预处理是将检索出的专利数据中存在的一些不相关数据删除，起到数据去噪的效果，并对保留下来的数据进行相关指标计算和规范化处理，生成可以被 SPSS 软件处理的样本空间，见表 4.2.4 和表 4.2.5。

表 4.2.4 全球散货船专利高产申请人情况（前 10）

聚类编码	申请人	申请数	授权数	均成长率
1	三菱重工业株式会社	42	1	0.00%
2	浙江海洋大学	30	14	12.50%
3	大连船舶重工集团有限公司	28	13	250.00%
4	大宇造船海洋株式会社	27	6	0.00%
5	现代重工业株式会社	23	9	0.00%
6	石川岛播磨重工业株式会社	22	0	0.00%
7	单浮标系泊公司	21	5	0.00%
8	三星重工业株式会社	20	6	0.00%
9	启东集胜造船有限公司	19	18	0.00%
10	上海外高桥造船有限公司	18	6	50.00%

表 4.2.5 全球散货船专利技术领域 IPC 情况（前 10）

聚类编码	IPC 大类	申请数	授权数	均成长率
1	B63	1 364	178	72.41%
2	E02	220	19	25.00%
3	B01	117	15	50.00%
4	F16	106	6	33.33%
5	G01	91	14	300.00%
6	B65	84	13	0.00%
7	C10	80	16	100.00%
8	B67	75	8	100.00%
9	F17	71	18	0.00%
10	F02	67	9	0.00%

4.2.3 专利布局

4.2.3.1 各国专利布局策略分析

由 4.2.2 专利分析部分可知，当前散货船技术水平在中国、日本、德国、美国等国较为先进。通过对上述 4 个国家的有效专利进行分析，并结合表 4.2.3 核心专利以及核心专利对应的专利价值进行分析，从而得到上述国家在散货船重点技术领域所拥有的核心专利数量，进而分析不同国家所采取的专利布局策略，为我国散货船技术布局策略提供理论基础。

表 4.2.6 为根据普莱斯定律所筛选出来的中国散货船核心技术专利情况，该方面的核心专利越多，代表我国在散货船方面的技术越成熟，创新性越高。由表可知，我国在散货船方面的有效专利居多，特别是 B63B（船舶或其他水上船只，船用设备）、B65G（运输或贮存装置，例如装载或倾斜用输送机；车间输送机系统；气动管道输送机）等技术，但相较于其他国家来说，虽然我国有效专利申请量最多，但到目前为止，我国仍没有核心专利出现，主要原因是我国在散货船研究方面起步较晚，直至近几年专利申请量才迅速增长，说明我国对于散货船相关技术正在逐渐进步，同时我国也需要进一步地提高创新性，加大针对散货船的研发力度。

表 4.2.6 中国散货船主要专利技术（前 9）

IPC 主分类号	数量	核心专利公开号及专利标题	公开年	专利申请人	专利价值
B63B	168	无			
B65G	79				
B66C	17				
B63H	14				
B63C	9				
H02G	6				
E02B	6				
G06Q	5				
G06F	5				

表 4.2.7 为日本散货船主要专利技术，可知日本虽然针对 B63B（船舶或其他水上船只，船用设备）、B65G（运输或贮存装置，例如装载或倾斜用输送机；车间输送机系统；气动管道输送机）、C22C（合金）等技术的有效专利相对较多，但均未有核心专利出现，说明日本针对上述三个技术方面的研究还不够全面深入。但针对 H05K（印刷电路；电设备的外壳或结构零部件；电气元件组件的制造）技术，日本拥有一项核心专利，该项核心专利价值相对较高，说明该项专利所涉及技术的创新性相对较高，并且其他国家目前无针对此类技术的有效专利，表明日本针对此项技术已相对成熟。

表 4.2.7　日本散货船主要专利技术(前 5)

IPC 主分类号	数量	核心专利公开号及标题	公开年	专利申请人	专利价值
B63B	16	无			
B65G	8				
C22C	6				
B63H	2				
H05K	1	JP2009105363 A 大宗商品分段馈送器、部件供应附件、电子部件处理装置和部件输送装置	2009	日东工业株式会社	$ 62 000

表 4.2.8 为德国散货船主要专利技术,可知德国有效专利数量相对较少,主要集中在 B63B(船舶或其他水上船只,船用设备)、B65G(运输或贮存装置,例如装载或倾斜用输送机;车间输送机系统;气动管道输送机)、E01B(铁路轨道;铁路轨道附件;铺设各种铁路的机器)、B63H(船舶的推进装置或操舵装置)等 4 项技术方面,但目前德国并未有核心专利出现,也显示了德国在散货船技术水平方面相对比较落后。

表 4.2.8　德国散货船主要专利技术(前 4)

IPC 主分类号	数量	核心专利公开号及标题	公开年	专利申请人	专利价值
B63B	2	无			
B65G	1				
E01B	1				
B63H	1				

表 4.2.9 为美国散货船主要专利技术,可知美国散货船专利申请总量与上述国家相比虽然较少,但是其拥有的核心专利最多。其中, G06Q、G06K 与 E06C 等三类技术目前其他国家在该方面的研究相对较少,甚至是未涉及。在这种情况下,美国在这三个方面分别拥有一项核心专利,且专利价值均在 3 万美元以上,也说明美国针对此类技术水平的发明颇具创新性,且要领先于其他国家。

表 4.2.9　美国散货船主要专利技术(前 7)

IPC 主分类号	数量	核心专利公开号及标题	公开年	专利申请人	专利价值
B63B	3	无			
B65G	2				
G06Q	2	US20100088142A1 散装物料船舶调度与库存管理计划优化	2010	埃克森美孚研究与工程公司	$ 100 000

续表

IPC 主分类号	数量	核心专利公开号及标题	公开年	专利申请人	专利价值
B63H	2	无			
E02B	1				
G06K	1	US8170272B1 利用从架空图像中提取的特征对船舶进行分类的方法	2012	美利坚合众国海军部长代表	$ 58 000
E06C	1	US8746403B1 一种移动升降装置，用于进入散货船顶部开口	2014	山姆卡比斯资产管理有限责任公司	$ 38 000

表 4.2.10 列出了各国散货船技术专利申请数量。

表 4.2.10　各国散货船技术专利申请数量

序号	IPC	中国	日本	德国	美国	含义
1	B63B	168	16	2	3	船舶或其他水上船只，船用设备
2	B65G	79	8	1	2	运输或贮存装置，例如装载或倾斜用输送机；车间输送机系统；气动管道输送机
3	B66C	17	0	0	0	起重机；用于起重机、绞盘、绞车或滑车的载荷吊挂元件或装置
4	B63H	14	2	1	2	船舶的推进装置或操舵装置
5	B63C	9	0	0	0	船只下水，拖出或进干船坞；水中救生；用于水下居住或作业的设备；用于打捞或搜索水下目标的装置
6	H02G	6	0	0	0	电缆或电线的安装，或光电组合电缆或电线的安装
7	E02B	6	0	0	1	水利工程
8	G06Q	5	0	0	2	专门适用于行政、商业、金融、管理、监督或预测目的的数据处理系统或方法；其他类目不包含的专门适用于行政、商业、金融、管理、监督或预测目的的处理系统或方法
9	G06F	5	0	0	0	电数字数据处理
10	C22C	0	6	0	0	合金
11	H05K	0	1	0	0	印刷电路；电设备的外壳或结构零部件；电气元件组件的制造
12	E01B	0	0	1	0	铁路轨道；铁路轨道附件；铺设各种铁路的机器
13	E02B	0	0	0	1	水利工程
14	G06K	0	0	0	1	数据识别；数据表示；记录载体；记录载体的处理
15	E06C	0	0	0	1	梯子

4.2.3.2　国内散货船专利布局策略

通过上述分析得知，目前我国在散货船技术方面的主要竞争对手仍为美国，下面针对散货船的不同技术领域提出相关的专利布局策略。

首先,针对 B63B(船舶或其他水上船只,船用设备)、B65G(运输或贮存装置,例如装载或倾斜用输送机;车间输送机系统;气动管道输送机)与 B63H(船舶的推进装置或操舵装置)三类技术,其他国家均有涉及,但综合当前有效专利数量来说,我国占比居多,且此三类技术中并未涉及相关的核心专利。这说明我国目前在此三项技术研究中处于领先地位,虽未出现核心专利,但亦可以利用当前优势,采取地毯式布局的策略,将有关设计方案全部申请专利,不给竞争对手任何机会。

其次,对于 H05K(印刷电路;电设备的外壳或结构零部件;电气元件组件的制造)、G06Q(专门适用于行政、商业、金融、管理、监督或预测目的的数据处理系统或方法;其他类目不包含的专门适用于行政、商业、金融、管理、监督或预测目的的处理系统或方法)、G06K(数据识别;数据表示;记录载体;记录载体的处理)与 E06C(梯子)等 4 类技术,分别在日本与美国均有核心专利出现,且其他国家对于此类专利并未涉及,但其核心专利仍旧相对较少。因此,我国可采取路障式布局策略,即将实现某一技术目标必需的一种或几种技术解决方案申请专利,形成无法越过的路障;或者采用包围式布局策略,即在核心专利由竞争者掌握时,将围绕该技术主题的许多技术解决方案申请专利,设置若干小专利,将核心专利包围起来,即可形成一个牢固的包围圈。

再次,对于 B63C(船只下水,拖出或进干船坞;水中救生;用于水下居住或作业的设备;用于打捞或搜索水下目标的装置)、H02G(电缆或电线的安装,或光电组合电缆或电线的安装)、E02B(水利工程)与 G06F(电数字数据处理)等 4 类技术,别国尚未涉及或有效专利相对较少,在我国有效专利相对较多的情况下,我国应抓住当前优势,采取地毯式布局的策略,加大创新研发力度,不给竞争对手留任何余地,争做该项技术的领头羊。

最后,针对 C22C(合金)与 E01B(铁路轨道;铁路轨道附件;铺设各种铁路的机器)等 2 类技术我国尚未涉及,且其他国家虽有涉及但未有有效专利出现的情况,我国也不可掉以轻心。针对此两项技术,我国可采用口袋式布局,即可诱使竞争对手为了规避专利侵权,选择难度较大的方向进行研发,但该布局存在一定风险,即使用前提为前期需要准确把握研发方向。因此,我国应加大研发力度,抢占先机。

4.3 集装箱船

4.3.1 数据来源

数据来源:国家知识产权局常规检索(cnipa.gov.cn)和智慧芽平台专利信息数据库。

数据年限:1902—2022 年,共计 21 329 件。

4.3.2 专利分析

4.3.2.1 专利申请趋势

图 4.3.1 所示为 1910—2022 年全球集装箱船专利申请趋势图。由图可知,国外对于集装箱船方面的专利申请最早出现于 1910 年,并且自 1950 年起国外集装箱船专利申请数量呈现出持续增长的趋势,但却在 2022 年严重下降;而我国集装箱船专利申请数量自 1990 年

开始逐渐增长，2017—2021 年增长更为迅速,甚至一度超越了国外集装箱船专利申请数量，虽然在 2022 年也呈现出下降的趋势,但该年的国内集装箱船专利申请总数还是较国外多。另外,我国集装箱船专利数量占比呈现逐步攀升趋势,进一步说明我国在集装箱船方面的研究越来越成熟。

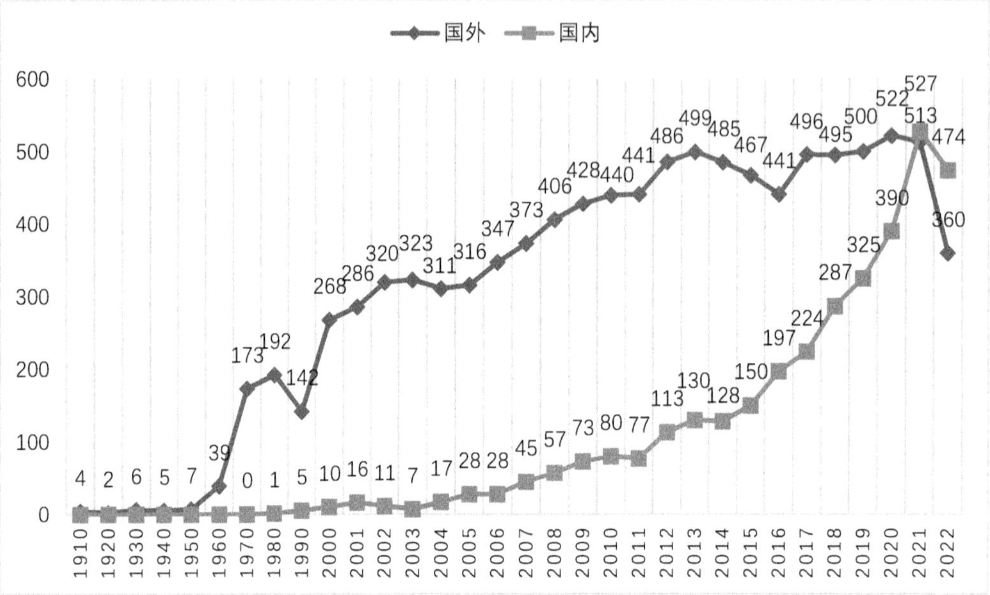

图 4.3.1　1910—2022 年全球集装箱船专利申请趋势

4.3.2.2　专利申请类型

由图 4.3.2 可知,在全球集装箱船专利类型申请方面,发明专利中授权发明类占比为 40%,共计 8 475 件,发明申请类占比为 47%,共计 10 042 件,总的发明专利占比为 87%,共计 18 517 件;实用新型类占比为 12%,共计 2 637 件;外观设计类占比为 1%,共计 174 件。可以发现,国际上更加注重集装箱船的技术水平,对于实用性和外观性的专利申请相对较少。

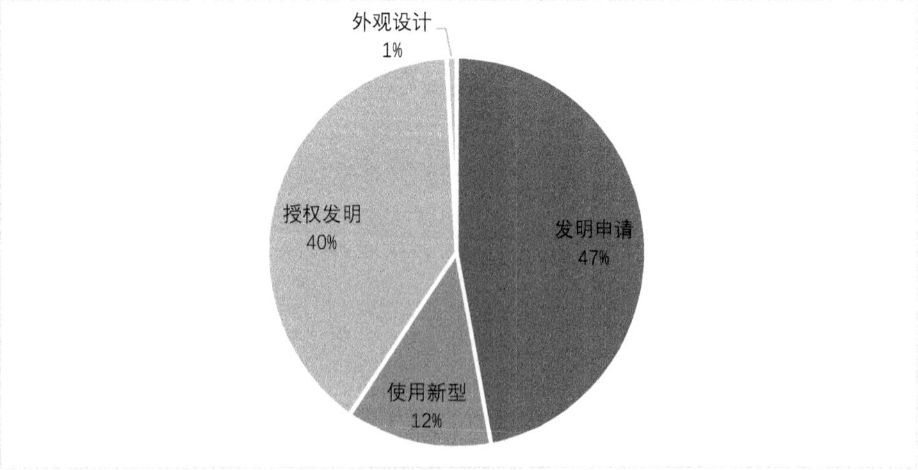

图 4.3.2　全球集装箱船专利申请类型

4.3.2.3 专利申请地域

由表 4.3.1 可知，各国集装箱船专利申请量排名前 10 的国家分别为中国、德国、日本、美国、韩国、西班牙、欧洲、澳大利亚、英国、俄罗斯。其中，无论哪项专利类型，中国的专利数量都不占少数，美国、德国授权发明类专利占比较多，德国、日本的发明申请类专利较多，德国和日本相较于中国而言对专利的实用性较为关注，而各国在外观设计方面都略有欠缺，尤其欧洲。可见，我国对集装箱船的研究已取得比较可观的成就，对于集装箱船的形状、构造或结合等方面均取得了一定的成果。

表 4.3.1 各国集装箱船专利申请量（前 10）

排名	国家	外观设计	授权发明	实用新型	发明申请	专利总数
1	中国	53	840	1 111	1 453	3 457
2	德国	3	867	322	1 306	2 498
3	日本	20	756	326	1 247	2 349
4	美国	10	1 382	0	761	2 153
5	韩国	26	741	228	902	1 897
6	西班牙	3	601	343	34	981
7	欧洲	0	393	0	569	962
8	澳大利亚	11	243	25	520	799
9	英国	4	521	0	138	663
10	俄罗斯	9	271	116	130	526

4.3.2.4 主要专利申请人

根据现有数据分析，全球集装箱船主要专利申请人排名前 10 中，中国和韩国各占据 30%，且韩国的大宇造船海洋株式会社、现代重工业株式会社、三星重工业株式会社专利申请量位列前三，我国的沪东中华造船（集团）有限公司、中集船舶海洋工程设计研究院有限公司 | 中国国际海运集装箱（集团）股份有限公司、上海江南长兴造船有限责任公司分别位居第七、第九、第十位；美国的伊利诺斯工具公司和德国的西门子股份公司分别位居第四位和第八位；日本在其中占据 20%，其中三菱重工业株式会社和石川岛磨重工业株式会社分别位于第五位和第六位，具体如图 4.3.3 所示。

图 4.3.4 所示为我国集装箱船主要专利申请人排名前 10 情况，其中多为国家船舶公司，偶有一些高等院校。由图可知，沪东中华造船（集团）有限公司是我国集装箱船专利申请的主力军；中集船舶海洋工程设计研究院有限公司 | 中国国际海运集装箱（集团）股份有限公司、上海江南长兴造船有限责任公司、上海海事大学可作为集装箱船专利申请的第二梯队；大连船舶重工集团有限公司、上海船舶研究设计院（中国船舶工业集团公司第六〇四研究院）则为我国集装箱船专利申请的第三梯队。

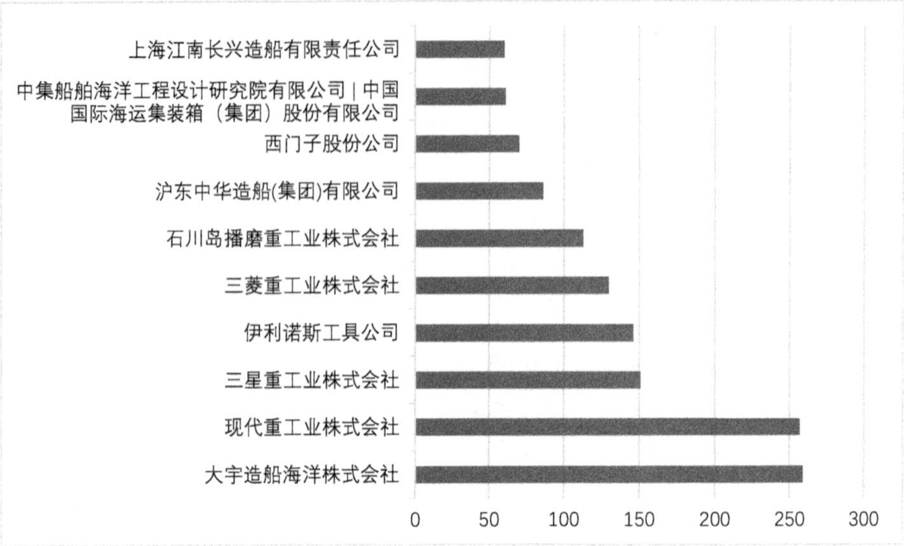

图 4.3.3　全球集装箱船主要专利申请人排名(前 10)

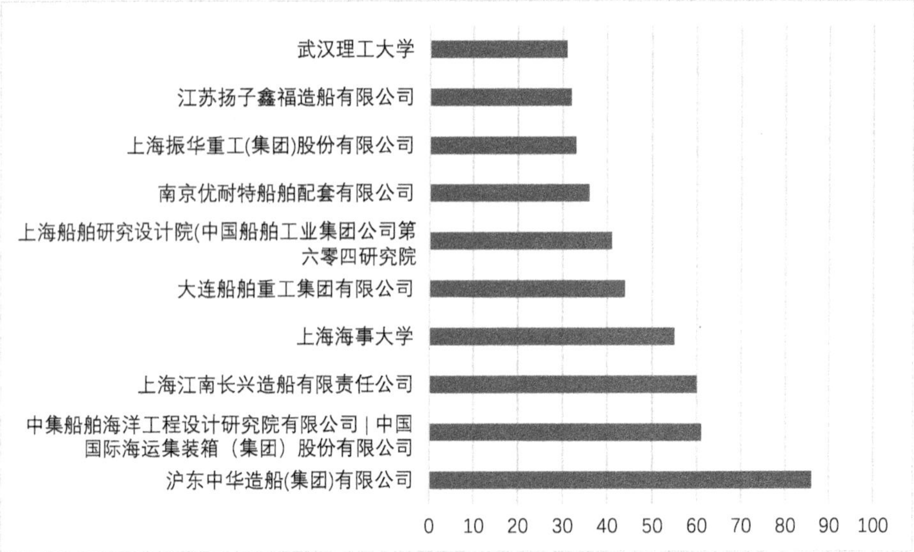

图 4.3.4　国内集装箱船主要专利申请人排名(前 10)

4.3.2.5　专利技术关注重点

由表 4.3.2 可知，国际上在集装箱船技术中对于荷载处理装置的研究尤为重视，其数量在 1 000 件以上，研究较多且趋于成熟；其次是对于驳运方面的研究专利，在 500 件以上；对于物料贮存、容器零部件、物流、起重机、装卸搬运等方面的船用设备专利数量均在 200~400，也是国际上针对集装箱船技术的研究重点。

表 4.3.2 集装箱船技术领域 IPC 技术分类(全球前 10)

排名	主 IPC 分类号	专利数	技术含义
1	B63B25/00	1 140	荷载处理装置
2	B65G63/00	545	在贮存场地、铁路堆场或港口转运或驳运;编组场设备
3	B65D88/12	345	用于运输的物件或物料贮存或运输的容器
4	B65D90/00	312	大型容器的零件、部件或附件
5	G06Q10/08	305	适用于行政、商业、金融、管理、监督或预测目的的物流
6	B66C19/00	251	具有在固定或可移动的桥架或门架上行走的台车或小车的起重机
7	B65G67/60	225	船的装卸或卸载
8	B63B25/28	191	用于甲板装卸的船用设备
9	B63B25/22	160	用于码垛堆积的船用设备
10	B65D	150	用于物件或物料贮存或运输的容器

4.3.2.6 核心专利识别

依据普莱斯定律,以专利被引频次界定专利是否为核心专利。定义专利被引频次在 $M \sim N_{max}$ 内则为核心专利,其中 $M=0.749\sqrt{N_{max}}$,N_{max} 为目标技术领域专利中最高被引频次。经统计,集装箱船领域内单件专利被引频次最高为 70 次,即 $N_{max}=70$,$M=0.749\sqrt{N_{max}}=6.27$ 次,所以被引频次达到 7 次的专利即可认定为核心专利。为了保证核心专利的有效性,本章还结合专利的法律状态对专利进行识别,对有关驳回、撤销、放弃、失效等法律状态的专利予以排除,最终统计获得 12 件有效核心专利,见表 4.3.3。

由表 4.3.3 可知,当前具有法律效用的集装箱船核心专利主要集中在金属板处理、零部件固定和焊接、机械输送机等船用设备,专利被引频次均在 9 次,其余分别集中于燃料舱、货舱、荷载处理、货物举升等方面,专利被引频次均在 7~8 次。

表 4.3.3 核心专利被引频次排序表

排名	公开号	主 IPC 分类号	IPC 分类号含义	被引用专利数
1	CN101610860A	B21D39/03	非叠合金属板的基本无切削加工或处理	9
2	CN204430615U	B23K37/04	用于工件固定或定位的焊接	9
3	CN206203297U	B65G35/00	机械输送机	9
4	CN202911913U	B63B11/04	具有燃料舱或压载水柜的结构特征的船用设备	8
5	CN203740624U	B65G63/00	在贮存场地、铁路堆场或港口转运或驳运;编组场设备	8
6	CN203793390U	B62B3/065	具有液力举升装置的手动车辆	8
7	CN105658515A	B63B25/00	载荷处理装置	8
8	CN205366041U	B63J2/08	货舱底舱的船上辅助设备	8

续表

排名	公开号	主 IPC 分类号	IPC 分类号含义	被引用专利数
9	CN1809493A	B63B27/00	船上货物装卸或乘客上下设备的配置	7
10	CN203819471U	B63B25/00	载荷处理装置	7
11	CN205788226U	G06K9/32	图像拾取或图像分布图的对准或中心校正	7
12	CN206288202U	B63B25/22	用于码垛堆积的物品	7

4.3.3 专利布局

4.3.3.1 各国专利布局策略分析

由 4.3.2 专利分析部分可知，当前集装箱船技术水平在中国、德国、日本、美国等国较为先进。通过对上述 4 个国家的有效专利进行分析，并结合表 4.3.3 的核心专利以及核心专利对应的专利价值进行分析，从而得到上述国家在集装箱船重点技术领域所拥有的核心专利数量，进而分析不同国家所采取的专利布局策略。

表 4.3.4 所示为根据普莱斯定律所筛选出来的中国集装箱船核心技术专利情况，可得我国专利申请量居多，同时我国的核心专利数量也较多，如 B63B 现有五项核心专利（水运、装卸、燃料等），B65G 现有两项核心专利（传输和装卸系统）。然而，其余专利技术申请方面均未有核心专利，我国还需加大创新力度。

表 4.3.4　中国集装箱船主要专利技术（前 10）

IPC 主分类号	数量	核心专利公开号及专利标题	公开年	专利申请人	专利价值
B63B	425	CN202911913U 双燃料船	2013	中集船舶海洋工程设计研究院有限公司 | 中国国际海运集装箱（集团）股份有限公司	$ 3 600
		CN105658515 A 电源单元、电源组件以及设有电源单元或电源组件的水运工具	2016	贝克船舶系统有限及两合公司	$ 2 260 000
		CN1809493 A 自主游动的货物集装箱	2006	艾珀罗格股份有限公司	$ 2 760 000
		CN203819471U 一种大型集装箱船装卸货平衡系统	2014	南通中远海运川崎船舶工程有限公司	$ 3 500
		CN206288202U LNG 罐式集装箱换装船	2017	宜昌东江造船有限公司	$ 3 600

续表

IPC 主分类号	数量	核心专利公开号及专利标题	公开年	专利申请人	专利价值
B65G	111	CN206203297U 土石方传输装置	2017	陈伟	$ 3 800
		CN203740624U 一种新型的岸边集装箱装卸岸桥和摆渡桥组合系统	2014	华电蓝科科技股份有限公司	$ 3 600
B65D	121	无			
B66C	79				
G06Q	61				
H02J	26				
C09D	21				
G06F	19				
B63H	19				
F17C	19				

通过查阅德国、日本、美国在 B63B 和 B65G 方面的专利，可以发现三国虽在此领域也各有研究，但研究成果尚且比不上中国，因此推断中国所采用的专利布局策略为口袋式布局，即对于可能有多个替代方案的技术，针对技术壁垒易突破、生产成本低、销售链更加完备的产品，重点完善其专利布局。该布局策略的优点是成本适中，可诱使竞争对手为了规避专利侵权，选择难度较大的方向进行研发；缺点是前期需要准确把握研发方向，可能有失误。

将表 4.3.5、表 4.3.6、表 4.3.7 结合来看，德国、日本、美国虽都在 B63B（船舶或其他水上船只，与船有关的设备）上有所研究，但研究力度不足，尚未达到核心专利的标准；除此之外，日本还致力于研究 B65G（运输或贮存装置）和 B63J（船上辅助设备），美国也同样着重研究 B65G（运输或贮存装置），但专利申请量相对较少且未有核心专利，同理说明针对此类技术，日本和美国掌握的还并不成熟。

表 4.3.5　德国集装箱船主要专利技术（前 10）

IPC 主分类号	数量	核心专利公开号及专利标题	公开年	专利申请人	专利价值
B63B	25	无			
B65D	19				
B66C	7				
F17C	6				
C02F	5				
B60P	5				
G01N	5				

续表

IPC 主分类号	数量	核心专利公开号及专利标题	公开年	专利申请人	专利价值
F25D	4				
B64C	4				
B65B	4				

表 4.3.6　日本集装箱船主要专利技术(前 10)

IPC 主分类号	数量	核心专利公开号及专利标题	公开年	专利申请人	专利价值
B65G	83	无			
B65D	52				
B63B	42				
B66C	20				
G01N	12				
G06Q	11				
B65B	7				
C12M	6				
A61J	6				
B63J	5				

表 4.3.7　美国集装箱船主要专利技术(前 10)

IPC 主分类号	数量	核心专利公开号及专利标题	公开年	专利申请人	专利价值
B63B	48	无			
G08B	46				
B65D	46				
G06Q	41				
B65G	32				
B60P	27				
G06F	22				
B66C	15				
B64C	14				
F17C	12				

表 4.3.8 为表 4.3.4 至表 4.3.7 的总结表。可以看出，B63B(船舶或其他水上船只，船用设备)、B65D(用于物件或物料贮存或运输的容器，如袋、桶、运输容器；所用的附件、封口或配件；包装元件；包装件)、B66C(起重机；用于起重机、绞盘、绞车或滑车的载荷吊挂元件或装置)为四国均有研究的专利类型，但无论哪一项研究，中国具有的成果都位列榜首，可见中国对于集装箱船的研究较为成熟。除此之外，不乏只有一国研究的专利类型，例如 H02J(供电或配电的电路装置或系统；电能存储系统)、G08B(信号装置或呼叫装置；指令发信装置；报警装置)等，但由于专利数量和核心技术的欠缺，不足以成为核心专利，尚且有待进一步深入研究。

表 4.3.8　各国集装箱船技术专利申请数量

序号	IPC	中国	德国	日本	美国	含义
1	B63B	425	25	42	48	船舶或其他水上船只；船用设备
2	B65G	111	0	83	32	运输或贮存装置
3	B65D	121	19	52	46	用于物件或物料贮存或运输的容器，如袋、桶、运输容器；所用的附件、封口或配件；包装元件；包装件
4	B66C	79	7	20	15	起重机；用于起重机、绞盘、绞车或滑车的载荷吊挂元件或装置
5	G06Q	61	0	11	41	专门适用于行政、商业、金融、管理、监督或预测目的的数据处理系统或方法；其他类目不包含的专门适用于行政、商业、金融、管理、监督或预测目的的处理系统或方法
6	H02J	26	0	0	0	供电或配电的电路装置或系统；电能存储系统
7	C09D	21	0	0	0	涂料组合物，例如色漆、清漆或天然漆；填充浆料；化学涂料或油墨的去除剂；油墨；改正液；木材着色剂；用于着色或印刷的浆料或固体；原料为此的应用
8	G06F	19	0	0	22	电数字数据处理
9	B63H	19	0	0	0	船舶的推进装置或操舵装置
10	F17C	19	6	0	12	盛装或贮存压缩的、液化的或固化的气体容器；固定容量的贮气罐；将压缩的、液化的或固化的气体灌入容器内，或从容器内排出
11	B64C	0	4	0	14	飞机；直升机
12	G08B	0	0	0	46	信号装置或呼叫装置；指令发信装置；报警装置
13	B60P	0	5	0	27	适用于货运或运输、装载或包容特殊货物或物体的车辆
14	B63J	0	0	5	0	船上辅助设备
15	A51J	0	0	6	0	
16	C12M	0	0	6	0	酶学或微生物学装置
17	C02F	0	5	0	0	水、废水、污水或污泥的处理
18	G01N	0	5	12	0	借助于测定材料的化学或物理性质来测试或分析材料
19	F25D	0	4	0	0	冷柜；冷藏室；冰箱；其他小类不包含的冷却或冷冻装置
20	B65B	0	4	7	0	包装物件或物料的机械，装置或设备，或方法；启封

4.3.3.2 国内集装箱船专利布局策略

根据 4.3.3.1 中的对比分析可知，当前在专利申请方面我国专利申请量居多，同时我国的核心专利数量也较多，研究成果较为成熟，远超德、日、美三国。

在专利布局方面，针对 B63B（船舶或其他水上船只；船用设备）技术，中国拥有较多核心专利，而德、日、美三国的专利数量均在 50 项以下，其中无一项是核心专利；同样，对于 B65G（运输或贮存装置）技术而言，中国拥有的专利数量也远超其他三国，虽然核心专利只有两项，但也证明了我国在该方面研究的成熟度，甚至德国在该方向并无专利。因此，推断中国所采用的专利布局策略为口袋式布局，即重点对易突破、多替代的技术做布局；对技术壁垒高、工艺成本高的相关技术暂时“网开一面”，采用该专利布局策略是比较有利的。

针对 B65D（用于物件或物料贮存或运输的容器，如袋、桶、运输容器；所用的附件、封口或配件；包装元件；包装件）、B66C（起重机；用于起重机、绞盘、绞车或滑车的载荷吊挂元件或装置）、G06Q（专门适用于行政、商业、金融、管理、监督或预测目的的数据处理系统或方法；其他类目不包含的专门适用于行政、商业、金融、管理、监督或预测目的的处理系统或方法）、F17C（盛装或贮存压缩的、液化的或固化的气体容器；固定容量的贮气罐；将压缩的、液化的或固化的气体灌入容器内，或从容器内排出）、G06F（电数字数据处理）等技术方面，我国、德国、日本、美国等国家均有相关专利技术申请，但未有核心专利出现，德国、日本、美国不论是否申请专利，我国均有涉及但涉猎不深有待研究的方向。针对此种情况，若我国当前专利技术研究方面资金充裕，可采取地毯式布局，即将实现该技术目标所有规避设计方案全部申请专利，不给竞争对手任何机会；若我国资金方面并不充裕，可采取路障式布局，即将实现某一技术目标必需的一种或几种技术解决方案申请专利，形成无法越过的路障。

针对 B64C（飞机；直升机）、G08B（信号装置或呼叫装置；指令发信装置；报警装置）、B60P（适用于货运或运输、装载或包容特殊货物或物体的车辆）、B63J（船上辅助设备）等技术，在中国并未涉及的情况下，其他三国仍旧拥有专利，却没有核心技术，我国无法在短时间内迅速掌握相关核心技术并申请核心专利。因此，上述相关技术最合理的布局策略仍旧为包围式布局。

综上所述，我国在集装箱船技术方面的研究较为完善，但切不可止步不前、安于现状，今后应加大创新、开拓领域，加大研发投入和人才培养力度，争取获得更高的成就。

4.4 邮轮、游艇与客滚船

4.4.1 数据来源

数据来源：国家知识产权局常规检索（cnipa.gov.cn）和智慧芽平台专利信息数据库。

数据年限：1888—2022 年。

4.4.2 专利分析

4.4.2.1 专利申请趋势

任何技术都有一个产生、发展、成熟及淘汰的过程。检索相关领域的专利文献并对每年的专利申请数量进行统计，是预测其发展趋势的有效方法之一。邮轮、游艇与客滚船领域专利申请和公开量趋势分析可以揭示该领域的技术发展趋势和技术研究活跃期，帮助研究邮轮、游艇与客滚船生命周期。

图 4.4.1 所示为 1849—2022 年全球邮轮、游艇与客滚船专利申请量和我国专利申请量趋势图。由图 4.4.1 可知，自 1894 年起，国外就已经对邮轮、游艇与客滚船专利进行申请，然而数量较少。相较于国外，我国在邮轮、游艇与客滚船的专利申请趋势与全球申请趋势相似，直到 1972 年之后才出现相关专利申请。从 2010 年开始专利申请数量有了实质性的飞跃，数量快速攀升，且发展迅猛，并于 2020 年达到顶峰。这主要由于船舶海工行业的发展，对邮轮、游艇与客滚船提出了更高的要求，专利申请开始缓慢上升。从我国专利申请占比来看，呈现逐年上升趋势，这表明我国在邮轮、游艇与客滚船领域的创新力和影响力不断提升，并占有一席之地。同时，也预示着我国邮轮、游艇与客滚船发展具有很大的挖掘潜力。此外，2008 年之后，随着经济全球化的快速发展，世界各国对大型运输船舶的需求日益增加，专利申请量进入快速增长时期。可见，邮轮、游艇与客滚船在未来具有较大的发展潜力。

4.4.2.2 专利类型

通过阅读相关文献和对所归纳数据进行分析发现，邮轮、游艇与客滚船专利类型主要包括发明专利、授权发明、实用新型和外观设计。通过专利类型分析，可以进一步掌握专利类型的分布情况，并对这些专利文献进行进一步的挖掘、借鉴。

截至 2022 年，在所获取的专利数据中，邮轮、游艇与客滚船专利总数为 16 107 件，其中发明申请 3 784 件（占总数的 23.49%）、实用新型 6 597 件（占总数的 40.96%）、授权发明 2 088 件（占总数的 12.96%）、外观设计 3 638 件（占总数的 22.59%）。由此可见，全球邮轮、游艇与客滚船申请中实用新型占优势，发明申请次之，说明邮轮、游艇与客滚船实用性更占据主导优势，还需进一步提升自主创新和研发能力，改进生产技术水平，提高市场竞争力。

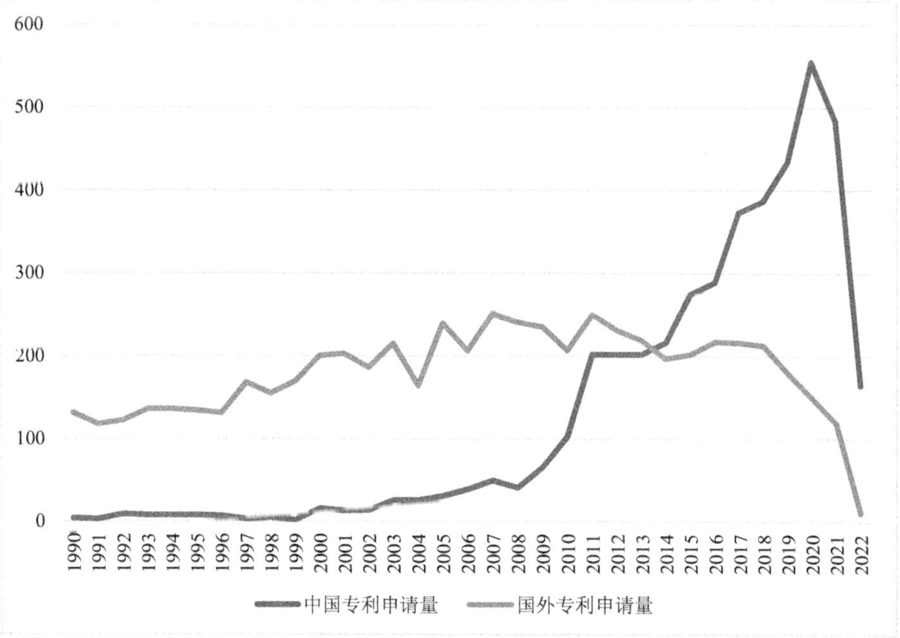

图 4.4.1 全球和我国邮轮、游艇及客滚船专利申请量趋势

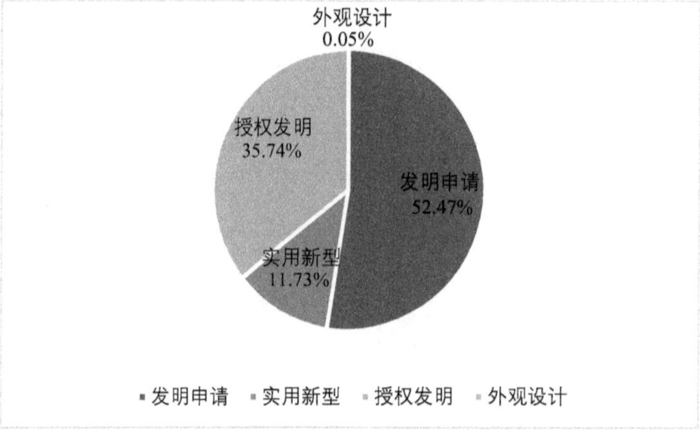

图 4.4.2　全球和我国邮轮、游艇及客滚船申请专利类型

4.4.2.3　专利申请地域

对专利申请人或专利权人所在国家或组织的专利申请数量进行统计和分析，即通过不同国家和组织的专利数量对比来反映其技术水平与实力。空间分布一般用于识别竞争对手，分析其技术策略等。

表 4.4.1 主要体现了国内外典型国家的邮轮、游艇与客滚船专利申请数量情况。按国家申请量分析，申请量排名前 5 的分别是中国（4 455 件）、德国（1 351 件）、美国（1 010 件）、西班牙（881 件）和日本（787 件）。排名前 10 名的国家和组织申请的邮轮、游艇与客滚船专利总数为 13 026 件，占全部申请量的 80.87%，前 10 名国家和组织专利申请总量中发明专利的申请量为 3 675 件，占全部发明专利申请量（3 784 件）的 78.43%。此外，通过表 4.4.1 还可知，尽管我国申请专利总量最多，但是申请类型以发明专利为主，占我国申请总量的 32.67%；实用新型专利申请量次之，占我国申请总量的 26.17%。这说明我国邮轮、游艇与客滚船专利以研发型为主，应用水平还需进一步加强和提高。

表 4.4.1　各国邮轮、游艇与客滚船专利申请量排名（前 10）

国家	专利数	发明申请	实用新型	外观设计	授权发明
中国	4 476	885	2 121	1 167	303
德国	1 351	633	378	11	329
美国	1 010	298	0	28	684
西班牙	881	11	221	4	645
日本	787	492	115	11	169
英国	722	205	0	83	434
法国	570	163	39	72	296
世界知识产权组织	529	502	0	27	0
韩国	527	219	54	72	182
澳大利亚	398	267	16	35	80

4.4.2.4 重点专利申请人分析

通过对专利申请人或专利权人的申请量、研发能力等进行统计和排序,可以了解和研究相关技术领域中活跃的单位和个人,找出该领域内重要的参与者,需要重点关注的公司,以及各申请人的技术研发实力和重视专利申请的程度。

针对邮轮、游艇与客滚船的专利申请人进行分析,由图 4.4.3 可知全国排名前 10 的申请人共申请专利 579 件,占据全部申请量的 4.17%,而排名前列的中国的福建毅宏游艇股份有限公司的专利申请量是 109 件,占全球申请量的 0.78%,上海外高桥造船有限公司的专利申请量为 105 件,占比 0.76%,属于第一梯队,遥遥领先于其他公司,可以看出由于其雄厚的科研实力和分布较广的技术领域,在全球市场竞争中掌握着主动权;太阳鸟游艇股份有限公司的专利申请量为 65 件,占比 0.47%,属于第二梯度,研发团队实力相对较强;其他申请人,如亚光科技集团股份有限公司、武汉理工大学、辽宁锦龙超级游艇制造有限公司、江门市海星游艇制造有限公司、山东交通学院、重庆帝力游艇制造有限公司、福建爱莱格游艇工业有限公司等专利申请量的差异不大,属于第三梯队。

4.4.2.5 专利技术关注焦点分析

国际专利分类(IPC)是现有通用的专利技术分类方法。通过对 IPC 的分析可以了解当前技术领域的研发重点,从而把握目标技术未来的发展方向。因此,本章通过对邮轮、游艇与客滚船专利的 IPC 进行统计分析,将全球排名前 10 的 IPC 技术定为技术焦点,对筛选出的 2 546 组专利进行分析,得到邮轮、游艇与客滚船的专利申请情况见表 4.4.2。

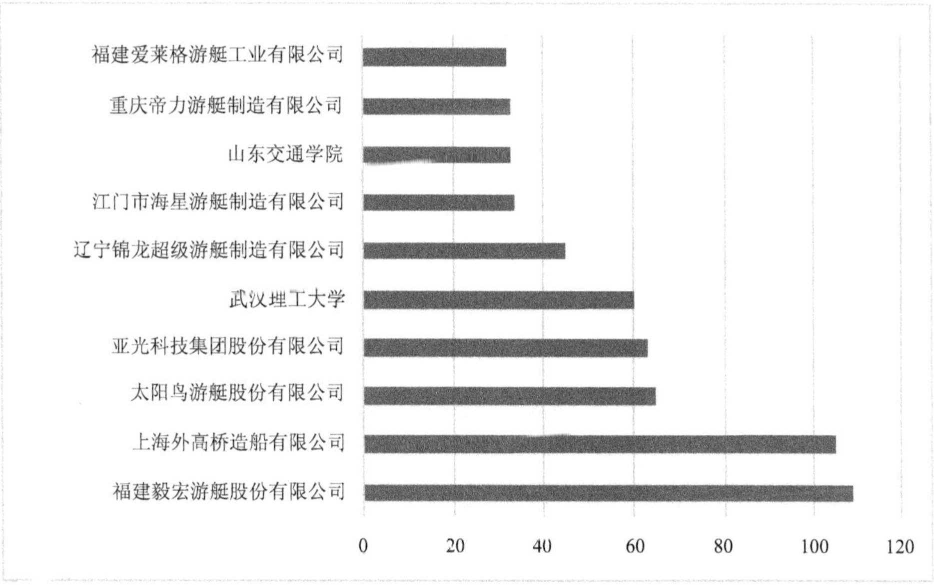

图 4.4.3 全球邮轮、游艇与客滚船专利申请人排名(前 10)

表 4.4.2　邮轮、游艇与客滚船 IPC 技术分类（前 10）

IPC（大组）	专利件数	技术含义
B63B35	483	作业；运输
B63H9	323	作业；运输
B63B17	313	作业；运输
B63B1	296	作业；运输
B63B21	243	作业；运输
B63B3	238	作业；运输
B63B15	188	作业；运输
B63B29	160	作业；运输
E02B3	154	固定建筑物
B63H25	148	作业；运输

由表 4.4.2 可知，邮轮、游艇与客滚船产业专利 IPC 分类号主要集中在 B63B35、B63H9、B63B17、B63B1。专利分布的核心类主要在 B63，如 B63B 和 B63H，主要集中在标准船舶的作业、运输等技术领域，这些技术领域还具有一定的发展潜力，也是未来研发的重点之一。

4.4.2.6　核心专利识别

依据普莱斯定律，以专利被引频次界定专利是否为核心专利。定义专利被引频次在 $M \sim N_{max}$ 内则为核心专利，其中 $M=0.749\sqrt{N_{max}}$，N_{max} 为目标技术领域专利中最高被引频次。经统计，邮轮、游艇与客滚船领域内单件专利被引频次最高 1 118 次，即 $N_{max}=1\ 118$，$M=0.749\sqrt{N_{max}}=25.04$ 次，所以被引频次达到 25 次的专利方可认定为核心专利。为了保证核心专利的有效性，本章还结合专利的法律状态对专利进行识别，对有关驳回、撤销、放弃、失效等法律状态的专利予以排除，最终统计获得 20 件有效核心专利，见表 4.4.3。

表 4.4.3　核心专利被引频次排序表

排名	公开号	IPC 分类号（大组）	被引用专利数
1	US7617136B1	G06Q10	175
2	EP1825713B1	H04S3	170
3	US20110229667A1	B32B33	114
4	US7112010B1	E02B17	99
5	US8140300B2	G06F1	78
6	US20140278590A1	G06Q30	73
7	US20030177044A1	G06F17	72
8	US8552847B1	H04B3	72
9	US20080109883A1	G06F21	67
10	JP2017053467A	F16F15	64

续表

排名	公开号	IPC 分类号（大组）	被引用专利数
11	CN101420848A	A01N25	58
12	US20080294469A1	G06Q10	47
13	US20040178750A1	H05B37	45
14	CN110325929A	G05B19	44
15	US9697178B1	G06F17	39
16	US8612349B1	G06Q40	38
17	US7419329B1	B63C1	28
18	US6866402B2	F21V21	27
19	US7104212B2	B63H25	26
20	US20180034912A1	H04L29	26

4.4.3 专利布局

4.4.3.1 各国专利布局策略分析

由 4.4.2 专利分析部分可知，当前邮轮、游艇与客滚船技术水平在中国、德国、美国、西班牙等国较为先进。通过对上述 4 个国家的有效专利进行分析，并结合表 4.4.3 核心专利以及核心专利对应的专利价值（一般来说，专利技术越复杂，越是前沿尖端，价值越高）进行分析，从而得到上述国家在邮轮、游艇与客滚船重点技术领域所拥有的核心专利数量，进而分析不同国家所采取的专利布局策略，为我国邮轮、游艇与客滚船技术布局策略提供理论基础。

表 4.4.4 为根据普莱斯定律所筛选出来的中国邮轮、游艇与客滚船核心技术专利情况，说明我国在邮轮、游艇与客滚船的核心技术方面存在一定的不足，针对邮轮、游艇与客滚船技术方面，我国还需加大创新力度。

表 4.4.4　中国邮轮、游艇与客滚船主要专利技术（前 10）

IPC 主分类号	数量	核心专利公开号及专利标题	公开年	专利申请人	专利价值
B63B	727	无			
B63H	82				
E02B	39				
B63J	35				
B29C	26				
B63C	25				
B60P	23				
B32B	20				
B62D	19				
B66C	18				

表 4.4.5 为德国主要专利技术,可知德国虽然专利申请量在世界上位居第二,但其在申请过程中重量不重质,通过对德国专利进行筛查,发现在上述当前重点研究技术中并未发现核心专利,且其主要研究技术在其他国家也有较多研究,据此推断德国所采取的专利布局策略为包围式布局,即围绕竞争者的核心专利申请小专利,将核心专利包围起来,形成一个系统化的包围圈,导致竞争对者在使用核心专利时存在一定的障碍。

表 4.4.5　德国邮轮、游艇与客滚船主要专利技术(前 5)

IPC 主分类号	数量	核心专利公开号及标题	公开年	专利申请人	专利价值
B63B	18	无			
B63H	10				
G01N	5				
B60R	2				
G06F	2				

表 4.4.6 为美国邮轮、游艇与客滚船主要技术专利,可知美国虽然整体专利申请量相对较少,但其核心专利要多于中国、德国和西班牙三个国家,特别是 G06Q 技术方面拥有 20 项核心专利,B63H 技术方面拥有 14 项核心专利。值得一提的是,H04L 技术在上述国家中并未涉及的情况下,美国仍旧拥有核心专利,且上述核心专利的专利价值均处于较高水平,而一般情况下,专利技术越复杂,越是前沿尖端,专利价值越高。这说明美国在邮轮、游艇与客滚船技术方面已经逐渐趋于成熟。

表 4.4.6　美国邮轮、游艇与客滚船主要专利技术(前 9)

IPC 主分类号	数量	核心专利公开号及标题	公开年	专利申请人	专利价值
B63B	29	无			
G06Q	20	US8612349B1 Cloud computing system and method for accumulating money	2013	LEDDER HIGH RISK CAPITAL VENTURES, LP	$ 67 000
B63H	14	US7104212B2 Wireless remote controller for yachts	2006	BRIANZA, GIUSEPPE	$ 270 000
G06F	10	US9697178B1 Use of tools and abstraction in a configurable and portable system for generating narratives	2017	NARRATIVE SCIENCE INC.	$ 85 000

续表

IPC 主分类号	数量	核心专利公开号及标题	公开年	专利申请人	专利价值
G05D	8	无			
H04N	6				
H01M	5				
H04L	4	US20180034912A1 System and method for server based control	2018	MAY PATENTS LTD.	$ 1 490 000
A61B	4	无			

表 4.4.7 为西班牙邮轮、游艇与客滚船主要专利技术，可知西班牙虽然专利申请量在世界上位居第四，但其在申请过程中重量不重质，通过对西班牙专利进行筛查，发现在上述当前重点研究技术中，并未发现核心专利，且其主要研究技术在其他国家也有较多研究，据此推断西班牙所采取的专利布局策略为包围式布局，即围绕竞争者的核心专利申请小专利，将核心专利包围起来，形成一个系统化的包围圈，导致竞争对者在使用核心专利时存在一定的障碍。

表 4.4.7　西班牙邮轮、游艇与客滚船主要专利技术（前 5）

IPC 主分类号	数量	核心专利公开号及标题	公开年	专利申请人	专利价值
B63B	8	无			
B63H	3				
F03D	1				
C08G	1				
B62D	1				

4.4.3.2　国内邮轮、游艇与客滚船专利布局策略

根据 4.4.3.1 中对比分析可知，当前在专利申请方面美国虽然专利申请量相对较少，但其拥有的核心专利数量最多，当前我国邮轮、游艇与客滚船专利技术方面主要竞争对手为美国。

在专利布局方面，针对 G06Q 技术，美国拥有较多核心专利，而中国、德国、西班牙并无核心专利。因此，针对这种情况，我国可采取包围式布局，即围绕竞争者的核心专利申请小专利，将核心专利包围起来，形成一个系统化的包围圈，导致竞争者在使用核心专利时存在一定的障碍。

针对 B63H 专利技术，国内虽有涉及，但并未有核心专利；G06F、G06Q 与 H04L 等技术在中国、西班牙两个国家中并未涉及的情况下，美国仍旧拥有核心专利，虽然其核心技术相

对较少，但目前我国还并未涉及相关技术，无法在短时间内迅速掌握相关核心技术并申请核心专利。因此，上述相关技术采取路障式布局不现实，最合理的布局策略仍旧为包围式布局。

针对 B63H 专利技术，中国、德国、西班牙等国家均有相关专利技术申请，但均未有核心专利的出现。针对这种情况，若我国当前专利技术研究方面资金充裕，可采取地毯式布局，即将实现该技术目标所有规避设计方案全部申请专利，不给竞争对手任何机会；若我国资金方面并不充裕，可采取路障式布局，即将实现某一技术目标必需的一种或几种技术解决方案申请专利，形成无法越过的路障。

综上所述，经过分析，我国在邮轮、游艇与客滚船技术方面相较于美国仍处于落后阶段，因此我国应加大对相关专利技术的研发投入，注重对相关技术的人才培养，提高创新意识，以便于我国更好地掌握油船相关技术，在国际上拥有更多的话语权。

4.5 海上 LNG 装备

4.5.1 数据来源

数据来源：国家知识产权局常规检索（cnipa.gov.cn）和智慧芽平台专利信息数据库。

数据年限：1961—2022 年，共计 1 557 件。

4.5.2 专利分析

4.5.2.1 专利申请趋势

图 4.5.1 所示为 1961—2022 年全球海上 LNG 装备专利申请趋势图。由图可知，国外对于海上 LNG 装备方面的专利申请最早出现于 1961 年，1993—2016 年起国外海上 LNG 装备专利申请数量呈现持续递增的趋势，并于 2016 年达到了专利申请数量的峰值，然而却在 2016—2022 年呈现出急剧下降的趋势；而我国海上 LNG 装备专利申请数量自 2000 年开始逐渐增长，2014—2022 年增长较为迅速，但始终无法超越国外海上 LNG 装备专利申请数量。虽然我国海上 LNG 装备专利申请数量呈现缓步攀升的趋势，但与国外海上 LNG 数量专利申请装备还存在一定差距。

4.5.2.2 专利申请类型

由图 4.5.2 可知，在全球海上 LNG 装备专利申请类型方面，发明专利中授权发明类占比为 42%，共计 653 件，发明申请类占比为 54%，共计 834 件，总的发明专利占比为 96%，共计 1 487 件；实用新型类占比为 4%，共计 70 件；无外观设计类专利申请类型。这说明国际上更加注重海上 LNG 装备的技术水平，而在实用方面缺乏探索，对于外观方面的专利申请更是十分欠缺，也从侧面说明海上 LNG 装备的相关技术比较完善，下一步可以从实用和外观两方面深入研究。

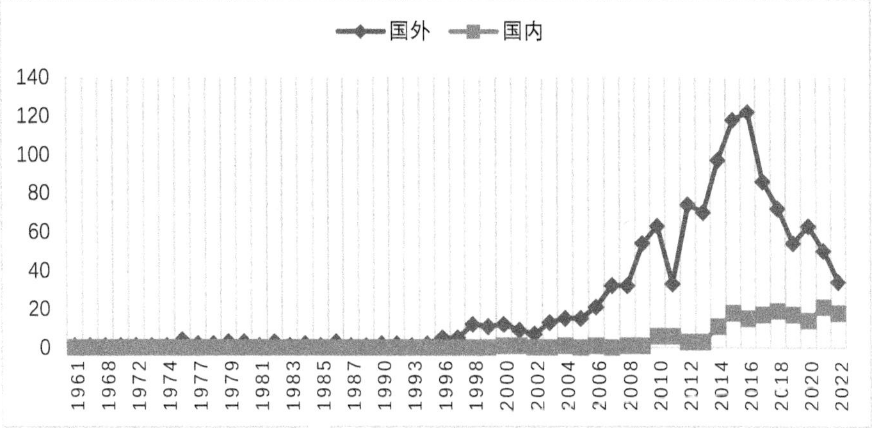

图 4.5.1　1961—2022 年全球海上 LNG 装备专利申请趋势图

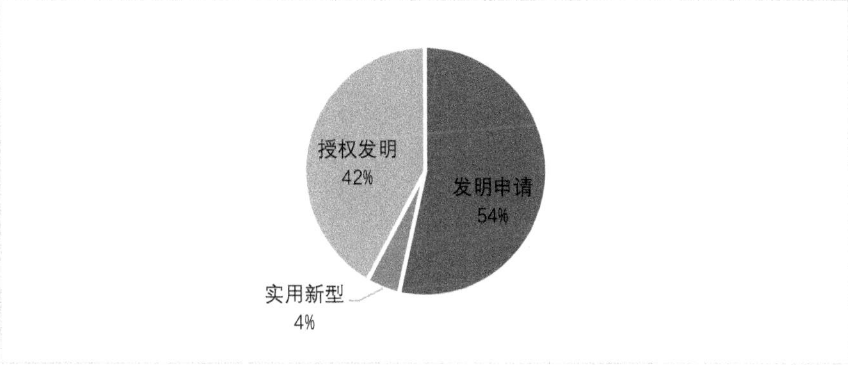

图 4.5.2　全球海上 LNG 装备专利申请类型

4.5.2.3　专利申请地域

由表 4.5.1 可知，全球海上 LNG 装备专利申请量排名前 10 的国家和地区分别为韩国、中国、美国、日本、欧洲、澳大利亚、德国、加拿大、巴西、印度。其中，韩国、中国、美国授权发明类专利占比较多，尤其韩国更加侧重于发明申请型专利，总计 362 件，较除中国、美国以外其余几个国家的专利总和还要多，中国、美国同样位居其后。中国的实用新型专利数量最多，上节分析可得，实用新型类专利共计 50 件，其中中国就占到了 73.53%，可见我国对于海上 LNG 装备的实用性最为关注，而其余只有韩国、澳大利亚和德国在此方面略有涉足。

表 4.5.1　各国海上 LNG 装备专利申请量（前 10）

排名	国家	发明申请	实用新型	授权发明	专利总计
1	韩国	219	12	177	408
2	中国	64	50	60	174
3	美国	79	0	81	160
4	日本	43	0	42	85

续表

排名	国家	发明申请	实用新型	授权发明	专利总计
5	欧洲	44	0	32	76
6	澳大利亚	39	1	30	70
7	德国	13	5	29	47
8	加拿大	24	0	20	44
9	巴西	32	0	9	41
10	印度	32	0	4	36

4.5.2.4 重点专利申请人分析

根据现有数据分析,全球海上 LNG 装备主要专利申请人排名前 10 中,韩国占据 40%,且大宇造船海洋株式会社的专利申请量位列第一,远超归属澳大利亚的第二位专利申请人伍德赛德能源技术有限公司;瑞士的专利申请人单浮标系泊公司和美国的专利申请人埃克森美孚上游研究公司、卓越能源有限合伙企业位居其后,分别占据第三、第五、第六位;余下的专利申请人分别来自法国、挪威、荷兰、哥伦比亚。在该排名中并未出现中国的专利申请人,可见中国在海上 LNG 装备专利申请方面还略有欠缺。

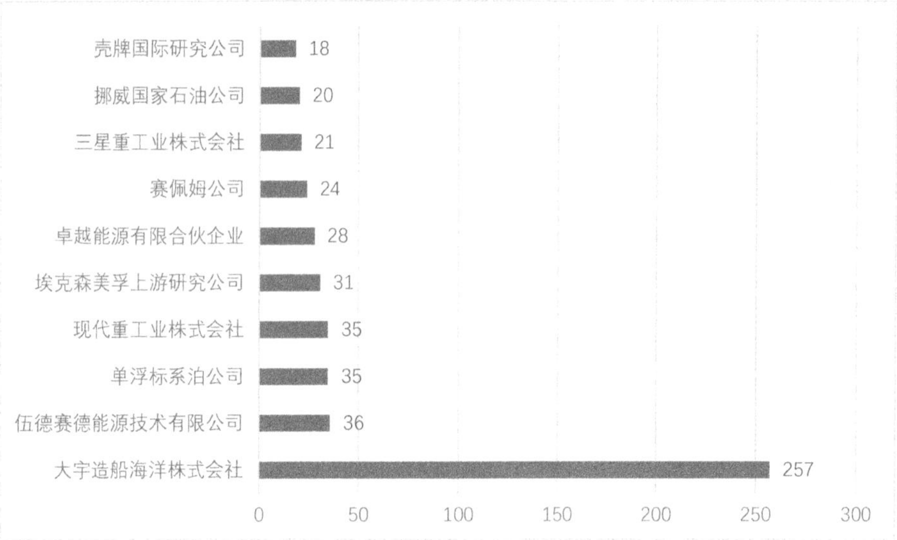

图 4.5.3 全球海上 LNG 装备主要专利申请人排名(前 10)

图 4.5.4 所示为我国海上 LNG 装备主要专利申请人,其中多为船舶公司,高校在其中占少数。由图可知,中海石油气电集团有限责任公司是我国海上 LNG 装备专利申请的主力军;惠生(南通)重工有限公司、吴植融、上海宏华海洋油气装备有限公司|宏华海洋油气装备(江苏)有限公司可作为海上 LNG 装备专利申请的第二梯队;大连理工大学、中海油能源发展股份有限公司|中海油能源发展股份有限公司采油服务分公司、中国海洋石油集团有限公司|中海石油气电集团有限责任公司则为我国海上 LNG 装备专利申请的第三梯队。

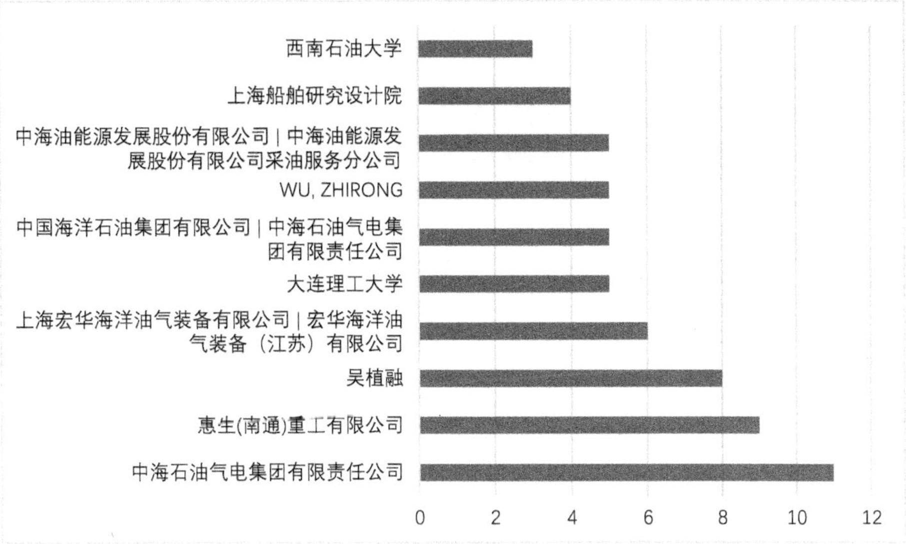

图 4.5.4 国内海上 LNG 装备主要专利申请人排名(前 10)

4.5.2.5 专利技术关注重点

由表 4.5.2 可知,国际上对于海上 LNG 装备技术中,对于水上车间和绝热设施等船用设备的专利数量均在 100 件以上,研究较多且趋于成熟;对于改变气体状态、管道、制冷、浮动结构等方面的船用设备专利数量均在 30~70 件,也是国际上针对海上 LNG 装备技术的研究重点。

表 4.5.2 海上 LNG 装备技术领域 IPC 技术分类(全球前 10)

排名	主 IPC 分类号	专利数	技术含义
1	B63B35/44	153	浮式建筑物、水上车间、水上钻井平台的船用设备
2	B63B25/16	114	绝热的船用设备
3	F25J1/00	72	气体或气体混合物液化或固化的方法或设备
4	B63B27/34	63	用于管道的船用设备
5	F25J1/02	54	需要使用制冷的气体或气体混合物系统
6	B63B27/24	43	用于管道的船用设备
7	F17C9/02	43	改变气体状态的容器
8	F17C7/04	42	改变气体状态的容器
9	B63B35/00	30	适用于专门用途的船舶设备或类似的浮动结构
10	F17C13/00	26	盛装气体的容器或容器装填排放的零部件

4.5.2.6 核心专利识别

依据普莱斯定律,以专利被引频次界定专利是否为核心专利。定义专利被引频次在 $M \sim N_{max}$ 内则为核心专利,其中 $M = 0.749\sqrt{N_{max}}$,N_{max} 为目标技术领域专利中最高被引频次。经统计，海上 LNG 装备领域内单件专利被引频次最高 158 次，即 $N_{max}=158$，$M=0.749\sqrt{N_{max}}=9.41$ 次，所以被引频次达到 10 次的专利方可认定为核心专利。为了保证核心专利的有效性，本章还结合专利的法律状态对专利进行识别，对有关驳回、撤销、放弃、失效等法律状态的专利予以排除，最终统计获得 10 件有效核心专利，见表 4.5.3。

表 4.5.3 核心专利被引频次排序表

排名	公开号	主 IPC 分类号	IPC 分类号含义	被引用专利数
1	KR1020100110090A	F17C11/00	用于从水面收集污染物质的船用设备	15
2	KR1020120107888A	F02M21/02	气体燃料	14
3	US7073457B2	E02B3/24	系锚柱	13
4	US7308863B2	B63B35/44	浮式建筑物	13
5	US6979147B1	B67D9/00	装卸船只时输送液体的设备或装置	12
6	KR100676615B1	F17C9/02	改变气体状态的容器	11
7	KR1020160128639A	B63B25/16	绝热的船用设备	11
8	KR100613430B1	B67D5/378	防止或回收液体、蒸汽泄漏的分配、输送、传送装置	10
9	KR100978066B1	B63B25/16	绝热的船用设备	10
10	KR1020130114513A	B63B21/50	专用船只	10

由表 4.5.3 可知，当前具有法律效用的海上 LNG 装备核心专利数量都比较聚集，其中关于防污染的船用设备专利较多，为 15 项，其余主要涉及的技术和方向有气体燃料、系锚柱、输送装置、绝热装置等船用设备。

4.5.3 专利布局

4.5.3.1 各国专利布局策略分析

由 4.5.2 专利分析部分可知，当前海上 LNG 装备技术水平在韩国、中国、美国、日本等国较为先进。通过对上述 4 个国家的有效专利进行分析，并结合核心专利以及核心专利对应的专利价值进行分析，从而得到上述国家在海上 LNG 装备重点技术领域所拥有的核心专利数量，进而分析不同国家所采取的专利布局策略，为我国海上 LNG 装备技术布局策略提供理论基础。

表 4.5.4 所示为韩国海上 LNG 装备主要技术专利，可知韩国整体专利申请量相对最多，其核心专利也要多于上述三个国家，特别是 B63B（船舶或其他水上船只；船用设备）技术方面，其拥有 3 项核心专利，F17C（盛装或贮存压缩的、液化的或固化的气体容器；固定容量的贮气罐；将压缩的、液化的或固化的气体灌入容器内，或从容器内排出）技术方面拥有 2 项核心专利，F02M（一般燃烧发动机可燃混合物的供给或其组成部分）拥有 1 项核心专利，B67D（不包含在其他类目中的液体分配、输送或转送装置）拥有 1 项核心专利。值得一提

的是，F17C 与 F02M 等技术在其余三个国家并未涉及的情况下，韩国仍旧拥有核心专利，且上述核心专利的专利价值处于较高水平。一般情况下，专利价值越高，专利技术越复杂，越是前沿尖端，价值越高。这说明韩国在海上 LNG 装备技术方面已经逐渐趋于成熟。

表 4.5.4　韩国海上 LNG 装备主要专利技术（前 10）

IPC 主分类号	数量	核心专利公开号及专利标题	公开年	专利申请人	专利价值
B63B	119	KR1020160128639A 蒸发气体处理系统	2016	大宇造船海洋株式会社	$ 59 000
		KR100978066B1 具有异燃料管道系统的浮动结构	2010	大宇造船海洋株式会社	$ 57 000
		KR1020130114513A 利用系泊线实时监测的海洋结构静态和动态定位系统及方法	2013	赛创电子有限公司 | 李·迈克尔·明索普	$ 48 000
F17 C	21	KR1020100110090A 氮气液化气储罐的替代装置	2010	大宇造船海洋株式会社	$ 45 000
		KR100676615B1 海上浮式结构 LNG 再气化系统及方法	2007	大宇造船海洋株式会社	$ 35 000
F02M	8	KR1020120107888A 具有再液化装置和高压天然气喷射发动机的海上结构的供油系统和方法	2012	大宇造船海洋株式会社	$ 940 000
B67D	2	KR100613430B1 蒸发气处理方法及装置	2006	三星重工业株式会社	$ 39 000
B63J	13	无			
F25J	10				
B63H	5				
B01D	1				
B65G	1				
G01M	1				

表 4.5.5 和表 4.5.6 分别为中国和日本的海上 LNG 装备主要专利技术，可知虽然中国和日本的专利申请量在世界上分别位居第二和第四位，但其在数量和质量上都不拔尖，两个国家都没有核心专利。虽然两个国家都各有涉足他国没有专利申请的领域，但是研究尚有欠缺，无论质量和数量都不足以使其在短时间内申请核心专利。

表 4.5.7 为美国海上 LNG 装备主要技术专利，美国针对 B63B（船舶或其他水上船只；船用设备）的研究较多，但核心专利仅有一个，其余的 E02B（水利工程）和 B67D（不包含在其他类目中的液体分配、输送或转送装置）虽研究数量少，但都各有一项核心专利，且专利价值较高。据分析，美国采取的专利布局策略为口袋式布局，即对于可能有多个替代方案的技术，针对技术壁垒易突破、生产成本低、销售链更加完备的产品，重点完善其专利布局。该布局策略的优点是成本适中，可诱使竞争对手为了规避专利侵权，选择难度较大的方向进行研发；缺点是前期需要准确把握研发方向，可能有失误。

表 4.5.5　中国海上 LNG 装备主要专利技术(前 10)

IPC 主分类号	数量	核心专利公开号及专利标题	公开年	专利申请人	专利价值
F17C	27	无			
B63B	21				
F25J	12				
E21B	5				
F16L	3				
E02B	2				
G06 F	2				
C10L	2				
E04H	1				
G01D	1				

表 4.5.6　日本海上 LNG 装备主要专利技术(前 8)

IPC 主分类号	数量	核心专利公开号及专利标题	公开年	专利申请人	专利价值
B63B	12	无			
F17C	8				
E02B	2				
E21B	1				
B65D	1				
B63H	1				
F25J	1				
C02F	1				

表 4.5.7　美国海上 LNG 装备主要专利技术(前 10)

IPC 主分类号	数量	核心专利公开号及专利标题	公开年	专利申请人	专利价值
B63B	22	US7308863B2 海上液化天然气再气化的方法和设备	2003	埃克斯玛离岸公司	
E02B	4	US7073457B2 风向标 LNG 卸载系统	2003	单浮标系泊公司	
B67D	3	US6979147B1 增强型液化天然气油轮在浅水区卸货	2005	单浮标系泊公司(瑞士公司)	$910,000

续表

IPC主分类号	数量	核心专利公开号及专利标题	公开年	专利申请人	专利价值
F25J	7	无			
B63H	4				
E21B	4				
B65D	2				
F17C	2				
B65B	2				
B60P	1				

表 4.5.8 为各国海上 LNG 装备技术专利申请数量。

表 4.5.8　各国海上 LNG 装备技术专利申请数量

序号	IPC	韩国	中国	美国	日本	含义
1	B63B	199	21	22	12	船舶或其他水上船只；船用设备
2	F17C	21	27	2	8	盛装或贮存压缩的、液化的或固化的气体容器；固定容量的贮气罐；将压缩的、液化的或固化的气体灌入容器内，或从容器内排出
3	F25J	10	12	7	1	通过加压和冷却处理使气体或气体混合物进行液化、固化或分离
4	B63J	13	0	0	0	船上辅助设备
5	F02M	8	0	0	0	一般燃烧发动机可燃混合物的供给或其组成部分
6	B63H	5	0	4	1	船舶的推进装置或操舵装置
7	B67D	2	0	3	0	不包含在其他类目中的液体分配、输送或转送装置
8	B01D	1	0	0	0	分离
9	B65G	1	0	0	0	运输或贮存装置，例如装载或倾斜用输送机；车间输送机系统；气动管道输送机
10	G01M	1	0	0	0	机器或结构部件的静或动平衡的测试；其他类目中不包括的结构部件或设备的测试
11	E21B	0	5	4	1	土层或岩石的钻进
12	F16L	0	3	0	0	管子；管接头或管件；管子、电缆或护管的支撑；一般的绝热方法
13	E02B	0	2	4	2	水利工程
14	G06F	0	2	0	0	电数字数据处理
15	C10L	0	2	0	0	不包含在其他类目中的燃料；天然气；不包含在 C10G 或 C10K 小类中的方法得到的合成天然气；液化石油气；在燃料或火中使用添加剂；引火物

续表

序号	IPC	韩国	中国	美国	日本	含义
16	E04H	0	1	0	0	专门用途的建筑物或类似的构筑物；游泳或喷水浴槽或池；桅杆；围栏；一般帐篷或天篷
17	G01D	0	1	0	0	非专用于特定变量的测量；不包含在其他单独小类中的测量两个或多个变量的装置；计费设备；非专用于特定变量的传输或转换装置；未列入其他类目的测量或测试
18	B65D	0	0	2	1	用于物件或物料贮存或运输的容器，如袋、桶、瓶子、箱盒、罐头、纸板箱、板条箱、圆桶、罐、槽、料仓、运输容器；所用的附件、封口或配件；包装元件；包装件
19	C02F	0	0	0	1	水、废水、污水或污泥的处理
20	B65B	0	0	2	0	包装物件或物料的机械，装置或设备，或方法；启封
21	B60P	0	0	1	0	适用于货运或运输、装载或包容特殊货物或物体的车辆

由表 4.5.8 看知，B63B（船舶或其他水上船只；船用设备）、F17C（盛装或贮存压缩的、液化的或固化的气体容器；固定容量的贮气罐；将压缩的、液化的或固化的气体灌入容器内，或从容器内排出）、F25J（通过加压和冷却处理使气体或气体混合物进行液化、固化或分离）为韩国、中国、美国和日本均有研究的专利类型，除在 B63B 方面韩国成果最为领先外，中国具有的成果数量都是第一，但却没有核心专利；除此之外，其余研究领域均由于专利数量和核心技术的欠缺，不足以成为核心专利，尚且有待进一步深入研究。

4.5.3.2 国内海上 LNG 装备专利布局策略

根据 4.5.3.1 中对比分析可知，当前在海上 LNG 装备专利申请方面我国专利申请量较少，核心专利数量也较少，当前我国海上 LNG 装备专利技术方面主要竞争对手为韩国，却也不可对日本和美国掉以轻心。

在专利布局方面，针对 B63B（船舶或其他水上船只；船用设备）技术，韩国拥有较多核心专利，而美国核心专利较少，中国和日本并无核心专利。因此，针对这种情况，我国可采取包围式布局，即围绕竞争者的核心专利申请小专利，将核心专利包围起来，形成一个系统化的包围圈，导致竞争者在使用核心专利时存在一定的障碍。

针对 F17C（盛装或贮存压缩的、液化的或固化的气体容器；固定容量的贮气罐；将压缩的、液化的或固化的气体灌入容器内，或从容器内排出）、F25J（通过加压和冷却处理使气体或气体混合物进行液化、固化或分离）等技术方面，我国、日本、韩国、美国等国家均有相关专利技术申请，但均未有核心专利。针对这种情况，若我国当前专利技术研究方面资金充裕，可采取地毯式布局，即将实现该技术目标所有规避设计方案全部申请专利，不给竞争对手任何机会；反之，可采取路障式布局，即将实现某一技术目标必需的一种或几种技术解决方案申请专利，形成无法越过的路障。

针对 B65D（用于物件或物料贮存或运输的容器，如袋、桶、瓶子、箱盒、罐头、纸板箱、板条箱、圆桶、罐、槽、料仓、运输容器；所用的附件、封口或配件；包装元件；包装件）、B60P（适用于货运或运输、装载或包容特殊货物或物体的车辆)、C02F(水、废水、污水或污泥的处理)、B65G(运输或贮存装置,例如装载或倾斜用输送机;车间输送机系统;气动管道输送机)等技术,虽然我国尚未涉及,但其他国家针对此类技术也并未有核心专利的存在,且有效的专利数量相对较少。针对此类技术,若我国仍有余力对其进行研究,且当前专利技术研究方面资金充裕,可采取路障式布局,即将实现某一技术目标必需的一种或几种技术解决方案申请专利,形成无法越过的路障;若无余力进行研究,则可采取包围式布局,即围绕竞争者的核心专利申请小专利,将核心专利包围起来,形成一个系统化的包围圈,导致竞争者在使用核心专利时存在一定的障碍。

针对 F16L(管子;管接头或管件;管子、电缆或护管的支撑;一般的绝热方法)、C10L(不包含在其他类目中的燃料;天然气;不包含在 C10G 或 C10K 小类中的方法得到的合成天然气;液化石油气;在燃料或火中使用添加剂;引火物)、E04H(专门用途的建筑物或类似的构筑物;游泳或喷水浴槽或池;桅杆;围栏;一般帐篷或天篷)等技术,除我国外其他国家尚未涉及,我国应抓住机会,加大针对此类技术的创新与研发,以便在核心专利申请方面占据主导权。对于此类技术,若我国当前专利技术研究方面资金充裕,亦可采取地毯式布局;若我国资金方面并不充裕,可采取路障式布局。

综上所述,我国在海上 LNG 装备技术方面相较于韩国和美国仍处于落后阶段。因此,我国应加大对相关专利技术的研发投入,提高创新意识,以便于我国更好地掌握海上 LNG 装备相关技术。

4.6 海洋油气装备

4.6.1 数据来源

数据来源:国家知识产权局常规检索(cnipa.gov.cn)和智慧芽平台专利信息数据库。

数据年限:1902—2022 年。

4.6.2 专利分析

4.6.2.1 专利申请趋势

任何技术都有一个产生、发展、成熟及淘汰的过程,检索相关领域的专利文献并对每年的专利申请数量进行统计是预测其发展趋势的有效方法之一。海洋油气装备领域专利申请和公开量趋势分析可以揭示该领域的技术发展趋势和技术研究活跃期,帮助研究海洋油气装备生命周期。

图 4.6.1 所示为 1902—2022 年全球海洋油气装备专利,申请量和我国海洋油气装备申请量趋势图。由图 4.6.1 可知,自 1902 年起,国外就已经对海洋油气装备专利进行申请,然而数量较少。相较于国外,我国在海洋油气装备的专利申请趋势与全球申请趋势相似,直到 1972 年之后出现相关专利申请,从 2010 年开始专利申请数量有了实质性的飞跃,数量快速攀升,发展迅猛,并于 2020 年达到顶峰。这主要是由于行业发展需要,对海洋油气装备提出了更高的要求,专利申请开始缓慢上升。从我国专利申请占比来看,呈现逐年上升趋势,这

表明我国在海洋油气装备领域的创新力和影响力正在不断提升,并占有一席之地,同时也预示着我国海洋油气装备发展具有很大的挖掘潜力。此外,2008年之后,随着经济全球化的快速发展,世界各国对大型运输船舶的需求日益增加,专利申请量进入快速增长时期。可见,海洋油气装备在未来具有较大的发展潜力。

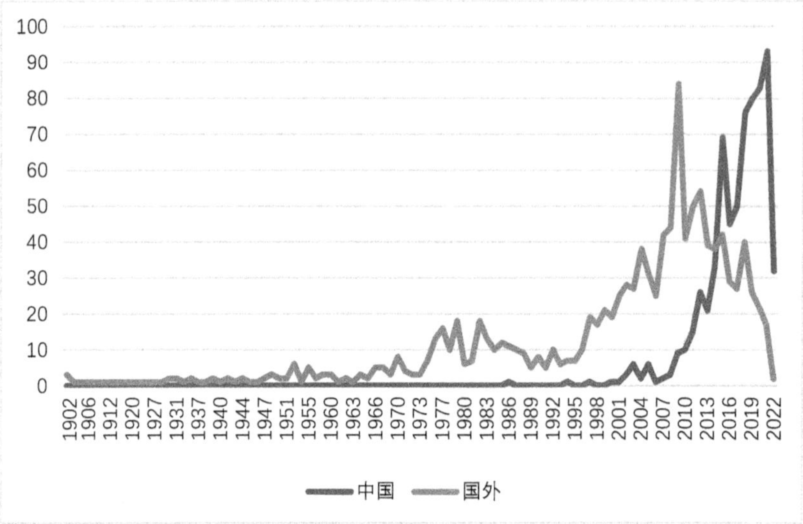

图 4.6.1　1902—2022 年全球海洋油气装备专利申请趋势

4.6.2.2　专利类型

通过阅读相关文献和对所归纳数据进行分析发现,海洋油气装备专利类型主要包括发明专利、实用新型专利和外观设计专利。通过专利类型分析,可以进一步掌握专利类型的分布情况,并对这些专利文献进行进一步的挖掘、借鉴。

截至2022年,在所获取的专利数据中,海洋油气装备专利总数为1 841件,其中发明申请966件(占总数的52.47%)、实用新型216件(占总数的11.73%)、授权发明658件(占总数的35.74%)、外观设计1件(占总数的0.05%)。由此可见,全球海洋油气装备申请中发明申请占优势,实用新型申请次之,说明海洋油气装备实用性更占据主导优势,还需进一步提升自主创新和研发能力,改进生产技术水平,提高市场竞争力。

4.6.2.3　专利申请地域

对专利申请人或专利权人所在国家及组织的专利申请数量进行统计和分析,即通过不同国家、地区的专利数量对比来反映其技术水平与实力。空间分布一般用于识别竞争对手,分析其技术策略等。

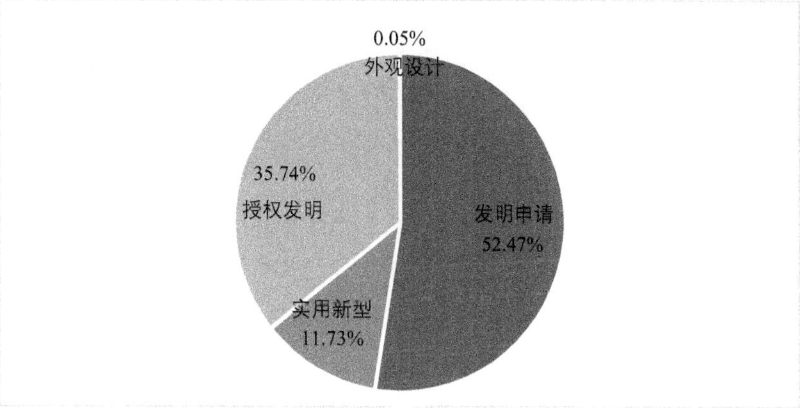

图 4.6.2　海洋油气装备专利类型

表 4.6.1 为国内外典型代表国家的海洋油气装备专利申请数量情况。按国家申请量分析，申请量排名前 5 的分别是中国（668 件）、韩国（208 件）、日本（157 件）、俄罗斯（110 件）和德国（90 件）。排名前 10 的国家申请的海洋油气装备专利总数为 1 553 件，占全部申请量的 84.36%，其中发明专利的申请量为 813 件，占全部发明专利申请量（966 件）的 84.16%。此外，通过表 4.6.1 还可知，尽管我国申请专利总量最多，但是申请类型以发明专利为主，占我国申请总量的 44.81%；实用新型专利申请量次之，占我国申请总量的 24.06%。这说明我国海洋油气装备专利以研发型为主，应用水平还需进一步加强和提高。

表 4.6.1　各国海洋油气装备专利申请量（前 10）

国家	专利数	发明申请	实用新型	授权发明	外观设计
中国	668	298	160	210	0
韩国	208	137	15	56	0
日本	157	124	4	28	1
俄罗斯	110	26	21	63	0
德国	90	52	5	33	0
美国	88	35	0	53	0
法国	72	30	5	37	0
世界知识产权组织	72	72	0	0	0
欧洲专利局	47	33	0	14	0
英国	44	9	0	35	0

4.6.2.4　重点专利申请人分析

通过对专利申请人或专利权人的申请量、研发能力等进行统计和排序，可以了解和研究相关技术领域中活跃的单位和个人，找出该领域内重要的参与者、需要重点关注的公司等，以及各申请人的技术研发实力和重视专利申请的程度。

针对海洋油气装备领域的专利申请人进行分析。由图 4.6.3 可知，全球排名前 10 的申请人共申请专利 228 件，占据全部申请量的 12.38%，而排名前列的谷川浩保 | 谷川和永的专利申请量是 56 件，占全球申请量的 3.04%，大连理工大学的专利申请量为 30 件，占比 2.63%，属于第一梯队，遥遥领先于其他公司，可以看出由于其雄厚的科研实力和分布较广的技术领域，在全球市场竞争中掌握着主动权；이우성（李友成）的专利申请量为 27 件，占比 1.47%，属于第二梯度，研发团队实力相对较强；其他申请人，如哈尔滨工程大学、武汉船用机械有限责任公司、浙江大学、대우조선해양 주식회사（大宇造船海洋股份公司）、SABIC GLOBAL TECHNOLOGIES B.V.（Sabic 全球科技有限公司）、中国石油大学（华东）、无锡大金高精度冷拔钢管有限公司等专利申请量的差异不大，属于第三梯队。

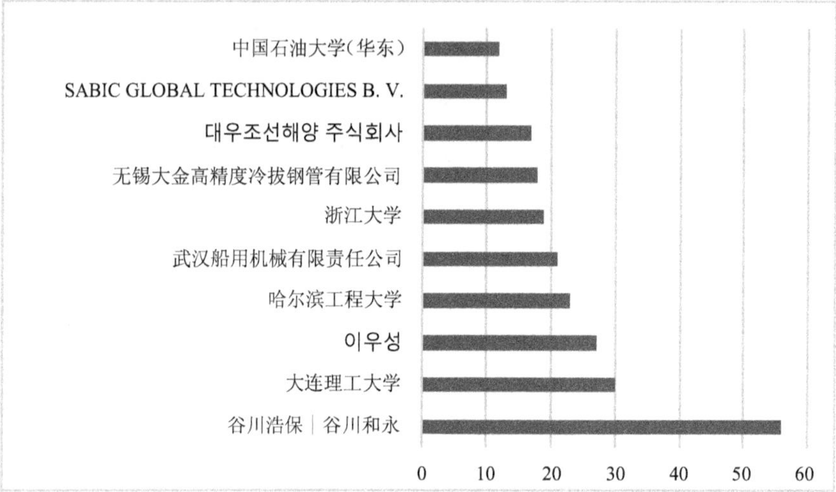

图 4.6.3　全球海洋油气装备专利申请人排名（前 10）

由图 4.6.4 可知，我国海洋油气装备专利申请量排名前 9 位的专利权人分别为大连理工大学、武汉船用机械有限责任公司、浙江大学、中国石油大学（华东）、无锡大金高精度冷拔钢管有限公司、山东大学、长沙理工大学、上海交通大学、浙江海洋大学。专利申请人主要集中于国内院校、研究所和企业，这充分体现了我国海洋油气装备技术的研发能力和水平。

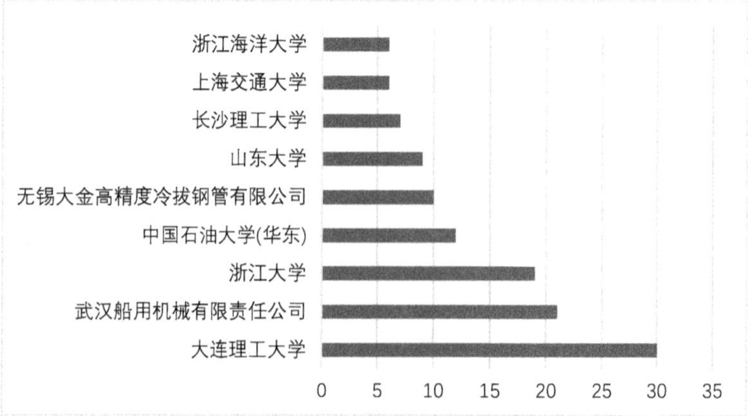

图 4.6.4　我国海洋油气装备专利申请人排名（前 9）

4.6.2.5 专利技术关注焦点分析

国际专利分类（IPC）是现有通用的专利技术分类方法。通过 IPC 分析，可以了解当前技术领域的研发重点，从而把握目标技术未来的发展方向。因此，本章通过对海洋油气装备领域专利的 IPC 进行统计分析，将全球排名前 10 的 IPC 技术定为技术焦点，对筛选出的 2 398 组专利进行分析，发现海洋油气装备领域的专利申请情况见表 4.6.2。

表 4.6.2 海洋油气装备领域 IPC 技术分类（前 10）

IPC（大组）	专利件数	技术含义
B63B35	105	作业；运输
F03G3	43	机械工程；照明；加热；武器；爆破
F03B13	42	机械工程；照明；加热；武器；爆破
E02B17	34	固定建筑物
B63C11	33	机械工程；照明；加热；武器；爆破
B63B27	27	作业；运输
E21B43	25	固定建筑物
B63B21	24	作业；运输
C02F1	24	化学；冶金
B63G8	20	作业；运输

由表 4.6.2 可知，海洋油气装备专利 IPC 分类号主要集中在 B63B35、F03G3、F03B13。专利分布的核心类主要在 B63，如 B63B，主要集中在标准船舶的作业、运输等技术领域，这些技术领域还具有一定的发展潜力，也是未来研发的重点之一。

4.6.2.6 核心专利识别

核心专利是指在某个领域具有高度影响力和创新性的且具有重要经济价值的专利。因此，识别核心专利是进行技术演化分析的基础，对于分析目标技术当前发展现状和预测未来发展方向起到重要作用。一般情况下，专利被引频次是识别核心专利的重要指标，若目标专利被引频次越高，表明此专利在该技术领域具有较高的创新性和价值。

依据普莱斯定律，以专利被引频次界定专利是否为核心专利。定义专利被引频次在 $M \sim N_{max}$ 内则为核心专利，其中 $M=0.749\sqrt{N_{max}}$，N_{max} 为目标技术领域专利中最高被引频次。经统计，海洋油气装备领域内单件专利被引频次最高达到 532 次，即 $N_{max}=532$，$M=0.749\sqrt{N_{max}}=17.27$ 次，所以被引频次达到 18 次的专利方可认定为核心专利。为了保证核心专利的有效性，本章还结合专利的法律状态对专利进行识别，对有关驳回、撤销、放弃、失效等法律状态的专利予以排除，最终统计获得 5 件核心专利，见表 4.6.3。

表 4.6.3　核心专利被引频次排序表

排名	公开号	IPC 分类号(大组)	被引用专利数
1	US9016221B2	B63B59	65
2	US8173012B1	C02F1	45
3	JP2013531257A	G04B13	41
4	US20140224167A1	B63G8	25
5	JP2008087736A	B63H21	18

4.6.3　专利布局

4.6.3.1　各国专利布局策略分析

由 4.6.2 专利分析部分可知,当前海洋油气装备技术水平在中国、韩国、日本、俄罗斯等国较为先进。通过对上述 4 个国家的有效专利进行分析,并结合表 4.6.3 核心专利以及核心专利对应的专利价值(一般来说,专利技术越复杂,越是前沿尖端,价值越高)进行分析,从而得到上述国家在海洋油气装备重点技术领域所拥有的核心专利数量,进而分析不同国家所采取的专利布局策略,为我国海洋油气装备技术布局策略提供理论基础。

表 4.6.4 为根据普莱斯定律所筛选出来的我国海洋油气装备核心技术专利情况,可知我国专利申请量居多,说明我国在海洋油气装备技术方面正在逐步完善。但我国却没有核心专利,如 B63B 申请量位于第一,但是却尚未出现核心专利,其余专利技术申请方面也均未有核心专利,说明针对海洋油气装备技术方面,我国还需加大创新力度。另外, C09D 等专利技术,在其他国家专利申请中暂未发现有效专利,因此我国可鼓励主要创新主体针对此类技术加大创新力度,尽可能早且多地研发出相关核心技术。

表 4.6.4　中国海洋油气装备主要专利技术(前 10)

IPC 主分类号	数量	核心专利公开号及专利标题	公开年	专利申请人	专利价值
B63B	35	无			
C09D	20				
E02B	16				
E21B	16				
C22C	12				
B63C	11				
F15B	10				
G01M	9				
G01N	9				
G06F	7				

表 4.6.5 为韩国海洋油气装备主要专利技术，可知韩国虽然专利申请量在世界上位居第二，但其在申请过程中重量不重质，通过对韩国专利进行筛查，发现在上述当前重点研究技术中，并未发现核心专利，且其主要研究技术在其他国家也有较多研究，据此推断韩国所采取的专利布局策略为包围式布局，即围绕竞争者的核心专利申请小专利，将核心专利包围起来，形成一个系统化的包围圈，导致竞争者在使用核心专利时存在一定的障碍。

表 4.6.5　韩国海洋油气装备主要专利技术（前 7）

IPC 主分类号	数量	核心专利公开号及标题	公开年	专利申请人	专利价值
B63B	12	无			
B63J	5				
A01K	4				
G06Q	4				
A23B	3				
E02B	3				
H02J	3				

表 4.6.6 为日本海洋油气装备主要技术专利，可知日本申请的专利相对较少，但拥有一项核心专利，此项专利可能会对众多技术产生一定的影响。据分析，针对此项技术，日本采取的专利布局策略为包围式布局，即围绕竞争者的核心专利申请小专利，将核心专利包围起来，形成一个系统化的包围圈，导致竞争对手在使用核心专利时存在一定的障碍。

表 4.6.6　日本海洋油气装备主要专利技术（前 9）

IPC 主分类号	数量	核心专利公开号及标题	公开年	专利申请人	专利价值
F17C	3	无			
G06Q	3				
B63H	3				
E02B	3				
F01M	2				
B01D	2				
F04C	2				
C22C	2				
B63H	2	JP2008087736 A 船舶の航走制御システム（船舶的航行控制系统）	2008	三菱电机株式会社	$ 460 000

表 4.6.7 为俄罗斯海洋油气装备主要技术专利，可知俄罗斯专利申请量虽然位居第四，但是尚未有核心专利，相对影响较小。

表 4.6.7　俄罗斯海洋油气装备主要专利技术（前 6）

IPC 主分类号	数量	核心专利公开号及标题	公开年	专利申请人	专利价值
B63B	9	无			
G01 V	3				
B63G	2				
E21B	2				
F41H	2				
G01 W	2				

表 4.6.8 为美国海洋油气装备主要技术专利，可知美国虽然整体专利申请量相对较少，位于世界第六，但其核心专利要多于上述国家，特别是 B63B 技术方面，其拥有 4 项核心专利，B63G 技术方面拥有 2 项核心专利，C02F 技术方面拥有 1 项核心专利。值得一提的是，C02F 技术在上述国家并未涉及的情况下，美国仍旧拥有核心专利，且上述核心专利的专利价值均处于较高水平。一般情况下，专利价值越高，专利技术越复杂，越是前沿尖端，价值越高。这说明美国在海洋油气装备技术方面已经逐渐趋于成熟。

表 4.6.8　美国海洋油气装备主要专利技术（前 13）

IPC 主分类号	数量	核心专利公开号及标题	公开年	专利申请人	专利价值
B63B	4	US9016221B2 用于无毒生物黏附控制的表面形貌	2015	UNIVERSITY OF FLORIDA RESEARCH FOUNDATION，INC.（佛罗里达大学研究基金会）	$ 100 000
B32B	2	无			
B63G	2	US20140224167A1 自主水下四维环境监测系统	2014	ENI S.P.A.	$ 2 830 000
C08G	2	无			
F03G	2				
A01K	1				
B29C	1				
B63C	1				
C02F	1	US8173012B1 海洋漏油回收及海洋石油开采方法	2012	CHE，HUE NGUYEN	$ 47 000
C07D	1	无			
E21B	1				
F16L	1				
G08G	1				

4.6.3.2 国内海洋油气装备专利布局策略

根据 4.6.3.1 中对比分析可知，当前在专利申请方面美国虽然专利申请量相对较少但其拥有的核心专利数量最多，当前我国海洋油气装备专利技术方面主要竞争对手为美国。

在专利布局方面，针对 B63B 技术，美国拥有较多核心专利，而中国、韩国、日本并无核心专利。因此，针对这种情况，我国可采取包围式布局，即围绕竞争者的核心专利申请小专利，将核心专利包围起来，形成一个系统化的包围圈，导致竞争对手在使用核心专利时存在一定的障碍。

针对 B63G、C02F 专利技术，国内虽有涉及，但并无核心专利；而美国拥有核心专利，虽然其核心技术相对较少，但目前我国还并未涉及相关技术，无法在短时间内迅速掌握相关核心技术并申请核心专利。因此，上述相关技术采取路障式布局不现实，最合理的布局策略仍旧为包围式布局。

综上所述，我国在海洋油气装备技术方面相较于美国仍处于落后阶段。因此，我国应加大对相关专利技术的研发投入，注重对相关技术人才的培养，提高创新意识，以便于我国更好地掌握海洋油气装备相关技术，在国际上拥有更多的话语权。

4.7 海上风电装备

4.7.1 数据来源

按照海上风电装备技术领域，结合 IPC 分类标准，通过国家知识产权局常规检索（cnipa.gov.cn）和智慧芽平台专利信息数据库获取数据，所设定的专利申请范围在 1977—2022 年。为确保检索结果的全面性和准确性，将所获数据按照涉猎技术方向进行分类（表 4.7.1），并采用抽样评估方法对检索结果进行查全、查准和校正，最终得到国内外海上风电装备专利 1 981 件。

表 4.7.1 海上风电装备领域技术分解表

一级	二级	三级
基础安装与运维	风机及测风塔基础形式	导管架基础
		漂浮式基础
		吸力式基础
	风机及基础安装施工	海缆
		安装船
	海上风机运维	运维船
		运维系统、设备和工具

续表

一级	二级	三级
海上风电发动机	主体结构	叶片
		塔筒
		机舱
	其他	保护系统
		控制系统
机电改进	发电机改进	设备、工具的施工与安装
	功率输送	供电
		功率变换

4.7.2 专利分析

4.7.2.1 专利总体趋势

图 4.7.1 所示为 2010—2021 年全球海上风电装备专利申请趋势。对海上风电装备产业全球专利申请量进行分析可知，该领域全球专利申请在 2010 年的申请量较少，该技术领域处于发展的萌芽期；2011—2013 年呈现缓慢增长趋势；2013—2014 年开始出现突然下降，海上风电装备相关技术已逐渐成熟，与海上风电产业的实际情况相吻合。同时，产业的成熟导致海上风电相关设备生产和使用标准进一步提高，海上风电装备领域准入门槛提高，降低了大量小型企业以及部分研究机构的活跃度。而后，在 2015 年再次开始上升，并于 2021 年达到最高点 74 件，其中“基础安装与运维”和“机电改进”两个技术分支专利申请量增长最为迅速，可见这两个技术分支的研究热度较高，且技术发展加快。

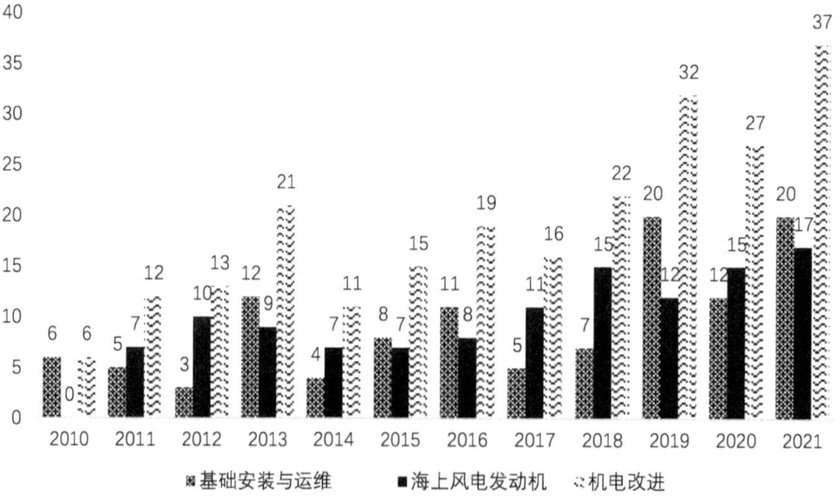

图 4.7.1　2010—2021 年全球海上风电装备专利申请趋势

4.7.2.2 专利地域分布

对海上风电装备产业主要国家/地区的专利申请量进行分析，由图 4.7.2 可知 2000—2020 年专利申请量由多到少排序依次为中国、日本、美国、挪威、俄罗斯和英国。这从侧面说明，相对于其他地区和国家，俄罗斯海上风电装备产业起步最早，技术发展更为完备。中国海上风电装备专利申请起步较晚，2006 年才开始，但同年相比，专利申请量最多，处于技术发展的萌芽期。2009 年，我国一举超过美国、日本等其他国家/地区，成为专利申请量最多的国家。从最新的数据来看，相比于其他国家/地区，海上风电装备的专利申请在我国仍处于非常活跃的阶段。

从海上风电装备技术领域的专利申请累计总量分析可知，中国排在第一位（176 件），其次是日本（64 件）、美国（52 件）、挪威（17 件）、俄罗斯（15 件）和英国（13 件），我国的专利申请量相对其他三国具有较大优势，主要由于 2017 年、2019 年和 2020 年的贡献。由专利申请累积总量对比可知，海上风电在我国政府相关政策的推动下发展迅速，具有良好的市场前景，国内越来越多的企业和机构进军海上风电装备领域，国外企业和机构也在中国积极布局，我国的专利申请总量迅速攀升至全球六个重点区域的第一位。

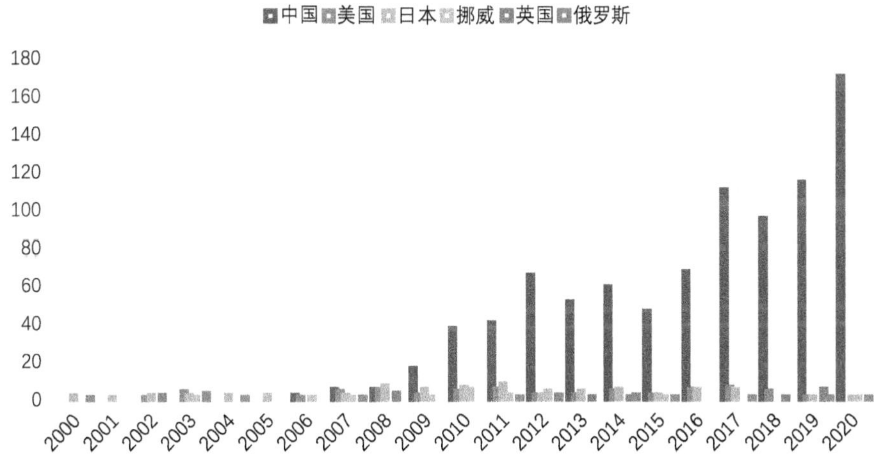

图 4.7.2 主要国家/地区海上风电装备专利申请趋势图

4.7.2.3 专利技术发展趋势

（1）全球专利技术发展趋势

图 4.7.3 和图 4.7.4 所示为全球海上风电装备各技术领域二级分支 2010—2022 年的专利申请占比和变化趋势。就总量而言，全球专利申请中，海上风电技术一直处于稳步上升阶段，各技术领域专利申请均在 2016 年左右达到峰值，且至今整体仍保持在较高水平。从各技术分支发展趋势来看，全球专利申请呈现出以下特点。

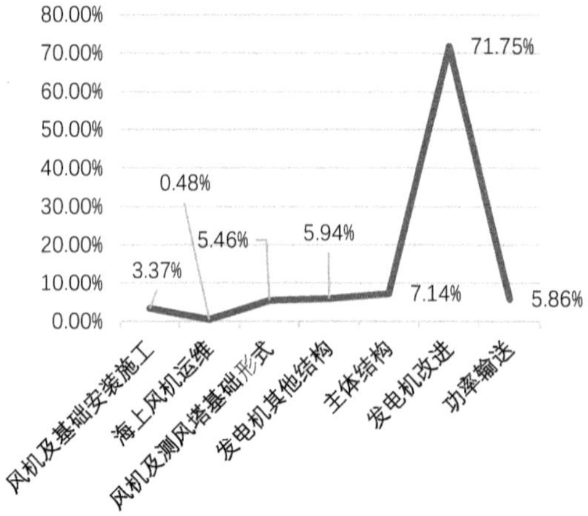

图 4.7.3　全球海上风电装备技术分布和申请占比

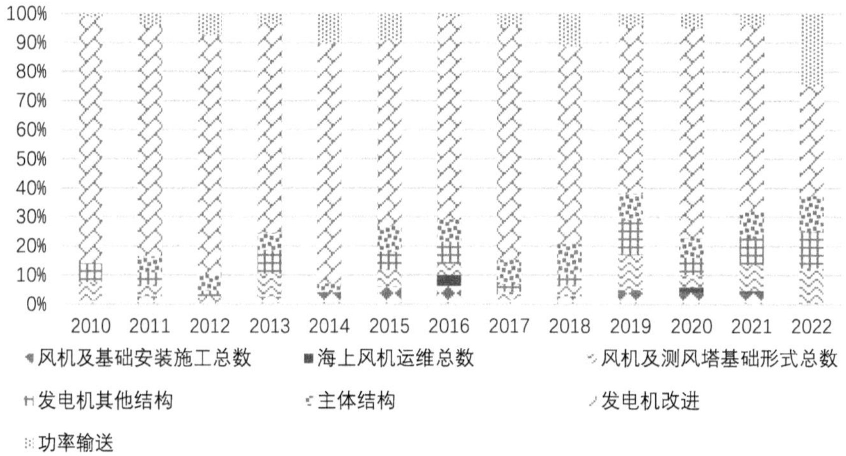

图 4.7.4　全球海上风电装备技术分布和申请变化趋势

1）机电改进始终属于研究热点。

2010 年起，机电改进的申请量最多，主要是由于其是海上风电最基础的技术，研发并制造出结构优异、功率高效的风机发动机是海上风电企业最核心竞争力的体现，一直属于企业和研究机构关注的技术重点。

2）海上风电研发方向不断扩展。

随着越来越多的海上风场建设和运营，海上风机的基础安装施工、运营维护、功率输送等相关技术的研发也日益成为海上风电技术发展的重要方向，相关专利申请量不断增加，并且在每年的海上风电装备技术专利申请的总量中所占比例越来越大。

（2）技术领域分析

表 4.7.2 主要按照二级分支进行 IPC（大组）归纳，并对专利件数较高的进行展现。由表可知，中国海上风电装备专利主要集中于 B 组（作业、运输）、F 组（机械工程、照明、加热、爆

破、武器)、G 组(物理)和 H 组(电学),其中 F03D 是主要分布区域,占全部专利的 50%以上,其他技术专利数量相对较少。

表 4.7.2　中国海上风电装备领域主要 IPC 分布

技术内容	IPC(大组)	专利件数
风机及测风塔基础形式	F03D13	60
	B63B35	40
	F03D9	31
	F03B13	14
	E02D27	163
	F03D7	11
风机及基础安装施工	B63B35	29
海上风电运维	G06Q10	4
海上风电发动机	F03D9	4
发电机改进	F03D13	252
	F03D80	147
	F03D9	125
	B63B35	108
	F03D7	64
	F03D11	58
	F03D1	57
	F03D3	53
	E02D27	46
	F03B13	36
	F03D17	35
	H02J3	20
	B63B21	20
功率输送	F03D7	17
	H02J3	17
	F03D9	13
	F03B13	10

4.7.2.4　申请人(机构)分析

(1)国外申请人排名

依据 1977—2022 年的专利申请总量,得出图 4.7.5 所示的海上风电装备领域国外申请人排名(前 10)。由图可知韩国的申请量较高,占 60%,삼성중공업 주식회사位居第一。此外,排名前 10 的国家所代表的申请人还有美国的 GENERAL ELECTRIC COMPANY,位居第二;丹麦的 VESTAS WIND SYSTEMS A/S,位居第七;日本的 MITSUBISHI HEAVY IN-

DUSTRIES，LTD 和 HITACHI，LTD，分别位居第八和第九。此外，第一与第二申请人间的申请数量相差了一半。

（2）国内申请人排名

图 4.7.6 所示国内海上风电装备领域申请人排名（前 17，申请专利数>10 件）。其中，明阳智慧能源集团股份公司和江苏金风科技有限公司的申请量排名前两位且差距较大，属于第一梯队，且分别代表了本领域技术投入和专利产出最多的企业；中国华能集团清洁能源技术研究院有限公司和新疆金风科技股份有限公司属于第二梯队，申请量均在 20 件以上；中国水电顾问集团华东勘测设计研究院、南通精维风电科技有限公司、中国长江三峡集团有限公司、上海交通大学、中交一航局第二工程有限公司和上海勘测设计研究院有限公司的申请量也位居前 10，和第一、二梯队共同组成本领域国内最主要的申请人。同样，检索发现对于海上风电装备专利国内主要由企业进行申请，存在少量研究所和大学。因此，国内申请人在注重国内专利布局的同时，还应重视高校和研究院创新能力和知识产权意识的培养。

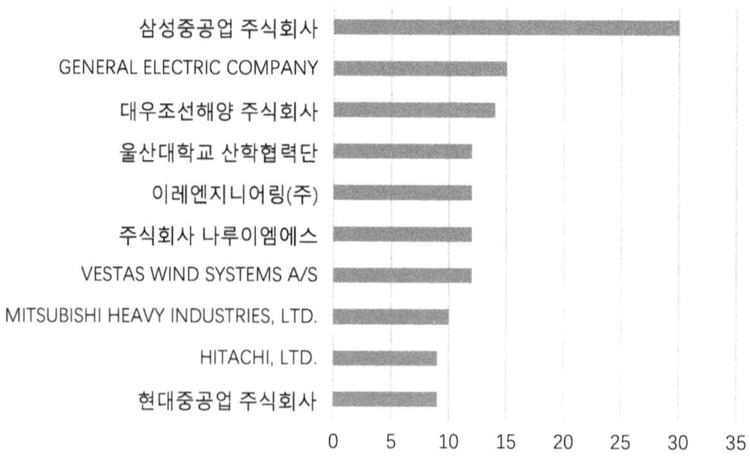

图 4.7.5　海上风电装备领域国外专利申请人排名（前 10）

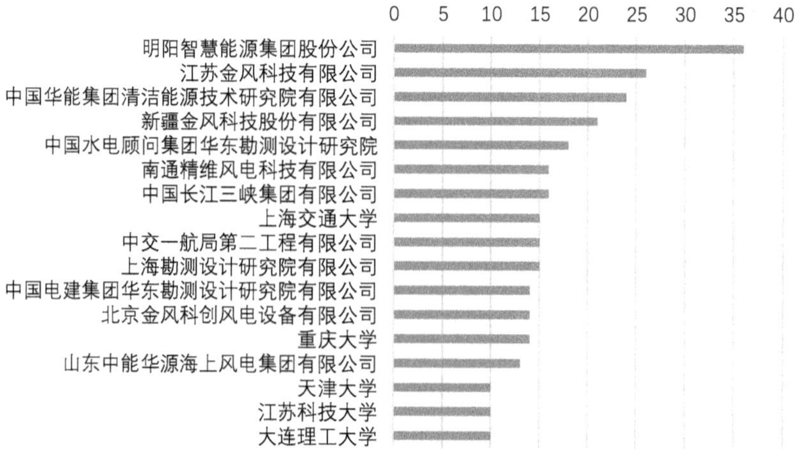

图 4.7.6　海上风电装备领域国内专利申请人排名（前 17）

（3）国内外申请人排名对比

通过图 4.7.5 和图 4.7.6 的对比，我国明阳智慧能源集团股份公司的申请量为 36 件，相较国外排名第一的삼성중공업 주식회사，申请数量更多，说明我国申请人在海上风电装备领域占据了重要地位。然而，在国外申请人中，企业是技术研发与专利申请的主力，国外申请人均为企业，而国内大学和研究机构也参与进来，可以推断国内的海上风电领域技术产业化程度和专业化程度略低于国外。

4.7.2.5　法律状态分析

2018—2021 年，我国海上风电装备专利中的公开、授权、申请总体比例分别为 1%、30%、69%，国外分别为 8%、26%、66%。国外公开比例是我国的 8 倍，国外专利授权率和申请率均低于我国，如图 4.7.7 和图 4.7.8 所示。

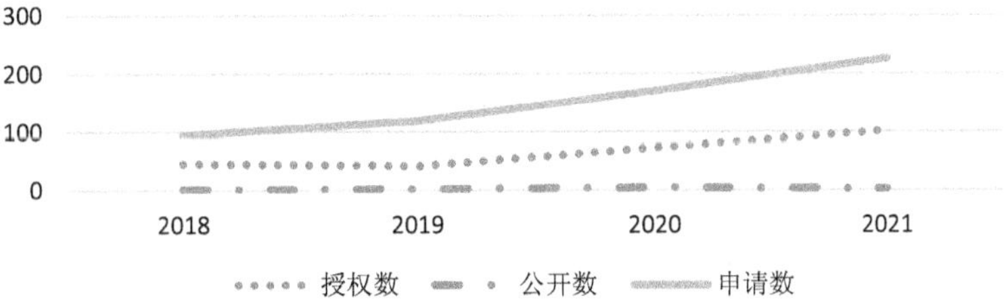

图 4.7.7　我国海上风电装备专利申请、公开、授权数量总体趋势图

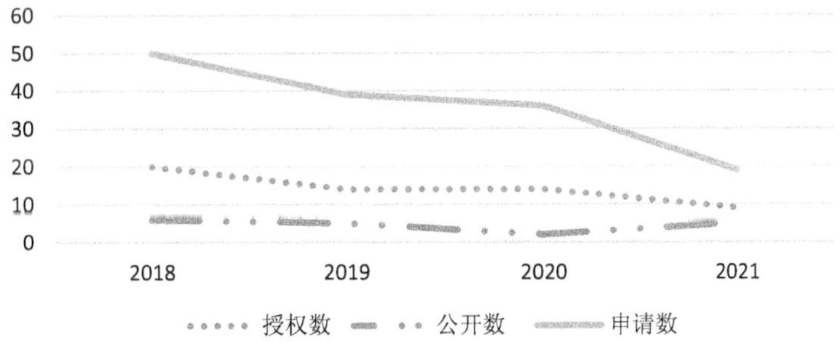

图 4.7.8　国外海上风电装备专利申请、公开、授权数量总体趋势图

4.7.2.6　专利类型

在 1 981 件海上风电装备专利中，发明申请 455 件，占 22.97%，实用新型 488 件，占 24.63%，发明明显低于实用新型，说明该领域的技术密集度较小，属于低技术。由图 4.7.9 可知，我国申请的专利中发明、新型各占约一半，而国外的专利几乎全部为发明申请。由于发明专利代表着较高的科技创新水平和技术发展方向，说明国外专利技术含量更高。

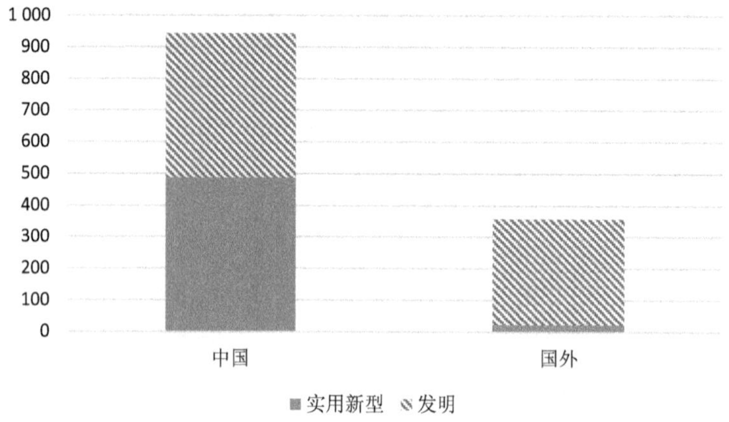

图 4.7.9　国内外海上风电装备专利实用新型和发明的对比

4.7.2.7　专利定量分析

（1）专利发展态势分析

本章主要从海上风电装备专利数据的年度发展状况、重点领域 IPC 状况和专利高产申请人（前面全球和中国排名前 10）三方面来分析，这三方面的状况可以作为专利发展态势的分析要素。本章选用一般专利分析中常用到的分析指标作为聚类变量，即专利申请量、专利授权量和专利成长率。下面给出这些指标的含义、计算方法及相关说明。

专利申请量和专利授权量为根据检索式检索出 2000—2021 年的全球海上风电装备专利数据统计值。专利成长率为当年授权专利数量与上一年授权专利数量的百分比，它可显现技术创新随时间的变化增加或减缓，专利均成长率为 22 年成长率均值。

数据预处理是将检索出的专利数据中存在的一些不相关数据删除，起到数据去噪的效果，并对保留下来的数据进行相关指标计算和规范化处理，生成可以被 SPSS 软件处理的样本空间，见表 4.7.3、表 4.7.4 和表 4.7.5。

表 4.7.3　2000—2021 年全球海上风电装备专利申请情况

聚类编号	年份	申请数（件）	授权数（件）	成长率
1	2000	13	7	175.00%
2	2001	14	4	57.14%
3	2002	10	6	150.00%
4	2003	21	14	233.33%
5	2004	14	9	64.29%
6	2005	9	3	33.33%
7	2006	12	4	133.33%
8	2007	22	5	125.00%
9	2008	35	11	220.00%

续表

聚类编号	年份	申请数(件)	授权数(件)	成长率
10	2009	53	11	100.00%
11	2010	102	21	190.91%
12	2011	105	33	157.14%
13	2012	135	41	124.24%
14	2013	128	58	141.46%
15	2014	130	76	131.03%
16	2015	83	46	60.53%
17	2016	103	61	132.61%
18	2017	157	78	127.87%
19	2018	150	80	102.56%
20	2019	154	76	95.00%
21	2020	207	110	144.74%
22	2021	249	130	118.18%

表 4.7.4 全球海上风电装备主要高产申请人状况

聚类编码	申请人	申请数(件)	授权数(件)	成长率
1	현대중공업 주식회사	11	2	0.00%
2	HITACHI, LTD.	9	1	0.00%
3	MITSUBISHI HEAVY INDUSTRIES, LTD.	12	1	0.00%
4	VESTAS WIND SYSTEMS A/S	17	7	44.44%
5	주식회사 나루이엠에스	12	3	100.00%
6	이레엔지니어링(주)	12	5	0.00%
7	울산대학교 산학협력단	13	8	75.00%
8	대우조선해양 주식회사	14	1	0.00%
9	GENERAL ELECTRIC COMPANY	15	6	58.33%
10	삼성중공업 주식회사	30	12	116.67%
11	明阳智慧能源集团股份公司	36	29	162.67%
12	江苏金风科技有限公司	26	21	101.11%
13	中国华能集团清洁能源技术研究院有限公司	51	19	500.00%
14	新疆金风科技股份有限公司	24	15	123.33%
15	中国水电顾问集团华东勘测设计研究院	21	5	200.00%
16	南通精维风电科技有限公司	16	0	0.00%
17	中国长江三峡集团有限公司	17	5	200.00%
18	上海交通大学	19	6	57.14%

续表

聚类编码	申请人	申请数(件)	授权数(件)	成长率
19	中交一航局第二工程有限公司	16	11	0.00%
20	上海勘测设计研究院有限公司	17	9	106.67%

表 4.7.5　全球海上风电装备专利技术领域 IPC 情况

聚类编号	IPC 分类号	申请量(件)	授权量(件)	均成长率
1	F03	6 833	1 999	208.38%
2	E02	952	376	315.14%
3	B63	1 745	592	127.54%
4	G06	280	101	138.59%
5	H02	1 335	479	148.77%

由于各变量存在不同量纲、数据存在不同数量级,所以为消除变量间的权重差异,使各数据之间具有可比性,在聚类前还需要对数据进行标准化变换。这里采取标准正态变换方法,把原始数据转换为标准 Z 分数(Z scores),其计算公式为

$$x_{ij} = \frac{x_{ij} - \bar{x}_{ij}}{\frac{1}{n-1}\sum_{i=1}^{n}(x_{ij} - \bar{x}_{ij})^2} \tag{4-2}$$

根据式(4-2),先将需标准化处理的变量的每个变量值 x_{ij} 减去该变量的平均值 $\bar{x}_{ij}$,继而再除以该变量的标准差。标准化后的变量值平均值为 0,方差为 1。

(2)层次聚类分析结果

1)年度发展状况结果分析。

对表 4.7.3 的样本空间进行层次聚类,聚类结果采用树状谱系图展示,如图 4.7.10 所示。

由表 4.7.3 和图 4.7.10 可知,根据每一年专利申请量、专利授权量和专利成长率三个变量的不同,将 22 年的发展状况聚为 4 类。

2001 年、2004 年和 2005 年聚为第 1 类。这三年海上风电装备专利申请量、专利授权量和成长率均为转折点,整体呈现下降趋势,主要是由于这三年申请的国家较少,仅有日本和俄罗斯两个国家,我国更是处于未开发阶段。

2003 年、2008 年、2006 年和 2015 年聚为第 2 类。该类处于海上风电装备产业的成长阶段,专利申请量和授权量均稳步增长,整体发展态势良好,海上风电装备产业俨然成为全球航运发展的战略性新兴支柱产业之一。

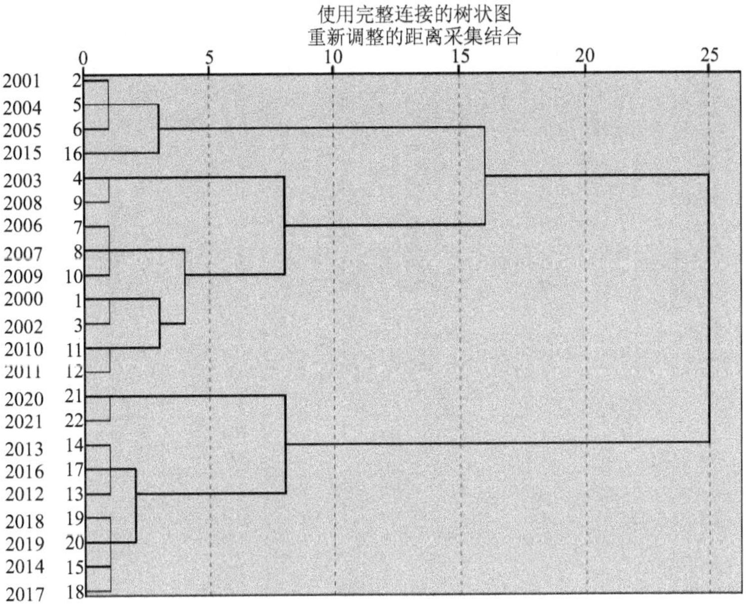

图 4.7.10　年度发展状况聚类谱系图

2007 年、2009 年、2000 年、2010 年、2002 年、2011 年、2020 年、2021 年和 2013 年聚为第 3 类。该类的成长率指标均较高,且超过 100%,说明专利授权量均与前一年相差悬殊。不难看出,这种大跨越式的发展也为后续奠定了一定的产业基础。机构、科研所、高校对海上风电装备知识产权的保护和利用逐步有了认识,并以专利技术作为核心竞争力。

2016—2019 年、2012 年和 2014 年聚为第 4 类。这六年申请量均较高,但授权量较少。这说明全球海上风电装备产业专利越来越受各国重视,申请越来越多,但质量还存在一些问题,导致最终不授权或驳回。

2)专利高产申请人状况结果分析。

专利高产申请人代表着海上风电装备领域技术研发的中坚力量,其技术研发能力在很大程度上将推进全球海上风电装备产业的发展。对表 4.7.4 的样本空间进行层次聚类,聚类结果如图 4.7.11 所示。

由图 4.7.11 和表 4.7.4 可知,聚类结果将全球海上风电装备领域专利申请量前 20 位的申请人进行了层次聚类,聚类结果简单划分的话可以看作 4 类。

현대중공업 주식회사、HITACHI, LTD.、MITSUBISHI HEAVY INDUSTRIES, LTD.、주식회사 나루이엠에스、이레엔지니어링(주)和대우조선해양 주식회사聚为第 1 类。从聚类结果可以看出,第 1 类的 6 位申请人均为国外机构,且韩国比重较大,说明韩国一直走在海上风电装备研发的前列,其知识产权保护意识也较强。

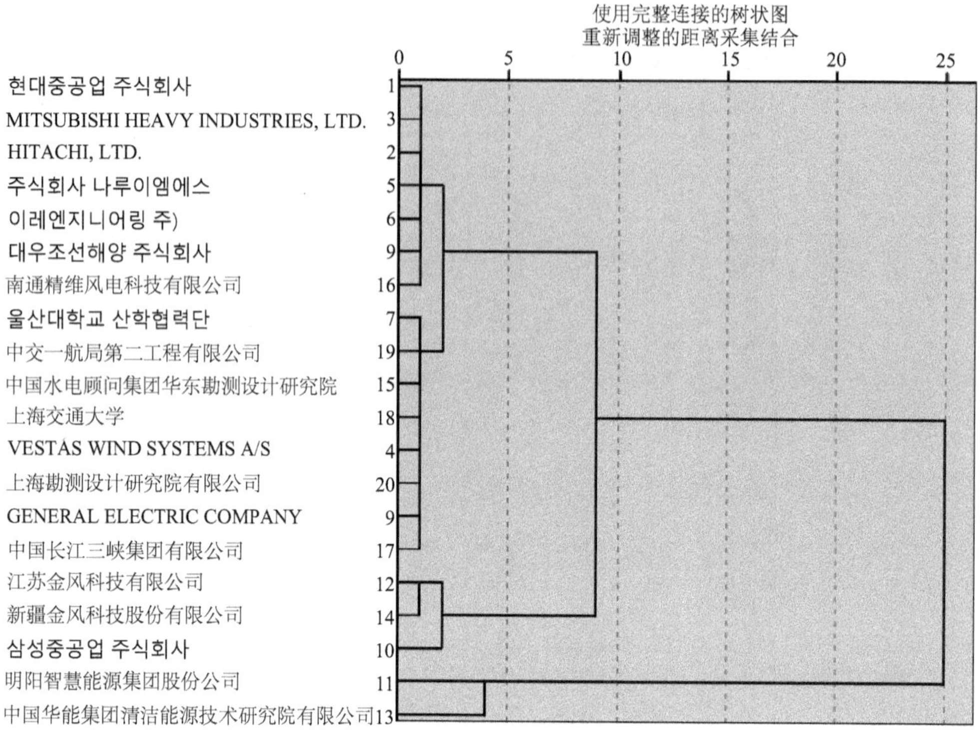

图 4.7.11　专利高产申请人状况聚类谱系图

江苏金风科技有限公司、新疆金风科技股份有限公司、中国水电顾问集团华东勘测设计研究院、南通精维风电科技有限公司、中国长江三峡集团有限公司、中交一航局第二工程有限公司、上海勘测设计研究院有限公司、上海交通大学、울산대학교 산학협력단、GENERAL ELECTRIC COMPANY 和 VESTAS WIND SYSTEMS A/S 聚为第 2 类。第 2 类申请人中，中国高校和企业较多，并与韩国、美国等国家积极开展合作。当然，也从侧面反映出海上风电装备领域相关技术主要集中于企业和高校，尚未形成以研究所为主体的技术创新体系。

明阳智慧能源集团股份公司和삼성중공업 주식회사聚为第 3 类。相较于前 2 类，该类申请人在授权数量方面较为突出，尽管这类申请人的申请数量不算太多，但质量水平却相当高。换言之，专利审查通过比例较高。因此，该类申请人更应进一步增加企业核心专利技术，将专利技术与产品开发、生产相结合，打造企业优势产品和品牌产品。

中国华能集团清洁能源技术研究院有限公司聚为第 4 类。该企业专利申请量较多，高达 50 件，专利均成长率也较高，达到 500.00%。这与该企业拥有先进的科学技术、政府的大力支持密不可分。可以说，其从质量到数量均在本领域中大有可为。

3)技术领域 IPC 分类号状况结果分析。

通过分析全球海上风电装备产业专利主要 IPC 分类号，可以找出关键技术领域相对集中的地带，从而了解海上风电装备研发的重点方向。对表 4.7.5 的样本空间进行层次聚类，聚类结果如图 4.7.12 所示。

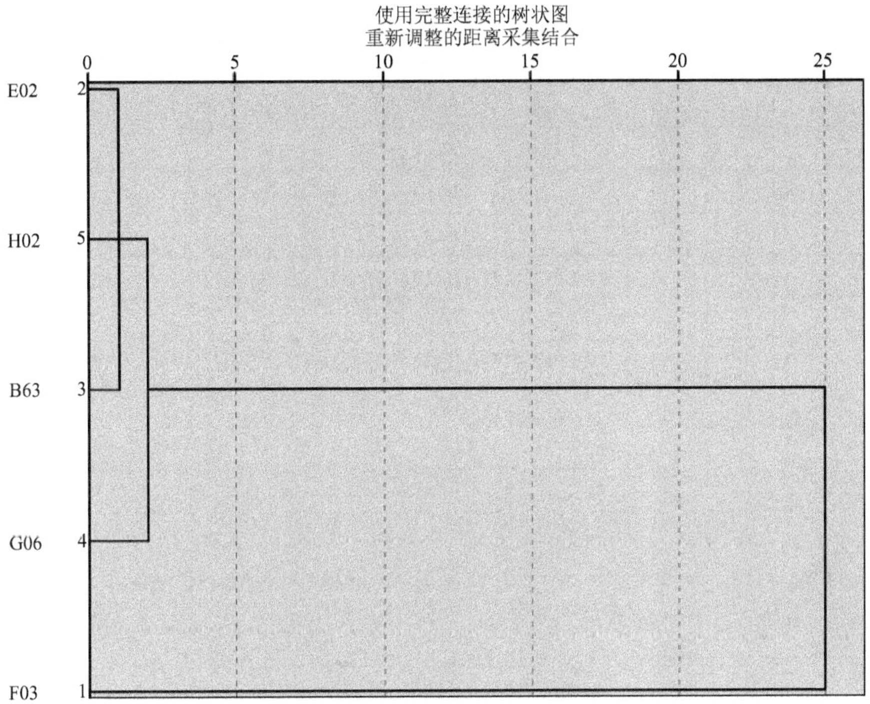

图 4.7.12 IPC 分类号聚类谱系图

由图 4.7.12 和表 4.7.5 可知，系统将技术领域 IPC 分类号聚为 2 类。

E02、H02 和 B63 聚为第 1 类。在《国际专利分类表》中，这三类可以概括为船舶或其他水上船只、与船有关的设备；发电、变电或配电；水利工程、基础、疏浚。这类技术各数据指标表现出平稳增长的趋势，同时也显现出全球已着力发展海上风电装备在船舶设备、发电和基础设施方面的技术。此外，E02 是核心专利中均成长率最高的领域，高达 315.14%，体现出该技术目前发展较为迅速，技术创新成果也集中体现于此。

F03 和 G06 聚为第 2 类。在《国际专利分类表》中，这两类可以概括为机械工程、照明、加热、武器、爆破；计算、推算或计数。其中，F03 是核心专利中申请数量最高的，高达 6 833 件，说明 F03 这一技术领域在海上风电装备中占据重要地位。

4.7.3 专利布局

4.7.3.1 专利布局策略分析

由 4.7.2.2 地域分布分析可知，当前海上风电装备技术专利申请在中国、日本、美国、挪威、俄罗斯较为先进。通过对上述 5 个国家的有效专利进行分析，从而得到其在海上风电装备方面的技术研究重点，进而提出适合于我国海上风电装备技术的专利布局策略，具体分析见表 4.7.6。

表 4.7.6　中国海上风电装备主要专利技术(前 10)

排名	IPC 主分类号	数量
1	F03D	803
2	F03B	297
3	B63B	168
4	H02J	127
5	C02F	125
6	E02D	85
7	H02K	52
8	E02B	50
9	H01B	39
10	E04H	38

由表 4.7.6 可知,我国专利申请量在世界上位居第一,在 B63B(船舶或其他水上船只;船用设备)、F03B(液力机械或液力发动机)、F03D(风力发动机)、H02J(供电或配电的电路装置或系统;电能存储系统)、C02F(水、废水、污水或污泥的处理;分离、沉淀箱或过滤设备;有关处理水、废水或污水生产装置的水运容器的特殊设备;为防止水的腐蚀用的添加物质;放射性废液的处理)、E02D(基础;挖方;填方;地下或水下结构物)等相关技术专利申请数量上呈现出较大优势。换言之,我国有效专利较多,而国外即使是在资金较多的情况下对该 IPC 分类的有效专利数量较少甚至是没有。因此,我国可以考虑采用地毯式布局策略,即将实现某一技术目标所有规避设计方案全部申请专利,不给竞争对手任何机会。

表 4.7.7 为日本海上风电装备核心技术专利情况,可知日本专利申请种类(A、B、C、E、F、H 类)虽然居多,但各类申请专利间差距甚大,说明日本在海上风电装备技术方面还处于逐步完善阶段。此外,根据申请数量也发现除 F03D(风力发动机)外,其余专利技术申请较少,再次验证日本海上风电装备技术还不成熟,需加大创新力度。据此,推断日本可以考虑采取包围式专利布局策略,即围绕竞争者的核心专利申请小专利,将核心专利包围起来,形成一个系统化的包围圈,导致竞争对手在使用核心专利时存在一定的障碍。

表 4.7.7　日本海上风电装备主要专利技术(前 10)

排名	IPC 主分类号	数量
1	F03D	303
2	B63B	92
3	F03B	70
4	F03G	29
5	E02D	25
6	C02F	24
7	A01K	17

续表

排名	IPC 主分类号	数量
8	A01G	14
9	C25B	14
10	H02J	13

表 4.7.8 为美国海上风电装备主要专利技术，可知美国针对 F03D（风力发动机）和 F03B（液力机械或液力发动机）专利类型申请较多，但与其他国家存在效仿与重合，不具有较强的核心竞争力；针对 F03G（弹力、重力、惯性或类似的发动机；不包含在其他类目中的机械动力产生装置或机构，或不包含在其他类目中的能源利用）和 H02P（电动机、发电机或机电变换器的控制或调节；控制变压器、电抗器或扼流圈）专利类型申请较少，但与其他国家相比较为突出。据此，美国可以考虑路障式专利布局策略，即将实现某一技术目标必需的一种或几种技术解决方案申请专利，形成无法越过的路障。

表 4.7.8　美国海上风电装备主要专利技术（前 10）

排名	IPC 主分类号	数量
1	F03D	246
2	F03B	118
3	B63B	60
4	E21B	38
5	H02 J	36
6	H02K	25
7	E02B	18
8	F03G	17
9	H02P	17
10	B63H	16

表 4.7.9 为挪威海上风电装备主要专利技术，可知挪威虽然整体专利申请量相对较少且普遍与其他国家在 F03D（风力发动机）、F03B（液力机械或液力发动机）及 B63B（液力机械或液力发动机）专利申请内容雷同，但值得一提的是，挪威在 F03D、F03B 和 B63B 投入时间和精力较多，对该领域的关注度也比其他国家较多。据此，挪威可以考虑采取策略式专利布局方式，即找出所研发的技术或产品领域中最必要、最避无可避的关键部位，有计划地申请策略性的专利，让竞争对手的研发路径完全无法绕开企业所拥有的策略专利。

表 4.7.9　挪威海上风电装备主要专利技术（前 3）

排名	IPC 主分类号	数量
1	F03D	138

续表

排名	IPC 主分类号	数量
2	F03B	32
3	B63B	24

表 4.7.10 为俄罗斯海上风电装备主要专利技术，可知针对 G01S（无线电定向；无线电导航；采用无线电波测距或测速；采用无线电波的反射或再辐射的定位或存在检测；采用其他波的类似装置）、F01K（蒸汽机装置；贮汽器；不包含在其他类目中的发动机装置；应用特殊工作流体或循环的发动机）、B63C（船只下水，拖出或进干船坞；水中救生；用于水下居住或作业的设备；用于打捞或搜索水下目标的装置）、E04H（专门用途的建筑物或类似的构筑物；游泳或喷水浴槽或池；桅杆；围栏；一般帐篷或天篷）和 B64B（轻于空气的飞行器）等相关专利技术，除俄罗斯外，其他国家目前尚未有相关的专利申请。俄罗斯虽有相关申请，但申请量相对较少，说明针对此类技术俄罗斯掌握的还并不成熟。据此，俄罗斯可以考虑采取地毯式专利布局策略，即将实现某一技术目标所有规避设计方案全部申请专利，不给竞争对手任何机会，竭尽所能将申请下来。

各国海上风电装备技术专利申请数量汇总见表 4.7.11。

表 4.7.10　俄罗斯海上风电装备主要专利技术（前 11）

排名	IPC 主分类号	数量
1	F03D	56
2	B63B	14
3	F03B	11
4	G01S	6
5	E02B	6
6	F01K	4
7	B63H	3
8	B64B	3
9	A01K	2
10	B63C	2
11	E04H	2

表 4.7.11　各国海上风电装备技术专利申请数量汇总

序号	IPC	中国	日本	挪威	俄罗斯	美国	含义
1	B63H	18	1	0	2	3	船舶或其他水上船只；与船有关的设备
2	B63B	346	25	20	2	28	船舶或其他水上船只；船用设备

续表

序号	IPC	中国	日本	挪威	俄罗斯	美国	含义
3	E02B	64	4	0	3	5	支承在桩基或类似支承物上的人工岛
4	E02D	151	15	0	0	3	基础、挖方;作为下部结构的基础
5	E21B	9	2	0	0	1	土层或岩石的钻进
6	F03B	207	4	3	1	13	液力机械或液力发动机;风力、弹力或重力发动机;其他类目中不包括的产生机械动力或反推力的发动机
7	F03D	1 098	54	12	8	65	风力发动机
8	H02J	281	1	12	0	14	供电或配电的电路装置或系统;电能存储系统
9	H02K	49	2	0	0	2	发电、变电、配电;电机

4.7.3.2 我国专利布局原则

根据上述我国海上风电装备专利布局情况,对比与学习其他国家的布局经验,得出如下三条布局原则。

(1)布局在最核心或最关键的技术位置

一般而言,我们通常无法采取切尔滕纳母所称的“地毯式专利布局”策略。对于组织而言,任何的资源投入都必须有成本效益的考虑,而那种铺天盖地式的专利布局策略,比较不切实际。因此,进行专利布局的规划,必须借助专利分析、市场情报、技术预测等信息,找出产品或服务中最关键、最核心的技术位置来进行专利布局。也就是我们一般俗称的找出专利弹着点/区,然后集中研发火力于在这些技术部位上。最高目标就是能够产出如切尔滕纳母所称的策略型专利,甚至是基础专利。如果没有办法产出这样的策略型专利,可以退而求其次,在关键弹着点/区中,运用多项相互关联的专利组合构成几乎与策略型专利同等效果的专利群,形成一个牢不可破的专利网。

(2)布局在自身有能力研发的技术位置

我国海上风电装备研究机构或专利申请人大部分属于技术追随型,核心技术也大部分被其他国家所掌握。因此,如果我们也集中研发火力,聚焦于这些核心技术的专利布局,企图与国际进行正面交锋,这显然不切实际。而且对于企业而言,研发资源是企业相当珍贵的创新资源,如果不能善加利用,投入明知无法突破的国际企业重围的领域,不但徒耗资源,而且顾此失彼,将大大削弱自身竞争力。在选定专利弹着点/区时,企业必须非常慎重地评估自身的创新能力,判断是否有能力及机会在该区域进行专利布局。也就是说,经过评估发现自身研发能力无法在某产品或技术的核心部位进行专利布局,则应选择既关键且自身有研发能力的技术部位,将其作为企业专利布局的弹着点/区,采取迂回战术,以期创造能与国际企业进行专利谈判及交互许可的平等机会。

(3)站在竞争对手的角度挑剔自身专利申请案

虽然抢先占领了产品的核心或关键技术部位,但是竞争对手为能绕开这样的专利布雷区，自然而然会想尽办法进行规避设计活动。因此，为能抢占制敌先机，必须为辛勤攻占的专利碉堡构筑坚固的防御工事。换言之，就是善用优先权制度及美国连续案制度或者另申请新案的布局策略，将可能规避设计的缺口予以封堵，让竞争对手避无可避。如此一来，才能发挥等同策略型专利的效果，这就是切尔滕纳姆所称的"专利围篱"式的专利布局模式。

4.8 船舶动力装备

4.8.1 数据来源

数据来源：国家知识产权局常规检索（cnipa.gov.cn）和智慧芽平台专利信息数据库。

数据年限：1955 年—2022 年 7 月。

4.8.2 专利分析

4.8.2.1 专利申请趋势

任何技术都有一个产生、发展、成熟及淘汰的过程，检索相关领域的专利文献并对每年的专利申请数量进行统计是预测其发展趋势的有效方法之一。船舶动力领域专利申请和公开量趋势分析可以揭示该领域的技术发展趋势和技术研究活跃期，帮助研究船舶动力装备技术生命周期。

图 4.8.1 所示为 1955 年—2022 年 7 月全球船舶动力装备专利申请量和我国船舶动力装备专利申请量趋势图。由图 4.8.1 可知，自 1995 年起，国外就已经对船舶动力装备专利进行申请，然而数量较少。相较于国外，我国在船舶动力装备的专利申请趋势与全球申请趋势相似，但是出现时间较晚，直到 1994 年才出现相关专利申请，从 2008 年开始专利申请数量有了实质性的飞跃，数量快速攀升，发展迅猛，并于 2020 年达到顶峰。这主要是由于船舶海工行业发展需要，对船舶动力装备在动力、稳定等方面提出了更高的要求，专利申请开始缓慢上升。从我国专利申请占比来看，呈现逐年上升趋势，这表明我国在船舶动力装备领域的创新力和影响力正在不断提升，并占有一席之地。同时，也预示着我国船舶动力装备技术发展具有很大的挖掘潜力。此外，2008 年之后，随着经济全球化的快速发展，世界各国对大型运输船舶的需求日益增加，专利申请量进入快速增长时期。可见，船舶动力装备在未来具有较大的发展潜力。

4.8.2.2 专利类型

通过阅读相关文献和对所归纳数据进行分析发现，船舶动力装备专利类型主要包括发明专利、实用新型专利和外观设计。通过专利类型分析，可以进一步掌握专利类型的分布情况，并对这些专利文献进行进一步的挖掘、借鉴。

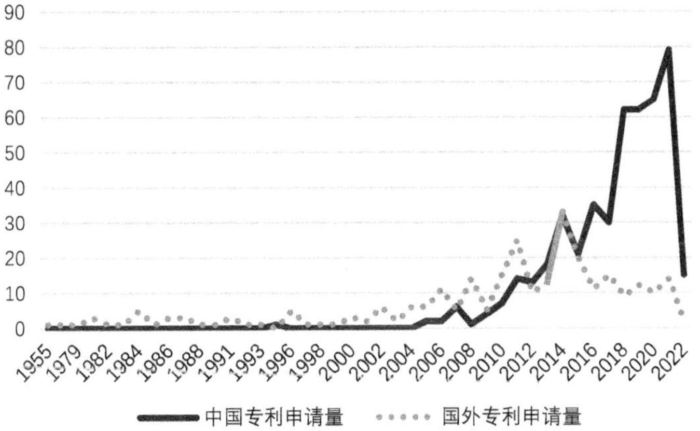

图 4.8.1　1955—2022 年 7 月全球船舶动力装备专利申请趋势

截至 2022 年，在所获取的专利数据中，船舶动力装备专利总数为 984 件，其中发明申请 426 件（占总数的 43.29%）、实用新型 161 件（占总数的 16.36%）、授权发明 396 件（占总数的 40.16%）、外观设计 1 件（占总数的 0.10%）。由此可见，全球船舶动力专利申请中发明专利稍占优势，授权发明次之，说明船舶制造技术正从中低端应用型向技术型逐步转变，但还需进一步提升自主创新和研发能力，改进生产技术水平，提高市场竞争力。

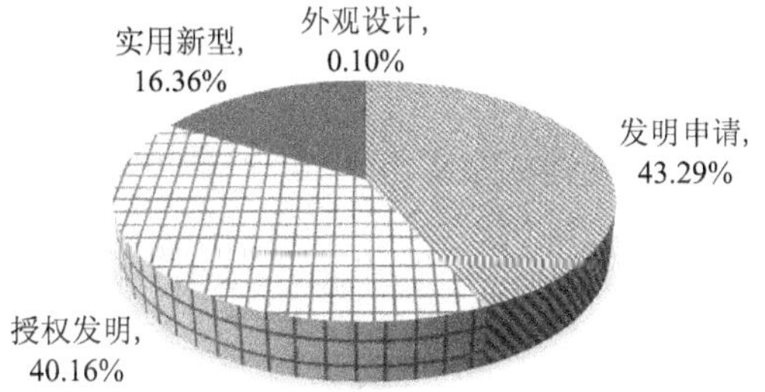

图 4.8.2　全球船舶动力装备申请专利类型

4.8.2.3　专利申请地域

对专利申请人或专利权人所在国家的专利申请数量进行统计和分析，即通过不同国家、地区的专利数量对比，来反映其技术水平与实力。空间分布一般用于识别竞争对手，分析其技术策略等。

表 4.8.1 主要体现了国内外典型代表国家的船舶动力装备专利申请数量情况。按国家申请量分析，申请量排名前 5 的分别是中国（433 件）、日本（92 件）、美国（75 件）、韩国（71 件）和德国（52 件）；排名前 10 的国家申请的船舶动力装备专利总数为 801 件，占全部申请量的 81.40%，申请总量中发明专利的申请量为 359 件，占全部发明专利申请量（426 件）的 84.27%。此外，通过表 4.8.1 还可知，尽管我国申请专利总量最多，但是申请类型以发明专利为主，占我国申请总量的 43.65%；实用新型专利次之，占我国申请总量的 32.56%。这说明我国船舶动力装备专利以研发型为主，应用水平还需进一步加强和提高。

表 4.8.1　各国船舶动力装备专利申请量排(前 10)

国家	专利数	发明	新型	外观	授权
中国	433	189	141	1	102
日本	92	36	1	0	55
美国	75	44	0	0	31
韩国	71	34	2	0	35
德国	52	23	3	0	26
俄罗斯	23	6	6	0	11
瑞典	17	5	0	0	12
挪威	15	6	0	0	9
以色列	12	12	0	0	0
法国	11	4	0	0	7

4.8.2.4　重点专利申请人分析

通过对专利申请人或专利权人的申请量、研发能力等进行统计和排序,可以了解和研究相关技术领域中活跃的单位和个人,找出该领域内重要的参与者、需要重点关注的公司等,以及各申请人的技术研发实力和重视专利申请的程度。

针对船舶动力装备领域的专利申请人进行分析。由图 4.8.3 可知,全球排名前 10 的申请人共申请专利 170 件,占据全部申请量的 17.28%,而排名前列的中国的哈尔滨工程大学的专利申请量是 61 件,占全球申请量的 6.20% ,属于第一梯队,遥遥领先于其他公司,可以看出由于其雄厚的科研实力和分布较广的技术领域,在全球市场竞争中掌握着主动权;上海海事大学的专利申请量为 20 件,占比 2.03%,属于第二梯度,研发团队实力相对较强;其他申请人대우조선해양 주식회사、武汉理工大学、삼성중공업 주식회사、江苏科技大学、현대중공업 주식회사、大连海事大学、SIEMENS AKTIENGESELLSCHAFT 以及中国船舶重工集团公司第七一九研究所等专利申请量的差异不大,属于第三梯队。

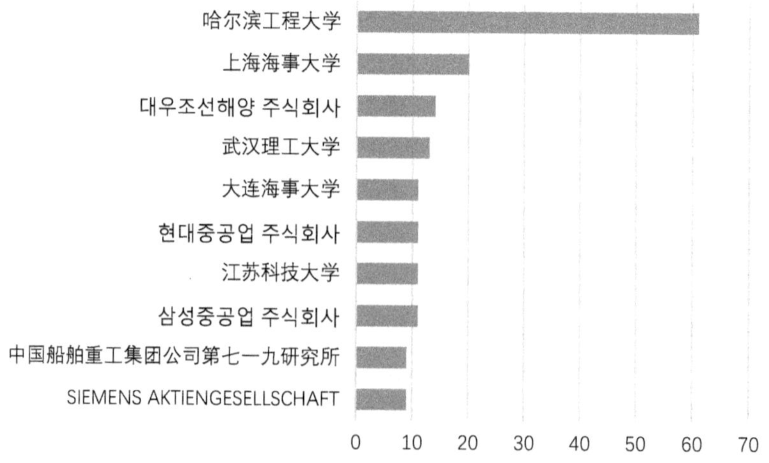

图 4.8.3　全球船舶动力装备专利申请人排名(前 10)

由图 4.8.4 可知，我国船舶动力装备专利申请量排名前 10 的专利权人分别为哈尔滨工程大学、上海海事大学、武汉理工大学、大连海事大学、江苏科技大学、中国船舶重工集团公司第七一九研究所、江苏海事职业技术学院、广船国际有限公司、青岛科技大学和中国船舶重工集团公司第七一一研究所。专利权申请人主要集中于国内院校、研究所和企业，这充分体现了我国船舶动力系统技术的研发能力和水平。其中，排名第一的哈尔滨工程大学专利活动期为 12 年，专利发明人数有 1 090 人，远远超过其他院校、机构的发明人数，说明该院校在船舶产业技术研发领域具有庞大的研发团队和较强的研发实力。

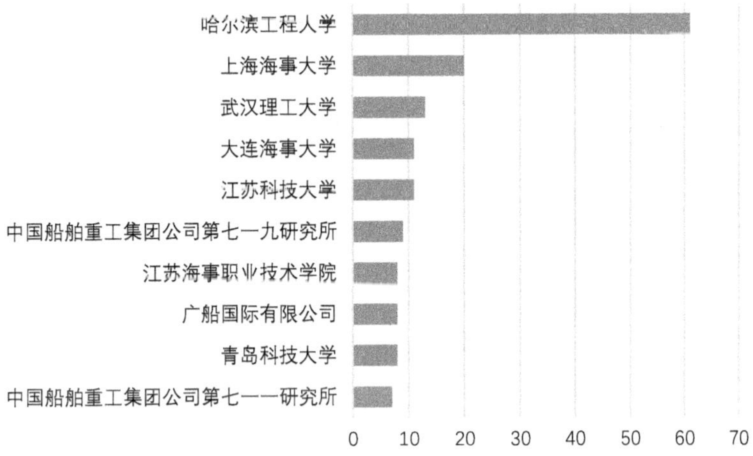

图 4.8.4　我国船舶动力装备专利申请人排名（前 10）

4.8.2.5　专利技术关注焦点分析

国际专利分类（IPC）是现有通用的专利技术分类方法。通过对 IPC 分析可以了解当前技术领域的研发重点，从而把握目标技术未来的发展方向。因此，本章通过对船舶动力装备领域专利的 IPC 进行统计分析，将全球排名前 10 的 IPC 技术定为技术焦点，对筛选出的 432 组专利进行分析，发现船舶动力装备领域的专利申请情况见表 4.8.2。

表 4.8.2　船舶动力装备领域 IPC 技术分类（前 10）

IPC（大组）	专利件数	技术含义
B63H21	229	船上推进动力设备或装置的使用
B63H23	42	从推进动力设备至推进部件的动力传递（可以调整螺旋桨方向的传动装置的配置）
G05B13	25	自适应控制系统，即系统按照一些预定的准则自动调整自己，使之具有最佳性能的系统
B63J3	27	辅助设备的驱动（传动装置部件本身入 F16）
G05D1	22	陆地、水上、空中或太空中的运载工具的位置、航道、高度或姿态的控制，例如自动驾驶仪（无线电导航系统或使用其他波的类似系统入 G01S）
H01M8	22	燃料电池及其制造
B63J99	20	本小类其他各组中不包括的技术主题

续表

IPC（大组）	专利件数	技术含义
B63H25	17	操舵装置；不是使用推进部件的减速（活动安装的舷外推进装置）；动态锚定，即通过主要或辅助推进部件使船只定位
G05B19	15	程序控制系统（特殊应用见有关位置，例如 A47L15/46；附带或内装有在预定时间间隔操作任一器件的装置的时钟入 G04C23/00；记录或读取数字信息的记录载体入 G06K；信息存储器入 G11；在程序执行完后自动终止其运行的时间或时间程序开关入 H01H43/00）
H02J3	13	交流干线或交流配电网络的电路装置

由表 4.8.2 可知，船舶产业专利 IPC 分类号主要集中在 B63H、B63J、GO5B。专利分布的核心类主要在 B63，如 B63H 和 B63J，主要集中在标准船舶的构架、制造、安装等技术领域，这些技术领域还具有一定的发展潜力，也是未来研发的重点之一。

4.8.2.6 核心专利识别

核心专利是指在某个领域具有高度影响力和创新性且具有重要经济价值的专利。因此，识别核心专利是进行技术演化分析的基础，对于分析目标技术当前发展现状和预测未来发展方向起到重要作用。一般情况下，专利被引频次是识别核心专利的重要指标，若目标专利被引频次越高，表明此专利在该技术领域具有较高的创新性和价值。

依据普莱斯定律，以专利被引频次界定专利是否为核心专利。定义专利被引频次在 $M\sim N_{max}$ 内则为核心专利，其中 $M=0.749\sqrt{N_{max}}$，N_{max} 为目标技术领域专利中最高被引频次。经统计，船舶动力装备领域内单件专利被引频次最高达到 70 次，即 $N_{max}=70$，$M=0.749\sqrt{N_{max}}=6.27$ 次，所以被引频次达到 7 次的专利方可认定为核心专利。为了保证核心专利的有效性，本章还结合专利的法律状态对专利进行识别，对有关驳回、撤销、放弃、失效等法律状态的专利予以排除，最终统计获得 36 件核心专利，见表 4.8.3。

表 4.8.3　核心专利被引频次排序表

排名	公开号	IPC 分类号（大组）	被引用专利数
1	US20070219683A1	G05D1	70
2	US7219502B2	F17C9	46
3	US6889522B2	B63B35	45
4	KR101413520B1	H02H3	29
5	US7166003B2	B63H21	29
6	US8608521B1	B63H21	23
7	US6846208B1	B63H21	20
8	CN203731079U	F17C5	20
9	JP2006033951A	H02J1	17
10	US7484371B2	F17C9	17
11	WO2008145684A1	B63H21	16

续表

排名	公开号	IPC 分类号(大组)	被引用专利数
12	JP2012153341A	B63B49	16
13	WO2008057051A1	C07C1	14
14	US8992274B1	B63H21	14
15	JP2009529456A	B63B25	12
16	WO2013010577A1	B63H23	11
17	US8926381B2	B63H21	11
18	KR101373874B1	B63J99	11
19	CN203318672U	B63H21	10
20	WO1992006890A1	B63H21	10
21	CN107143435A	F02M21	10
22	CN203640865U	F02M21	10
23	CN109367710A	B63B25	10
…	…	…	…
32	CN203372386U	B63H21	7
33	CN107930398A	B01D53	7
34	CN203372386U	B63H21	7
35	CN205036458U	F02D19	7
36	CN110901870A	B63H21	7

4.8.2.7 专利技术领域 IPC 状况

(1)IPC 专利综合评价指标体系建立

本章主要从上述识别的船舶动力装备核心专利数据的 IPC 状况来分析，这方面的状况可以作为专利发展态势的分析要素。本章选用一般专利分析中常用到的分析指标作为聚类变量：专利申请量、专利授权量和专利成长率。下面给出这些指标的含义、计算方法及相关说明。

专利申请量和专利授权量为根据检索式检索出 2000—2021 年的全球船舶动力装备专利数据统计值。专利成长率为当年授权专利数量与上一年授权专利数量的百分比，它可显现技术创新随时间的变化增加或减缓。专利均成长率为 22 年成长率均值。

数据预处理是将检索出的专利数据中存在的一些不相关数据删除，起到数据去噪的效果，并对保留下来的数据进行相关指标计算和规范化处理，生成可以被 SPSS 软件处理的样本空间，见表 4.8.4。

表 4.8.4 全球船舶动力装备专利技术领域 IPC 情况

聚类编码	IPC	申请数(件)	授权数(件)	均成长率
1	G05D1	23	10	116.67%

续表

聚类编码	IPC	申请数(件)	授权数(件)	均成长率
2	F17C9	1	0	0.00%
3	B63B35	10	3	100.00%
4	F17C5	4	1	0.00%
5	H02J1	6	2	0.00%
6	B63B49	5	2	100.00%
7	C07C1	1	0	0.00%
8	B63B25	6	0	0.00%
9	B63H23	42	13	153.33%
10	B63J99	20	12	146.67%
11	F02M21	13	7	112.50%
12	F02G5	2	1	0.00%
13	H02H3	4	4	0.00%
14	B63H5	10	2	100.00%
15	B63H21	229	92	142.14%
16	F01N3	9	6	175.00%
17	B01D53	10	3	100.00%
18	F02D19	9	6	125.00%

(2)层次聚类分析结果

通过分析全球船舶动力装备核心专利主要 IPC 分类号,可以找出关键技术领域相对集中的地带,从而了解船舶动力装备研发的重点方向。对表 4.8.4 的样本空间进行层次聚类,聚类结果如图 4.8.5 所示。

由图 4.8.5 和表 4.8.4 可知,系统将技术领域 IPC 分类号聚为 2 类。

B63B35、B01D53、B63H5、F01N3、F02D19、F02M21、F17C9、C07C1、F02G5、H02J1 和 B63B49 聚为第 1 类。在《国际专利分类表》中,这类包含船舶的推进装置或操舵装置、气体或蒸气的分离、一般机器或发动机的气流消音器或排气装置、内燃机的气流消音器或排气装置等方面。

F17C5、B63B25、H02H3、G05D1、B63J99、B63H23 和 B63H21 聚为第 2 类。在《国际专利分类表》中,这类包含盛装或贮存压缩的、液化的或固化的气体容器、固定容量的贮气罐、将压缩的、非电变量的控制或调节系统(金属的连续铸造入 B22D11/16;阀门本身入 F16K;非电变量的检测见 G01 各有关小类;电或磁变量的调节入 G05 F)等方面。

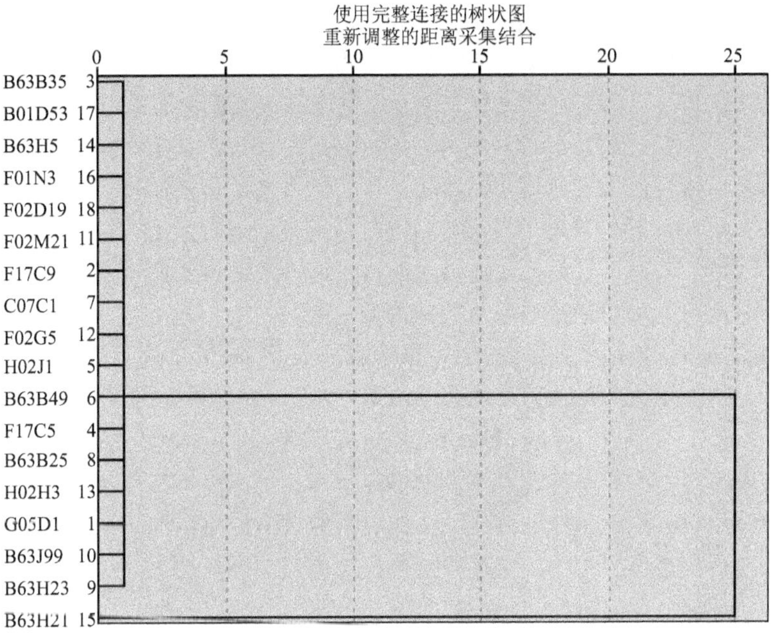

图 4.8.5　IPC 分类号聚类谱系图

4.8.2.8　专利技术演化分析

进行专利文本分析有利于精确把握目标技术的核心要点。通过专利文本分析发现，船舶动力装备领域的专利申请主要集中于电力推进系统和燃料系统两个技术层面。结合核心专利技术分析，针对船舶动力装备发展过程中存在的技术问题进行研究，为相关研发机构和企业提供新的研究方向和思路。

（1）电力推进系统

由于传统大型柴油发电机会造成严重环境污染，各大船舶动力系统生产商开始努力设计更加节能环保的推进方式。船舶电力推进系统一般与柴油发电机、变频器、变压器等电气设备进行组合使用，以传统的驱动螺旋桨的方式进行推进。电力推进系统最早出现在 20 世纪 80 年代，三菱重工业株式会社应急电动推进装置（JP1985018495A）和（JP3576528B2）的研发为之后船舶电力推进领域的发展奠定了基础；之后国外企业开始尝试使用电力作为船舶动力源，例如西门子公司的（WO2000047464A1）正式将电力推进引入船舶的推进系统中，此后电力推进系统得到大力发展，直到 2006 年株式会社日立制造所（JP4857442B2）公开了一种简化船体螺旋桨结构和舵结构的新型吊舱式螺旋桨，吊舱式推进系统开始出现。

2007—2016 年，随着内燃机类船舶推进系统的废气排放对环境造成的污染愈加严重，而现有电动船舶电能利用率低，提高船舶电能利用率成为需要迫切解决的问题。近年来，国内船舶电力推进领域稳步发展，2010 年上海海事大学提出了基于动力电池的船舶电动推进系统（CN201842250U），为了简化船舶动力系统结构和布局，上海海事大学的（CN202320761U）和江苏科技大学的（CN104229113B）在现有吊舱式电力推进系统技术的基础上进行深度探索，并取得了一定的成果。

2017—2020 年，随着国家对船舶污染物排放进行大力度的控制，混合电力推进的供能方式逐渐替代了以往单一的柴电电力推进方式，例如 2017 年中国舰船研究设计中心的抱轴式电力推进（CN107745793B）、2018 年中船重工的电池电力推进方式（CN209321219U）、2020 年中船邮轮科技发展有限公司的双绕组电力推进方式（CN111717358 A）；而在电力推进控制方面，2020 年江苏科技大学采用的锂电池、燃料发电以及超级电容三种能量供给技术（CN111634404 A），为船舶不同的动力需求提供了贴切的供能组合。

（2）燃料系统

燃料系统作为大型运输船舶常用的动力源，主要分为传统的柴油机动力系统和燃气轮机动力系统。相较于电力推进系统，燃料系统兴起较早，最早出现在 20 世纪 70 年代，是由通用电气公司推出的双燃料控制系统技术（US3766734）。1972—2000 年，由于航运经济发展需要，三菱重工业株式会社开始大力发展燃料系统，从最初的双燃料喷射系统（EPO282819A2），转向双燃料发动机（JP3064222B2）、（JP2008202545A）、（JP6297363B2）的改进和双燃料控制系统（JP1990207153A）、（JP2008202545A）、（CN104769261B）的优化。不断完善油、气燃料模式的切换，以保障燃料系统的安全性和稳定性。2014 年，南通中远川崎船舶工程有限公司在国际现有技术的基础上，优化升级了原有燃料的加注管路（CN204200402U）；与此同时，三菱重工业株式会社针对气体燃料和液体燃料的供应问题（WO2015122325A1），进一步深入研究，并取得了一定的成果。

随着 LNG 作为清洁能源越来越受到青睐，船运等相关行业将 LNG 列为可代替常规船用燃油的首选燃料。2016—2018 年，国内科研院所和企业在现有技术的条件下开始发展双燃料动力船舶，其中江苏科技大学（CN206107530U）、南通中远川崎船舶工程有限公司（CN107719614A）实现了柴油-LNG 双燃料动力系统在滚装船上的运用；随着节能减排成为研究热点，混合动力系统开始出现。

2019—2020 年，混合动力系统逐渐成为国内各企业和科研院所的研发重点，中国舰船研究设计中心的胀套式联合推进（CN110155289A）、哈尔滨工程大学的氨电混合动力系统（CN111332446A）、广船国际有限公司的低硫油和甲醇双燃料驱动方式（CN111469979A）和山西汾西重工有限责任公司的直流组网的混合动力系统（CN111907679A）丰富了船舶动力源，设计出一种控制系统，以根据工况切换不同的运行推进模式，极大地发展了船舶混合动力系统。

4.8.3 船舶动力装备重点专利分析——柴油机

以国外船舶柴油机推进系统领域为例，通过对国外船舶柴油机专利技术的分析，了解技术发展进程，分析国外企业技术竞争力和发展趋势，以期为我国研究人员的下一步技术分析方法提供参考和借鉴。

4.8.3.1 数据来源与研究方法

以船舶柴油机相关的英文单词为关键词进行精确检索，采用穷尽的检索策略，并根据数据库的检索特点进行调整，利用截词符号提高检索结果的全面性。其中，英文检索关键词共有 3 类：A 类与船舶相关关键词 2 个，A1“ship”和 A2“marine”；B 类与柴油机联合推进系统相关的关键词 17 个；C 类与系统管理相关关键词 9 个。共检索到 72 条有效记录，检索时间截至 2021 年。

4.8.3.2 领域内技术实力分布

一个企业的专利数量可以在一定程度上反映该企业的技术创新力和技术实力。一般来讲,一个企业的专利申请数量或者拥有的专利数量越多,说明该企业的技术竞争力越强,因此可以通过专利数据的比较来确定竞争对手、合作伙伴等。企业专利数量统计如图 4.8.6 所示。

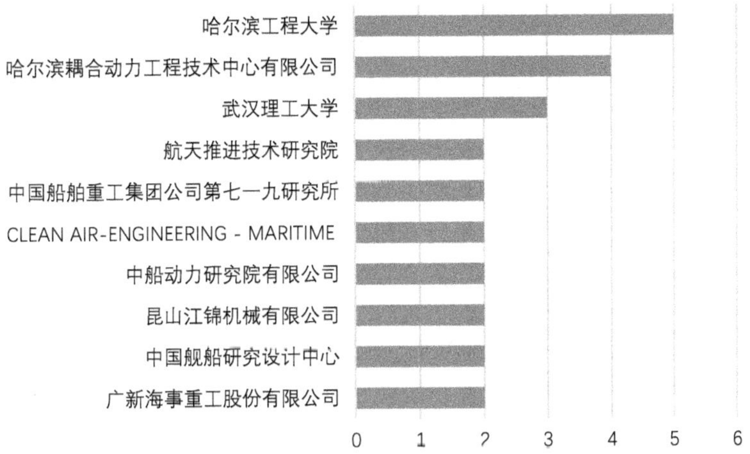

图 4.8.6 企业专利数量统计(前 10)

据统计,国内外船舶柴油机动力系统共有 56 个专利申请人,且大多数专利申请人自 1956 年至 2021 年均申请 1 件。其中,申请量最多的是哈尔滨工程大学,总计 5 件,表明该高校在船舶柴油机推进系统方面的技术较高。此外,进入排名前 10 的高校、机构和公司还有哈尔滨耦合动力工程技术中心有限公司 | 鞍山钦元节能设备制造有限公司 | 中国船舶重工集团公司第七〇三研究所、武汉理工大学、广新海事重工股份有限公司、中国舰船研究设计中心、昆山江锦机械有限公司、中船动力研究院有限公司、CLEAN AIR-ENGINEERING - MARITIME, INC.、中国船舶重工集团公司第七一九研究所和航天推进技术研究院。不难看出,排名前 10 中,中国所占比重最大,且主要集中于研究院和有限公司,而国外仅有美国的 CLEAN AIR-ENGINEERING - MARITIME, INC. 机构入围。柴油机专利申请趋势如图 4.8.7 所示。

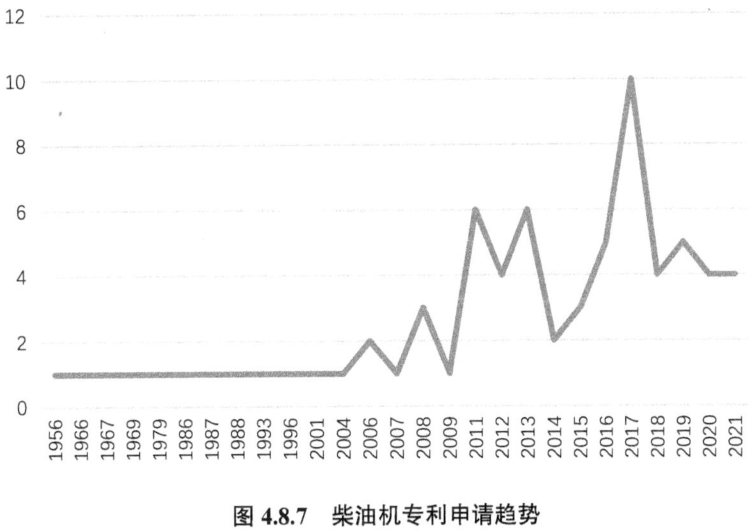

图 4.8.7 柴油机专利申请趋势

通过分析图 4.8.7 可知，船舶柴油机专利申请从 1956—2004 年一直处于稳定发展的状态，2004 年后开始呈现波动走势，称之为成长期；然后，于 2017 年达到顶峰，称之为成熟期；而后出现大幅下降，称之为衰退期。上述阶段也完全符合现实情况和生命周期理论。这说明全球船舶柴油机总体来说竞争较激烈，技术趋于饱和，从船体和船舶柴油机推进系统的设计，再到柴油机等内燃机的设计，涵盖面较全。

4.8.3.3 专利技术组合分析

专利组合概念由 Ernst 于 1998 年首次提出，指在企业、技术领域两个不同层面围绕研发形成的专利权集合。专利通常被视为表征企业技术实力的一项重要指标，专利技术组合是引导与组织专利技术发展的动态决策过程及其所产生的结果。

（1）排名前 10 企业技术优势衡量

根据上述申请人排名，利用波士顿矩阵图的思想衡量船舶柴油机动力系统领域具有竞争优势的专利权人（企业），如图 4.8.8 所示。借鉴已有研究，选取专利数量和专利质量两个因素来衡量竞争优势，专利数量是指企业作为专利权人所持有的专利个数，专利质量是企业作为专利权人所持有的专利个数的总被引数。

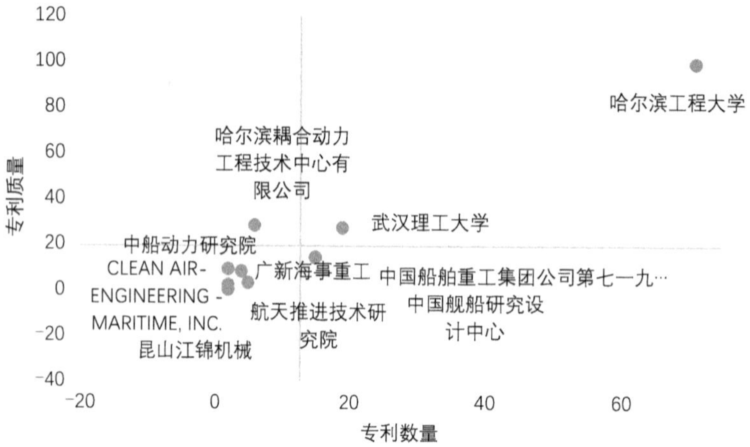

图 4.8.8 机构层面专利总数及被引总数散点图

对上述两个因素进行组合可形成 4 种企业类型：①优势机构，既有较高的专利数量也有较高的专利质量，有哈尔滨工程大学和武汉理工大学；②高产机构，专利数量较高，但专利质量较低，有哈尔滨耦合动力工程技术中心有限公司；③高质量机构，专利质量较高，但专利数量较低，有中国船舶重工集团公司第七一九研究所；④劣势机构，专利数量和专利质量均较低，有中国舰船研究设计中心、中船动力研究院、CLEAN AIR-ENGINEERING - MARITIME，INC.、航天推进技术研究院、昆山江锦机械有限公司和广新海事重工股份有限公司。

（2）核心专利技术

1）燃料推进系统，涉及该专利的机构共有 5 个。其将船舶集装箱内的汽轮机汽化介质能量转换为机械能,进而转化为电能;将内燃发动机(如燃气轮机或柴油发动机)与波轴耦合,从而提高驱动船舶的能量生产;浮船动力系统中的电能存储装置在预定的时间内为各动力系统段的推进器驱动供电,减少燃料和维护的成本。

2)发动机系统,涉及该专利的机构共有1个。其将涡轮增压器不需要的废气输送到废气涡轮,并通过机械传动将涡轮动力传递到与螺旋桨轴相连的发电机,从而产生高电能。

3)控制装置系统,涉及该专利的机构共有13个。其利用混合动力船舶推进系统,减少燃料消耗和船舶建造时船舶船体和驱动系统的成本。B63H和B63J是中心度最高的两个IPC,是三菱重工业株式会社的核心研究领域,代表船舶推进系统及相关辅助设备的设计。控制装置设置优先操作模式,根据每个汽轮机的转速进行装配、拆卸,汽轮机侧自动装配、分离离合器和燃气轮机侧自动装配、分离离合器不需要同步两个涡轮的转速控制。

4)转轴检测系统,涉及该专利的机构共有12个。应变片固定于径向连接结构,提高了旋转轴的推力和转矩的测量精度。

5)动力传动系统,涉及该专利的机构共有17个。其包括计算衰减系数确定发动机轴的扭转振动,内、外驱动轴与单发动机驱动螺旋桨连接,增加与第二螺旋桨轴和螺旋桨相驱动的蒸汽涡轮机,根据主发动机的转速设置可变螺距螺旋桨的叶片角度。

6)船体驱动系统,涉及该专利的机构共有6个。推进器的舱口部分布置在左右发动机壳体和中心发动机壳体之间的空间中,以便在动态位置维护和钻井成本期间容易调整船体的下部长度。该技术也应用于发电厂将主发动机布置在滚转船中,设置齿轮和螺旋桨轴连接到主机。发电厂将发电机连接到滚船的艄部,从而降低发电站的建造成本,防止电力短缺或避免供电短路事故发生,从而能够以连续的方式提供电力。

7)燃料发动机系统,涉及该专利的机构共有2个。高压泵压缩燃料气体,并装在燃气供应管路上,旁通阀将通过高压泵的燃料气体输送至旁通管路,从而降低了设备的成本。

4.8.4 专利布局

由4.8.3地域分布分析可知,当前船舶动力装备专利申请名列前茅的分别是中国、日本和美国3个国家。通过对上述3个国家的有效专利进行分析,从而得到其在船舶动力装备方面的技术研究重点,进而提出适合于我国船舶动力装备的专利布局策略,具体分析见表4.8.5。

表4.8.5 中国船舶动力装备主要专利技术(前11)

IPC主分类号	数量	核心专利公开号及专利标题	公开年	专利申请人
B63H	169	CN109878685A 一种带LNG冷却的气电混联式船舶混合动力系统	2019	哈尔滨工程大学
		CN108674625A 一种带燃料电池的气电并联式船舶混合动力系统	2018	哈尔滨工程大学

续表

IPC 主分类号	数量	核心专利公开号及专利标题	公开年	专利申请人
B63H	169	CN109878685A 一种带 LNG 冷却的气电混联式船舶混合动力系统	2019	哈尔滨工程大学
		CN108674626A 一种双机双桨式气电混合船舶动力系统	2018	哈尔滨工程大学
		CN108860549A 一种带燃料电池的柴气电并联式船舶混合动力系统	2018	哈尔滨工程大学
		CN201842250U 船舶电动推进系统	2011	上海海事大学
		CN201484652U 一种船舶动力系统	2010	陕西科技大学
		CN203372386U 柴油机发电机电动机集成的船舶混合动力系统	2014	哈尔滨耦合动力工程技术中心有限公司 | 鞍山钦元节能设备制造有限公司 | 中国船舶重工集团公司第七〇三研究所
		CN203372386U 柴油机发电机电动机集成的船舶混合动力系统	2014	哈尔滨耦合动力工程技术中心有限公司 | 鞍山钦元节能设备制造有限公司 | 中国船舶重工集团公司第七〇三研究所
		CN110901870A 一种冷藏集装箱利用船舶 LNG 冷能的系统及方法	2020	青岛科技大学
		CN203958591U 一种 LNG 单燃料船舶	2014	山东航宇船业集团有限公司
G05B	55	CN103645642A 一种船舶动力定位的运行仿真平台	2014	大连海联自动控制有限公司
F02M	31	CN203161377U 一种船舶动力装置的气体燃料供给系统	2013	国鸿液化气机械工程（大连）有限公司
		CN105626313A 船舶的 LNG 供气系统	2016	中集船舶海洋工程设计研究院有限公司 | 中国国际海运集装箱（集团）股份有限公司
		CN204060975U 一种船舶动力装置的高压/低压燃气供应系统	2014	刘国满

续表

IPC 主分类号	数量	核心专利公开号及专利标题	公开年	专利申请人
F17 C	29	CN103615657A LNG 动力船舶的天然气传输系统	2014	江苏现代造船技术有限公司
		CN103994320A 一种水上天然气加注站 LNG 装卸设备	2014	江苏海企港华燃气发展有限公司
		CN103615659A 一种 LNG 的汽化及自增压装置	2014	江苏现代造船技术有限公司
G06 F	22	CN108388738A 一种船舶动力定位系统噪声和状态实时估计自适应滤波方法	2018	青岛科技大学
F01K	20	CN206158809U 一种 LNG 动力船的冷能综合利用系统	2017	青岛科技大学
		CN202215312U 适用于船舶的 LNG 冷能多级回收利用系统	2012	北京天成山泉电子科技有限公司
G05D	15	CN102455708A 船舶动力定位的船舶模型在线辨识和控制系统和方法	2012	上海振华重工(集团)股份有限公司
		CN108490946A 一种船舶动力定位控制方法	2018	武汉理工大学
		CN1776555A 基于模糊自适应算法的船舶动力定位控制方法	2006	上海交通大学
G01M	10	CN201359564Y 船舶柴油机动力系统试验装置	2009	上海齐耀重工有限公司
		CN202013274U 一种船舶电力推进多模式混合动力系统实验平台	2011	上海海事大学
B63 J	10	CN102431640A 一种 LNG 动力冷藏船	2012	杨彦华、钟震德
H02 J	17	无		
B63B	40			

表 4.8.5 为根据普莱斯定律所筛选出来的中国核心技术专利情况，可知 B63H 技术在中国已十分成熟，相关专利申请数量高达 169 件，但即便如此，部分涉及相关技术的核心专利依旧在国外。因此，针对此类技术，我国可采取包围式布局策略，即围绕该技术主题的许多技术解决方案申请专利，设置若干小专利，将核心专利包围起来，即可形成一个牢固的包围圈。

另外，G06F（电数字数据处理）、G05B（一般的控制或调节系统；这种系统的功能单元；用于这种系统或单元的监视或测试装置）、G01M（机器或结构部件的静或动平衡的测试；其他类目中不包括的结构部件或设备的测试）和 F01K（蒸汽机装置；贮汽器；不包含在其他类目中的发动机装置；应用特殊工作流体或循环的发动机）等专利技术，在其他国家专利申请中暂未发现有效专利，因此我国可鼓励主要创新主体针对此类技术加大创新力度，尽可能早且多地研发出相关核心技术。

表 4.8.6 为日本船舶动力装备主要技术专利，可知日本虽然专利申请在世界位居第二，但其核心专利与其他国家基本相似，特别是在 B63B（船舶或其他水上船只；船用设备）、B63H（船舶的推进装置或操舵装置）、F02B（活塞式内燃机；一般燃烧发动机）等相关技术方面具有相对较为突出的优势。一般情况下，专利技术越复杂，越是前沿尖端，价值越高。这说明日本在船舶动力技术方面已经逐渐趋于成熟。据此，日本可以考虑采取地毯式专利布局策略，即将实现某一技术目标所有规避设计方案全部申请专利，不给竞争对手任何机会。

表 4.8.6　日本船舶动力装备主要专利技术（前 8）

IPC 主分类号	数量	核心专利公开号及专利标题	公开年	专利申请人
B63H	64	US6733350B2 船舶发动机输出控制	2004	YAMAHA HATSUDOKI KABUSHIKI KAISHA
		US20020023627A1 船舶燃料供应系统	2002	NAKASE, RYOICHI | KATOH, NAOKI | OZAWA, SHIGEYUKI | NANAMI, MASAYOSHI
B63J	19	JP2016222149A 船舶和船舶电力系统供电方法	2016	川崎重工业株式会社
F02B	9	US6371819B1 用于个人船舶发动机的节气门位置传感器安装装置	2002	YAMAHA HATSUDOKI KABUSHIKI KAISHA
		US6024068A 船舶发动机控制	2000	YAMAHA HATSUDOKI KABUSHIKI KAISHA
H02J	8	JP2006033951A 船舶动力控制系统	2006	ヤマハ発動機株式会社
B63B	6	US20050263132A1 船舶发动机控制	2005	YANAGIHARA, TSUIDE
		US6022252A 用于船舶发动机的呼吸器布置	2000	YAMAHA HATSUDOKI KABUSHIKI KAISHA
		JP2012153341A 船舶电力监控系统，船舶电力控制系统和常规船舶电力监控方法	2012	三菱造船株式会社
		JP2004066917A 船舶动力系统	2004	三菱マテリアル株式会社
F01N	6	无		
F02D	2			
F02M	2			

表 4.8.7 为美国船舶动力装备主要专利技术，可知美国虽专利申请量在世界上位居第三，但 IPC 核心技术种类涉及较少，且研发技术十分不均衡，主要集中在 B63H（船舶的推进装置或操舵装置）相关领域。另外，针对 F16H（传动装置）相关专利技术在其他两个国家目前尚未有相关的专利申请，除此之外的其余专利，美国虽有相关申请，但申请量相对较少且

未有核心专利，说明针对此类技术美国掌握得还并不成熟。

表 4.8.7　美国船舶动力装备主要专利技术（前 6）

IPC 主分类号	数量	核心专利公开号及专利标题	公开年	专利申请人
B63H	47	US6976444B1 海洋船舶推进和管状舵系统	2005	SEIFORD, SR., DONALD S.
		US6755703B1 用于船舶推进装置的液压辅助换挡机构	2004	BRUNSWICK CORPORATION
		US6342775B1 用于船舶推进系统的自动电池切换电路	2002	BRUNSWICK CORPORATION
		US20100144219A1 船舶混合动力推进系统	2010	BRUNSWICK CORPORATION
		US6751533B2 船舶电子控制系统	2004	MARINE ACQUISITION CORP.
B63B	4	US6889522B2 LNG 浮式生产，储存和卸载计划	2005	ABB LUMMUS GLOBAL, RANDALL GAS TECHNOLOGIES
F17C	4	US7219502B2 用替代推进装置对 LNG 运输船进行船上再气化	2007	EXCELERATE ENERGY LIMITED PARNERSHIP
		KR1020070085611A 运输 LNG 运输船和碳氢化合物的方法	2007	엑손모빌 업스트림 리서치 캄파니
F16H	3	无		
F01N	8			
B63J	2			

各国船舶动力装备专利申请数量汇总见表 4.8.8。

表 4.8.8　各国船舶动力装备系统专利申请数量汇总

序号	IPC	中国	日本	美国	含义
1	B63B	40	6	4	船舶或其他水上船只；船用设备
2	B63H	169	64	47	船舶的推进装置或操舵装置
3	B63J	10	19	2	船上辅助设备
4	F01N	5	6	8	一般机器或发动机的气流消音器或排气装置；内燃机的气流消音器或排气装置
5	F02B	7	9	1	活塞式内燃机；一般燃烧发动机
6	F02D	5	2	0	燃烧发动机的控制
7	F02M	31	2	1	一般燃烧发动机可燃混合物的供给或其组成部分

续表

序号	IPC	中国	日本	美国	含义
8	F17C	29	0	4	盛装或贮存压缩的、液化的或固化的气体容器；固定容量的贮气罐；将压缩的、液化的或固化的气体灌入容器内，或从容器内排出
9	G05D	15	0	1	非电变量的控制或调节系统
10	H02J	17	8	0	供电或配电的电路装置或系统；电能存储系统

4.8.5 结论与对策

1）从船舶动力装备专利申请量和公开量趋势来看，自 1995 年起，国外就已经对船舶动力装备专利进行申请，然而数量较少。相较于国外，我国在船舶动力装备的专利申请趋势与全球申请趋势相似，但是出现时间较晚，直到 1994 年才出现相关专利申请。从 2008 年开始专利申请数量有了实质性的飞跃，数量快速攀升，发展迅猛，并于 2020 年达到顶峰。

2）从专利申请的国家和地区分布来看，申请量排名前 5 的分别是中国（433 件）、日本（92 件）、美国（75 件）、韩国（71 件）和德国（52 件）。排名前 10 的国家申请的船舶动力装备专利总数为 801 件，占全部申请量的 81.40%，其中发明专利的申请量为 359 件，占全部发明专利申请量（426 件）的 84.27%。尽管我国申请专利总量最多，但是申请类型以发明专利为主，占我国申请总量的 43.65%；实用新型专利申请量次之，占我国申请总量的 32.56%。因此，要密切关注核心专利的申请，做到专利、市场双管齐下，使我国船舶产业尽快向高端化、智能化、绿色化发展，实现造船大国向造船强国的转变。

3）从专利申请人综合情况来看，全球排名前 10 的申请人共申请专利 170 件，占据全部申请量的 17.28%，而排名前列的中国的哈尔滨工程大学的专利申请量是 61 件，占全球申请量的 6.20%，属于第一梯队，遥遥领先于其他公司，可以看出由于其雄厚的科研实力和分布较广的技术领域，在全球市场竞争中掌握着主动权；上海海事大学的专利申请量分别为 20 件，占比 2.03%，属于第二梯度，研发团队实力相对较强；其他申请人대우조선해양 주식회사、武汉理工大学、삼성중공업 주식회사、江苏科技大学、현대중공업 주식회사、大连海事大学、SIEMENS AKTIENGESELLSCHAFT 以及中国船舶重工集团公司第七一九研究所等专利申请量的差异不大，属于第三梯队。与国外主要造船大国相比，我国虽然在专利申请量上占有一定优势，但是高端核心技术的研发创新、动力装备、现代生产管理模式创新等方面都存在一定的差距，需要进一步加强与国外先进造船企业或研发机构的合作和学习，吸收国外先进造船技术，培养船舶行业高素质人才团队，进一步提高研发和自主创新能力。

4）由技术演化路径分析可知，船舶动力装备领域的技术发展主要集中在电力推进系统和燃料系统两个方面。其中，电力推进系统的技术重点主要集中在使用燃料电池、超级电容等多种电力源发电；燃料系统的技术重点主要集中在 LNG 双燃料动力系统、船舶混合动力系统。节能、环保是未来船舶动力装备领域的主流发展方向。

船舶动力装备在传统柴油发动机、电力推进系统和混合动力系统等方面已有了一定的技术突破，但随着船舶海工行业发展需求和趋势的变化，对船舶动力装备提出了更高的要求以适应市场需求。智能化、节能环保、功能集成是未来国内外船舶动力装备发展的主流方向,也为世界各国船舶厂商提供不竭动力,促进船舶动力装备不断成熟。此外,我国在船舶柴油机推进系统领域的发展,一方面,可以开拓新的研究方向,或更加细致研究优势企业的专利技术,尽力避免重复研究,浪费资源;另一方面,可以研究缓慢成长期和快速成长期欧美优势企业的专利技术,收购具有发展潜力的专利,充分利用他们的技术底蕴来充实自己。

5 结论

本书围绕船舶及船舶设备的八大重点领域，对标各船级社标准与规范，并利用层次聚类分析法等对专利布局进行分析，得出如下主要结论。

1）截至2021年底，国际标准化组织（ISO）、美国船级社（ABS）、日本船级社（NK）、挪威船级社（DNV）和中国船级社（CCS）分别对船舶行业相关标准与规范发布最新要求与适用范围，共计953 020条。其中，主要涉及船舶及其设备的一般适用范围、服务认证条件（操作流程、测试）、基础设施建设（特殊要求、材料和结构）、消防与安全检验（温度、污染、噪声、人员、载荷）、设计分析方法（极限强度分析、疲劳强度分析、屈服强度分析和许用应力分析）以及相关概念界定和修订。

2）从专利申请量和公开量趋势来看，自1902年起，国外就已经对船舶及船舶设备专利进行申请但数量较少。相较于国外而言，我国的船舶及船舶设备的专利申请较晚，主要集中于2000年左右，但发展速度迅猛。在《船舶技术的开发与保护》《船厂知识产权保护对策》《中国船舶工业知识产权》等政策背景下有了实质性的飞跃，专利申请数量快速攀升，并于2020年前后达到顶峰。

3）从专利申请的国家和地区分布来看，中国、日本、德国、美国、韩国在八个重点领域中均名列前茅。尽管我国申请专利总量较多，但申请类型以发明专利为主，，实用新型专利申请量次之。因此，要密切关注核心专利的申请，做到专利、市场双管齐下，使我国船舶产业尽快向高端化、智能化、绿色化发展，实现造船大国向造船强国的转变。

4）从专利申请人综合情况来看，我国主要以中国船舶重工集团公司第七一九研究所和上海海事大学等高校及研究院为研发技术动力源泉，研发能力较强，而上市公司与企业的参与较少。此外，与国外主要造船大国相比，我国还面临着高端核心技术的研发创新、动力装备、现代生产管理模式创新等方面问题，需要进一步加强与国外先进造船企业或研发机构的合作和学习，吸收国外先进造船技术，培养船舶行业高素质人才团队，进一步提高研发和自主创新能力。

5）从核心技术的识别情况来看，八大重点领域的核心技术单件专利被引频次一般在50~80次，主要涉及的IPC大类号有B63B、B63H、E02B、F03G、G04B、H02J、F03D等。对于船舶而言，技术热点主要聚焦于零部件、荷载处理、锚定装置、货物举升、贮存场地和环境污染等方面；对于船舶设备而言，技术热点主要聚焦于发动机等燃料动力系统、电源设计、节能环保、安全隐患和寿命周期等方面。

尽管本书借鉴已有研究方法对船舶及其设备进行了标准和规范的对标分析以及专利布局策略等分析。然而，所获取的数据在时间跨度和检索方式等方面还存在一定局限，今后将通过多次调试检索关键词、换用数据库等方式深入进行研究，保证数据结果的稳健性，以期为我国船舶行业发展提供更精确的预测与建议。

参考文献

[1] 果岩,刘鑫. 海上风电设备环境适应性系列标准解读[J]. 电器工业,2020(7):47-51.

[2] 卢启付,余超耘,王红星,等. 中国海上风电检测与认证标准体系研究[J]. 广东电力,2020,33(3):1-6.

[3] 薛倩,曹煜影,丁甜,等. 生物医药产业专利布局分析研究[J]. 中国发明与专利,2022,19(1):19-26,65.

[4] 郭名媛,郑晨笛. 中国在"一带一路"沿线国家专利布局分析及对策建议[J]. 图书情报研究,2020,13(4):92-100.

[5] LI D, LI X. Which ship-integrated power system enterprises are more competitive from the perspective of patent? [J]. Plos one,2021,16(5):e025.

[6] 杨登才,贾彦,刘自钦. 汽车及典型部件全生命周期减量化技术专利布局分析[J]. 材料导报,2020,34(S2):1476-1483,1495.

[7] 郭涛,汪璇,吴韩,等. 船舶混合动力技术发展趋势分析[J]. 造船技术,2020(6):44-46,75.

[8] 徐志立. 船舶动力系统设计及优化[J]. 舰船科学技术,2019,41(13):121-123.

[9] 曹蒙,王利伟,陈博. 船舶动力系统技术状态评估综述[J]. 船电技术,2022,42(3):34-36.

[10] 赵蓉英,李新来,李丹阳. 基于专利计量的企业技术竞争力研究:以国外船舶柴油机领域为例[J]. 数字图书馆论坛,2020(2):52-58.

[11] 林辉. 船舶动力系统现状及发展趋势分析[J]. 内燃机与配件,2020(22):176-177.

[12] 负廷军,李京伟,王晓雷. 船舶动力系统现状及发展趋势[J]. 船舶物资与市场,2020(8):1-2.

[13] 何金平,周呈,王炳轩,等. 船舶双燃料动力系统设计安装研究[J]. 天津科技,2020,47(5):47-50,53.

[14] HOFFMANN D. Ship drive system and retrofitting method for a ship drive system: U.S. Patent 11,015,520[P].2021-05-25.

[15] 丁礼谦,张建辉,杨萌,等. 面向智能船舶相关技术的专利分析研究[J]. 科技管理研究,2020,40(3):107-114.

[16] 李昌,周锦锦,韩盟. 基于核心集筛选与聚类的潜在专利技术组合识别方法研究[J]. 情报理论与实践,2021,44(2):178-184.

[17] 金彩虹,邓雨亭,郝世博. 基于层次和 K-means 聚类的知识产权强省建设绩效评价实证研究[J]. 南京理工大学学报(社会科学版),2020,33(3):14-21.

[18] 周航,盛永祥,吴洁. 基于专利计量的船舶动力系统技术趋势分析[J]. 物流技术,2021,

40(11):66-70,160.

[19] ZHAO R, LI D, LI X. Research on the Development Trend of Ship Integrated Power System Based on Patent Analysis[C]. Smart Trends in Computing and Communications: Proceedings of Smart Com 2019. Springer Singapore, 2020: 123-132.

[20] 潘燕华,董恬恬. 船舶产业链制造资源协同对企业利润的影响[J]. 会计之友, 2018(13):36-42.

[21] 陶永宏,宗婷婷. 我国船舶与海洋工程装备制造业上市公司科技创新能力评价研究[J]. 江苏科技大学学报(社会科学版),2019,19(4):74-80.

[22] 孙恪成,夏华波,韦晓强,等.LNG 浮式终端总体方案关键技术[J]. 船海工程, 2019, 48(5):6-10.

[23] ZHANG H, ZHENG Y, ZHOU D, et al. Selection of key technology policies for Chinese offshore wind power: a perspective on patent maps[J]. Marine policy, 2018, 93: 47-53.

[24] 郑庆功,吴宛青,宋明. 内河 LNG 动力船机舱 NG 泄漏爆炸对人员的损伤后果[J]. 中国航海,2019,42(4):51-58.

[25] 潘果,司昭,王小宁. 大型高冰级破冰 LNG 船结构设计[J]. 船海工程, 2020, 49(1):22-26.

[26] ZHU H, DU Z, WU J, et al. Innovation environment and opportunities of offshore wind turbine foundations: insights from a new patent analysis approach[J]. World patent information, 2022, 68: 102092.

[27] 顾俊,张思航,傅建鹏,等. 大型 FLNG 重要技术分析[J]. 舰船科学技术, 2020, 42(9):103-108.

[28] 张志,孔友南,金宇正,等. 船行波对双船系靠 LNG 泊位系泊稳定性的影响[J]. 水运工程,2020(5):86-92.

[29] 段斌,宋炜,刘恒,等.LNG 加注船的技术发展动态[J]. 船舶工程,2020,42(S1):5-9.

[30] 胡国强,林文胜.LNG 动力船 BOG 处理方案探讨[J]. 低温与超导,2020,48(7):5-12.

[31] 程成,韦喜忠,陈鲁愚,等. 基于精细网格的 C 型 LNG 船多体液货罐 Y 型接头强度校核[J]. 船舶工程,2020,42(12):18-24.

[32] LI T, HE X, GAO P. Analysis of offshore LNG storage and transportation technologies based on patent informatics[J]. Cleaner engineering and technology, 2021, 5: 100317.

[33] 戴伟,夏勇峰,罗金. 基于三维模型的 LNG 船围护系统安装平台整体安装技术[J]. 船海工程,2021,50(1):1-4.

[34] 林颖毅,陈勇. 船舶动力装置可靠性因素的研究[J]. 科学技术创新,2019(22):29-30.

[35] 陈金萌,刘明,彭方成. 基于 AHP 的船舶动力系统故障影响因素量化分析[J]. 船电技术,2020,40(9):24-27.

[36] 韦张建,耿俊豹,魏曙寰. 基于 AHP 群决策和聚类分析的船舶柴油机冷却水系统技术状态评估[J]. 舰船电子工程,2021,41(10):126-130.

[37] 曾强,黄政,魏曙寰. 贝叶斯网络在柴油机质量评估的应用研究[J]. 舰船电子工程,2020,40(3):101-106.

[38] 罗春辉,瞿纲举,邹同华,等. 基于层次分析法和云模型的风电场运行性能多维评价模型[J]. 现代电力,2021,38(6):601-612.

[39] 郭树生. 海上风电场发电量折减系数设计后评价分析[J]. 船舶工程, 2021, 43(S1): 144-146,150.

[40] YAN B, LUO J. Measuring technological distance for patent mapping [J]. Journal of the association for information science and technology, 2017,68(2): 423-437.

[41] LEE C, KWON O, KIM M, et al. Early identification of emerging technologies: a machine learning approach using multiple patent indicators[J]. Technological forecasting and social change, 2018,127:291-303.

[42] 郭雨桐,陈新明,刘鑫,等. 理论发电量完成率在海上风电场评价中的应用[J]. 太阳能学报,2021,42(2):211-217.

[43] 张飞飞. 基于模糊网络层次分析法的海上风电项目风险评估研究[J]. 电力与能源, 2019,40(4):459-463.

[44] 张晶磊,杨红,王春峰,等. 江苏滨海海上风电场建设对近岸海洋生态环境的累积影响评价[J]. 海洋环境科学,2019,38(6):884-890.

[45] 陆忠民,李健英,林毅峰,等. 海上风电场全生命周期降本增效途径与实践[M]. 北京:中国水利水电出版社,2021.

[46] 洪凡. 产业技术情报挖掘方法与流程研究:基于专利文献数据分析的视角[J]. 情报理论与实践,2017,40(5):65-70.

[47] 郑宇. 专利地图视角下的海上风电关键技术选择研究[D]. 南京:南京信息工程大学, 2017.

[48] 卢焜秋,范磊,赵海彬. 研究油船系泊绞车船体支撑结构的强度计算[J]. 科学技术创新,2019(11):50-51.

[49] 杨静,周毅,何金平,等. 船用 LNG 再液化技术专利分析[J]. 天津科技, 2022, 49(9): 29-33.

[50] 孙迎椿,李坤.LNG 燃料动力船舶安防报警系统专利技术分析[J]. 中国船检, 2017(8): 90-92.

[51] 胡义,陈炳文,徐振峰. 基于 AHP-云模型的混动船舶动力系统综合评估[J]. 舰船科学技术,2017,39(15):79-84.

[52] 吴月霞,吴洁,姚潇,等. 专利视角下 LNG 燃料船焊接技术的发展态势[J]. 船舶工程, 2021,43(4):88-93.

[53] 祖木子,盛永祥,周航. 专利视角下 LNG 外输系统技术发展态势[J]. 物流技术, 2021, 40(12):6-11,89.

[54] 郑美宁. 船舶推进动力系统技术演化分析研究[D]. 镇江:江苏科技大学,2020.

[55] 贾献林,杨林刚,许丹海,等. 基于聚类地图的海上变电站专利分析[J]. 中国科技信息, 2022(6):11-14.

[56] 兰志刚,兰滢,孙洋洲,等. 基于专利信息的海上风电技术趋势分析[J]. 海洋科学, 2021,45(3):71-76.

[57] YE C, LIN Y. Performance-based design of LNG container on small-scale LNG carrier through multi-objective optimization[J]. Ocean engineering, 2022, 262: 112233.

[58] 李红涛, 王宾, 唐广银. 海上风电场设施技术规范综述[J]. 南方能源建设, 2019, 6(2): 1-6.

[59] 夏洪永. 船舶主机冷却水出口温度控制系统[J]. 舰船科学技术, 2018, 40(12): 121-123.

附录:国家地区代码表

国家代码	对应国家/地区	国家代码	对应国家/地区
AR	阿根廷	JP	日本
AU	澳大利亚	KR	韩国
AT	奥地利	LU	卢森堡
BE	比利时	MX	墨西哥
BR	巴西	NL	荷兰
CA	加拿大	NZ	新西兰
CN	中国	NO	挪威
CZ	捷克共和国	PH	菲律宾
CS	捷克和斯洛伐克	PT	葡萄牙
DK	丹麦	RO	罗马尼亚
EP	欧洲专利	RU	俄罗斯联邦
FI	芬兰	SG	新加坡
FR	法国	SK	斯洛伐克
DD	东德	ZA	南非
DE	德国	SU	苏联
HU	匈牙利	ES	西班牙
IN	印度	SE	瑞典
IE	爱尔兰	CH	瑞士
IL	以色列	TW	中国台湾
IT	意大利	GB	英国